PSYCHOLOGIE UND GESELLSCHAFT

# PSYCHOLOGIE UND GESELLSCHAFT

Herausgegeben von Prof. Dr. Michael Stadler, Münster i. W.

BAND 4

## ARGUMENTE FÜR EINE PSYCHOLOGIE DES REFLEXIVEN SUBJEKTS

DR. DIETRICH STEINKOPFF VERLAG
DARMSTADT 1977

# ARGUMENTE FÜR EINE PSYCHOLOGIE DES REFLEXIVEN SUBJEKTS

Paradigmawechsel vom behavioralen zum epistemologischen Menschenbild

Von

Prof. Dr. Norbert Groeben, Dipl. Psych., Heidelberg

Dipl. Psych. Brigitte Scheele, Heidelberg

Mit 8 Abbildungen

DR. DIETRICH STEINKOPFF VERLAG
DARMSTADT 1977

*Norbert Groeben,* Jahrgang 1944; Studium der Germanistik, Psychologie, Theologie, Soziologie 1963–70 an den Universitäten Mainz, Wien, Münster; 1967 Dipl. Psych. (Mainz), 1971 Dr. phil. (Münster), 1972 Habilitation in Psychologie (Heidelberg); seit 1973 Prof. am Psych. Inst. Heidelberg; Arbeitsschwerpunkte: Allgemeine, kognitive Psychologie; Wissenschaftstheorie; Instruktionspsychologie; Sprach- und Literaturpsychologie, empirische Literaturwissenschaft.

*Brigitte Scheele,* Jahrgang 1942; 1962/63 Medizinstudium an der Universität Tübingen; Ausbildung in Physiotherapie 1963–66 in Münster und Berlin; bis 1970 (leitende) Krankengymnastin an der neurol.-psychiatr. Uniklinik Münster; 1970–75 Studium der Psychologie, Linguistik, Kunstwissenschaft an den Universitäten Münster u. Heidelberg; 1975 Dipl.-Psych. (Heidelberg); Arbeitsschwerpunkte: Lern- und Motivationspsychologie; kognitive Therapieformen; ‚privacy'.

CIP-Kurztitelaufnahme der Deutschen Bibliothek

**Groeben, Norbert**
Argumente für eine Psychologie des reflexiven
Subjekts: Paradigmawechsel vom behavioralen
zum epistemolog. Menschenbild/von Norbert Groeben;
Brigitte Scheele. – Darmstadt: Steinkopff, 1977.
  (Psychologie und Gesellschaft; Bd. 4)
  ISBN 3-7985-0491-1
NE: Scheele, Brigitte

ISSN 0341-938X

Umschlagbild nach einem Spiegeleffekt von Bonato

© 1977 by Dr. Dietrich Steinkopff Verlag GmbH & Co KG, Darmstadt
Alle Rechte vorbehalten (insbesondere des Nachdruckes und der Übersetzung).
Kein Teil dieses Buches darf in irgendeiner Form (durch Photokopie, Xerographie, Mikrofilm, unter Verwendung elektronischer Systeme oder anderer Reproduktionsverfahren) ohne schriftliche Genehmigung des Verlages reproduziert werden. Bei Herstellung einzelner Vervielfältigungsstücke des Werkes oder von Teilen davon ist nach § 54, Abs. 2 URG eine Vergütung an den Verlag zu entrichten, über deren Höhe der Verlag Auskunft erteilt.
Printed in Germany

Umschlagentwurf: Ulrich Fleischer, Darmstadt
Gesamtherstellung: Mono-Satzbetrieb, Darmstadt-Arheilgen

# Ziel und Inhalt der Reihe

In der Reihe *Psychologie und Gesellschaft* sollen gesellschaftliche Aspekte psychologischer Probleme und psychologische Aspekte gesellschaftlicher Probleme behandelt werden. Die Reihe dient damit der Grundlagendiskussion in der Psychologie und ihrer Praxis. Die einzelnen Beiträge sollen über ihren engen fachwissenschaftlich-methodologischen Begründungszusammenhang hinaus die historisch-gesellschaftliche Genese des Problems, seine erkenntnis- und wissenschaftstheoretischen Voraussetzungen und die gesellschaftlichen Auswirkungen der Ergebnisse seiner Erforschung berücksichtigen. Die in den einzelnen Bänden behandelten Probleme können sowohl der theoretischen als auch der praktisch psychologischen Tätigkeit entstammen wie auch die Bedingungen dieser Tätigkeit selbst thematisieren.

Die genannten Zielstellungen bedingen eine vorwiegend theoretische Orientierung dieser Reihe. Dabei sollen in der Regel Theorien größter Reichweite und Integrativität wie die Handlungs- oder Tätigkeitstheorie und die Systemtheorie den allgemeinen Rahmen bilden. Empirische Arbeiten sollen jedoch nicht ausgeschlossen sein, insbesondere wenn sie paradigmatischen Charakter für die genannten Theorien besitzen oder wenn sie sich gemäß den Zielen dieser Reihe mit den gesellschaftlichen Bedingungen wissenschaftlicher und praktischer psychologischer Tätigkeit auseinandersetzen.

Die Reihe *Psychologie und Gesellschaft* wendet sich an wissenschaftlich und an praktisch tätige Psychologen, Pädagogen, Soziologen, Sozialarbeiter und Therapeuten, aber auch an gesellschaftspolitisch aktive Bürger, die auf der Suche nach wissenschaftlichen Grundlagen ihrer Arbeit sind. Studierende finden in den einzelnen Bänden wesentliche Informationen, die in den herkömmlichen großen Lehrbüchern meist notgedrungen zu kurz kommen müssen.

In der Reihe können monographische Darstellungen, kritische Übersichten und Sammelbände, Studientexte und Reader erscheinen. Auf eine möglichst verständliche Darstellung wird Wert gelegt.

Prof. Dr. *Michael Stadler*
Psychologisches Institut
der Universität Münster
Prinzipalmarkt 36
D-4400 Münster i. W.

transamericana

# Vorwort

Dies ist nicht das erste Buch gegen den Behaviorismus; große Geister haben mit guten Argumenten gegen ihn gestritten. Daß er dennoch bisher überlebt hat, ist für uns ein Zeichen für seine beherrschende Position, die er in den letzten Jahrzehnten innerhalb der westlichen Psychologie innehatte. Dies ist der Anlaß für die Anwendung des Paradigmabegriffs (sensu *Kuhn*) auf das behavioristische Forschungsprogramm; wir haben uns dabei der wissenschafttheoretischen Rekonzeptualisierung dieses Begriffs innerhalb einer neuen wissenschaftstheoretischen Theorie-Explikation, dem sog. non statement-view (*Stegmüller*) bedient, und zwar in der Form, die *Herrmann* für die Anwendung in nicht-formalisierten (Sozial-)Wissenschaften entwickelt hat. Auf der Grundlage der zunehmenden Schwierigkeiten und Aporien, in die das behavioristische Paradigma seit den 60er Jahren geraten ist, ergibt sich die Ausgangsthese vom Niedergang des Behaviorismus, und d.h. vom Paradigmawechsel im Sinne *Kuhn*s: der Behaviorismus hat sich – wie jedes herrschende Paradigma in der Phase der ‚normal science' – ‚zu Tode gesiegt'. Die Richtung des potentiellen neuen Paradigmas ergibt sich aus der (gemeinsamen) Struktur der kognitions-psychologischen Ansätze, die die empirischen Anomalien des behavioristischen Forschungsprogramms erklären können.

Dabei ist dies auch nicht das erste Buch für eine kognitive Psychologie; aber es versucht doch, diese Perspektive konstruktiv weiterführend und programmatisch auszuarbeiten. Das größte theoretische Entwicklungspotential sehen wir hier in dem Ansatz, der Kognitionen des menschlichen Erkenntnisobjekts als Reflexionen analog zum Selbstbild des Wissenschaftlers auffaßt: also als (subjektive) Theorien. Damit ist hinausgehend über die klassische kognitionspsychologische Perspektive der Inhalt dieser Reflexionen als auch ihr epistemologischer Status (z.B. hinsichtlich des Erkenntniswerts) thematisiert. Wir nennen das im potentiellen neuen Paradigma konstitutive Menschenbild daher epistemologisches Subjektmodell. Unter diesem Subjektmodell lassen sich u.E. alle Ansätze der vorhandenen und prospektiven kognitiven Wende der Psychologie integrieren (Attributionstheorie; naive Verhaltenstheorie etc.). Die These vom Paradigmawechsel impliziert daher für uns auch den Vorschlag des anzustrebenden neuen Paradigmas: einer Psychologie des reflexiven Subjekts. Dieser Vorschlag ist auszuarbeiten durch die Rekonstruktion klassischer Frageperspektiven und Explikation neuer Problemaspekte innerhalb des epistemologischen Subjektmodells.

Kap. I. führt die Ausgangsthese des Paradigmawechsels vom behavioralen zum epistemologischen Subjektmodell aus. Im ersten Teil dieses Kapitels wird die These vor allem im Hinblick auf die Grundzüge, die Kernannahmen der beiden

Paradigmen ausgearbeitet; der zweite Teil setzt sich mit Einwänden gegen die These auseinander und begründet dabei vor allem die Berechtigung der Rede vom Paradigma und vom revolutionären Wechsel zwischen den Subjektmodellen. In den folgenden Kapiteln wird dann versucht, das neue epistemologische Subjektmodell von verschiedenen Perspektiven her auszudifferenzieren. Kap. II. expliziert die Problemstruktur und das Lösungspotential einer Psychologie des reflexiven Subjekts unter dem Aspekt der Rationalität (der Alltagstheorien). Es betrachtet dazu die naiven Theorien vor allem unter den Kriteriendimensionen der Rationalität von Theorien, wie sie die Wissenschaftstheorie entwickelt hat, und integriert so allgemein-, sozial- und differentialpsychologische Aspekte (und Forschungsansätze). Im Kap. III. steht — anhand der pädagogisch-psychologischen Beratungssituation — der Austausch von wissenschaftlichen und naiven Theorien im Vordergrund; es zeigt sich dabei, daß ein epistemologisches Subjektmodell, will man nicht das reflexive Subjekt schon am Anfang des Forschungsprogramms um einige Reflexionsdimensionen reduzieren, eine Behandlung von Werten/Normen und deren Legitimation erzwingt, deren bisher ausgearbeitete Möglichkeiten deshalb zusammenfassend skizziert werden. Kap. IV. stellt sich dem Problem, welche Rolle ein solches Menschenbild in (klinischen) Anwendungsbereichen spielen kann, deren ‚Objekte' gemeinhin nicht gerade als optimal reflexiv einzustufen sind. Dabei entwickelt der erste Teil des Kapitels eine heuristische Strategie zur Auswahl und Kombination von Technologien, die aus den beiden entgegengesetzten Paradigmen stammen; anhand der Frage der Paradigmaeinordnung der Technologien zeigt der zweite Teil auf, daß auch hier durch Adaption kognitiver Implikationen der Paradigmawechsel — wenn auch von vielen Behavioristen noch unbemerkt (Beispiel Selbstkontrolle) — voll manifest ist. Bei der Darstellung dieser allgemein-, sozial-, differential-, pädagogisch- und klinisch-psychologischen Perspektiven des epistemologischen Forschungsprogramms wurden geringfügige Überschneidungen in Form zusammenfassender Wiederholungen toleriert zugunsten der Möglichkeit, daß der an speziellen Teilbereichen interessierte Leser die Kap. II–IV (in Verbindung mit dem grundlegenden Kap.I.) auch einzeln als in sich abgeschlossene Teile lesen kann.

Eine auch nur annähernde Paradigmaexplikation ist heute sicherlich einem einzelnen Autor nicht mehr möglich, deshalb war eine kompetenzakzentuierende Federführung der beiden Autoren für die einzelnen Kapitel nötig. Es zeichnen verantwortlich: *N. Groeben* für Kap. I–III, *B. Scheele* für Kap. IV. Trotz solcher Teamarbeit ist der entworfene Paradigmaaufriß nicht als Sammelreferat zu verstehen, das alle subsumierbare Literatur zusammenfaßt; die Literaturauswahl ist vielmehr nach durchaus persönlicher Gewichtung, vor allem in Bezug auf das von uns wahrgenommene Reformpotential in Richtung auf eine epistemologische Psychologie, vorgenommen.

Das hier vorgelegte und in Grundzügen skizzierte Programm einer Psychologie der Reflexivität ist im Laufe von ca. 5 Jahren entwickelt worden. Der Anfang ist in der Konzeption einer damals noch so genannten ‚Wissenspsychologie' (1972; ansatzweise publiziert in *Groeben* 1974) zu sehen; daran schlossen sich Lehrveranstaltungen, Vorträge und Diskussionspapiere zur Wissenspsychologie, Rationalität als psychologisches Konstrukt, Metatheoretischen Psychologie, Konditionierungs-contra Kognitive Lerntheorie etc. an. Teil A des Kap. I. ist die überarbeitete Fassung eines Berichts aus dem Psychologischen Institut Heidelberg (Nr. 1, 1975: Vom behavioralen zum epistemologischen Subjektmodell: Paradigmawechsel in der Psychologie? – *N. Groeben*). Der Teil B dieses Kapitels stellt praktisch eine Antwort auf die zu diesem Bericht erhaltenen Kritiken, Einwände etc. dar. Kap. II. bietet die Ausarbeitung von entsprechenden Vorträgen an der FU und TU Berlin und Lehrveranstaltungen in Heidelberg (von *N. Groeben*). Für Kap. III. ist ursprünglich Auslöser ein paralleler Beitrag gewesen zu dem Sammelband von *J. Brandtstädter* et al.: Probleme und Perspektiven der Pädagogischen Psychologie, Stuttgart 1977; eine auf die Hälfte reduzierte Version dieses Kapitels erscheint daher auch gleichzeitig im genannten Band. Kap. IV. basiert in Teil A wiederum auf einem Bericht aus dem psychologischen Institut Heidelberg (Nr. 6: Voraussetzungs- und zielspezifische Anwendung von Konditionierungs- vs. kognitiven Lerntheorien in der klinischen Praxis, 1976 *B. Scheele* und *Norbert Groeben*); der zweite Teil bietet auszugsweise eine gedrängte Konzeptstruktur der in Arbeit befindlichen Dissertation von *B. Scheele*.

Die Nachweise dieser Entstehungsgeschichte deuten an, wieviel Anregung und engagierte Kritik wir von Lehrenden und Studierenden bei der Ausarbeitung unserer Gedanken erhalten haben; sie alle hier zu nennen, ist unmöglich. Wir können daher unseren unvermeidbar allgemeinen Dank nur mit der Hoffnung verbinden, daß für jeden erkennbar ist, wie nicht minder engagiert wir die einzelnen Argumente aufgenommen und (soweit uns möglich) konstruktiv verarbeitet haben; außerdem hoffen wir natürlich, daß unsere Thesen für sie ein wenig von wissenschaftlichem Interesse waren, wenn nicht im Sinn des ‚Erkenntnis'fortschritts, so doch zumindest des kognitiven Konflikts.

Ganz konkreten Dank können und wollen wir abstatten: Frau *Renate Schneider*, die durch ihre Arbeitsintensität bei der Herstellung eines druckfähigen Typoskripts die bei Wissenschaftlern üblichen zu optimistischen Zeitvorstellungen tatsächlich in Wirklichkeit umgesetzt hat.

Heidelberg-Ziegelhausen, August 1977

*Norbert Groeben*
*Brigitte Scheele*

# Inhalt

*Ziel und Inhalt der Reihe* .................................... V
*Vorwort* ........................................................ VII

### Kap. I. Vom behavioralen zum epistemologischen Subjektmodell
**I.A. These: Paradigmawechsel in der Psychologie**
1. Metatheoretische Kontroversen als Indikator eines Paradigmawechsels . . 1
2. Das behaviorale Subjektmodell ............................. 6
2.1. Westmeyers ‚Kritik der psychologischen Unvernunft' ............. 6
2.2. Zur Kritik der ‚Kritik' ..................................... 9
2.3. Die zentralen Annahmen des behavioralen Subjektmodells ......... 14
3. Anomalien als Richtungshinweise für den Paradigmawechsel ........ 15
4. Das epistemologische Paradigma ............................ 20
4.1. Lauckens ‚Naive Verhaltenstheorie' ........................... 20
4.2. Die Kernannahmen des epistemologischen Subjektmodells .......... 22
4.3. Entwicklungsmöglichkeiten und -notwendigkeiten ............... 25

**I.B. Verteidigung: Paradigmawechsel oder Forschungsprogrammkonkurrenz?**
5. Behaviorismus als Paradigma ............................... 34
5.1. Die Geschlossenheit des behavioristischen Forschungsprogramms .... 37
5.2. Die ‚Herrschaft' des behavioristischen Paradigmas ................ 42
6. ‚Revolutionäre' Aspekte des epistemologischen Subjektmodells ...... 48
6.1. Die ‚neue' Problemdimension ............................... 48
6.2. Neue wissenschaftstheoretisch-methodologische Zielvorstellungen:
    das dialog-konsenstheoretische Wahrheitskriterium ............... 51
7. Paradigmawechsel contra -konkurrenz ....................... 59

### Kap. II. Metatheoretische Perspektiven von Reflexivität: Rationalität als psychologisches Konstrukt
1. Selbstanwendung als heuristisches Prinzip: Rekonstruktion von
   Reflexivität als Theorie ..................................... 65
2. Strukturen subjektiver Theorien: Frageperspektiven einer Psychologie
   der Rationalität ........................................... 72
2.1. Begriffsaufbau, -definition, -explikation ........................ 72
2.2. Begründung in Argumentationssystemen ....................... 78
2.3. Einfachheit und Systematik von Alltagstheorien ................. 86
2.4. Die Falsifikationskrise und ihre Lösung(en) ..................... 90
2.5. Evolutionäre vs. revolutionäre Entwicklung subjektiver Theorien .... 95
2.6. Epistemologisch-kognitive Theorie von Verhalten und Emotion? .... 98
3. Konsequenzen für und Rückwendung auf Wissenschaftsstruktur(en) .. 105
3.1. Informationsgehalt und Einfachheit im Austausch von subjektiven
    und objektiven Theorien ................................... 105
3.2. Rückwendung und Anwendung: menschliche Wissenschaft! ....... 109
3.3. Eine Modellskizze rationaler Erklärung ........................ 114

**Kap. III. Normenkritik und -begründung als Voraussetzung und Ziel des Austauschs von objektiven und subjektiven Theorien**

1. Zur Begründung von Normkritik und -begründung .............. 122
1.1. Vakuumthese ........................................... 122
1.2. Unvermeidbarkeit von Wertung in der Wissenschaft........... 125
1.3. Wirkungsschwierigkeiten ‚werturteilsfreier' Technologien......... 131
1.4. Paradigmawechsel: Austauschperspektive ................... 136
2. Programmatische Aspekte der Normkritik und -begründung: Grundstruktur............................................ 140
2.1. Ziel-Mittel- und Grundwertlegitimation: zwei Stufen ........... 140
2.2. Exkurs: Der Beitrag verschiedener Forschungsrichtungen......... 144
2.3. Aufbau................................................. 147
3. Zweckrationale Ziel-Mittel-Argumentation .................... 149
3.1. Empirische Fragen: Situationseinschätzung, Mittelbrauchbarkeit und -erweiterung ........................................ 149
3.2. Zielfragen: Präzision, Kohärenz, Konflikt .................... 157
4. Wert(ungs)-Kritik und -Legitimation ......................... 162
4.1. Wertigkeit von Handlungen ................................ 162
4.2. Metanormen (Normen zweiten Grades)...................... 167
4.3. Grundwertlegitimation: Diskursmodelle ...................... 170
4.4. Möglichkeiten und Grenzen beratender Legitimation/Rechtfertigung .. 174
5. Austausch als kritischer Diskurs............................. 176

**Kap. IV. Grenzen einer Psychologie der Reflexivität: in der Therapie?**

IV.A. Voraussetzungs- und zielspezifische Anwendung von Konditionierungs- vs. kognitiven Lerntheorien in der klinischen Praxis

1. Das Indikationsproblem und Erkenntnisfortschritt durch Paradigmawechsel ........................................ 182
1.1. Das Indikationsproblem.................................... 182
1.2. Paradigmawechsel als Erkenntnisfortschritt ................... 183
2. Bereichs-/Problemabgrenzung als Heuristikstrategie der Anwendungsoptimierung................................... 188
2.1. Dimensionen zur Bereichs-/Problemcharakterisierung ........... 188
2.2. Problemspezifischer Einsatz von verhaltenstheoretischen vs. kognitiven Technologien................................... 196
2.3. Beispiele für die heuristische Fruchtbarkeit ................... 202
3. Die Frage der Paradigma-Einordnung von Technologien .......... 206

IV.B. Paradigmawechsel ‚without awareness': Selbstkontrolle

4. Paradigmaprovenienz gleich -zugehörigkeit? – das Beispiel Selbstkontrolle ............................................... 208
5. Aspekte der Grenzüberschreitung: zum epistemologischen Subjektmodell................................................. 212
5.1. Selbstbeobachtung........................................ 212
5.2. Selbstevaluation.......................................... 219
5.3. Selbstverstärkung......................................... 227
6. Für einen bewußten Paradigmawechsel....................... 232

Literatur..................................................... 235
Sachregister.................................................. 248

# KAP.I. VOM BEHAVIORALEN ZUM EPISTEMOLOGISCHEN SUBJEKTMODELL

## I.A. THESE: PARADIGMAWECHSEL IN DER PSYCHOLOGIE!

### 1. METATHEORETISCHE KONTROVERSEN ALS INDIKATOR FÜR EINEN PARADIGMAWECHSEL?

Die Psychologie als Einzelwissenschaft ist im Laufe ihrer kurzen, aber ereignisreichen Geschichte - auch und gerade in Deutschland - immer durch ein waches Problembewußtsein hinsichtlich ihrer eigenen (Wissenschafts-)Konzeption und entsprechende wissenschaftstheoretische/methodolgische Kontroversen gekennzeichnet gewesen: vom Streit über 'Ausfrageexperimente' (WUNDT 1907; 1908) bis zur 'Verstehenspsychologie' (SPRANGER 1926), von BÜHLERs 'Krise der Psychologie' (1927) bis zu WELLEKs '33 Jahre danach' (1959) usw.. Eine Geschichte dieser Kontroversen wäre weitgehend mit der Geschichte der unterschiedlichen Gegenstandskonstituierungen innerhalb der Psychologie identisch. Die Vorherrschaft bestimmter Positionen ermöglicht natürlich auch Phasen relativer Ruhe (zwischen diesen 'Krisen') - in (West)Deutschland z.B. die Zeit nach dem 2. Weltkrieg bis Ende der 60er Jahre: Die deutsche Psychologie war bemüht, das Defizit aus den Jahren des Dritten Reichs in der Nachfolge der anglo-amerikanischen Forschung aufzuholen - Empirismus im Sinne des (methodologischen) Behaviorismus entwickelte sich zum beherrschenden Forschungsmodell. Die vor allem dagegen opponierende Richtung, die sog. Ganzheitspsychologie, war durch ihre angepaßte Rolle während des dritten Reichs historisch desavouiert und konnte sich schon deswegen kein Gehör verschaffen. So kam der Gegenschlag zu diesem an den Naturwissenschaften ausgerichteten Empirismuskonzept von der Seite der hermeneutisch-dialektischen bzw. marxistischen Wissenschaftskonzeption: ausgehend von den wissenschaftstheoretischen Kontroversen in der Soziologie (sog. Positivismusstreit; vgl. ADORNO et al. 1969) manifestierte sich die 'Positivismuskritik' (zunächst besonders im Rahmen der Studentenbewegung der ausgehenden 60er Jahre) auch innerhalb der Psychologie (vgl. GRAUMANN 1969; HOLZKAMP 1969) und führte zu parallelen metatheoretischen Disputen über die Wissenschaftskonzeption der Psychologie (Theoriediskussion in der Z.f.Sozialpsychologie; s. HOLZKAMP 1972; ALBERT&KEUTH 1973; BROCKE et al. 1973 etc.).

Folgt man dem KUHNschen Modell der Entwicklung wissenschaftlicher Theorien (1967), so sind solche umsichgreifenden metatheoretischen Kontroversen ein Anzeichen für eine "Periode verstärkter fachwissenschaftlicher Unsicherheit" (1967, 98), die den Untergang eines bisher herrschenden Forschungsparadigmas begleitet und einen möglichen 'revolutionären' Paradigmawechsel ankündigt. Denn 'normale Wissenschaft' ist nach KUHNs wissenschaftshistorischen Analysen keineswegs mit dauernder, unermüdlicher Kritik verschiedener Theorien aneinander, sondern nur mit der Ausarbeitung einer übermächtigen Theorie, eben des herrschenden Paradigmas, beschäftigt (1967, 28ff.); dabei wird versucht, die durch diese Theorie erklärbaren Phänomene immer präziser und detaillierter zu erforschen, der Präzisierung nützliche Methoden und Instrumente zu entwickeln, die Geltungsbreite der Theorie möglichst auszuweiten etc.: normale Wissenschaft ist ein kumulatives Unternehmen im Sinne des 'Lösens von Rätseln', die durch das herrschende Paradigma gestellt werden. Dieses erwächst aus dem Anspruch, den Phänomenen in Erklärung und Voraussage einen umfassenden Sinn zu geben: das Paradigma umfaßt metaphysische, soziologische und operativ-konstruktive Dimensionen (MASTERMAN 1970, 61ff.). Es manifestiert sich in konkreten Problemlösungsfällen ('Musterbeispiele' - KUHN 1972, 298ff.), nach denen in der Praxis Rätsellösungen modelliert werden (vgl. SPIEGEL-RÜSING 1973, 63) und wirkt im wissenschaftssoziologischen und -theoretischen Kräftefeld als 'disziplinäre Matrix' (KUHN 1972, 294; 1977, 389ff), die "allgemein akzeptierte symbolische Generalisationen, heuristische und metaphysische Modelle, anerkannte Werte wie Präzision, Einfachheit, Voraussagbarkeit etc." umfaßt (SPIEGEL-RÖSING 1973, 63). Die paradigmageleitete 'normale' Wissenschaft arbeitet also zentral am Ausbau der jeweiligen 'Musterbeispiele' und ihrer Anwendung, führt aber gerade dadurch auf lange Sicht zur Aufhebung des zugrundeliegenden Paradigmas: denn durch die zunehmende Präzision der paradigmageleiteten Erwartungen wächst die Wahrscheinlichkeit der Entdeckung von Anomalien, Erklärungslücken etc. (1967, 88ff.). Häufen sich diese, so entsteht ein Bedürfnis bzw. Druck, das herrschende Paradigma (und damit weite Teile der 'normalen' Wissenschaft) zu verändern, aufzugeben, durch neue (Paradigma-)Theorien zu ersetzen. Das eben führt u.a. auch zu ausgedehnten metatheoretischen Kontroversen als 'Begleitumstand jeder Krise' (KUHN 1967, 106). Denn ein Paradigmawechsel ist revolutionär: weil sich nicht nur die Interpretation von Daten, sondern auch ihre Erfahrung ändert (1967, 158ff. - einschließlich der Beobachtungs- und Meßoperationen -), weil damit auch gleichzeitig ein Wechsel der methodologischen Kriterien und Konzepte involviert ist (vgl. SCHEFFLER 1967, 84) und, last not least, Paradigmadebatten immer um die zentrale Frage kreisen: "Die Lösung welcher Probleme ist bedeutsamer?" (KUHN 1967, 150). Da genau diese *Fragen nach der unterschiedlichen Gewichtung von Problemen, nach dem Wechsel methodologischer Kriterien und nach der Gegenstandskonstituierung durch Beobachtungs-/ Meßoperationen* im Zentrum der oben genannten metatheoretischen Debatten stehen, läßt sich auf dem Hintergrund des KUHNschen

Wissenschaftsmodells die wissenschaftshistorische Hypothese aufstellen, daß sich damit der Niedergang des herrschenden Paradigmas ankündigt (das schlagwortartig als behaviorales Subjektmodell bezeichnet werden soll - Ausdifferenzierung s.u.2. -).

Nun ist allerdings dieses Modell der (revolutionären) Wissenschafts- bzw. Theorienentwicklung besonders vom kritischen Rationalismus aus heftig angegriffen worden (vgl. LAKATOS&MUSGRAVE 1970; komprimierter Überblick in GROEBEN&WESTMEYER 1975, 19off.). Besonders der implizite Irrationalismus des KUHNschen Modells ist kritisiert worden, der durch die These von der Inkommensurabilität von Theorien entsteht: Theorien sind danach in sich geschlossen und gegeneinander abgeschlossen, da jedes Paradigma nicht nur eine eigene Weltsicht, sondern auch eine eigene Erfahrung (HANSON 1961; Grundlage ist die radikale These der Theorieabhängigkeit von Beobachtung, vgl. FEYERABEND 1970; 1970 a; BOHNEN 1972; SCHEFFLER 1967; KORDIG 1972; GROEBEN 1975) sowie methodologische Kriterien impliziert. Dadurch aber ist ein Paradigmawechsel nicht mehr durch rationale Argumentation zu erzwingen, sondern eher eine Frage der Konversion (KUHN 1967, 2oo). Der Irrationalismus solchen Theorienmonismus reduziert nach der Kritik der kritischen Rationalisten die Wissenschaftstheorie zu einer sozialpsychologischen Analyse der Beharrungs- und Konversionsphänomene wissenschaftlicher Gemeinschaften (LAKATOS 1970, 93). Demgegenüber hält der kritische Rationalismus an der Forderung nach einer rationalen Methodologie im Sinne des Aufstellens und (empirischen) Überprüfens alternativer Theorien fest (vgl. besonders das Modell des progressiven/degenerativen Theorienwandels von LAKATOS 1970, 91ff.). Danach wäre eine permanente Theorienkonkurrenz anzustreben und entsprechende Kontroversen keinesfalls als Anzeichen für einen krisenhaften Paradigmauntergang anzusetzen. Allerdings ist dieser Rationalitätsanspruch wiederum - überraschend von seiten der analytischen Wissenschaftstheorie - als überzogen und unrealistisch kritisiert worden: STEGMÜLLER hat in Weiterführung von Gedankengängen SNEEDs nachzuweisen versucht, daß hinter KUHNs wissenschaftshistorischen Analysen auch ein neues wissenschaftstheoretisches Konzept steht: der 'non statement-view' von Theorien (STEGMÜLLER 1973). Danach sind Theorien nicht mehr als ein System von Sätzen/Aussagen, sondern als 'begriffliche Gebilde' anzusehen, in Bezug auf die eine Rede von Falsifikation nicht sinnvoll ist (STEGMÜLLER 1973,106).

Das 'begriffliche Gebilde' ist bei STEGMÜLLER ein "mengentheoretisches Prädikat S, durch dessen Einführung die Theorie axiomatisiert wird" (49); diese (mathematische) Grundstruktur einer (non statement) Theorie wird immer beibehalten, auch wenn durch die Einführung spezieller Gesetze neue Anwendungsmöglichkeiten der Theorie abgeleitet werden (96ff.). Der negative Ausgang einer empirischen Überprüfung bedeutet folglich keine Falsifikation der Theorie, sondern lediglich das Scheitern eines Anwendungsversuchs (1o5) - man revidiert die speziellen Gesetze, nicht aber die Theorie. So erklärt sich völlig stringent die KUHNsche Auffassung, daß bei normaler Wissenschaft die Theorie (das Paradigma) konstant bleibt, während sich die Überzeugungen der Wissenschaftler ändern können (STEGMÜLLER 1973, 18off.). Da eine Falsifikation den Strukturkern der Theorie nicht berührt (193), ist es durchaus rational, sich von weiteren Anwendungen der Theorie möglichen Erfolg zu versprechen. *Unter dem Aspekt des non statement-view ist die Theorie* (wie KUHN es behauptet) in der Tat *nur ein (begriffliches) Instrument, das durch Falsifikation der damit abgeleiteten Hypothesen nicht in Mitleidenschaft gezogen wird und deshalb durch alternative Theorien nur verdrängt, nicht im stringenten Sinn kritisiert werden kann* (15f.; 244ff.). Theorien werden nicht, wie es der kritische Rationalismus unter der Perspektive der Aussagenkonzeption kritisiert, immunisiert, sie sind immun! Die rationalistische Kritik impliziert einen "überspannten (unmenschlichen) Rationalismus" (299).

Läßt sich dieser non statement-view (von Theorien) im Bereich der Psychologie anwenden, so kann man an der (wissenschaftshistorischen) Hypothese des durch die metatheoretischen Kontroversen indizierten Niedergangs des klassischen behavioristischen Paradigmas festhalten und darüber hinaus auf dem Hintergrund dieser Perspektive eventuell die zentralen Paradigmadimensionen - auch des potentiellen neuen Subjektmodells - präziser fassen. STEGMÜLLER selbst beschränkt den non statement-view explizit auf 'ausgereifte und damit axiomatische, formalisierte physikalische Theorien' (12off.). Davon abweichend hat HERRMANN diese Perspektive "analogisierend" (1974, 2) auf psychologische 'Forschungsprogramme als Problemlösungsprozesse' angewandt (3ff.). Dabei ist jedes Problem, analog zum Strukturkern von Theorien unter dem non statement-view "mit einem Annahmenkern unlöslich gekoppelt" (6). Dieser Annahmenkern manifestiert sich vor allem "im Bild, das man sich vom Ist-Soll-Unterschied" innerhalb bestimmter "Informationsbereiche" ('domains' nach SHAPERE 1973) macht (HERRMANN 1974, 7): die *Annahmen über mögliche vs. tatsächliche Zustände eines 'Gegenstands'bereichs, über Zustandsüberführungen etc. stehen in einem bestimmten Kernbereich bei der Erforschung bzw. Lösung von Problemen also "selbst nicht zur Disposition"* (8). Wollte man sie revidieren, hätte sich das thematische Problem aufgelöst; Forschungsprogramme als Problemlösungsprozesse werden daher unter Voraussetzung solcher Kernannahmen Zustandsüberführungen etc. innerhalb eines - durch die Kernannahmen vorab charakterisierten - 'Gegenstandsbereichs' anstreben. HERRMANN schlägt zur Rekonstruktion von Annahmekernen das "Verfahren versuchsweiser Annahmenelimination" vor, das zeigen soll, ob durch die Ausschließung bestimmter Annahmen das Problem selbst verschwindet, aufgelöst wird - solche Annahmen wären dann als Kernannahmen zu akzeptieren (8f.). Bei der Anwendung von Kernannahmen kann man über Zusatzannahmen dann nach HERRMANN sogenannte Sekundärannahmen ableiten, die empirisch überprüfbare Hypothesen, Erwartungen, Prognosen etc. implizieren (1of.: Problemlösung im engeren Sinn); widersprechende empirische Evidenzen können zur Revision von Zusatzannahmen, Sekundärannahmen etc. führen, zwingen aber nicht zur Aufgabe der Kernannahmen, was schon aus der 'begrifflichen Natur' des Annahmekerns folgt (11). Allerdings läßt sich natürlich auch die Möglichkeit der Problemersetzung (als zweiter Typ von Problembewältigung) denken, für die HERRMANN besonders drei Ausgangssituationen herausgearbeitet hat: Rezeption außerwissenschaftlicher Probleme, als Konsequenz aus langfristig erfolglosen Kernanwendungen, sowie Umstrukturierung eines Problems aus einem anderen Forschungsprogramm (13ff.). Wie bei STEGMÜLLERs Explikation des non statement-view gilt, daß verschiedene Problemstellungen mit unterschiedlichen Kernannahmen nicht in 'echter Konkurrenz' zueinander stehen, d.h. daß zwischen Theorien mit verschiedenen Annahmenkernen "nicht aufgrund empirischer Information strikt entschieden" werden kann (16); damit sind aber nicht *die nomologischen Prinzipien der Wissenschaftstheorie* unter dem klassischen Aussagenaspekt gänzlich außer Kraft gesetzt, sie *sind* lediglich *auf die Anwendungen* (von Annahmenkernen), *d.h. die Zusatz- und Sekundärannahmen als Gesetzeshypothesen, beschränkt* (18). Hier legt HERRMANN praktisch ein 3-Bereichs-Modell wissenschaftlicher

Forschungsprogramme vor; es ist zu unterscheiden zwischen: Problemstel--
lungen, die zentral aus Annahmenkernen 'begrifflicher Art' bestehen -
Anwendungen solcher Annahmenkerne, die (klassisch) theoretische
Aussagensysteme generieren - empirischen Überprüfungen, repräsentiert
in Beobachtungs- bzw. empiristischer Grundsprache (nach HEMPEL
1973; vgl. STEGMÜLLER 1973, 29f.), die nur die Anwendungen,
nicht aber die Annahmenkerne tangieren können. Nach unserer Meinung
ist dieses 3-Bereichs-Modell für wissenschaftshistorische Analysen
heuristisch außerordentlich wertvoll, weil dadurch u.a. deutlich
wird, daß z.B. *Gegenstands- bzw. Paradigmadebatten in der Psychologie
nicht auf der Grundlage* von empirischen Evidenzen bzw. *empirischer
Kritik* an theoretischen Aussagen strikt entscheidbar sind, *sondern*
in den Bereich der Problemdefinition, und d.h. der Explikation
von Annahmenkernen fallen. Unter dieser Voraussetzung ist eine
Paradigmadebatte *dann am rationalsten* geführt, *wenn man Überzeugungs-
gründe zusammenstellt, die rechtfertigen, warum eine bestimmte
Problemstellung (Annahmenkern) bedeutsamer, ergiebiger etc.
sei als eine alternative andere* - ohne sich der Täuschung hinzugeben,
daß solche Überzeugungsgründe/Rechtfertigungen wissenschaftslogisch
einen Paradigmawechsel erzwingen könnten. In Form eines so präzisierten
Vorgehens möchten wir die These vom potentiellen Niedergang des
behavioristischen Paradigmas begründen, indem wir Gründe für einen
Paradigmawechsel: vom behavioralen zum epistemologischen Subjektmodell
herauszuarbeiten versuchen. Da eine umfassende Diskussion der Paradigmen für eine Thesen-Behauptung zu komplex und unhandlich wäre,
sollen die beiden Paradigmen anhand von zwei beispielhaften Monogra-
phien der letzten Jahre eingeführt werden.

*2. DAS BEHAVIORALE SUBJEKT-MODELL*

Parallel zu der 'analogisierenden' Perspektive bei der Anwendung des
non statement-view in der Psychologie wird hier auch der Terminus
'Modell' nicht im Sinn eines formalisierten, präzisierten Modellbe-
griffs benutzt, sondern als Synonym für die 'Muster'-Komponente des
KUHNschen Paradigmakonzepts, in der sich nach dem Verständnis der
Nicht-Aussagenkonzeption sowohl die Kernannahmen der Gegenstandsper-
spektive als auch die Wissenschaftskonzeption manifestieren.

2.1. WESTMEYERs 'Kritik der psychologischen Unvernunft'
WESTMEYER hat in seiner 1973 vorgelegten 'Kritik der psychologischen Unvernunft' versucht, mit dem Organon der modernen ana-

lytischen Wissenschaftstheorie (Widmung für STEGMÜLLER) und
auf der Grundlage des bisher erfolgreichsten behavioristischen
Theorieansatzes (Widmung für SKINNER) alle nicht-behavioristischen
Wissenschafts- und Gegenstandskonzeptionen in der Psychologie
noch einmal - und möglichst endgültig - als unvernünftig zu
kritisieren. Da der radikale Anspruch dieser Kritik (vorwiegend
am 'Mentalismus') z.T. aus den "goldenen Zwanzigern des Frühbehavioris-
mus" zu stammen scheint (HERRMANN 1974 a, 147), aber mit den
stärksten Mitteln heutiger Wissenschaftslogik eingelöst werden
soll, eignet sich dieser Ansatz optimal, um an ihm die Kernannahmen
des behavioralen Subjekt-Modells herauszuarbeiten.

WESTMEYER macht ganz eindeutig klar, daß auch der behavioristische
Ansatz im Hinausgehen und -fragen über Alltagswissen gesellschaftlich determinierte Menschenbilder (der dialektische Hermeneutiker
würde sagen Ideologien) überwinden will (7f.); das geht für
ihn jedoch nur, wenn nicht ein bestimmtes Menschenbild - der
empirischen Forschung vorgeordnet - vorausgesetzt wird, sondern
wenn 'neue, unerwartete Perspektiven' je nach den wissenschaftlichen
Bemühungen der Forscher akzeptiert werden. Folgerichtig muß
für dieses Programm die Wissenschaftskonzeption (und -definition)
der Frage nach dem Gegenstand vorgeordnet sein: WESTMEYER expliziert diese Konzeption über die Ziele der "Erklärung, Vorhersage
und Kontrolle der Ereignisse" des Gegenstandsbereichs der Psychologie
(14ff.). Erklärung und Prognose werden im Sinn des Hempel-Oppenheim-
Erklärungsschemas und seiner Weiterentwicklungen verstanden
(vgl. z.B. zur Unterscheidung von notwendigen und hinreichenden
Bedingungen innerhalb des Erklärungsmodells, die für WESTMEYERs
Typ der 'wie-es-möglich-war, daß-Erklärung' konstituierend ist,
bereits WRIGHT 1971). Dann erweist sich Kontrolle als ein abgeleitetes
Ziel, nämlich als "Voraussetzung für die Verwirklichung" von
Erklärung und Prognose (31). Bezüglich der Gegenstandskonzeption
stellt WESTMEYER zunächst fest, daß sie bei Definitionen wie:
"Psychologie ist die Wissenschaft vom Verhalten" ihrerseits
abhängig ist von der Definition des Verhaltensbegriffs (er behandelt
entsprechend der behavioristischen Paradigmaausrichtung nur
Verhaltensbegriffe; 33ff.). Die Analyse der (SKINNERschen) Verhaltenstheorie führt zu einer Kennzeichnung des Objektbereichs durch
fünf Grundbegriffe: 'Reaktionen, .. Reize, Zeitpunkte, Personen,
Situationen und Zahlen.' "Das Ziel der Verhaltenstheorie ist
die Erklärung und Prognose von bedingten Auftrittswahrscheinlichkeiten
von Reaktionen" (81). Die zentralen, mit diesen Grundbegriffen
arbeitenden Konzepte, Theoreme etc. der Verhaltenstheorie werden
von WESTMEYER durch Formalisierung präzisiert und analysiert;
dabei weist er - als wichtigste Ergebnisse - die (schon oft
beklagte, vgl. SKOWRONEK 1969, 37) Zirkularität des Gesetzes
des operanten Konditionierens (53ff.) und daraus folgend die
Suche nach allgemeinen Verstärkerhypothesen als 'vorrangiges
Forschungsziel' nach (66). Eine vollkommene Erklärung individueller
Reaktionen ist allerdings nur durch Einbeziehung idiographischer
Verstärkerhypothesen möglich, die SKINNERsche Verhaltenstheorie
integriert dadurch den nomothetischen und idiographischen Ansatz
(83), wobei für die strenge Prüfung der Verhaltensgesetze auf
jeden Fall das Experiment 'die Methode der Wahl' ist (84). Vollständige historisch-genetische Erklärungen auf der Grundlage von
Sukzessionsgesetzen (93ff.: z.B. inklusive der Entwicklung von
sekundären aus primären Verstärkern, 73ff.) erfordern dann die
Rekonstruktion bzw. Kontrolle der "gesamten Verhaltensgeschichte
eines Individuums" (78). Da bisher eine solche Kontrolle in
der Alltagsrealität (noch?) nicht gegeben ist, sind z.Z. nur

unvollkommene Erklärungsversuche möglich (88; 97f.); entsprechend ist eine Anwendung der Verhaltenstheorie im Alltag nur durch eine Angleichung der Alltags- an die experimentelle Realität möglich (98; WESTMEYER nennt hier als z.Z. mögliches Beispiel: 'personzentrierte Langzeitstudien unter möglichst weitgehender Bedingungskontrolle', z.B. bei stationärer Behandlung). Eine Maximierung der Kontrolle (in der Alltagswelt) ist Voraussetzung für die technische Relevanz (von Wissenschaftsanwendung), und ohne technische Relevanz ist keine emanzipatorische möglich (132), weil nur 'wahre' (bewährte, informationshaltige) Theorien zur Selbstaufklärung und nicht Selbsttäuschung (in neuer Ideologieverhaftetheit) führen kann (genauso auch MÜNCH 1973, 126ff; 151). Über die Präzisionsanforderung an wissenschaftliche Sprache, vor allem über eine Kritik der These von der Umgangssprache als oberste Metasprache (1o4ff.), wird die Sprache der Verhaltenstheorie als die optimale Möglichkeit für eine wissenschaftliche Psychologie herausgestellt; besonders sogenannte mentalistische Begriffe, die WESTMEYER als mit essentialistischen Tendenzen verbunden ansieht (1o7ff.), werden als unnötig kritisiert (11o): die Kriterien zur Präzisierung von mentalistischen Begriffen in einer exakten Wissenschaftssprache laufen praktisch auf eine Reduktion auf das verhaltenstheoretische Begriffsrepertoire hinaus.

Ein Verdienst von WESTMEYERs Analyse ist es auf jeden Fall, daß er - ganz im Sinn von KUHNs 'normaler Wissenschaft' - das behavioristische Paradigma präzisiert und damit klarer/eindeutiger beurteilbar gemacht hat. Besonders relevant ist hier die präzise Definition des Verhaltensbegriffs, die eine genaue Festlegung der verhaltenstheoretischen Gegenstandskonzeption erlaubt, der Nachweis des 'Gesetzes' der operanten Konditionierung als "Korrelar der bedingten Definition des Verstärkerbegriffs" (53) mit den genannten Konsequenzen für die Aufstellung von Verstärkerhypothesen, die Explikation des Begriffs der genetisch-historischen Erklärung auf der Grundlage von Sukzessionsgesetzen, die zumindest einige verkürzende Behauptungen über die (notwendigen oder selbstgewählten) Grenzen nomothetischer Wissenschaft aus marxistischer Richtung (vgl. HOLZKAMP 1972; aber auch bereits kritisch dazu ECKHARDT 1973, 5off.) korrigieren können, und letztlich die eindeutige Stellungnahme zur Beziehung von Alltags- und experimenteller Realität unter dem Ziel der Steigerung von praktischer Relevanz (verhaltenstheoretischer Forschung). Durch diese Präzisierung des behavioristischen (Forschungs-)Paradigmas werden die Festlegungen recht eindeutig einkreisbar, die als Kernannahmen bezüglich der methodologischen wie Gegenstands-Konzeption anzusehen sind. Gerade die (z.T. aggressive) Kritik am 'mentalistischen' Standpunkt macht den behavioristischen Annahmenkern in der Abgrenzung zu anderen Annahmenstrukturen deutlich; die Präzisierungsversuche

erfüllen dabei z.T. eine analoge Funktion wie das Konzept der
tentativen Annahmenelimination nach HERRMANN, indem durch sie
der in sich und methodologisch widerspruchsfreie Kern von Annahmen
herausgefiltert wird. Das muß Vertretern alternativer Paradigmen
ganz natürlich wie ein "Rückzug", ein 'Herunterbringen der Psychologie'
(HOLZKAMP 1974, 157) erscheinen; doch die wissenschaftstheoretische
Analyse des non statement-views hat gezeigt, daß man mit Rückgriff
auf alternative Annahmenstrukturen (und damit im Sinne HERRMANNs
Problemstellungen) die weitere Anwendung dieses Paradigmas nicht
als irrational dekuvrieren kann. Die Kritik an der WESTMEYERschen
Paradigmaexplizierung kann nur die Funktion beanspruchen, durch
Absetzung von alternativen Annahmemöglichkeiten die Kernannahmen
herauszukristallisieren; diese Kritik ist in den Grundzügen
mit den aus mannigfachen Kontroversen bekannten Vorbehalten
der kognitiven Psychologie gegenüber der behavioristischen Position
identisch und braucht daher nur in den Grundpositionen angesprochen
zu werden:

2.2. Zur Kritik der 'Kritik'.

Der erste Kritikpunkt bezieht sich auf die Tatsache, daß das
behavioristische Forschungsparadigma in der Tat, wie bei WESTMEYER
explizit entwickelt, von der Wissenschaftskonzeption bzw. -definition
ausgeht und de facto nur Gegenstandsdefinitionen (Verhaltensbegriffe)
zuläßt, die diesen vorausgesetzten Wissenschaftsanforderungen
entsprechen können. Dabei wird ein eindeutig von der Naturwissenschaft
übernommenes Wissenschaftsideal angesetzt (bei WESTMEYER explizit
S.12ff., vgl. auch SKINNER 1948; 1973) und auf diese Weise der
implizierte Rationalitätsbegriff weithin an Exaktheitsanforderungen
gekoppelt (WESTMEYER 1973, 8, 13, 4off., 92, 98, 1o4ff.; SKINNER
1973). Die These, daß für die Sozialwissenschaften solche (naturwissenschaftlichen) Exaktheitsanforderungen dysfunktional (weil
der Gegenstandskomplexität nicht angemessen und daher unrealistisch)
sind, ist allbekannt - und umstritten. Wir möchten daher nur
darauf hinweisen, daß es auch durchaus die begründete Auffassung
gibt, eine Trennung in exakte vs. unexakte Wissenschaften sei
gar nicht sinnvoll und eine Einstufung der Naturwissenschaften
als exakt (vs. den unexakten Sozialwissenschaften) schlichtweg
falsch (HELMER&RESCHER 1969, 181ff.; sie führen z.B. Ärodynamik,
Wärmelehre etc. als Beispiel für z.T. unexakte Teilgebiete

der Physik auf). Exaktheit ist nach dieser These vielmehr in
allen Wissenschaften in unterschiedlichen Ausprägungsgraden
vorhanden und nicht für den Begriff der wissenschaftlichen Rationali
tät als konstituierend anzusetzen. Unabhängig von der inhaltichen
Entscheidung in diesen Fragen kann man doch eindeutig festhalten,
*daß für das behavioristische Forschungsparadigma die zentrale
Voraussetzung einer unveränderbaren Vorordnung der Wissenschafts-
(Rationalitäts)konzeption vor der Gegenstandsdefinition/erfassung
(s.o. Verhaltensbegriffe) besteht* (s. auch SCHWAB 1973,248ff.).
Es gibt nur eine Dependenz der Gegenstandsdefinition von der
Wissenschaftskonzeption, keine Interaktion zwischen beiden:
die Methodologie wird in der Forschung sozusagen die unabhängige
Variable, die substantiellen Probleme sind nur abhängige Variablen
(so SMITH 1961, 462; vgl. auch SARGENT 1965; HOLZKAMP 1969).
Solche Vorordnung der wissenschaftlichen (qua Exaktheits-) Rationalitätskonzeption hat seit jeher zu der Frage herausgefordert,
ob dieser Rationalitätsbegriff gegenüber dem psychologischen
Gegenstand in sich widerspruchsfrei durchzuhalten bzw. praktikabel
ist. Bezüglich der konzeptuellen Schizophrenie, in die ein
überzogener Rationalitätsbegriff im sozialwissenschaftlichen
Bereich führen kann (eventuell muß?), bietet gerade die Wissen-
schafts- und Gegenstandspräzisierung der Psychologie (qua SKINNERscher
Verhaltenstheorie) durch WESTMEYER eklatante Beispiele: so tut
sich bei ihm eine anscheinend unüberbrückbare Kluft zwischen
Ethik und Rationalität bezüglich der (unter dem Aspekt der Wissenschaftlichkeit als notwendig explizierten) Angleichung der Alltags-
an die experimentelle Realität auf: "Eine korrekte Erklärung
und Prognose bestimmter Entwicklungsprozesse würde allerdings
das Aufwachsen in einer völlig kontrollierten Umgebung erfordern!
Das verbietet sich schon aus ethischen Gründen." (78) oder:
"Diese Kenntnis können wir nur erlangen, wenn das Individuum
von Anfang an in einer kontrollierten und programmierten Umgebung
aufwächst, so daß ausschließlich bekannte und registrierte Einflüsse auf sein Verhalten einwirken können .. Das ist natürlich
völlig utopisch und wird - hoffentlich - nie Wirklichkeit. Dennoch spiegelt sich in diesem Bild das der Verhaltenstheorie
zugrundeliegende Rationale." (98).
Eine Rationalität also, die 'hoffentlich nie Wirklichkeit wird'?
Zumindest ein eklatanter Widerspruch zur Mehrzahl der impliziten
und expliziten Wertungen (z.B. hinsichtlich Rationalität/Exaktheit)
von WESTMEYER und Vertretern der behavioristischen Wissenschaftskonzeption generell. Auch bleibt der Zweifel, ob das Ziel einer

'programmierten' Umwelt, "die eine solche vollständige Rekonstruktion zuläßt" (HERRMANN 1974 a, 15o) nicht auch unter Praktikabilitätsgesichtspunkten völlig 'unvernünftig' ist (HERRMANN ebda.). Ob nun aus ethischen oder Praktikabilitätsgründen, die vollständige Erfüllung des 'verhaltenstheoretischen Rationale' erscheint für den menschlichen Bereich weithin ausgeschlossen, und damit auch *die* so vehement eingebrachte *Exaktheitsforderung gegenüber dem psychologischen Gegenstandsbereich weithin uneinlösbar:* denn Modellstudien an Tieren z.B. sind nur durch Zusatzhypothesen auf das menschliche Subjekt generalisierbar (WESTMEYER, 99), die keineswegs einen 'direkten Nachweis' bedeuten (1oo) und daher die Anforderungen 'strenger Prüfung' (99) prinzipiell genauso unterschreiten wie andere unter geringeren Präzisionsanforderungen realisierte Untersuchungen. Das vorgeordnete Rationalitätskonzept des behavioristischen Wissenschafts- und Subjektmodells erscheint aus diesen Gründen der internen Bewertungsdivergenz und (teilweisen) Uneinlösbarkeit dem psychologischen Gegenstandsbereich gegenüber vielen psychologischen Fachwissenschaftlern als überzogen und sozialwissenschaftlichen Problemstellungen unangemessen.

Dem pflegt der behavioristische Wissenschaftler - so auch WESTMEYER - Rekonstruktionspostulate entgegenzustellen, d.h. die Behauptung, daß der durch 'mentalistische' Begriffe gemeinte Phänomen-/Gegenstandsbereich mit Hilfe verhaltenstheoretischer Terme/Theorien genauso gut, wenn nicht besser, abgedeckt (erklärt/rekonstruiert werden kann. Dabei wird gleichzeitig eine Position, die ein 'mentalistisches Vokabular' als notwendig oder verbindlich für Psychologie ansetzt, als Essentialismus kritisiert (1o7ff.). *Der Behaviorist leugnet die 'Notwendigkeit mentalistischer Begriffe', was selbst kein Essentialismus sei:* "Erst wenn der Behaviorist über die These 'Psychologie als Wissenschaft kommt ohne mentalistische Begriffe aus' zu der Behauptung übergeht 'Psychologie verliert ihren Charakter als Wissenschaft, wenn sie mentalistische Begriffe verwendet' und damit ausdrücken will, daß nur das behavioristische Vokabular für den Aufbau psychologischer Theorien zulässig ist, wird er selbst zum Essentialisten." (11o) Genau dieser Übergang aber scheint mir zumindest implizit im behavioralen Subjektmodell angelegt zu sein - und auch in der WESTMEYERschen Kritik der 'mentalistisch-kognitiven Position' (vgl. seine Hinweise auf BERGIUS, KAMINSKI u.a.) als 'psychologischer Unvernuft' vollzogen

(s. auch HOLZKAMP 1974, 56f.). Doch ist zweifellos auch eine nicht-essentialistische Konstituierung/Explikation des behavioralen Subjektmodells möglich (vgl. u. die Anmerkungen zum methodologischen Behaviorismus; 4.3.), für die allerdings weiterhin das Problem offenbleibt, ob die behauptete verhaltenstheoretische Rekonstruktion der mit mentalistischen Begriffen gemeinten Phänomene auch gelingt. Hier war seit jeher in der Behaviorismuskritik der zentrale Gegenstand, an dem sich das behavioristische Rekonstruktions-/Erklärungspotential entscheiden sollte, die Sprache: *in Rückwendung auf den Verhaltenstheoretiker wird* dabei - u.E. zu Recht - *verlangt, daß er sein eigenes (wissenschaftliches) 'Sprachverhalten' rekonstruieren bzw. erklären kann.* Versagt er an dieser vom Vorverständnis her zugleich für den Gegenstandsbereich ('menschliches Subjekt') zentralen sowie vom behavioralen Subjektmodell relativ weit entfernten Stelle, so gilt die prinzipielle Begrenztheit des behavioralen Subjektmodells - zumindest dem Kritiker - als erwiesen. Der bekannteste Versuch, diese prinzipielle Begrenztheit nachzuweisen, stammt von CHOMSKY (1959) in seiner Rezension von SKINNERs 'Verbal behavior' (1957). Er macht dabei an einer Fülle von Beispielen deutlich, daß die Anwendung lerntheoretischer Begriffe/Konzepte auf Sprache diese Begriffe höchstens metaphorisch benutzen kann und damit aus ihrer operationalen Präzision/Verankerung löst (CHOMSKY 1959, 28ff.); diese den 'guten objektiven Klang' (HÖRMANN 1967, 219; vgl. auch die Kritik von BREGER&McGAUGH 1965) der lerntheoretischen Terme nur vortäuschende metaphorisch-zirkuläre Begriffsverwendung leistet im Prinzip nicht mehr als eine alltagssprachliche Reflexion und macht im Umfang des Scheiterns die Notwendigkeit idealistischer ('mentalistischer') Zugangsweisen (für Sprache) deutlich (CHOMSKY 1959, 28). Das grundsätzliche Bestreiten der Möglichkeit einer (vollständigen) behavioristischen Erklärung von Sprachereignissen ist natürlich seinerseits von behavioristischer Seite kritisiert worden (Literatur bei WESTMEYER 1973, 11o); auf diesem Hintergrund fordert WESTMEYER, man sollte den möglicherweise langen Weg solcher behavioristischen Rekonstruktions/Erklärungsversuche "nicht durch dogmatische Verhärtungen sperren - wie es z.B. CHOMSKY .. getan hat -, sondern dem Verhaltenstheoretiker die Chance geben, durch konstruktive Bemühungen das Ziel zu erreichen." (92). Die Perspektive des Paradigmawechsels (unter dem Nicht-Aussagen-Aspekt) entbindet uns hier davon, eine Entscheidung bezüglich der Erklärbarkeit/Nichterklärbarkeit

von Sprachereignissen durch Verhaltenstheorie zu fällen (die
u.U. gar nicht grundsätzlich möglich ist), denn unabhängig davon
ist die Frage legitim: muß der ('mentalistische') Kritiker in
der Tat diese Chance geben - und also auf den Erfolg von Rekonstruktionsbemühungen im Zweifelsfall auch unbegrenzt lange
warten? Unter dem non statement-view von Theorien/Problemlösungsprozessen muß er das nicht: danach kann zwar niemand den Behavioristen irrational nennen, weil er immer wieder bestimmte Anwendungen
seines Paradigmas (auch z.B. im Bereich der Sprachereignisse)
versucht, aber genauso (rational) ist der ('mentalistische')
Kritiker berechtigt davon auszugehen, daß das behaviorale Subjektmodell (in der Psychologie) genug Zeit gehabt hat, seine Fruchtbarkeit
zu beweisen, und daß gerade in Bereichen seiner gescheiterten
Anwendung(en) ein neues Subjektmodell - und damit ein Paradigmawechsel - zu fordern sei. Argumentative Verstärkung erfährt
diese Forderung noch dadurch, daß behavioristische Rekonstruktionspostulate bzw. -versprechen immer nur auf dem Hintergrund des
eigenen Rationalitätskonzepts (s.o.) zu verstehen sind, d.h.
mögliches Rekonstruktionsversagen wird durch Rückgriff auf den
(internen) methodologischen Kriterienkanon immunisiert: alles
Nicht-Rekonstruierbare wird als den Exaktheitsanforderungen
des behavioralen Modells nicht genügend für unwissenschaftlich
erklärt: "Allerdings bietet die Theorie für Begriffe wie Selbst-
und Weltsicht und verborgene Stellungnahmen und Sichtweisen
kein unmittelbares Äquivalent. An ihre Stelle treten bestimmte
Verstärkerhypothesen und Verstärkerzusammenhänge, Verstärkungspläne
und Auftrittswahrscheinlichkeiten von Reaktionen." (WESTMEYER,
128). D.h.: als Problem wird akzeptiert, wofür es (in der behavioristischen Konzeption) eine Lösung gibt! - eine Maxime, die zumindest
für Explikationen des behavioralen Subjektmodells vom WESTMEYERschen
Typus charakteristisch ist, eventuell aber auch für die Geschlossenheit/Inkommensurabilität von Paradigmen generell, die durch
die Verzahnung bzw. das Aufeinanderbezogensein von Theorie und
Erfahrung (Beobachtungstheorie) zustandekommt (vgl. die Inkommensurabilitätsdiskussion: HANSON 1961; KUHN 1967; SCHEFFLER 1967;
FEYERABEND 1970 a; KORDIG 1972; GROEBEN 1975). Wenn einen Forscher
nun aber einmal Probleme von der Art der 'Selbst-, Weltsicht'
etc. zentral interessieren, so kann er diese Problemakzentuierung
nur - wie der non statement-view zeigt , allerdings rational
berechtigt - durch die Generierung und Propagierung eines neuen
Paradigmas erreichen.

## 2.3. Die zentralen Annahmen des behavioralen Subjektmodells.

Auf dem Hintergrund der WESTMEYERschen Präzisierung und ihrer Kritik sind die zentralen (Kern)Annahmen des behavioralen Subjektmodells relativ deutlich geworden (die WESTMEYER auch selbst abschließend - Stichwort: 'Menschenbild' - skizziert): *das behaviorale Subjektmodell fragt nach dem Menschen unter der Kontrolle der Umgebung* (im SKINNERschen Sinn der 'control'): "Wer die Umgebung ändert, ändert das Verhalten, wer das Verhalten ändern will muß die Umgebung ändern." (WESTMEYER, 139) Diese Fragerichtung ist mitbedingt durch die vorgeordnete Wissenschafts-/Rationalitätskonzeption, die mit ihren Präzisions- und Überprüfungsanforderungen die offen/direkt beobachtbaren Ereignisse von menschlichem Verhalten und Umgebung akzentuiert und potentielle internale Autonomie (qua 'mentalistischer' Kenntnis und Kontrolle von Umwelt z.B.) tendenziell ausschließt. "Die wissenschaftliche Analyse des Verhaltens entzaubert den angeblich freien, autonomen, in seinen Einstellungen, Überzeugungen und Werthaltungen von seiner Umwelt weitgehend unabhängigen Menschen .. und verlegt die Kontrolle in die Umwelt." (139; s. auch SKINNER 1973, 21o). Die Umwelt ist dabei durchaus auch soziale Umwelt, unter deren Kontrolle das Subjekt steht: ein Gegengewicht zu solcher Kontrolle kann innerhalb dieses Subjektmodells (und damit innerhalb der behavioristischen Problemstellung) nicht in einem sich-der-Kontrolle-Entziehen oder der Verringerung von Kontrolle bestehen, sondern höchstens in Gegenkontrolle, "die Kontrolle nicht unterdrückt, sondern (bestenfalls) korrigiert." (WESTMEYER, 138) Die Interaktion von Kontrolle und Gegenkontrolle wird dabei als Manifestation der kulturellen Entwicklung postuliert: "Die Evolution einer Kultur ist in der Tat eine Art gigantische Einübung in Selbstkontrolle." (SKINNER 1973, 211) Abgesehen von der Frage der logischen Möglichkeit/Unmöglichkeit (Zirkularität?, s. HOLZKAMP 1974, 158f.) ist aber die Entwicklung solcher Selbst-/Gegenkontrolle praktisch nur in der Form von trial and error zu denken (vgl. die Beispiele bei SKINNER 1973, 132ff.), was den - bewußten - Planungsnotwendigkeiten unseres ökonomischen, ökologischen, gesellschaftlichen etc. Entwicklungsstandes kaum entspricht (vgl. KRAUCH 197o; LENK 1972). Die Verhaltenstheorie erweist sich in der Anwendung auf soziale Gebilde im Kern als die möglichst präzise, lückenlose Erklärung/ Voraussage von Zufall (und dessen

Wirkungen), was auf dem Hintergrund der biologisch-organismischen
Implikationen des Wissenschafts-/Beobachtungskonzepts nicht
erstaunt - dem man aber, wie die Nicht-Aussagen-Konzeption von
Theorien zeigt, auch nicht notwendigerweise folgen muß. *Das behaviorale Subjektmodell ist so durch eine spezifisch widersprüchliche
Polarität gekennzeichnet: auf der Seite des Erkenntnissubjekts
(Forschers) setzt es eine hochgradig aktiv-realisierende Realitäts-
konstruktion* (über Experimente etc.; vgl. die Realisationsdiskussion
bei DINGLER 1931; KUNZ 1957; HOLZKAMP 1968) *voraus, für die
Seite des Erkenntnisobjekts* (qua 'behavioralen Subjekts') *folgt
jedoch gerade aus dieser Realisationsorientierung der Erkenntnishal-
tung die Konstituierung als* hochgradig (bis ausschließlich)
*von der Umwelt abhängiges/konstruiertes Individuum.* Diese dem
behavioralen Subjektmodell notwendig inhärente Widersprüchlichkeit
der Erkenntniskonstituierung zwischen wissenschaftlichem Erkenntnissubjekt (Forscher) und -objekt (Vp; SKINNERs "God's-eye view":
MACHAN 1974,42) ist der Grund dafür, daß *Behaviorismuskritiker*
immer wieder über *die Argumentationsfigur der Selbstanwendung*
(tu quoque) das Ungenügen des behavioristischen Forschungsent-
wurfs zu begründen suchten; zumindest wird auf diesem Hintergrund
die Richtung deutlich, in die sich ein möglicher Annahmenwechsel
bewegen kann: weg von der Kontrolle durch die Umwelt hin zu einer
(kognitiven) Konstruktion von Realität als Problemkonstituierung
eines nichtbehavioralen Subjektmodells.

*3. ANOMALIEN ALS RICHTUNGSHINWEISE FÜR DEN PARADIGMAWECHSEL*

Das KUHNsche Modell des 'revolutionären' Paradigmawechsels geht
davon aus, daß Paradigmakritik forschungspraktisch (qua disziplinäre Matrix innerhalb des sozialen Settings der Forscher) nur
zu 'Krisen'zeiten durchschlägt; diese kommen u.a. dadurch zustande,
daß innerhalb des präzisierenden 'Rätsellösen normaler Wissenschaft' Anomalien bemerkt werden (s.o.), die mit Hilfe des herrschenden Paradigmas nicht erklärt bzw. vorhergesagt werden können.
Die Argumentation für eine Ablösung vom behavioralen Subjektmodell
sollte daher zumindest Hinweise auf solche Anomalien enthalten;
dabei ist klar, daß eine präzise Darstellung/Zusammenstellung
dieser Anomalien erst unter dem entwickelten, potentiellen neuen
Paradigma wird geleistet werden können (auch weil das herrschende
Paradigma an der Verschleierung von Anomalien z.T. interessiert

sein muß - und so lange wie möglich daran arbeitet). Bezüglich der Anomalien des behavioralen Subjektmodells lassen sich zumindest einige vermutlich zentrale Bereiche angeben:
In der Tat haben sich *die auffälligsten Anomaliephänomene* (entsprechend der Bereichskonzentration der Kritik) *auf dem Gebiet des verbalen Lernens* ergeben. Ein klassisches, bereits z.T. (qua Anomalie) aufgearbeitetes Beispiel (vgl. HOLZKAMP 1972 a, 1327ff.) ist das 'awareness'-Problem beim 'operant conditioning' von verbalem Verhalten: es geht hier um die Frage der Einsicht in Verstärkungsvorgänge von Verbalverhalten. Die Grundkonstellation der Versuchsanordnung ist: Vpn werden aufgefordert, möglichst spontan verbale Äußerungen zu produzieren; aus diesen wird vom Vl eine bestimmte Klasse (Tiere, Plurale, Singulare, Meinungsäußerungen etc.) verstärkt (Zustimmung, Nicken etc.). Das mehrfach gesicherte und von der SKINNERschen Verhaltenstheorie vorausgesagte Ergebnis ist, daß sich die Auftretenwahrscheinlichkeit/-häufigkeit der verstärkten Itemklasse erhöht (daß also entsprechende Responses immer häufiger werden). Dabei ist "die Verstärkungswirkung als ein automatischer, quasi mechanischer Prozeß zu betrachten" (HOLZKAMP 1972 a, 1327), der bei allen Organismen (Tauben, Ratten, Menschen) identisch verläuft. Diese implizite Identitätsthese wurde durch nachträgliche Befragung der Vpn zu sichern versucht: in der Tat konnte nur eine Minderheit von Vpn angeben, welche Responseklasse vom Vl verstärkt worden war (nach GREENSPOON 1955). Eine verbesserte Operationalisierung und Erhebungsmethodik der dabei relevanten 'awareness' (Einsicht der Vp in den Zusammenhang zwischen Verstärkung und Responseklasse) führte jedoch zu "dem Befund, daß der behauptete Effekt der Erhöhung der Häufigkeit von Äußerungen der jeweils angesetzten Responseklasse überhaupt nur auftritt, wenn die Vpn den Zusammenhang zwischen Verstärkung und Responseklasse erkannt hatten" (HOLZKAMP 1972 a, 1328). Daß hier die entsprechende subjektive Theorie/Einsicht die notwendige Bedingung für das Eintreten der Ergebnisse ist, zeigt besonders anschaulich das Experiment von DE NIKE (1963), der seine Vpn während des Versuchs berichten ließ, 'was sie über den Versuch dächten' und auf diese Weise sichern konnte, zu welchem Zeitpunkt die Vpn eine Einsicht in den Verstärkungszusammenhang besäßen - und erst von diesem Zeitpunkt ab stiegen die Auftretenshäufigkeiten der verstärkten Responseklasse an!

Interessanterweise zeigt die Entwicklung der Forschung zum 'awareness'-Problem quasi im Mikrobereich genau jene Struktur, die KUHN für den Makrobereich des revolutionären Wechsels von Paradigmen rekonstruiert hat (vgl. RILKE 1975, dem wir hier weitgehend folgen). Zunächst einmal war die automatische, quasi mechanische Verstärkungswirkung gar nicht fraglich; im Gegenteil, auf dem Hintergrund dieser unbezweifelten Voraussetzung wurden die ersten postexperimentellen Interviews durchgeführt, um störende Vp (da aware) aus den Untersuchungen zu eliminieren, damit das Ergebnis nicht verfälscht (!) würde. Dabei ergab sich im Regelfall nur ein recht kleiner Prozentsatz von Vpn mit 'awareness': in einer Zusammenfassung der einschlägigen Untersuchungen bis 1958 gibt KRASNER 5% an. Im Rahmen der in 'normal science' prävalenten Weiterentwicklung und Präzisierung von Methoden wurden allerdings bald die in diesen Studien verwendeten Interviewmethoden kritisiert, und zwar in Bezug auf zwei Aspekte: 1. Zunächst einmal wurde die Sensitivität der sehr allgemeinen Interviewfragen bezweifelt: wenn eine Vp die Intention der Untersuchung und des Vl nicht kennt, ist es unwahrscheinlich, daß sie schon bei relativ allgemeinen Fragen über ihre selbstentwickelten Hypothesen hinsichtlich des Versuchs spricht. 2. Außerdem wurden die Interviews erst nach einer Extinktionsphase erhoben; d h. es wurde nach der Verstärkung einer bestimmten Responseklasse, wie im Konditionierungsexperiment üblich, zunächst die verstärkte Reaktion durch Ausbleiben der Verstärkung wieder gelöscht, erst dann erfolgte das Interview. Auf dem Hintergrund dieser Vorgehensweise ist es durchaus möglich, daß die Vp zunächst die 'richtige' Hypothese über die Verstärker-Response-Relation aufstellt, die sie jedoch in der Extinktionsphase wieder verwirft; es ist dann durchaus verständlich, daß sie im postexperimentellen Interview keine 'falsche' Hypothese berichten will und auf diese Weise die in Wirklichkeit vorhandene 'awareness' unentdeckt bleiben kann.

Nach entsprechender Verbesserung der Interviewmethodik stieg der Prozentsatz der Vp mit 'awareness' erheblich an; doch führt das - natürlich - nicht zur Revision der behavioristischen Position: Wie überall ist auch hier eine exhaurierende Interpretation der Daten und damit eine Vereinnahmung der Ergebnisse in das Paradigma möglich - und die herrschende Theorie ist nach KUHN an solcher Vereinnahmung zur Aufrechterhaltung ihrer 'Herrschaft' ja vital interessiert. Die behavioristische Position leistet diese Vereinnahmung hinsichtlich des 'awareness'-Problems, indem sie die 'awareness' als abhängige Variable auffaßt, die genauso wie das konditionierte Verbalverhalten auch von bestimmten Verstärkerbedingungen (UV) abhängt. Man kann eine solche Abhängigkeit erklären als: - nachträgliche Rationalisierung der Leistung durch die Vp; - Suggestion von Hypothesen durch Hinweise im Interview; - simultane Konditionierung von 'awareness' zusammen mit der Konditionierung der verstärkten Responseklasse (nach SPIELBERGER 1965, 151). Für den Behavioristen ist 'awareness' auf jeden Fall ein verbales operantes Verhalten, das durch dieselben Variablen operanter Konditionierung wie jede andere 'Responseproduktion' beeinflußt wird (so KRASNER&ULMANN 1963,197; dies ist die abschließende Position und Interpretation, die der Behaviorismus im Hinblick auf das 'awareness'-Problem einnimmt, so z.B. auch KANFER in seinem Sammelreferat von 1968). Besonders die oben genannten Ergebnisse der Versuchsanordnung von DE NIKE und SPIELBERGER (sowie beiden zusammen) sprechen aber sehr viel deutlicher dafür, daß die 'awareness' als kognitiver Prozeß Antezedenzbedingung für die Konditionier*bar*keit von verbalem Verhalten (und nicht nur diesem) ist, d.h. daß 'awareness' als unabhängige Variable im verbal conditioning fungiert! Innerhalb einer kognitiven Interpretation wird damit die kognitive Variable 'awareness' zur ausschlaggebenden (notwendigen) Bedingung für die beobachteten Effekte, eine Interpretation, die vor allem durch das Ergebnis von DE NIKE gestützt wird, daß 'Konditionierungserfolge' erst vom Zeitpunkt der 'awareness' an auftreten.

Der Übergang von der Stör- zur abhängigen und dann zur unabhängigen Variable markiert genau jenen Wechsel von der Anomalie zum zentralen thematischen Gegenstand, wie er für einen Paradigmawechsel nach KUHN in Bezug auf die Umgewichtung und Verschiebung der Problemfragen symptomatisch ist. Für den Kognitivisten bleibt bei dieser Interpretation der 'awareness' allerdings das komplementäre Problem, nämlich zu erklären, warum nicht alle Vpn 'awareness' zeigen. Die kognitive Position leistet dies durch zwei Konzepte: 1. die Äußerungsschwelle (vgl. HOLZKAMP 1972a); damit wird der "Grad der Deutlichkeit des erfaßten Zusammenhangs" bezeichnet, "von dem an die Vp tatsächlich über diesen Zusammenhang berichtet" (HOLZKAMP 1972a,1329). Diese Schwelle ist nicht als fixe Größe anzusetzen, sondern durch das Einführen von Belohnungen etc. modifizierbar; damit wird deutlich, daß die Vp auch im Interview 'stimuliert' werden muß, um einen eventuell erfaßten Zusammenhang zu verbalisieren, d.h. die Äußerungsschwelle zu überschreiten. Allerdings wächst damit auch die Gefahr, daß der Vp Äußerungen suggeriert werden. 2. Außerdem hat DULANY (1961; 1968) auf der Grundlage der Feststellung von 'awareness'-Abstufungen durch TATZ (1955) die Unterscheidung von korrekten vs. korrelativen Hypothesen herausgearbeitet; unter korrelativen versteht man solche Hypothesen, die zwar falsch sind, aber trotzdem zu einer erhöhten Häufigkeit von Nennungen aus der 'richtigen' Responseklasse führen. Das ist eben dann der Fall, wenn die Responseklasse,die von der Vp für die richtige gehalten wird, mit derjenigen, die der Vl de facto verstärkt, korreliert (z.B. Mengenausdrücke bei Pluralen). In Verbindung mit diesen Erklärungen hat u.E. die kognitive Interpretation des 'awareness'-Problems gegenüber der behavioristischen eindeutig die größere Erklärungskraft und weist das 'awareness'-Phänomen als eine Anomalie für das behavioristische Paradigma nach.

Selbstredend hält der Behaviorismus an der 'vereinnehmenden' Interpretation ('awareness' als AV) fest, doch gibt es überdies an verschiedenen Stellen des verbalen Lernens weitere gerade durch postexperimentelle Befragung eingebrachte *Evidenzen gegen eine völlige Kontrolle des Individuums durch die (Reiz)Umwelt und für eine zumindest relativ aktive Konstruktion/Elaboration 'sinnhafter' Realität* (qua verbaler Bedeutung z.B.): u.a. das Lernen von Dimensions- und Wertebezeichnungen beim Konzeptbilden/-lernen (LACEY&GOSS 1959), verbale/visuelle Elaboration beim Paar-Assoziationslernen (MONTAGUE 1972; PRYTULAK 1971;ROHWER 1973) -Evidenzen, die in ihren spezifischen Teilbereichen auch konsequent zu Paradigmaerweiterungen (vgl. SEIDENSTÜCKER&GROEBEN 1971) bzw. -wechseln (vgl. TREIBER&GROEBEN 1976) hinführten. Bezüglich des behavioralen Subjektmodells geben sie die vermutlich zentrale anomaliengenerierende Dimension an, in der dieses das Erkenntnis-'objekt' (menschliche 'Vp') reduziert: die Aktivität des menschlichen Subjekts (gegenüber Umwelt), die in den subjektiv-kognitiven Einsichten (wie 'Welt- und Selbstsicht') liegt.

Daß diese Vermutung bezüglich des anomaliengenerierenden Kernbereichs (qua Gegenstandsdimension) innerhalb des behavioralen Subjektmodells gerechtfertigt ist, zeigt auch der (wissenschaftstheoretisch rekonstruierende) Blick auf die Methodik, die bisher vornehmlich in der Sozialwissenschaft angewandt wird, um das menschliche Subjekt (Vp) zur Sprache kommen zu lassen: die Fragebogenmethodik. Entsprechend der behavioristischen Vorordnung von Präzisionsforderungen der Wissenschaftskonzeption besteht das Ideal dieser Methodik unvermeidbar darin, möglichst eindeutige/intersubjektive Daten für den Forscher zu erreichen, indem dessen Beobachtungssprache (bzw. empiristische Grundsprache; vgl. HEMPEL 1973; STEGMÜLLER 1973; GROEBEN&WESTMEYER 1975, 19off.) als möglichst unhintergehbares, konstantes Instrument der Datengewinnung realisiert wird; *um die Fundierungsfunktion (Realitätsbezug) der Beobachtung und damit Beobachtungssprachebene* (innerhalb des wissenschaftlichen Aussagesystems; vgl. GROEBEN&WESTMEYER 1975, 35ff.) *nicht zu gefährden, ist die Zulassung von Sprache beim Forschungsobjekt* eingeschränkt - sie ist *nur so weit zugelassen, insofern sie identisch ist mit der empiristischen Grundsprache des Forschers* (und damit des Wissenschaftssystems). Diese aus dem behavioralen Subjektmodell notwendig resultierende Beschränkung der Befragungsmethodik, die der Vp bei Auskünften z.B. auch über sich selbst die Beobachtungssprache und -theorie des Forschers (Erkenntnissubjekts) aufzwingen will, hat im Lauf der Präzisierung des Instrumentariums immer mehr Anomalien erzeugt. Wenn das Forschungsobjekt (in seiner Sprache oder Reflexivität) nicht mit der Beobachtungssprache/-theorie des -subjekts übereinstimmt, bleibt ihm allerdings zunächst einmal nur die Möglichkeit, die Reaktion zu verweigern: d.h. in den meisten Fällen im Fragebogen die Restkategorie anzukreuzen. Die Restkategorie bedeutet damit nicht ein 'ich weiß nicht, 'weder-noch', 'irrelevant' oder dergleichen, sondern stellt die Abkürzung für den Metasatz dar: das Sprachsystem des Forschungssubjekts trifft nicht das des -objekts! Durch diesen Metasatz wird die Implikation (des behavioralen Subjektmodells) bezüglich der Übereinstimmung der Sprachsysteme negiert/falsifiziert (vgl. LEVERKUS-BRÜNING 1966; KNEBEL 1970). In diesem Metasprachenproblem der Fragebogenrestkategorie deutet sich an, daß die kognitiv-konstruktive Aktivität/Reflexivität des menschlichen Subjekts, läßt man sie erst einmal zu 'Wort' kommen, nicht mehr vollständig eliminiert werden kann und sich

folgerichtig in Anomalien für das klassisch behavioristische
Paradigma auswirken muß. Das hat sich bald in der Diskrepanz von
wissenschaftlichen und subjektiven Beobachtungstheorien manifestiert, z.B. rudimentär in Bedeutungsunterschieden, die
Forschungssubjekte und -objekte Items wie 'oft', 'selten', 'häufig'
etc. zuschreiben. Die Fragebogenforschung hat hier die zahlreichen
Möglichkeiten solcher Diskrepanzen nachgewiesen (vgl. KEIL&SADER
1967) und zur Notwendigkeit immer weiterer Erforschung z.T. auch
höher komplexer subjektiver Theorien geführt (bis hin zur impliziten Persönlichkeitstheorie etc.; vgl. BRUNER&TAGIURI 1954).
*Unter dem behavioralen Subjektmodell ist das subjektive Reflektieren*/Theoretisieren/Wissen allerdings eindeutig *als Störvariable
aufzufassen,* die die 'eigentlichen' Verhaltensdeterminationen/-erklärungen interferierend verzerrt - und die man von daher notgedrungen kennen muß, um sie als Moderatorvariable in die Vorhersage/Erklärung des Verhaltens einzubeziehen.

Wenn sich das wissenschaftliche Interesse auf einmal überwiegend
auf solche für das alte Paradigma anomale Phänomene konzentriert,
dann ist damit die Richtung eines potentiellen Paradigmawechsels
angezeigt; diesen Gewichtungswechsel von der vormaligen Störvariable
zum thematischen Gegenstandsbereich (Reflexivität subjektiver
Alltagstheorien bzw. naiv-kognitiver Erklärungssysteme) haben
zu Zeiten eines weitgehend herrschenden behavioristischen Forschungsprogramms am explizitesten HEIDER und KELLY vollzogen (HEIDER:
naive Handlungsanalyse, 1958; KELLY: personal construct theory,
1955), die damit bei einem tatsächlich eintretenden Paradigmawechsel
in der Psychologie als dessen bekannteste Vorläufer anzusehen
wären.

*4. DAS EPISTEMOLOGISCHE PARADIGMA*

4.1. LAUCKENs 'naive Verhaltenstheorie'

Die Perspektiven u.a. von HEIDER und KELLY hat LAUCKEN aufgenommen
und den genannten Gewichtungswechsel in seiner Analyse der 'Naiven
Verhaltenstheorie' (1974) explizit und intendiert vollzogen:
er führt als weitere Theorieansätze, die bisher schon naive Verhaltenstheorien bzw. Alltagtheorien/-erklärungen zumindest teilweise zum Gegenstand der Forschung gemacht haben, an: Personwahrnehmung, 'implizite Persönlichkeitstheorie', psychoanalytische
und wissenssoziologische Perspektiven, sowie besonders die 'Handlungsanalytiker' (angelsächsische Philosophenrichtung, die die
Erklärung menschlichen Handelns in dezidierter Absetzung vom

-naturwissenschaftlichen - hypothetisch-deduktiven Erklärungsmodell analysieren, vgl. LAUCKEN 1974, 44ff.). LAUCKEN versucht in teilweiser Anwendung der durch diese Richtungen erzielten Ergebnisse eine Rekonstruktion der 'naiven Prozeßtheorie' (Handlungsanalyse/-erklärung) und 'naiven Dispositionstheorie' des Alltagspsychologen. Er geht dabei von der Manifestation dieser (nicht explizit ausgearbeiteten) 'Theorien' in alltagssprachlichen Äußerungen aus und versucht durch eine i.w.S. sprach- bzw. inhaltsanalytische Aufarbeitung der Sprachdaten die generelle Struktur der subjektiven, 'naiv-psychologischen' Theorien (als 'Rahmentheorie' in Abstraktion der speziellen Ausprägungen qua 'Individualtheorien') herauszuarbeiten. Gemäß der Fragestellung soll die Sprach-/Inhaltsanalyse das in den naiven Erklärungen bzw. Alltags-Sprachdaten sich aktualisierende 'Wissen' als Theorie im Sinne der Wissenschaftstheorie (bei LAUCKEN im Sinne von FEIGL, HEMPEL, POPPER; vgl. 22) auffassen und rekonstruieren: die Methodik greift damit sowohl auf wissenschaftstheoretische Kenntnisse als auch auf das eigene naiv-psychologische Wissen zurück. In dieser Rekonstruktion nach LAUCKEN erweist sich die naive Verhaltenstheorie nicht als eine geschlossene, systematisch vollständig verbundene Theorie, sondern als eine Art Kumulation von z.T. unverbundenen Teiltheorien (naiv-psychologischer Art). Es fallen dabei besonders solche Erklärungsfaktoren heraus, die das Handeln einer Person nicht als bewußtes/gewolltes auffassen, sondern als quasi 'automatische Reaktion' (59) : z.B. Zufall, Fügung, Gewohnheit, physiologische Determination, Imitation, Unterbewußtsein etc, (179ff.). Innerhalb des wichtigeren, zentralen Bereichs des naiv als gewollt angesehenen Verhaltens lassen sich zwei Kategorien unterscheiden - die naive Prozeß- und die Dispositionstheorie (6o). Die Dispositionstheorie bezieht sich auf als überdauernd angesetzte Eigenschaften von Personen (61): 'inhaltliefernde' Dispositionen (wie Motive, Gefühle, Wissensinhalte), 'aktbefähigende' (wie Intelligenz, Willensstärke, Einfallsreichtum etc.; 163) und 'aktgestaltende' Dispositionen (Weitsicht, Risikofreude, Rationalität etc.;164). Die möglichen Dispositionskopplungen in naiven Dispositionstheorien stellen das Problemgebiet dar, dem sich bisher hauptsächlich die Forschung zur 'impliziten Persönlichkeitstheorie' gewidmet hat. Unmittelbar auf Verhalten bezogen sind Elemente der naiven Dispositionstheorie nur in Verbindung/Interaktion mit der naiven Prozeßtheorie: diese zeigt als ausgearbeitetstes zentrales Kernstück die 'naiv-psychologische Theorie der kognitiven Prozesse' (63ff.), ergänzt durch die Theorie der Motivation (128ff.) und Gefühle (143ff.), sowie an den Verbindungsstellen zur Umwelt bzw. zum offenen Verhalten vervollständigt durch die Theorie der Wahrnehmung bzw. Verhaltensaktivierung (159f.). Die Binnenstruktur dieser (naiven) Partialtheorien wird von LAUCKEN nach der skizzierten Methodik rekonstruiert und nach dem Vorbild von KAMINSKI (197o) in Flußdiagrammen graphisch zusammengefaßt. Abschließend bietet er den Ansatz einer metatheoretischen Analyse der so rekonstruierten 'naiven Verhaltenstheorie', die sich besonders auf die wissenschaftstheoretischen Anforderungen bezüglich des Theoriestatus der alltagspsychologischen Erklärungen und ihre kognitionspsychologische Funktion konzentriert (182ff.). Danach erfüllen naive Theorien durchaus die Anforderungen, die an wissenschaftliche Theorien unter dem Aspekt des (hypothetisch-deduktiven) Erklärungsmodells (184ff.) und der internen Konsistenz (196ff.) zu stellen sind, nicht aber hinsichtlich der empirischen Verankerung: die 'mangelnde Eindeutigkeit naiver Indikatordefinitionen' (2o2ff.) führt zu einer prinzipiellen Unwiderlegbarkeit naiver Theorien, die ihrerseits der unter kognitiv-psychologischem Aspekt zentralen

Funktion der 'Bewahrung subjektiver Orientierungssicherheit'
(224f.) dient.

Das Verdienst der Arbeit von LAUCKEN liegt u.a. darin, daß
durch die Integration verschiedener bisheriger Foschungs-
perspektiven für die Rekonstruktion der 'naiven Rahmentheorie'
(Handlungs-/Prozeßtheorie; Dispositionskonstrukte; Koppelungs-
annahmen qua implizite Persönlichkeitstheorie etc.) die über-
einstimmenden Annahmen dieser Perspektiven (als Kernannahmen des
möglichen neuen Paradigma) klar herauskommen, andererseits die
Lücken und offenen Probleme dieses Ansatzes deutlich die Ent-
wicklungsnotwendigkeiten und damit vordringlichen Fragerichtungen
eines epistemologischen Forschungsprogramms erkennen lassen.

4.2. Die Kernannahmen des epistemologischen Subjektmodells

Die zentralen Modellannahmen der nicht- bzw. antibehavioristischen
Frageperspektive gehen schon bei KELLY (1955) von der beim behavioralen Subjektmodell aufgewiesenen internen Widersprüchlichkeit
hinsichtlich der Selbstanwendung aus; gerade die Überheblichkeit
der Forscher, die von sich selbst behaupten, das menschliche
Verhalten theoretisch-vernünftig beschreiben, erklären (und
kontrollieren) zu können, während sie ihre 'Versuchsobjekte'
(Gegenstände) als von dunklen Kräften getrieben bzw. nur auf
(Umwelt)Reize reagierende Organismen ansehen und konstituieren,
wollte schon KELLY durch seine personal construct theory vermeiden bzw. überwinden (1955, 38ff.). *Die Möglichkeit der Selbstanwendung wird daher als zentraler Ausgangspunkt der Problemstellung/
Gegenstandskonstituierung genommen, um den Anspruch auf Berücksichtigung von Reflexivität zu erfüllen,* die für den Menschen als
theoretisch-wissenschaftlich Erkennenden konstitutiv ist und deren
Einbeziehung bei der Gegenstandskonstituierung der Psychologie als
nicht-naturwissenschaftlicher Einzeldisziplin möglich ist. Folglich ist auch der Mensch als Gegenstand/Objekt der Psychologie analog zum Bild des Wissenschaftlers von sich selbst zu realisieren:
als Hypothesen generierendes und prüfendes Subjekt. Damit wird
der eigenen Selbsterfahrung, besonders dem subjektiven Gefühl
der Verhaltensfreiheit (DE CHARMS 1968; STEINER 1971) und der
Rückbezüglichkeit jeden psychologischen Theoretisierens (SMEDSLUND
1972; HECKHAUSEN 1975) Rechnung getragen. Die Frage nach dem
reflexiven Subjekt mit seinen die Umwelt erklärenden (subjektiven)

Theorien bzw. durch Erklärungstheorien geleiteten Handeln (im wissenschaftstheoretischen Sinn der Technologie, vgl. GROEBEN& WESTMEYER 1975, 213ff.; PRIM&TILMANN 1973, 1o4ff.) ist notwendigerweise eine Frage nicht nur nach der Struktur von Denken, sondern nach den Inhalten (der Semantik) des Alltagsdenkens/der Kognitionssysteme. Insofern es sich bei naiven Erklärungen (Hypothesengenerierung und -prüfung) notwendig um kognitive Prozesse/Strukturen/Inhalte handelt, ist mit diesem Menschenbild bzw. Subjektmodell konsequent eine *'Kognitivierung' der Frageperspektive* verbunden, *die allerdings über klassische Kognitionspsychologie-Aspekte hinaus gerade die Charakteristika von Reflexion als Theorie/Erkenntnis akzentuiert*. Die erkenntnistheoretische Dimension der Gegenstandskonstituierung läßt die Benennung 'epistemologisches Subjektmodell' als die geeignetste erscheinen: das Modell setzt (vgl. KNEBEL 1973, 45f.) als zentrale (zu erschließende) Subjektvariablen die theoretischen und Erfahrungs-Sätze des Individuums an, in denen sich sein Wissen summiert, die sowohl planvoll-intentional Verhalten fundieren als auch durch Erfahrung erreicht/verändert werden können (Hypothesenprüfung). In der planvoll-bewußten, kognitiven Aktivität des Individuums gegenüber der Umwelt, nach der durch diese (Problem)Konzeptualisierung gefragt wird, sind die anomaliengenerierenden Implikationen des behavioristischen Menschenbildes besonders der fast ausschließlichen Reaktivität/Abhängigkeit im Verhältnis zur Umwelt aufgehoben. Das Aufgeben der widersprüchlich-asymmetrischen Subjekt-Objekt-Relation muß sich auch für den Forschungsprozeß innerhalb eines epistemologischen Paradigmas auswirken: die Optimalvorstellung wäre hier (als Konsequenz aus dem Wechsel von der 'mentalistischen Störvariable' zum zentral-thematischen Gegenstandsbereich), daß subjektives Wissen/Theoretisieren (über sich selbst und die Situationseinbettung) auch innerhalb empirischer Untersuchungen in der Funktion der 'Situationsdefinition', die erst sinnvoll-intentionales Handeln ermöglicht, von der Forschungsintention her zugelassen wird (LAUCKEN 1974, 18). Die Tatsache, daß solches 'Alltags'wissen in der bisherigen psychologischen Forschung keine oder nur eine minimale Rolle gespielt hat, erklärt sich aus der dargestellten Vorordnung der (behavioristischen) Wissenschaftskonzeption in dieser Forschungspraxis, stellt also ein 'Artefakt' des behavioristischen Paradigmas dar, das über die Elimination 'mentalistischer' Störfaktoren zu den für seine Problemstellung

'eigentlichen Verhaltensdeterminationen' (qua Umwelt'kontrolle')
vorzustoßen versucht (vgl. LAUCKEN 1974, 49f.). Dabei ist diese
Elimination auf dem Hintergrund eines epistemologischen Selbstverständnisses (und über den Selbstanwendungsaspekt Gegenstandsverständnisses) methodologisch eindeutig als eine Einschränkung
der externen Validität (CAMPBELL&STANLEY 1953) von empirischen
Untersuchungen anzusehen (vgl. die Diskussion um das Kenntnisargument bzw. Täuschungsstrategie, z.B. BREDENKAMP 1969; MERTENS 1975):
das Vermeiden/Eliminieren der möglichen Kenntnis der (Versuchs)Hypothese (durch die Vp) ist auf Maximierung der internen Validität ausgerichtet und reduziert die Generalisierbarkeit der so gewonnenen
Ergebnisse auf eben solche 'reflexionslosen' Alltagssituationen.
Für den Vertreter eines epistemologischen Selbstverständnisses
muß darin notwendig eine Reduktion des Erkenntnisobjekts auf
organismische Dimensionen liegen (vgl. o. und HOLZKAMP 1972, 35ff.).
Damit wird das 'Kenntnis'problem weniger zu einer methodologischen
Frage als eher zu einer Anforderung an die Theoriengenerierung:
nämlich Theorien aufzustellen, die die Kenntnis ihrer selbst
bei den 'Vpn' mit umgreifen (vgl. auch HERRMANN 1973). Unter
diesem Anspruch sind wissenschaftliche Aussagensysteme auf der
Grundlage des epistemologischen Subjektmodells notwendigerweise
zum größten Teil als (objektive) Konstrukte über (subjektive)
Konstrukte zu formulieren: als Metatheorien (vgl. schon KELLY 1970).
Im Metatheoriestatus manifestiert sich die wichtigste Kernannahme
bezüglich der Wissenschaftskonzeptualisierung: damit ist eine
direkte wissenschafts- und erkenntnistheoretische Kritik der
Alltagstheorien möglich - durch Vergleich mit den metatheoretischen
Kriterien wissenschaftlicher Aussagensysteme z.B.(s.u. Kap.II.);
gleichzeitig wird aber auch durch die empirische Erforschung
des 'alltagspsychologischen' Theoretisierens eine Kritik am
wissenschaftlichen Rationalitätsbegriff erreichbar, indem unrealistische (inhumane) Rationalitätsanforderungen (s.o. die Kritik
des non statement-views an den Konkurrenzpostulaten des kritischrationalistischen statement-views; vgl. STEGMÜLLER 1973, 16,
299, 309), die dem Brückenprinzip 'Sollen impliziert Können'
(ALBERT 1971, 117ff.) zwischen Norm und Deskription nicht genügen,
mit empirischer Begründung zurückgewiesen werden können. *Das
epistemologische Subjektmodell ersetzt so die in sich widerspruchsvolle Asymmetrie des behavioristischen Paradigmas* (zwischen
wissenschaftlichem Erkenntnissubjekt und organismisch-reaktivem

-objekt) *durch eine Subjekt-Objekt-Symmetrie, die eine beidseitige Aussage-/Kritikrichtung ermöglicht: Rationalitätskritik der Alltagstheorien wie Kritik der wissenschaftlichen Rationalitätskonzeption.* Damit ist die Vorordnung von Rationalitäts-/Präzisionsanforderungen gegenüber der Gegenstands-/Problemkonstituierung gefallen; die häufig erhobene Forderung nach Interdependenz zwischen Wissenschaftskonzeption und Gegenstand (vgl. Frankfurter Schule, auch die i.w.S. hermeneutische Tradition der Psychologie, z.B. SPRANGER 1926) ist erfüllt, allerdings auf wissenschaftstheoretisch einwandfreie Weise; denn in der 'Argumentationsfigur' der Frankfurter Schule, die eine Kenntnis des Gegenstands (qua -vorverständnis(?)) vor jedem wissenschaftlich-methodischen Zugriff voraussetzte, ist diese Forderung nicht ohne ein dogmatisches ('höheres') Wissen aufrechtzuerhalten. Unter der Anwendungsperspektive der Nicht-Aussagenkonzeption für die (psychologische) Problemkonstituierung wird deutlich, daß diese Interdependenz eine durch das Subjektmodell zu konstruierende/konstituierende ist: sie wird nicht unter Hinweis auf die - vorab gekannte - Gegenstandsstruktur erzwungen, sondern als Konsequenz aus den Kernannahmen der Problemdefinition, hier der Frageperspektive nach dem 'reflexiven' Menschen, rational legitimiert. Andersherum gesehen: zur Erfüllung solcher (legitimen) Ansprüche der Wissenschaftskonzeptualisierung scheint das epistemologische Subjektmodell/Paradigma der optimale Weg: das - Zusammenfassung der Kernannahmen - nach der aktiven Reflexivität des menschlichen Subjekts fragt, indem es das Erkenntnisobjekt gemäß dem Bild des (hypothesengenerierenden/-prüfenden) -subjekt konstituiert und so über die (direkt-metatheoretische) Rationalitätskritik der Alltags-'theorien' und die Kritik des wissenschaftlichen Rationalitätsbegriffs (s.u.) die Interdependenz von Methode/Wissenschaftskonzeption und Gegenstand als konstitutive Implikation realisiert.

4.3. Entwicklungsmöglichkeiten und -notwendigkeiten.

Die für das epistemologische Paradigma konstitutiven Kernannahmen geben in der (unvermeidlichen) Abstraktheit zunächst einmal ein Programm an; Möglichkeiten und Grenzen des Forschungsprogramms sind präziser erst in der konkreten Durchführung zu erkennen. Auch LAUCKENs 'Naive Verhaltenstheorie' kann natürlich noch keine umfassende Manifestation dieses Programms darstellen. Die Kritik

daran bzw. die offenen Probleme aber weisen relativ deutlich die
Hoffnung und die anzugehenden Schwierigkeiten auf, die sich mit
einem epistemologischen Forschungsprogramm derzeit verbinden;
einige dieser Fragen, die uns besonders relevant und/oder dring-
lich erscheinen, seien abschließend kurz skizziert. Die Selbstanwendung und von daher der Metastatus der (subjektiven und objektiven) Konstrukte weisen mehrere Ebenen auf: bei LAUCKEN wird
z.B. 'Wissen' als alltagspsychologisches Konzept expliziert, also
als eine Gegebenheit, die der 'naive Verhaltenstheoretiker' dem
Gegenüber zuschreibt; LAUCKEN unterscheidet 'Situationswissen'
(Situationswahrnehmung und Gegebenheitswissen; 75ff.) sowie
'Wenn-dann-Wissen' (unter das etwa auch aus alltagspsychologischer
Sicht die von LAUCKEN rekonstruierte naive Verhaltenstheorie zu
subsumieren wäre; 166). All diese naiv-psychologischen Konzepte,
mit denen das reflexive Subjekt Handlungen anderer erklärt, sind
aber konsequent auch für dieses Subjekt bereits selbstanwendbar,
d.h. zur Erklärung bzw. Rechtfertigung eigenen Verhaltens brauchbar.
Dann sind die subjektiven Kenntnisse, die dem naiv sich selbst
(eigenes Verhalten) Erklärenden u.U. nur je nach spezifischer
Situation in Teilausschnitten gegeben/bewußt sind, als ein Be-
gründungs-/Rechtfertigungswissen anzusehen, das vollständig
beschreibbar nur noch von außen ist, d.h. als objektives Konstrukt/
Konzept von (subjektivem) Wissen zu konstituieren ist. Das bedeutet: es gibt über die 'naive Verhaltenstheorie' hinaus auch
psychologisch-objektive Wissensteilmengen, die innerhalb eines
epistemologischen Subjektmodells höchst interessant bzw. forschungs-
würdig sind; sie sind auch bei LAUCKEN (bisweilen nicht ganz klar
auf den verschiedenen (Meta)Ebenen lokalisierbar) angedeutet:
besonders bezüglich der Normvorstellungen des Gegenübers und des
(naiv erklärenden) Ego selbst (168f.). Die subjektiven Normvorstellungen werden gerade in der Verwendung innerhalb von Recht-
fertigungsbegründungen unter dem Rationalitätsaspekt alltäglichen
Argumentierens höchst frag-würdig - sowohl hinsichtlich der Frage
nach dem je speziellen Vorhandensein von Begründungen bzw. Begründbarkeit überhaupt als auch des (subjektiven) Realitätsbezugs
(Informationsgehalt, Wertträger etc.; vgl. PRIM&TILMANN 1973,
114ff.) von Wertungen etc.. MAAS&WUNDERLICH z.B. gehen davon aus
(1972), daß solches umgangssprachliches Argumentieren gerade nicht
wie formale Theorien "aus Axiomen und Ableitungsregeln aufgebaut
ist" (272), sondern häufig auf verallgemeinerte Erfahrungen im

Sinn von 'Gemeinplätzen' (Topoi) rekurriert (Sprichwörter u.ä.):
"Topoi selbst können nicht mehr verantwortet werden: Argumente
werden ja gerade dadurch verantwortet, daß man Topoi anführt, um
sie zu stützen" (273). Das Entscheidende dabei ist, "daß Topoi so
weit verselbständigt sein können, daß sie mit der Erfahrung nicht
mehr zu vermitteln und d.h. vor allem nicht mehr zu überprüfen
und zu korrigieren sind." (ebda.) *Das Problem der 'topischen Argumentation' macht deutlich, daß es (vermutlich) eine Fülle von
nicht quasitheoretisch auf-/ausgearbeiteten (subjektiven) Wissensteilmengen gibt, die ein epistemologisches Forschungsprogramm
zu analysieren hat;* gleichzeitig damit auch, daß man nicht bei der
(rekonstruierenden) Deskription von Alltagstheorien stehen bleiben
kann, sondern unter dem Aspekt der Veränderbarkeit solcher Wissens-
teilmengen/Argumentationen die Bedingtheit bzw. Genese der Reflexionsinhalte einbeziehen muß. In Parallelität zur Wissenssoziologie,
die gerade diese Bedingtheitsdimension akzentuiert, läßt sich die
(nicht-theoretische) Reflexionsinhalte und deren Genese/Veränder-
barkeit umfassende Perspektive als 'wissenspsychologische' ein-
grenzen; man kann dafür folgende Abgrenzung von der Wissenssoziologie vorschlagen (GROEBEN 1974):

| BEDINGTHEIT | REFLEXIONSBEZUG | |
|---|---|---|
| sozial | Soziales | |
| sozial | Psychisches | WISSENSSOZIOLOGIE |
| psychisch | Soziales | |
| psychisch | Psychisches | WISSENSPSYCHOLOGIE |

Man kann die Abgrenzung im Prinzip von beiden Dimensionen, Bedingtheit und Reflexionsbezug, aus vornehmen; von der Praxis- und auch
emanzipatorischen Relevanz her (vgl. GROEBEN&WESTMEYER 1975, 157ff.);
allerdings ist wohl der Geneseaspekt stärker zu gewichten und
daher hier die Einteilung primär nach der Bedingtheitsdimension
vorgenommen. Um auch die oben skizzierten wissenschafts- und er-
kenntnistheoretischen Kritikansprüche der Fragerichtung in der
Benennung anklingen zu lassen, dürfte in Parallelität zur Charakterisierung des Subjektmodells die Bezeichnung epistemologische
Psychologie jedoch für die umfassende wissenpsychologische Forschungsperspektive am geeignetsten sein. Die Ausarbeitung des
epistemologischen Psychologie-Paradigmas wird dabei zunächst

Fragen der konkreten Gegenstandsfestlegung und Forschungsmethodik
sowie der metatheoretischen Kritik angehen müssen.
Reflexionswissen als zentrale Gegenstandsdimension ist (s.o.LAUCKEN)
praktisch nur über die Sprache bzw. konkrete sprachliche Äußerungen
erreichbar: *die Frage nach der kognitiv-aktiven Verarbeitung von
Umwelt durch das reflektierende Subjekt bedingt notwendig* - vgl.
die Methode der rekonstruierenden Analyse von alltäglichen Äußerungen durch LAUCKEN - *die Zulassung/Berücksichtigung von nicht-
experimentell evozierter, 'spontaner' Sprache des Erkenntnisobjekts.*
Die (tendenzielle) Einschränkung der Vp auf die Beobachtungssprache
des Wissenschaftlers (im behavioristischen Paradigma) entfällt
dadurch und ist konstruktiv durch die Angabe von Sprachqualitäten
zu überholen, die die Merkmalsdimensionen des erfragten epistemologischen Subjekts abdecken. Merkmale des Wissens/Denkens des
Menschen über sich selbst manifestieren sich nach allgemeinem
Sprachgebrauch in kognitiver Sprache; es gilt daher, Qualitäten
der Kognitivität von Sprache/Sätzen/Aussagen einzugrenzen (- denn
die Einbeziehung gänzlich nicht-kongnitiver Sprache würde jedem
vernünftigen Wortgebrauch von 'Wissen' oder 'Reflexion' zuwider-
laufen). Hier hat z.B. FRANKENA einige Möglichkeiten zusammengestellt (in HENLE 1969, 2ooff.):
Die einfachste, aber auch eingeschränkteste Möglichkeit (1) besteht darin, 'kognitiv' mit 'deskriptiv' (repräsentativ bzw.
szientifisch) im wissenschaftstheoretischen Sinn zu identifizieren,
d.h, nur Aussagen vorzubehalten, die wahr oder falsch sind (Be-
fehls-, Fragesätze und besonders Wertungen sind dann ausgeschlossen). Das hieße, an die Alltagssprache die gleichen Anforderungen
wie an wissenschaftliche Aussagensysteme zu stellen. Darüber hinaus
kann man aber auch solche Sprachäußerungen als kognitiv akzeptieren
(2), die kognitiv begründet sind, d.h. die "in Überzeugungen oder
Erkenntnissen wurzel..n, die in Sätzen ausgedrückt werden könnten"
(2o6), die im Sinn von (1) kognitiv sind. Darunter würde z.B.
auch die Äußerung 'Sei vorsichtig' fallen, die kognitiv begründet
ist, "da sie von einer Wahrnehmung - nämlich daß eine Gefahr droht -
abhängt, von der Wahrnehmung von etwas, das wahr oder falsch sein
kann, obwohl meine Äußerung das nicht aussagt."(2o6) Noch weiter
ist die Auffassung von 'kognitiv' (3) als Äußerungen, die einen
begrifflichen Inhalt darstellen, der wahr oder falsch sein kann;
darunter fallen dann auch Wünsche, Befehle und Wertungen, "denn
der Inhalt, den sie darstellen, kann Inhalt einer wahren oder falschen Aussage sein" (2o3,; z.B. stellt der Satz 'Töten ist Unrecht'
"als primären begrifflichen Inhalt.. den Gedanken dar, daß jemanden
einen anderen tötet, was Inhalt einer wahren oder falschen Aussage
sein kann." In dieser Hinsicht wäre dann 'Töten ist Unrecht' im
Sinn von (3) kognitiv (-natürlich nicht hinsichtlich der Präskription 'Unrecht'). Das entspricht in etwa dem, was wissenschaftstheoretisch als Informationsgehalt, Realitätsbezug bzw. empirische
Wertträger von präskriptiven (normativen) Sätzen (Wertungen)
expliziert wird (vgl. PRIM&TILMANN 1973, 113ff.) Einen noch einmal

erweiterten Kreis von Aussagen umfaßt die Zulassung von Äußerungen als 'kognitiv' (4), die lediglich einen primären begrifflichen Inhalt haben (Dimension 'wahr - falsch' irrelevant oder nicht entscheidbar); hier kommen dann gegenüber (3) z.B. fast alle poetischen, metaphorischen etc. Sätze hinzu.

Weitere Definitionsmöglichkeiten von 'kognitiv' (vgl. FRANKENA 1969, 23o) bringen für unser Problem nichts grundsätzlich Neues; es sollte an den aufgeführten Beispielen prinzipiell deutlich werden, daß es nicht sinnvoll ist, den 'referierenden' bzw. 'kognitiven' Sprachgebrauch mit dem deskriptiv-wissenschaftlichen zu identifizieren, denn eine solche Identifizierung würde die 'wissens'psychologische Perspektive auf die im e.s. rationale Kognition von quasi(?)-wissenschaftlicher Theoretizität einengen (den Bereich, den LAUCKEN beispielhaft zu akzentuieren versucht). Da sich wissenschaftliche Theorien aber explizit in Präzision und Strukturiertheit (Systematik; vgl. GROEBEN&WESTMEYER 1975,35ff. u. 165ff.) über das im Vergleich zu ihnen eher amorphe Alltagswissen zu erheben versuchen, würde diese Einengung z.T. gerade das spezifisch 'Alltags'wissentliche ausschließen. Die Charakterisierung der Kognitivität von Sprache als Gegenstandsfestlegung wird jedoch einen Bereich von subjektiver Reflexion umfassen müssen, für die LAUCKENs Ansatz nicht mehr als ein beispielhafter Anfang sein kann.

Wie diese Festlegung im einzelnen auch immer ausgeht, sie wird aus den genannten Gründen dem epistemologischen Subjektmodell nur durch Berücksichtigung einer relativ großen Spontan-Aktivität und Reflexivität/Theoretizität gerecht. *Als Folge stellen sich unvermeidlich große Schwierigkeiten für die dem epistemologischen Paradigma zuzuordnende/inhärente Forschungsmethodik bzw. -methodologie* (die nach KUHN ebenfalls paradigmaspezifisch ist, 1972, 294ff.). So stellt sich bei Beibehaltung eines empirischen Falsifikationskriteriums bzw. Kritikanspruchs - Kritikanspruch, weil nach neueren Analysen des kritischen Rationalismus nicht mehr von einer eindeutigen Falsifizierbarkeit von theoretischen Sätzen gesprochen werden kann, sondern nur noch von Widersprüchen zwischen Theorien und davon ausgehend von Kritik der Theorien aneinander anhand von 'Daten /Fakten': vgl. LAKATOS 197o; zusammenfassende Darstellung GROEBEN&WESTMEYER 1975,1o7ff. u. 19off. - das Problem, wie die wissenschaftliche Beobachtungs-/empiristische Grundsprache zu konzipieren sei, die spontan-reflexive Sprachäußerungen von potentiell hochgradiger (Quasi-)Theoretizität beschreibt: als Metasprache z.B. (von wie großer Theoretizität)? Oder zwingt das Subjektmodell zur Aufgabe empirischer Kritikansprüche/Kriterien und führt in eine Wahrheitskonzeption dialog-konsenstheoretischer Art über, wie sie innerhalb der hermeneutischen Tradition für 'Kommunikationswissenschaften' z.B. von HABERMAS (1968) vertreten wird (und auch der - in ihrer Art bestechenden - wissenschaftstheoretischen Rekonstruktion der Psychoanalyse durch LORENZER 1972; 1974 zugrundeliegt)? LAUCKENs Ansatz scheint sich in diese Richtung zu bewegen: er will die in den sprachlichen Alltagsäußerungen manifesten (quasi-) theoretischen Grundkonzepte rekonstruieren, allerdings in der Rekonstruktion der "alltäglichen Rede möglichst 'nahe' bleiben", d.h. er "möchte *nicht* zu einer Konzeptebene vordringen, die dem Denken des Alltagsmenschen fremd ist." *Die Sicherung dieses Bemühens ist nur durch das 'Konsens'-Kriterium zu erreichen:* "Im Rahmen der vorliegenden Arbeit werden die Explikationen bis zu jener Analyseebene vorgetrieben, bis zu welcher der Alltagsmensch noch zustimmend folgen kann." (1974, 57) LAUCKEN selbst rekurriert zur Feststellung dieses Konsenses lediglich auf sich selbst als 'Alltagspsychologen' (was wegen der Gewöhnung des KAMINSKI-Kreises an Flußdiagramme vielleicht bisweilen zu einer Analysenkomplexität führt, der andere 'Alltagsmenschen' kaum mehr folgen würden); methodisch einwandfrei müßte diese dialog-konsensuale Absicherung durch die Erkenntnis'objekte', eben jene die zur Rekonstruktion herangezogenen 'alltäglichen Reden' äußernden (reflexiven) Subjekte, erfolgen - wodurch sich u.U. die Notwendigkeit der differentiellen Validität (der Rekonstruktion) in Rückbezug auf verschiede Gruppen von 'Alltagspsychologen' ergäbe (auf letzteres weist LAUCKEN allerdings auch selbst andeutungsweise hin: Anmerkung 36, S.57). Grundsätzlich wäre damit das epistemologische Paradigma **methodologisch** innerhalb der i.w.S. hermeneutischen Tradition lokalisiert, deren Wahrheitskriterium (hier für die Rekonstruktion) in der Zustimmung des Erkenntnisobjekts (zur Rekonstruktion des -subjekts) innerhalb eines Dialog-Diskurses liegt, der eine möglichst optimale Subjekt-Subjekt-Relation verwirklichen soll (HABERMAS 1968; HOLZKAMP 1972, 35ff.; HAAG et al. 1972).

Die Explikation der Kernannahmen des epistemologischen Subjektmodells hat aber auch *die Frage nach dem Erklärungswert bzw. der Rationalität subjektiven Alltags-Theoretisierens* als zentral herausgestellt, *die sich nur durch den Vergleich mit (z.T. nicht-sprachlichen) Verhaltensdaten von anderen wie des reflektierenden Subjekts selbst* (auch bezüglich der Integration von Kognition und Verhalten bei diesem Subjekt) *beantworten lassen;* dieser Vergleich ist praktisch nur durch Beobachtung von außen, extern zum subjektiv-reflexiven System, möglich. Insofern ist die Berücksichtigung subjektiver Theorien bei der Erklärung/Voraussage von menschlichem Verhalten unter Beibehaltung/Verwirklichung eines empirischen Beobachtungs- bzw. Kritikkriteriums/-anspruchs, also innerhalb einer i.e.S. empirischen Wissenschaftskonzeption möglich und sinnvoll. Auf diese Weise des Einsetzens 'naiver Verhaltenstheorien' als Erklärungskonzepte innerhalb empirischer (behaviorale Dimensionen umfassende) Untersuchungen haben gerade kognitive Konstrukte/Konstruktsysteme, die als (Vor)Realisierung des epistemologischen Subjektmodells auffaßbar sind, in der neueren Theorienentwicklung und deren empirischer Überprüfung starke Berücksichtigung gefunden: das bekannteste Beispiel dürfte die Kombination/Ausarbeitung von Vorläufern des epistemologischen Paradigmas (HEIDER 1958; ROTTER 1966) zur Attributionstheorie der Leistungsmotivation in der 'kognitiven Wende der Motivationsforschung' (HECKHAUSEN&WEINER 1972) sein (vgl. z.B. MEYER 1973; HECKHAUSEN 1974). Auch klassische, ursprünglich gänzlich dem behavioristischen Paradigma zugeordnete Domänen werden in letzter Zeit teilweise von kognitiven Ansätzen aufgesogen oder zumindest ergänzt:

- neben der Motivationspsychologie hat z.B. auch die Persönlichkeitstheorie in der Kritik traitologischer Ansätze eine 'kognitive Rekonzeptualisierung' (innerhalb einer sozialen Lerntheorie) erfahren (MISCHEL 1969).
- in der Entwicklungspsychologie setzt sich immer stärker die epistemologische Perspektive in der Version des monolithischen Ansatzes von PIAGET durch (man vgl. nur Th.MISCHEL 1971)
- selbst in der Wahrnehmungspsychologie mehren sich die Entwürfe, die eine - kognitive - Aktivität und Konstruktivität des perzipierenden Subjekts in den Mittelpunkt stellen (überzeugendstes Beispiel NEISSER 1974)
- die von jeher 'weichere' (d.h. kognitiven Variablen gegenüber aufgeschlossenere) Sozialpsychologie ist durch einen Wechsel der dominierenden Theorieperspektive gekennzeichnet: von der Dissonanztheorie zur explizit epistemologischen Attributionstheorie (vgl. JONES et al. 1972)
- zusammen mit der Lerntheorie wird auch die unter dem Aspekt der Praxisrelevanz bisher noch stärkste Bastion des behavioristischen Paradigmas, die Verhaltenstherapie zunehmend durch kognitive Therapieansätze ergänzt, wie z.B. kognitive Selbskontrolle (vgl. MEICHENBAUM 1973; KAISER&BERWALD 1974) und die Anwendungen/Weiterentwicklungen der personal construct therapy (vgl. z.B. BANNISTER 197o; WEWETZER 1973; Sammelreferat SEIDENSTÜCKER et al. 1975). Unter wissenschafts-

theoretischem Aspekt hat überdies mittlerweile gerade WESTMEYER
(1974) nachgewiesen, daß die Verhaltenstherapie gar nicht als
stringente 'Anwendung der Verhaltenstheorie' aufgefaßt werden
darf und daher die de facto vorliegende kontrollierte Praxis
(im Sinn der aus nomopragmatischen Aussagen abgeleiteten technologischen Regeln sensu BUNGE 1967) im Prinzip allen, auch gerade
kognitiven (bzw. epistemologischen) Ansätzen offensteht.
Die Fülle der schon geleisteten bzw. noch möglichen Rekonstruktionen
unter kognitiv-epistemologischer Perspektive zusammenzustellen
ist hier nicht möglich, sondern eine der zentralen Aufgaben
einer inhaltlich auszuarbeitenden epistemologischen Psychologie.
Doch lassen sich die genannten Beispiele in Zusammenhang mit
den besprochenen Anomalien des behavioristischen Paradigmas
als Indikator dafür ansehen, daß sich in der Tat ein Paradigmawechsel
vorbereitet bzw. derzeit abläuft, der auch wissenschaftstheoretisch-
methodologisch benannt/ausgearbeitet werden sollte. Überdies
wird dadurch deutlich, daß das epistemologische Forschungsprogramm
zumindest teilweise auch innerhalb eines methodologischen Behaviorismus
realisierbar ist (vgl. zur Problematik der Relation von i.e.S.
empirischen vs. hermeneutischen Kriterien GROEBEN 1972 a, 167ff.).
Das erhellt nachträglich die Kritik am behavioralen Subjektmodell
(s.o.2.2.) vornehmlich als Kritik an den (indirekt-)ontologischen
Implikationen/Folgerungen, wie sie in der Forschungspraxis methodologischer Behavioristen häufig aus dem ontologischen oder
'logischen' Behaviorismus übernommen werden - und an letzterem
vor allem kritisiert worden sind (s.o. und z.B. LOVEJOY 1922;
HOOK 1964; SCHAFFER 1968; BORGER&CIOFFI 1970; BORST 1970; JONES
1971). Setzt man bei der Überwindung dieser ontologischen Implikationen sowohl das dialog-konsenstheoretische Wahrheitskriterium als
auch das i.e.S. empirische Beobachtungskriterium in der oben erarbeiteten Relation (Konsens für die Rekonstruktion von Reflexion/Alltagswissen, Beobachtung für die Erklärung/Prognose) an, *so kann das
epistemologische Subjektmodell die Möglichkeit bieten, zum ersten
Mal die hermeneutische und empirische Tradition in der Psychologie
zu vereinen* - und damit einen immer wieder aufflammenden Methodenstreit
(vgl. Einleitung) vorläufig zu beenden.
Über den bisher thematisierten Erklärungswert subjektiver Theorien
hinaus umfaßt die metatheoretische Kritik der Alltagstheorien
vor allem *die Frage nach der Rationalität, die u.a. durch Vergleich
der strukturellen Merkmale mit den syntaktisch-semantischen Kriterien wissenschaftlichen Theoretisierens zu entscheiden ist.*
Dieses Problem werden wir in Kap.II ausführlicher behandeln. Da durch

das epistemologische Paradigma aber subjektive und objektive Theorien zumindest als strukturanalog (bzw. -parallel) konstituiert werden, führt das auch zur *komplementären Fragerichtung:* nämlich *ob es 'Alltagserklärungen von so hoher Rationalität geben könnte, daß sie als objektive wissenschaftliche Erklärungen/Theorien anerkennbar wären.* Auf dem Hintergrund des epistemologischen Subjektmodells ist die Vermutung nicht unsinnig, daß die so oft beklagte höhere Komplexität des sozialwissenschaftlichen Gegenstandsbereichs (gegenüber dem naturwissenschaftlichen) ein Artefakt der (behavioristisch-wissenschaftlichen) Haltung ist, alle Phänomene, auch die psychischen, quasi von 'außen' anzusehen und damit den Gegenstand zu verkomplizieren; die Akzeptierung von subjektiven, rationalen Theorien eigenen Verhaltens z.B. (qua 'interne' Sichtweise; vgl. auch wieder die Parallele zur 'Sinn'frage innerhalb der hermeneutischen Tradition: SPRANGER 1926; KLIMPFINGER 1944; GROEBEN 1970) als objektiv-psychologische könnte u.U. die Gegenstands'komplexität' bedeutsam reduzieren. Die prinzipielle Möglichkeit solcher Akzeptierung ist im epistemologischen Subjektmodell zumindest angelegt; denn die Subjekt-Objekt-Relation ist hier ja nicht mehr eine durch die Vorordnung der Wissenschaftskonzeption in der Gegenstandskonstituierung vorab eindeutig und irreversibel festgelegte. Vielmehr ist jetzt "die Objekt- oder Subjekteigenschaft eines Systems .. eine variable Größe, die durch die Falsifizierbarkeit des jeweiligen Altersystems mitbestimmt wird" (KNEBEL 1970, 92). Das falsifizierbarere System z.B. kann gegenüber dem weniger falsifizierbaren die Subjektrolle einnehmen (nicht umgekehrt): "Die Rede von Subjekt und vom Objekt impliziert ein Falsifizierbarkeitsgefälle zwischen beiden" (KNEBEL ebda.). Im epistemologischen Paradigma nun kann das Objekt den Falsifizierbarkeitsgrad seines Systems nachweisen und prinzipiell dann auch den Grad des Subjekt-Systems erreichen: in einem solchen Fall wäre es unsinnig, da unökonomisch, die subjektive Theorie des Erkenntnisobjekts nicht als objektive des -subjekts zu übernehmen. Dem entspricht innerhalb des attributionstheoretischen Ansatzes z.B. die Frage nach der 'Veridikalität' der Attributionen qua subjektiver Erklärungen (vgl. KÜHLER 1974,323). Bei vorliegender Veridikalität kann man die subjektiv-theoretischen Erklärungsgründe als Realgründe innerhalb einer 'objektiven' Theorie akzeptieren. Dafür aber ist wiederum die sichere Unterscheidung von Rationalität und Rationalisierung eine zentrale, vordringlich zu erarbeitende Voraussetzung. D.h. *im neuen Paradigma ist quasi als Zwang das Ziel verankert, die*

*Rationalität des Alltagsverhaltens/-denkens nicht nur kritisch (und selbstkritisch, s.o. die Interdependenzdiskussion), sondern auch unmittelbar konstruktiv im Sinn der Ziele/Bedingungen für eine Rationalitätssteigerung zu analysieren.* Daran erweist sich noch einmal abschließend, daß das epistemologische Forschungsprogramm - eventuell im Gegensatz zum Eindruck auf den ersten Blick - eine bisher weitgehend unerreichte Synthese von praktischer und theoretischer Relevanz realisieren könnte (vgl. Kap.II.).

I.B. VERTEIDIGUNG: PARADIGMAWECHSEL ODER FORSCHUNGSPROGRAMM-
     KONKURRENZ?

5. *BEHAVIORISMUS ALS PARADIGMA*

Die These vom Paradigmawechsel findet sowohl auf Seiten behavioristischer als auch 'kognitivistischer' Forscher/Wissenschaftler Kritik. Von behavioristischer Seite aus wird vor allem kritisiert, daß es diese 'Seite' so einheitlich gar nicht gäbe: die Rede von 'dem' Behaviorismus bzw. dem behavioristischem Paradigma sei eine undifferenzierte Verkürzung, die übersieht, daß es innerhalb behavioristischer Forschungskonzeptionen eine Fülle von verschiedenen, sogar konkurrierenden Forschungsprogrammen gibt; das gilt auch unter Heranziehung des non statement-views: es lassen sich (im oben skizzierten Sinn) durchaus unterschiedliche Annahmenkerne einzelner Positionen herausarbeiten, die sich dennoch alle als behavioristisch verstehen - man denke nur an so verschiedene Positionen wie die von HULL, TOLMAN und SKINNER! Das geschlossene behavioristische Paradigma, so die pointierte Gegenkritik, existiert doch nur in den Köpfen dogmatischer Kognitivisten, die diesen Buhmann hervorholen, wenn sie ihre selbstverschuldeten methodologischen Frustrationen durch die Selbstverstärkung eines missionarischen Bewußtseins des Kognitivismus als des 'eigentlichen', zukünftigen Forschungsprogramms wettmachen wollen. Dabei übersehen sie denn auch geflissentlich, daß der methodologische Behaviorismus längst die ontologischen Implikationen des frühen, sog. 'logischen' Behaviorismus abgelegt hat und seit der Zulassung von intervenierenden Variablen bzw. hypothetischen Konstrukten (TOLMAN, HULL etc.; vgl. MAC CORQUODALE&MEEHL 1948) längst die ach so geliebten 'kognitiven', internalen Instanzen auch berücksichtigt - wenn auch nicht in der wohl noch mehr geliebten mentalistischen Sprachform! Genauso programmatisch ausgedrückt, wie sich die These vom Paradigmawechsels geriert: *behavioristische Forschungsprogramme haben längst alle brauchbaren (erklärungsrelevanten) Aspekte des Kognitivismus assimiliert und berücksichtigt* (man denke nur an SKINNERs Ausführungen zum Sprachverhalten, kontingenz- vs. regelgesteuerten Verhalten, Kulturentwicklung etc.). Es mag also durchaus zeitweise, punktuelle Forschungsprogrammkonkurrenzen zwischen behavioristischen Theorien und kognitivistischen Positionen gegeben haben, die allerdings wegen der inhaltlichen Flexibilität und Erweiterungsfähigkeit des methodologischen Behaviorismus in allen Fällen zugunsten der behavioristischen Ansätze ausgegangen sind, indem diese die brauchbaren 'kognitivistischen' Dimensionen in präzisiert-rekonstruierter Form aufgenommen haben.

Vom gleichen Phänomen, nur in umgekehrter Bewertung, gehen die 'Kognitivisten' bei der Kritik an der Paradigmawechsel-These aus: sie weisen darauf hin, daß der Behaviorismus niemals in der Geschichte der Psychologie im Sinne einer 'normal science' in Ruhe und ohne Konkurrenz einfach 'seine' Rätsel lösen konnte. Immer wurde er von anderen nicht-behavioristischen Positionen aus angegriffen und kritisiert: sei es von 'innen' heraus wie z.B. im Fall des 'kognitiven' Behavioristen TOLMAN oder von 'außen' durch Positionen wie die Gestalttheorie, die phänomenologische Psychologie oder die Psychoanalyse, humanistische Psychologie etc.. Die Rede vom Paradigmawechsel stellt eine ungerechtfertigte Überschätzung des behavioristischen Forschungsprogramms und eine gleichermaßen starke Unterschätzung aller nicht-behavioristischen Konzeptionen dar! Gerade die dauernde Forschungsprogrammkonkurrenz zwischen behavioristischen und kognitiven Theorien hat sukzessive dazu geführt, daß die Anomalien der behavioristischen Ansätze schnell erkannt und kritisiert wurden - und als Folge solcher Kritik eben zur Erweiterung dieser Theorien geführt haben. Programmatisch ausgedrückt: *seit Einführung der intervenierenden Variablen/hypothetischen Konstrukte in den Behaviorismus ist dieser, besonders hinsichtlich seiner ontologischen Kernannahmen über das menschliche Subjekt, längst geschlagen!* Das gilt auch in Bezug auf die methodologischen Konzeptionen, die unter der These des Paradigmawechsels als konstituierend für ein neues Paradigma behauptet werden, wie z.B. das Wahrheitskriterium innerhalb einer hermeneutischen Tradition; auch dies war im Prinzip alles schon einmal da: angefangen

von der WUNDTschen Introspektion über die SPRANGERsche verstehende
Psychologie bis hin zur Rolle des Interviews in der klinischen
Methode von PIAGET (von der Psychoanalyse ganz zu schweigen!).
Die Rede vom Paradigmawechsel ist daher, so gut sie gemeint sein
mag, unzulässig, da unnötig! Die Akzentuierung der kognitiven
Dimensionen des menschlichen Subjekts ist schon anzustreben und
legitim, aber die ausgearbeiteten Forschungsprogramme der kognitiven
Perspektive reichen zur Realisierung dieser Akzentuierung völlig
aus, ein neues, 'paradigmatisches' Subjektmodell ist nicht nötig.
Geht man von der Berechtigung dieser Kritiken aus, so wäre die
sinnvollste Fragestellung eigentlich nur noch, Parallelitäten
bzw. Äquivalenzen zwischen behavioristischen und kognitivistischen
Forschungsprogrammen festzustellen und eine Einigung darüber anzustreben, in welchem 'Sprachspiel' man sich bewegen will; bzw.
wenn noch echte Theoriekonkurrenzen festzustellen sein sollten
(vgl. HERRMANN 1971), festzulegen, in welchen (Gegenstands-)Bereichen
der behavioristische Erklärungsansatz mehr Realgeltung beansprucht
kann und daher vorzuziehen ist und in welchen der kognitive. An
dieser Stelle aber wird deutlich, daß *die Einhelligkeit/Einstimmig-
keit bei der Ablehung der Paradigmawechsel-These zwischen behavioristischer und kognitiver Position* nur eine oberflächliche, phäno-
typische, daher scheinbare ist: sie *beruht auf unterschiedlichen
Bewertungen der Psychologiegeschichte und der Relevanz der Positionen.*
Diese Unterschiedlichkeit muß bei Theorienkonkurrenz zu der Frage
führen, welcher Ansatz dem konkurrierenden überzuordnen ist: und
das ist die Frage nach der 'Herrschaft' einer disziplinären Matrix,
diachronisch gesehen nach der Existenz, Konstanz oder dem Wechsel
eines Paradigmas. Dabei ist es sicherlich kein *Argument,* daß nach
der KUHNschen Theorie der wissenschaftlichen Entwicklung bei einem
vorliegenden Paradigmawechsel dieser von den Verfechtern des alten
Paradigmas ja gerade abgelehnt werden muß. Aber diese Überlegung
ist u.E. doch eine legitime Motivation, die skizzierten Argumente
im einzelnen und differenziert auf ihren 'Überzeugungswert', ihre
argumentative Kraft zu überprüfen. Dabei muß die Frage nach der
Existenz eines Paradigmas als notwendige Bedingung eines sinnvollen
Sprechens vom Paradigmawechsel an erster Stelle stehen; wir werden
also zunächst zu analysieren versuchen, inwieweit mit dem methodologischen Behaviorismus in der Tat ein relativ geschlossenes (5.1.)
und als solches herrschendes (5.2.) Paradigma vorliegt; danach ist
herauszuarbeiten, inwiefern mit dem epistemologischen Subjektmodell

ein Wechsel zu einem neuen Forschungsprogramm vorliegt (vorliegen
kann), das sowohl neue Probleme (6.1.) als auch neue methodologische Zielvorstellungen/kriterien (6.2.) impliziert; abschließend
kann dann auf dem Hintergrund dieser Analysen die Frage nach Konkurrenz oder Wechsel begründeter beantwortet werden (7.). Dabei
können diese Analyseversuche allerdings keinesfalls umfassend
sein (schon aus Raumgründen nicht, das würde eine Geschichte der
Psychologie im 2o. Jhdt. erfordern); wir werden vielmehr für die
einzelnen Frageaspekte jeweils das eine oder andere konkrete
Beispiel anführen, das sich in der einschlägigen (schriftlichen
wie mündlichen) Auseinandersetzung als bedeutsam herausgestellt
hat bzw. von uns als aussagekräftig angesehen wird.

5.1. Die Geschlossenheit des behavioristischen Forschungsprogramms.

Die Nicht-Geschlossenheit des behavioristischen Paradigmas wird,
wie schon angedeutet, sowohl von behavioristischer als auch kognitivistischer Seite behauptet; so haben MILLER, GALANTER&PRIBRAM
die Zulassung internaler, 'impliziter' Ereignisse als subjektiven
Behaviorismus (1960, 21ff.) bezeichnet und als notwendige Entwicklung
des behavioristischen Ansatzes eingeordnet/bewertet (o.c, 213).
Daß diese contradictio in adjecto aufgrund der Forschungslage
auch innerhalb der tierexperimentellen Lernforschung schon frühzeitig in der Form eines 'kognitiven' Behaviorismus verwirklicht
wurde, wird gerade von nicht behavioristischer Seite betont;
so weist z.B. GRAUMANN (1965) auf TOLMAN als den ersten Vertreter
eines solchen 'subjektiven Behaviorismus' hin (1965, 246ff.). Diese
Einschätzung ist sicherlich gerechtfertigt, hat doch TOLMAN sogar
den Begriff des 'purpose' als einen zentralen Begriff seiner Verhaltensanalyse und -theorie eingeführt: als 'persistence until'
(TOLMAN 1932; 1958; 1959; vgl. GRAUMANN 1965, 248).

Es ist unbestreitbar, daß TOLMAN innerhalb der behavioristischen
Forschungsrichtung, zu der er sich ja explizit und programmatisch
bekennt, eine extrem 'kognitivistische' Position einnimmt; es soll
durch die Rede vom behavioristischen Forschungsparadigma auch gar
nicht geleugnet werden, daß es unterschiedliche und sogar solch
relativ weitgespannt-verschiedene Theorien und das heißt unter dem
non statement-view Annahmenkerne gibt. Allerdings hat die Explikation des behavioristischen Paradigmas nicht auf dieser Ebene
angesetzt: hinter der oben geleisteten Explikation des behavioralen

Subjektmodells steht eine generellere und gleichzeitig grundsätzlichere These, denn dieses Subjektmodell ist unter Rückgriff auf die (experimentelle) Methodik des Behaviorismus expliziert worden. Und das bedeutet als *These: der methodologische Behaviorismus (mit seinen vorgeordneten Wissenschaftskriterien der - experimentellen - Präzision, Kontrolle etc.) realisiert über die Methodenkonzeption die ontologischen Implikationen des logischen Behaviorismus!* Diese Behauptung bestreitet engagiert, daß der methodologische Behaviorismus die "im klassischen Behaviorismus aufweisbaren metaphysischen Ingredienzien" beseitigt (wie z.B. KOCKELMANS 1975, 37 behauptet). Im Gegenteil: der methodologische Behaviorismus impliziert gerade durch die Beschränkungen der Methodik bzw. der dahinter liegenden Wissenschaftskonzeption (s.o.) das ontologisch reduzierende Subjektmodell/Gegenstandsverständnis des klassischen Behaviorismus und ist in diesem Sinn als geschlossenes Paradigma anzusehen. Diese These kann man auf zwei Wegen zu belegen suchen: einmal, indem man nachweist, daß der methodologische Behaviorist bei der Rechtfertigung seiner Methode auf ontologische Implikationen des klassischen Behaviorismus zurückgreifen muß; dieser Nachweis ist Aufgabe einer Philosophischen Psychologie und kann hier nicht geleistet werden (vgl. BIERI 1973). Zum anderen, daß forschungspragmatisch die behavioristische Methodik/Forschungskonzeption in der Tat zu einer Reduktion des Subjektmodells um seine reflexiven, epistemologischen Dimensionen führt; wir wollen diesen zweiten Weg beschreiten und an zwei Beispielen eine solche Reduktions-Dynamik nachweisen: inhaltlich für die gemeinhin als 'behaviorismus-aufbrechend' angesehene Lerntheorie TOLMANs und methodisch für das Problem der Täuschung (deception) innerhalb der eingeführten behavioristischen Methodologie.

*DAS BEISPIEL TOLMAN*

TOLMANs Theorie wird prägnant als Theorie des 'Zeichenlernens' (HILGARD&BOWER 1973, 219), bezeichnet; sie faßt das Lernen als ein Lernen von Beziehungen zwischen Zeichen und Bezeichnetem, sog. kognitiver 'Landkarten' (maps) auf, die einen Verhaltensplan implizieren und nicht nur eine Bewegungsstruktur (o.c., 223); die wichtigsten empirischen Evidenzen für diese Auffassung liegen in den Untersuchungen zum Ortslernen, inzidentellen Lernen und der Belohnungs-erwartung (o.c., 224). Beim Vergleich mit einem potentiellen epistemologischen Subjektmodell springt naturgemäß das Konzept der 'Hypothese' hervor, auf das wir uns im folgenden in der Diskussion beschränken wollen. Unter einer Hypothese ist eine Erwartung zu verstehen, die auf den gelernten Beziehungen zwischen Zeichen und

Bezeichnetem basiert (welcher Art das Zeichen und Bezeichnete auch immer sei); d.h. die Hypothese als (kognitiver) Lösungsansatz, über den der Organismus verfügt, basiert auf vorangegangener Erfahrung; die Erwartungen/Hypothesen werden durch Erreichen eines jeweiligen Ziels bestätigt; der Lernende kann die kognitive (Hypothesen-)Struktur auch unter veränderten Bedingungen nutzen (o.c., 234). Dabei betont TOLMAN aber gleichzeitig ohne Ausnahme, daß er methodisch durch und durch Behaviorist sei und lehnt daher introspektionistische Aussagen eindeutig ab: seine intervenierenden Variablen sind immer Interpretationen von offenem, beoabachtetem Verhalten (zumindest programmatisch: TOLMAN 1959, 95, 147; HILGARD& BOWER 1973, 219). Die Frage ist nun, ob diese Methodenkonzeption u.U. das TOLMANsche Modell in seiner Explikation behindert, reduziert hat. Wir glauben, man kann eine Fülle von Punkten entdecken, an denen durch eben diese Methodenbeschränkung das Konzept der Hypothese z.B. gerade um die kognitiv-epistemologisch zentralen Dimensionen gebracht wird. TOLMAN hat als der 'Kryptophänomenologe' (wie er von KÖHLER genannt wurde), als der er sich durchaus z.T. kokettierend auch empfand, konzeptuell Unterscheidungen eingeführt, die er auf der Grundlage seines Methodenkonzepts nicht einführen durfte und die daher für seine Theorie letztlich auch unwirksam blieben: eine solche Unterscheidung ist z.B. die zwischen der Wahrscheinlichkeit eines erwarteten Ereignisses und der Sicherheit dieser Erwartung (unabhängig von dem Ausmaß der erwarteten Wahrscheinlichkeit - die kann ganz gering sein bei gleichzeitig sehr hoher Sicherheit dieser Erwartung); eine Unterscheidung, für die er auch in der letzten Zusammenfassung seiner Theorie keine behavioristisch tolerablen Indikatoren angeben kann (TOLMAN 1959, 1o6f.). Vergleichbares gilt u.E. für die Unterscheidung zwischen überdauernder (dispositionaler) Hypothese (belief) und situationsbezogener Erwartung (o.c., 113). All diese konzeptuellen Differenzierungen sind nur einholbar unter Zulassung von Sprache mit Bezeichnungsgleich Informationsfunktion. Daß dies jedoch durch das behavioristische Paradigma konsequent auch bei TOLMAN nicht zugelassen wird, zeigt sich bei der Behandlung des Erwerbs von 'Hypothesen': dieser geschieht 'direkt' durch die Erfahrung und Einprägung entsprechender S-R-S-Sequenzen oder Verhaltensweisen (TOLMAN 1959, 1o5; HILGARD& BOWER 1973, 252). Damit aber ist z.B. die für ein unreduziertes Subjektmodell geradezu triviale Möglichkeit nicht berücksichtigt, daß Hypothesen durch sprachliche Kommunikation oder Instruktion erworben werden können; alle folgenden Probleme der Relation von Hypothesen/Theorien untereinander innerhalb eines reflexiven Kognitionssystems sind folglich unter dieser Beschränkung gar nicht mehr thematisierbar. Wir wollen im folgenden, um die Skizzierung der Reduktionsdimensionen nicht übermäßig aufzuschwellen, nur noch die nicht thematisierbaren Aspekte in der Relation von Hypothesen und deren Bestätigung stichwortartig aufführen, die für ein kognitiv-epistemologisches Subjektmodell gerade zentral wären:
- Gewichtung von empirischen Daten in Bezug zu den thematischen Hypothesen (analog zum wissenschaftstheoretischen Repräsentanz-Problem, vgl. HOLZKAMP 1964);
- Exhaustionsmöglichkeiten von empirischen Evidenzen im Zurückführen auf störende Bedingungen;
- Beharrlichkeit des Festhaltens an Hypothesen trotz fehlender Bestätigung bei Mangel an Alternativen;
- Hypothesenveränderungen z.B. durch Gegenstandsbereicheinschränkungen hinsichtlich der Gültigkeitsbehauptung (als Folge negativer Evidenzen).

All diese Fragen bzw. Probleme sind dem behavioristischen Paradigma strukturell wegen seiner Methodenkonzeption nicht erreichbar; es ist hier also keineswegs TOLMAN zu kritisieren, der den Hypothesenbegriff eingeführt hat, ohne die damit sinnvollerweise verbundenen Frageperspektiven zu behandeln: er war durch sein Forschungsparadigma, den Behaviorismus, gehindert. Das aber erweist den Sprachgebrauch TOLMANs als einen 'pseudokognitiven'. *Das behavioristische Forschungsprogramm reduziert die Theoriemöglichkeiten auf den nicht-reflexiven, nicht-epistemologischen Bereich des menschlichen Subjekts und ist von daher als geschlossenes Paradigma ansprechbar.*

*Das Beispiel der TÄUSCHUNG in der behavioristischen Methodologie:*

Die Experimentalmethodik des methodologischen Behaviorismus hat in ihrer Konzentration auf die interne Validität (CAMPBELL&STANLEY 1963) der empirischen Untersuchungen die Technik der Täuschung hervorgebracht; dabei werden die Vpn entweder über die Tatsache der Teilnahme an einem Experiment oder über den Zweck, das Ziel der Untersuchung getäuscht (deception; BREDENKAMP 1969). Und das, obwohl wegen der Asymmetrie zwischen externer und interner Validität (die interne Validität der Daten ist notwendige Bedingung für die externe, gleichzeitig wird aber bei Maximierung der internen die externe Validität zunehmend geringer; CAMPBELL&STANLEY) die Generalisierbarkeit der Ergebnisse für die 'alltägliche' Welt hochgradig gefährdet ist. Die Technik der Täuschung läßt sich unter ethischen und methodologischen Gesichtspunkten kritisieren; ethische Einwände sind bei der Täuschung über die Teilnahme an einem Experiment natürlich besonders relevant und beziehen sich darauf, daß mit dieser Technik eine der humanen Ausrichtung der Psychologie entgegengesetzte Struktur einer 'Antitherapie' verwirklicht wird (SEEMAN; vgl. MERTENS 1975, 63); wir beschränken uns im folgenden auf die methodologische Kritik der Täuschung im Hinblick auf den Versuchszweck. Das Ziel dieser Täuschung ist, daß die Vp möglichst 'natürlich' auf die durch das Experiment vorgegebene Situations- und Reizkonstellation reagiert; unter 'natürlich' wird dabei arglos-naives (KRUSE 1976,6), spontan-unreflektiertes Verhalten verstanden, während der Experimentator möglichst genau alle Versuchsbedingungen kontrolliert (CRANO&BREWER 1975, 293). Das bedeutet: die Methodologie impliziert als Zielvorstellung der Gegenstandskonstitution das naive Subjekt, bei dem keine subjektiven Kognitionen, Hypothesen, Theorien über sich selbst und die Umwelt störenden Einfluß ausüben, d.h. das Erkenntnis'objekt' wird um seine reflexiven Dimensionen reduziert! Daß dies - wiederum - die Asymmetrie zwischen einem übermächtig kontrollierenden Vl und einer möglichst 'passiven, mechanischen Beantwortungsmaschine' (MERTENS 1975, 39) ist, hat ARGYRIS auch organisationspsychologisch begründet (ebda.). Wir wollen nicht intensiver auf die interne Inkohärenz dieser Technik eingehen (denn nach behavioristischen Vorstellungen dürfte sie gar nicht nötig sein: das Erkenntnisobjekt 'ist' ja danach unter der Kontrolle der Umwelt; im Konzept der Täuschung steckt - absurderweise - die Vorstellung von der interpretierenden, Hypothesen generierenden Vp, wenn auch als 'abzuwehrende' Vorstellung/ Realitätsmöglichkeit. Man könnte dies als Indikator dafür explizieren, daß das behaviorale Subjektmodell selbst von seinen Vertretern in Bezug auf die Alltagspraxis (auch die eigene als Experimentator!) als anomal empfunden wird, besonders aber dafür, daß mit dem epistemologischen Subjektmodell in der Tat das diametral entgegengesetzte - konkurrierende - Forschungsparadigma vorliegt). Hier soll jedoch die Realisierung eines bestimmten Subjektmodells durch die Methode im Mittelpunkt stehen. Daß die Täuschungstechnik nicht an peripherer Stelle der experimentell-behavioristischen Methodologie steht, wird schon durch die Ausdifferenzierung dieses Konzepts angezeigt: es gibt mittlerweile Täuschung über die Versuchshypothese, das Verhalten der Vp, das Verhalten anderer Menschen (stooges: Strohmänner), das Reizmaterial, die Aufgabenstellung, die verwendeten Instrumente, Apparaturen etc. (KRUSE 1976, 5f.). In Bezug auf das Ausmaß der Täuschung wird immer wieder STRICKERs Analyse von 1967 angeführt, der in 4 psychologischen Zeitschriften des Jahrgangs 1964 knapp 2o% von Untersuchungen fand, die mit aktiver Täuschung arbeiteten (vgl. MERTENS 1975, 61); dieser Prozentsatz scheint in den folgenden Jahren bis heute nicht geringer geworden zu sein, sondern weiterangestiegen: z.T. bis auf 7o% (KRUSE 1976, 8). Und das obwohl über das Funktionieren der Täuschungstechnik begründete Zweifel bestehen; die Sozialpsychologie des Experiments hat nämlich auch hier quasi zu einem Anomalienaufweis der Methodologie geführt: die Ergebnisse dieser Forschungsbemühungen lassen sich in der Konsequenz zusammenfassen, daß 'die Sichtweise der Vp über das experimentelle Geschehen im Mittelpunkt der Analysen stehen muß' (MERTENS 1975, 5o). Als artifizielles Folgeproblem der Täuschungs-Methodik muß man heute an und für sich schon die Variable 'Argwohn' (suspiciousness) kontrollieren, da argwöhnische Vpn u.U. verstärkt nach den eigentlichen Hypothesen des Vl suchen (und sogar ein 'negativistisches' Verhalten zeigen; MERTENS 1975, 59). Die Analysen von STRICKER und anderen zeigen allerdings, daß die Wissenschaftler dieses Folgeproblem gern verdrängen, d.h. nur sehr selten in der Tat (auch wenn sie 'täuschen') diese Kontrollvariable erheben (MERTENS 1975, 65f.), so daß wir nach SEEMAN bald nicht mehr über naive Vpn, sondern nur noch über naive Vl verfügen (MERTENS 1975, 64). Immerhin haben sich durch das Forschungskonzept der Sozialpsychologie des Experiments folgende Bedingungen für das Entstehen von Argwohn herausarbeiten lassen (nach MERTENS 1975, 69): '1. Gebrauch populärer experimenteller Paradigmen; 2. Art und Umfang der Täuschung; 3. Kommunikation unter Studenten; 4. Teilnahme an früheren Experimenten; 5. Persönlichkeitsvariablen als prädisponierende Faktoren.' Der Punkt 3) macht klar, daß die Folgen von Täuschung auch durch gutwillige nachträgliche Aufklärung (debriefing) nicht vermieden werden können: trotz ausdrücklicher Bitte/Ermahnung des Vl, über den eigentlichen Versuchszweck nichts zu erzählen, halten sich die Mehrzahl der Vpn nicht daran (in der Untersuchung von WUEBBEN 1967: 64%; MERTENS 1975, 73). Die Ergebnisse zu Persönlichkeitsvariablen erhärten im übrigen die hier herausgearbeiteten Beziehungen zwischen Methodik und Subjektmodell: der Täuschung unterliegen am ehesten passive, naive Vpn, während selbständige, verbal intelligente Vpn am ehesten 'argwöhnisch' eigene Interpretationen und Hypothesen dagegen setzen (MERTENS 1975, 76). Die Kritik an den mechanistischen Forschungsmethoden (samt deren Erforschung; vgl. MERTENS 1975,4o) ist selbst wieder als Indikator für einen krisenhaften Paradigmawechsel anzusehen, doch soll dieser Aspekt hier nicht weiter verfolgt werden. Wichtiger ist die Frage der alternativen Lösungsmöglichkeiten. Denn es soll ja nicht bestritten werden, daß die Vp durch Kenntnis des Untersuchungsziels z.B. über die Dynamik der 'sozialen Erwünschtheit' (man denke an Vorurteilsforschung etc.) sich selbst

und den wissenschaftlichen Vl über ihre 'wahren' Reaktionen täuschen
kann. Aber die bisher diskutierten Alternativen wie Rollenspiel etc.
scheinen keine echten Alternativen zu sein, zumindest gehen sie
von den Implikationen der Zielvorstellung der Täuschungstechnik nicht
ab, sie versuchen diese nur in einem 'als-ob-Verhalten' zu erreichen.
Eine radikale Alternative liegt u.E. nur in der Aufstellung von
psychologischen Theorien, die die Reflexion des Erkenntnis'objekts'
mitberücksichtigen (und d.s. metatheoretische Hypothesen, s.o.) bzw.
in einer Methodik, die das 'wahre' Verhalten des Subjekts über eine
Steigerung seiner selbstkritischen Reflexion und damit Rationalität
zugänglich macht - und d.b. den Wechsel zu einem dialog-konsenstheoretischen Wahrheitskriterium (dazu s. mehr unter 6.2.).

An dieser Stelle ist vorerst festzuhalten, *daß die behavioristische
Wissenschaftskonzeption mit ihrer vorgeordneten Experimentalmethodik
in der Tat forschungspragmatisch die Gegenstandskonstituierung*
(d.h. das implizierte Subjektmodell) determiniert: die experimentelle
Methodik entscheidet darüber, "welche Erfahrungsdaten zugelassen
sind und welche nicht" (GRAUMANN&METRAUX 1977, 35) und d.h. konkret:
das menschliche Subjekt wird schon verkürzt in die Forschung eingebracht (o.c., 37). Der methodologische Behaviorismus impliziert
forschungspraktisch die gleiche 'monistische und materialistische
Ontologie' (ROCHE 1973, 123) wie der klassische Behaviorismus und
darin liegt seine paradigmahafte Geschlossenheit.

5.2. Die 'Herrschaft' des behavioristischen Paradigmas.

Der Hinweis auf konkurrierende Forschungsansätze zum Behaviorismus
muß im wissenschaftstheoretischen und -historischen Verständnis
von KUHN nicht unbedingt bedeuten, daß es kein 'herrschendes' Paradigma gibt. Denn der KUHNsche Paradigmabegriff ist ja eben nicht
nur durch eine metaphysische und operativ-konstruktive Dimension
charakterisiert, sondern gleichermaßen auch durch eine soziologische!
(vgl. MASTERMAN 1970, 61ff.) KUHN selbst hat in Erwiderung auf
entsprechende Kritik (1972) seinen Paradigmabegriff ausdifferenziert
und das Konzept der 'disziplinären Matrix' (o.c., 294; 1977, 394ff.)
eingeführt; dabei handelt es sich um die gemeinsam besessenen
Einstellungen, Bewertungen etc., die das wissenschaftliche Forum
in seiner überwiegenden (und damit herrschenden) Anzahl vereint.
Mit dieser Vorstellung von 'Herrschaft' sind explizit zwei Differenzierungen vereinbar: zum einen, daß es innerhalb eines Paradigmas
hinsichtlich der kognitiv-philosophischen Komponente mehrere
'Musterbeispiele' (examples, KUHN 1972, 298ff.; 1977, 408) geben
kann, d.h. konkrete Problemlösungsfälle, nach denen in der Praxis

der Normal-Wissenschaft Rätsel-Lösungen modelliert werden, also
z.B. das inzidentelle Lernen nach TOLMAN, die SKINNER-BOX etc.;
zum anderen mag es auch durchaus völlig andere Theorieansätze
geben, die allerdings noch keine Chance haben, dem herrschenden
Paradigma ernsthafte Konkurrenz zu machen, weil sich dieses
noch in keiner Krise befindet. Denn erst in Krisenzeiten hat
eine Theorie eine Chance, zu einem neuen Paradigma aufzusteigen:
bis dahin bleibt sie als Vorwegnahme eines neuen Paradigmas
weitgehend wirkungslos (vgl.o. die Anführung der Ansätze von
HEIDER und KELLY). Unter diesem Aspekt ist es nicht sinnlos,
vom Behaviorismus als herrschendem Paradigma - *im Sinne der
disziplinären Matrix* - zu sprechen; d.h. *Behaviorismus ist,*
sozialpsychologisch gesprochen, *die herrschende Norm, der faktisch
jeder Psychologe nachkommt,* 'ob er es weiß oder nicht' (wie
es BERGMANN 1956, 270 zumindest für die amerikanische Psychologie
behauptet hat). Der direkte Nachweis dieser Form von 'Herrschen'
bedarf einer umfangreichen sozial-, wissenschaftspsychologischen
und wissenschaftshistorischen Analyse und wird sicherlich erst
mit größerem historischen Abstand möglich sein. Wir möchten uns
daher auf indirektere, dafür aber auch zugänglichere Indikatoren
beschränken. Der erste ist der Ablauf von Wechseln in den Annahmekernen einzelner Forschungsbereiche ('domains' im Sinn von SHAPERE;
vgl. u. die Differenzierung von HERRMANN 1976: Punkt 7); wenn
sich hier das oben für die Anomalien des behavioristischen Forschungsprogramms selbst (Beispiel 'verbal conditioning') nachgewiesene
KUHNsche Schema ebenfalls aufweisen läßt, spricht das für eine
über mehrere 'domains' reichende Herrschaft des behavioristischen
Paradigmas. Wir diskutieren kurz den Forschungsprogrammwechsel
im Bereich des Paar-Assoziationslernens. Als zweiten Indikator wollen wir die Reaktion behavioristischer Wissenschaftler auf die
Krise ihres Paradigmas anführen: hier glauben wir in der Umarmung
kognitiver Positionen bei gleichzeitiger Behauptung der 'Allesmächtigkeit' des behavioristischen Paradigmas solche Inkohärenzen,
Kritiklosigkeiten und Fehler zu entdecken, daß deren Akzeption
als 'Wissenschaft' nur noch durch den Schutz eines 'herrschenden'
Paradigmas erklärbar ist.

*Das Beispiel PAAR-ASSOZIATIONS-LERNEN:*
Die KUHN-Struktur des Forschungsprogramm-Wechsels läßt sich auch
beim Übergang des Forschungsprogramms des verbalen Lernens vom
Paar-Assoziationslernen zum Elaborationsmodell aufweisen; dieser

Aufweis ist relativ differenziert in TREIBER&GROEBEN 1976 ausgeführt, wir geben hier nur die Grundstruktur an. Die Abfolge (sensu KUHN) ist: Kernannahmen des PA-Lernens - Anomalien - neue Problemperspektive - Konkurrenz verschiedener Erklärungsansätze - neue Problemdefinition: Kernannahmen des Elaborationsmodell - Explikations- und Expansionsmöglichkeiten. Die Kernannahmen des PA-Lernens sind die Anwendung des assoziationstheoretischen Annahmenkerns (ANDERSON&BOWER 1973, 1o) auf den Bereich (domain) des verbalen Lernens: Einprägung sprachlichen Materials als Assoziation von diskreten Stimulus-Reaktions-Einheiten; Herstellung der Assoziation als mechanisch-automatischer Vorgang (in einem passiven Individuum); abhängig nur von der raum-zeitlichen Kontiguität und Häufigkeit des gemeinsamen S-R-Auftretens (plus Verstärkungskonsequenzen). Die Kernannahmen werden (pragmatisch zirkulär) schon durch die Beobachtungstheorie des 'Paar'-Versuchsaufbaus gestützt bzw. realisiert. Die Anomalien des Forschungsprogrmms beziehen sich vor allem auf die Notwendigkeit der Berücksichtigung von (internalen) Mediationsprozessen. Damit wurden die Vermittlungsprozesse zunächst einmal nicht mehr als Fehlervarianz eingestuft; als Folge davon wiederum fiel die Implikation der Vermittlung als mechanischer Vorgang, vielmehr stellte sich dieser Vorgang als aktive Einbettung des Lernmaterials in funktionale Einheiten des natürlichen Sprachrepertoires der Vp heraus (vgl. ADAMS 1967; PRYTULAK 1971). Die postexperimentellen Interviews, mit denen diese Lernstrategie der Vpn entdeckt wurde, fungieren dabei als Heuristik, die durch systematisch-experimentelle Folgeuntersuchungen zu validieren ist/war. Diese Untersuchungen ergaben im Lauf der Forschungsbemühungen zunächst als wichtige unabhängige Variable den Assoziationswert (vgl. NOBLE 1952; KAUSLER 1974), sodann den Imaginationsgehalt von sprachlichen Einheiten (vgl. PAIVIO 1971). Darauf aufbauend ergeben sich Grundzüge eines neuen Forschungsprogramms: der Elaborationsperspektive; diese erbringt eine überwältigende Fülle von Ergebnissen zur material- und instruktional-bedingten Elaboration des sprachlichen Lernmaterials (vgl. TREIBER&GROEBEN 1976, 14ff.). Damit erweist sich der Prozeß des mechanischen Assoziationslernens als ein seltener, reduzierender Extremfall des verbalen Lernens (dessen einschränkende Bedingungen genau angegeben werden können: o.c., 2o). Im Normalfall aber wird auch beim sog. PA-Lernen durch Elaboration des sprachlichen Materials innerhalb einer schon etablierten kognitiven Struktur gelernt; damit ist eine Revision des Annahmenkerns des PA-Lernens in Richtung auf eine 'Kognitivierung' erzwungen. Die anschließende Konkurrenzphase von Erklärungskonzepten hat besonders die Frage der verbalen contra visuellen Elaborationsebene behandelt (vgl. ROHWER&LEVIN 1971); die Konkurrenz konnte jedoch in einem hypothetisch eingeführten semantischen Repräsentationssystem aufgelöst werden, das gleichermaßen auf die Inhaltsstruktur von Sätzen und Bildszenen anwendbar ist. Die propositional-semantische tiefenstrukturelle Explikation dieses Repräsentationssystems (vgl. KATZ& FODOR 1963; ENGELKAMP 1973; TREIBER 1975) stellt das Kernstück des neuen Elaborationsforschungsprogramms dar, in das sich der PA-Lernansatz im Lauf des skizzierten Paradigmawechsels aufgelöst hat. Die Explikationsmöglichkeiten des Elaborationsmodells zeigen auf, daß sich diese Perspektive einbetten läßt in den größeren Aspekt des textorientierten kognitiven Lernens und damit insgesamt eine Teilmenge des generellen epistemologischen Subjektmodells darstellt, das dem Lerner eine kognitiv-(re)konstruierende Spontanaktivität zugesteht, durch die "der vom lernenden Subjekt intiierten Generierung von Bedeutung (im verwendeten Lernmaterial) sowie ihrer Organisation und Repräsentation in bereits verfügbare kognitive

Strukturen zentrales Gewicht zukommt." (TREIBER&GROEBEN 1976, 34).

*Die Rekonstruierbarkeit eines solchen Annahmenkern-Wechsels* innerhalb der von KUHN herausgearbeiteten Struktur der 'revolutionären' Theorieentwicklung *ist u.E. ein - indirektes - Zeichen sowohl für das (vergangene) Herrschen des behavioristischen Paradigmas als auch für den Wechsel zu einem neuen (kognitiven) Paradigma.* Natürlich ist diese Rekonstruierbarkeit höchstens als notwendige, niemals als hinreichende Bedingung für die legitime Rede vom behavioristischen Paradigma anzusehen; aber als solche zeigt sie doch, daß die Einschätzung des behavioristischen Forschungsprogramms als (ehemals?!) herrschendes Paradigma zu fruchtbaren wissenschaftshistorischen und psychologie-theoretischen Analysen führen kann.

*Das Beispiel der behavioristischen BEHAUPTUNG UNIVERSELLER ANWENDBARKEIT (SKINNER):*

Höchst aussagekräftig wird auf dem Hintergrund solcher Anomalien und Forschungsprogrammwechsel allerdings die Reaktion der behavioristischen Wissenschaftler darauf: sie beharren trotzdem auf der universellen Anwendbarkeit und Geltung des behavioristischen Paradigmas. Daß sie sich mit diesem Beharren innerhalb des wissenschaftlichen Forums auch noch weitgehend durchsetzen können, ist für uns ein überzeugender Indikator für das 'Herrschen' des behavioristischen Paradigmas. Aber der Reihe nach: Nichts anderes als die aufrechterhaltende Universalitätsbehauptung steht hinter Verteidigungen wie: z.B. hat SKINNER längst klar gemacht, daß seine 'Theorie' eigentlich nur ein Theorierahmen ist, daß diese seine Theorie (im wissenschaftstheoretischen Verständnis) nur in Spezialfällen maximaler Kontrolle (s.o. Kritik des behavioralen Subjektmodells) auf menschliches Verhalten anwendbar ist (und dabei noch idealisierend wie die Naturwissenschaften), daß von dieser Theorie$_1$ abgehoben werden muß die Interpretation menschlichen Verhaltens mit verhaltenstheoretischen Begriffen, die natürlich analogisierend bleiben muß (Theorie$_2$), daß außerdem längst zwischen kontingenz- und regelgesteuertem Verhalten unterschieden wird usw. (WESTMEYER, mündlich 1976 auf der Grundlage von SKINNER 1974). Genau derselbe Anspruch steht auch schon hinter der Anwendung der Verhaltenstheorie auf das Gebiet der Sprache: SKINNERs 'Verbal behavior' von 1957. Und zum Aufweis der Unbrauchbarkeit solcher 'Theorie$_2$' muß nun doch etwas differenzierter auf die Kritik von CHOMSKY (1959) zurückgegriffen werden. Zunächst jedoch ein paar Beispiele für die 'Interpretation' sprachlichen Verhaltens durch SKINNER (zur möglichst gerechten Objektivität in seiner eigenen Zusammenstellung aus 1974, 31f. zitiert):
"14. 'Mand' (Befriedigungsfunktion). Im Beisein eines Zuhörers (S$^D$) wird die Reaktion Wasser verstärkt, wenn der Zuhörer dem Sprecher Wasser gibt.
15. Schallnachahmendes Verhalten. Sagt jemand Wasser, so sagt auch der Sprechende Wasser, und die Verstärkung ist kontingent auf die Ähnlichkeit der beiden Lautgebilde.
16. Textbezogenes Verhalten. Sieht er das gedruckte Wort Wasser, wird der Sprechende verstärkt, wenn er Wasser sagt.

17. Intraverbales Verhalten. Hat er das Wort Wasser gehört oder gelesen, wird der Sprechende verstärkt, wenn er eine thematisch verwandte Reaktion wie Eis oder Schnee äußert.
18. 'Tact' (Benennungsfunktion). Angesichts eines Glases Wasser, eines Flusses, bei Regen und so weiter wird der Sprechende verstärkt, wenn er Wasser sagt."
Schon 1959 hat CHOMSKY in differenzierzierter Analyse nachgewiesen, daß hier die 'präzisen und objektiven' behavioristischen Begriffe des reinforcement, der response etc. so metaphorisch verwendet werden, daß gar keine wissenschftlich sinnvolle und zulässige Sprachform mehr vorliegt; wir geben einige Beispiele: der (zirkulär definierte, s.o.) Verstärkerbegriff wird (in unzulässiger Weise) als gesetzmäßige (und damit zirkuläre) Erklärung eingesetzt: reinforcement wird aus dem verbalen Verhalten selbst erschlossen, das dann mit eben dieser Verstärkung erklärt wird (vgl. HÖRMANN 1967, 220). Diese Zirkularität liegt auch bei der Beziehung von Stimulus und Response vor: zu jeder verbalen Response wird ein Stimulus 'hinzuerfunden': "Der Stimulus wird aus der Response erschlossen - und hat damit seine vorher so geschätzte Objektivität verloren." (HÖRMANN 1967, 219). Nach 18) (oben) müßte die Häufigkeit einer Reaktion unter Anwesenheit des 'kontrollierenden' Reizes höher sein als bei der Abwesenheit (was in vielen Fällen nicht zutrifft: jemand, der von New York nach München fliegen will, sagt vor Eintreffen am Zielort viel häufiger 'München' als unter 'Kontrolle' durch die Stadt; CHOMSKY 1959, 32f.) Bei konstanter Definition der Begriffe müßte eine hohe 'Responsestärke' z.B. als verbale Reaktion auf ein sehr schönes Bild ein intensives (lautes), mehrfach wiederholendes Rufen z.B. des Verbalverhaltens 'schön' sein (was bekanntlich in den wenigsten Fällen eintritt: CHOMSKY 1959, 35) - und von SKINNER so auch nicht behauptet wird, er verändert also die Begriffsbedeutung des wissenschaftlichen Terms unter der Hand. Der Aspekt der 'Kontrolle', unter dem Verbalverhalten nach SKINNER immer steht, macht z.B. auch nicht erklärbar, inwieweit man anderer Leute Verbalverhalten verstehen kann, deren einzelne Items 'Kontrollerfahrungen' voraussetzen, die man noch nicht gehabt hat: z.B. ist eine adäquate Reaktion auf das 'mand' 'Geld oder das Leben' kaum vorstellbar, bevor man nicht die Erfahrung des Getötet-Werdens gemacht hat (CHOMSKY 1959, 46). Die Konsequenz ist: bei der 'Interpretation' von Alltagswelt mithilfe der behavioristischen Theorie (Index zwei) werden die wissenschaftlichen Begriffe so unscharf, vage, metaphorisch etc. benutzt, daß lediglich eine zumeist nach Plausibilitätskonzepten vorgehende Beschreibung vorliegt, die den Erklärungswert alltagssprachlicher Beschreibungen kaum bis nicht überschreitet! (vgl. weitere Beispiele bei BREGER 1969; BREGER& McGAUGH 1965). Man vergleiche z.B. nur einmal die Erklärung der innersprachlichen Beziehungen/Strukturen unter dem Aspekt (17) des 'intraverbalen Verhaltens' mit den kognitiven Erklärungsansätzen der oben skizzierten Elaborationsperspektive; das zeigt, daß nur die kognitionspsychologische Explizierung hier zu echten und befriedigenden wissenschaftlichen Erklärungsversuchen führt. Ähnliches gilt für die Unterscheidung von kontingenz- vs. regelgesteuertem Verhalten. Kontingenzgesteuertes Verhalten ist durch drei Bestandteile definiert: 'das Verhalten selbst, die Bedingungen, unter denen es zustande kommt, und seine Konsequenzen' (SKINNER 1974, 130). Regeln dagegen 'beschreiben Kontingenzen, die Verhalten und seine Konsequenzen spezifizieren' (o.c., 137); d.h. Regeln werden zumeist durch Verbalverhalten konstituiert. Kontingenzgeformtes Verhalten hängt von 'echten' Konsequenzen ab und ist daher nicht-verbal, während 'die Kontrolle, die Regeln ausüben, primär verbaler Art ist' (SKINNER 1974, 135) - ein schönes Beispiel für Zirkularität,

wissen wir doch durch den Begriff des 'mand' (oben 14.), daß eben
diese Kontrolle in einer Interaktion die - kognitivistisch gesprochen
- Bedeutung des Verbalverhaltens ausmacht: mit 'Kontrolle' wird
alles erklärt, sowohl die Entstehung des Verbalverhaltens und seine
Bedeutung als auch die Wirkung dieses Verhaltens (und seiner Bedeutung) auf anderes Verhalten. Dementsprechend triumphiert auch
wiederum die Technik des 'Hinzuerfindens': z.B. sind Karten und
Stadtpläne Regeln, weil eine Stadt ein 'System von Verstärkungs-
kontingenzen' ist: "Geht eine Person in gewissen Straßen und benutzt
sie gewisse Abzweigungen, wird sie dadurch verstärkt, daß sie einen
gewissen Punkt erreicht." (o.c., 138). Das klingt wenigstens noch
nachvollziehbar (wenn es auch nicht wissenschaftlich tolerabel ist),
solange sich Stimuli und Kontigenzen hinzuerfinden lassen. Z.B.
sind Gesetze Beschreibungen (Manifestationsform von Regeln) 'vor-
herrschender ethischer, religiöser oder staatlicher Praktiken'
(o.c., 137). Das mag einleuchten für das 'Nachbarrecht' und das
zugrundeliegende Rechtsgefühl: aber was ist mit neuen Gesetzen
wie der Modifikation des § 218 oder Notstandsgesetzen, für die
alle das Verbalverhalten emittieren, eben jener (Notstand) sei
mit dem Gesetz nicht beschrieben, sondern durch es zu beherrschen,
zu vermeiden? Das führt zu einem Kardinalproblem: wie entstehen
Regeln? Antwort: Induktion ist keine 'Herleitung', sondern 'die
Konstruktion einer Regel, die Verhalten erzeugt, das einer Reihe
von Kontingenzen entspricht' (o.c., 126). Die Deduktion (von Regeln
aus Regeln) setzt natürlich die Regel schon voraus; wie also
kommt man zu Regeln, zur Konstruktion solchen Verhaltens..? Man
'entdeckt Kontingenzen' (o.c., 14o) - wie man sich dies genauer
vorzustellen, zu erklären hat, bleibt unklar; muß u.E. unklar bleiben, solange keine explizite kognitive Position eingenommen wird,
die erklären kann, wie eigenes Verhalten kognitiv repräsentiert,
aktiv strukturiert und verarbeitet wird, um so zu einem regelhaften
Prinzip zu gelangen. Das aber darf nicht sein: eine kognitiv-inten-
tionale Sprache ist verboten! Obwohl auch sie sich nicht immer um-
gehen läßt: "Verhaltensbeschreibung ist besonders nützlich, wenn
es dem Verhalten nicht gelingt, Kontingenzen zu entsprechen!" (o.c.,
125). 'Nicht Gelingen' setzt ja wohl eine planvolle Absicht voraus;
da nicht sein kann, was nicht sein darf, muß dieses 'tact' schnell
'objektiviert' werden: indem man es 'dem Verhalten' zuschreibt! Hier
ist der Punkt erreicht, wo die 'Anwendung' behavioristischer Theo-
rie(n) nicht nur vage, unpräzise, ohne Erklärungswert, sondern
schlicht sinnlos wird, nicht mehr zur Kategorie der 'vernünftigen
Rede' zu rechnen ist. Symptomatisch für die Position des Behaviorismus ist dabei, daß trotzdem die Geltung und Fruchtbarkeit des For-
schungsansatzes relativ unbeeinträchtigt und ohne rapiden Geltungs-
verlust innerhalb des wissenschaftlichen Forums weiter behauptet
werden kann. Gleichermaßen haben z.B. KANFER&KAROLY explizit den
Terminus 'self' bei 'Selbstkontrolle' eliminiert, weil er ihnen zu
viele kognitive Implikationen hat, und durch 'beta' (Beta-Kontrolle)
ersetzt (1972): sie haben dabei nicht die kognitiven Implikationen
eliminiert (s.u. IV.B), sondern glauben nur durch die Wortaus-
wechselung das behavioristische Paradigma bewahrt zu haben!
Es ist daher u.E. zumindest verständlich, wenn PULIGANDLA nach einer
wissenschaftstheoretischen und philosophischen Analyse von SKINNERs
Position zornig resümiert: ".. most of his observations on human
behavior are nothing but common sense and folk wisdom dressed up in
pseudo-scientific jargon and supported by strawman arguments."
(1974, IX)

Daß man in sich inkohärente, unpräzise, logisch unzulässige Ausführungen (wie oben nachgewiesen) als objektive, optimal wissenschaftliche Theorien ausgeben kann, ohne daß im wissenschaftlichen Forum ein Sturm der Entrüstung oder ein schallendes Gelächter ausbricht, läßt für uns nur eine Erklärung offen: *diese teilweise unsinnigen Ausführungen werden durch das herrschende Paradigma geschützt und abgeschirmt.* Gerade daß auch Forscher, die reihenweise Anomalien des behavioristischen Paradigmas berichten und selbst erforschen (vgl. z.B. MEICHENBAUM 1973; 1975), sich immer noch selbst als Behavioristen verstehen, ist u.E. in Verbindung mit den oben aufgezeigten Phänomenen ein Indikator dafür, daß das behavioristische Paradigma in der Tat (noch immer) das herrschende ist: es ist nicht mehr nötig, sich heute explizit Behaviorist zu nennen - weil es jeder ist (SCHULTZ 1969,236) - oder sein muß?

## 6. 'REVOLUTIONÄRE' ASPEKTE DES EPISTEMOLOGISCHEN SUBJEKTMODELLS

### 6.1. Die 'neue' Problemdimension des epistemologischen Subjektmodells.

Wenden wir uns dem potentiellen neuen (epistemologischen) Paradigma zu; für dieses ist die Geschlossenheits- und 'Dominanz'-Frage (noch) nicht relevant. Dafür ist verständlich zu machen, inwieweit mit dem thematisierten epistemologischen Subjektmodell inhaltlich neue Problemstellungen und -gewichtungen und methodologisch neue Zielvorstellungen/Wissenschaftskriterien verbunden sind. Die Frage der Problemerweiterung und -erneuerung stellt sich insbesondere im Hinblick auf die bekannten kognitiven Theorien und Erklärungsmodelle. *Die Konzipierung der epistemologischen Forschungsperspektive überschreitet diese Modelle grundsätzlich um zwei Aspekte* (s.o.4.3.): zunächst einmal wird *nicht nur der formale Aufbau von Kognitionen und seine Entstehung* thematisiert, *sondern gleichzeitig auch deren Inhalt* in wichtigen, generell gültigen Kategorien (vgl. die Attributionskategorien der attributionstheoretischen Rekonstruktion der Leistungsmotivationstheorie); zum zweiten wird *die Struktur dieser Kognitionen in Parallelität zur Struktur wissenschaftlicher Theorien rekonstruiert* (und mit dieser Auffassung als subjektive oder Quasi-Theorie(n) die Bezeichnung 'epistemologisch' für das Hypothesen generierende und prüfende menschliche Subjekt gerechtfertigt). Die Veranschaulichung dieser Aspekte ist praktisch die Kehrseite des Problems, inwiefern das behavioristische Paradigma die kognitiven Ansätze eines 'subjektiven' Behaviorismus reduziert, beschneidet - und ist daher in der Benennung der offenen Fragen beim Hypothesen-Konzept innerhalb TOLMANs Lerntheorie (oben) auch bereits beispielhaft verdeutlicht worden. Wir wollen aber noch ein weiteres, gegenwartnäheres Beispiel skizzieren, d.i. die 'Kognitivierung' der Persönlichkeitspsychologie durch die 'Interaktionstheorie' von MISCHEL (z.B. 1973).

*Das Beispiel der KOGNITIVIERUNG DER PERSÖNLICHKEITSTHEORIE (MISCHEL):*

MISCHEL (1969; 1971; 1973) versucht, die konkurrierenden Programme der generalisierenden Eigenschaftstheoretiker und spezifizierenden Situationstheoretiker in der differentiellen Psychologie durch eine 'interaktionistische Position' zu verbinden; er hat zunächst als 'Situationstheoretiker' begonnen, der die transsituative Konsistenz von Verhalten als höchstens für 'unangepaßte, schwer gestörte, unreife Personen' gültig nachzuweisen versucht (1973, 258). Aber auch die Verhaltensspezifität als (ausschließliche) Folge der kontrollierenden Umweltreize (gleich behavioristische Definition von 'Situation') revidiert er in seinem 'kognitiven Interaktionismus', indem er an Stelle der 'objektiven' Situationsreize die subjektiv, kognitiv wahrgenommenen und verarbeiteten setzt ('kodierte Reize': 1973, 259f.). Die Situation wird 'internalisiert' und 'kognitiviert', indem das Verhalten jetzt als abhängig von der kognitiven Repräsentation und Verarbeitung der (situationalen) Umwelt angesetzt wird; die zentralen Variablen dieser Verarbeitung sind dann persönlichkeitsspezifische: Kompetenzen der Verhaltensgenerierung; Enkodierung und Kategorisierung von Ereignissen; Erwartungen hinsichtlich Handlungseffekten; subjektive Bewertungen, Selbstregulation und Handlungspläne (1973, 265). GRAUMANN sieht darin eine 'phänomenologische Wende' (1975, 22), denn: "Was eine Situation ist, bestimmt sich .. rein aus der Weise, in der Personen sie redend und (miteinander) handelnd auslegen." (ebda; die für diese Auffassung fundierende Aussage MISCHELs ist: 'Die erworbenen Bedeutungen eines Reizes kann man nur kennenlernen, wenn man bestimmt, was die Person mit ihm verbal und verhaltensmäßig tut..' 1973, 261). Damit ist die Intentionalität der Mensch-Umwelt-Beziehung (GRAUMANN 1975, 22) und d.h. das Subjekt als Gegenstand der (differentiellen) Psychologie rekonstruiert (GRAUMANN&METRAUX 1977, 48).

Daß man diese Implikationen eines kognitiven Interaktionismus auch innerhalb eines behavioristischen Forschungsprogramms und damit als eines sich aufrechterhaltenen Situationismus auffassen kann, hat BOWERS (1973) gezeigt: er geht (parallel zur oben skizzierten Fassung des Paradigmabegriffs) davon aus, daß der 'Situationismus' die S-R-Perspektive mit der experimentellen Methode konfundiert, d.h. die S-R-Relation mit der Relation von abhängiger und unabhängiger Variable im Experiment identifiziert ist (1973, 3o9). Und daran ändert sich auch nichts, wenn man (wie er es für MISCHELs Interaktionstheorie ansetzt) die Kognition als Mediator der externen (Situations-)Ursachen ansieht (BOWERS 1973, 315). An der Situationsabhängigkeit des Verhaltens ändert sich nichts grundsätzliches, besonders wenn man die Mediatorvariable 'Kognition' - wie es der Behaviorist gern tut - ihrerseits als determiniert durch die vorangegangene Lerngeschichte (und d.h. die externe Kontrolle durch die Lernumwelten) ansetzt; und MISCHEL gibt auch für diese Auffassung in

seinem (ungebrochenen) Selbstverständnis als Behaviorist
Anhaltspunkte (1973, 259). Wie man sieht, ist auch ein solches
'interaktionistisches' Programm (der Persönlichkeitspsychologie)
je nach der Konzeptualisierung des Kognitionsprozesses zwischen
den Extrempolen eines phänomeologischen Subjektivismus und eines
behavioristischen Situationismus zu rekonstruieren. Eine 'echte'
Interaktion (die beide Pole verbindet und aneinander korrigiert)
wird sicherlich nur erreichbar sein, wenn man eine konstruktivistische Perspektive als fundamentale Kernannahme voraussetzt (BOWERS
1973, 327), d.h.: das kognitive Subjekt konstruiert seine Welt
aktiv durch Anwendung seiner kognitiven Schemata und realitätsangepaßte Veränderung/Entwicklung dieser Schemata (vgl. PIAGET 1974;
KELLY 1955; NEISSER 1967). Das zentrale Problem der Vermittlung des
subjektiven und objektiven Aspekts wird dabei unausweichbar die Frage,
ob die aktiv-kognitive Konstruktion von Welt an der Realität (wie sie
sich anderen darstellt) vorbeigeht, ob sich die subjektiven Konzepte
als 'Scheuklappen' erweisen oder nicht (BOWERS 1973, 328). Dies
ist die Frage nach der Veridikalität der Kognitionsinhalte - eine
Frage, die am präzisesten zu fassen (und damit zu beantworten) ist,
wenn die Kognitionsinhalte als Hypothesen, Quasitheorien des reflexiven Subjekts aufgefaßt werden, deren 'Realitätsgeltung' zu überprüfen
ist. Und dieses Problem ist einerseits nur innerhalb des Annahmenkerns eines kognitiven Forschungsprogramms in sich kohärent, differenziert und präzise zu bearbeiten; behavioristische Formulierungen
wie die von MISCHEL (1973, 269), daß die 'Erwartungen u.U.
nicht den objektiven Kontingenzen in der Situation entsprechen',
stellen nur eine in sich inkohärente, aporetische Formulierung
dar (vgl.o. 5.2.). Zum anderen wird dadurch die Erweiterung der
kognitiven Position zum epistemologischen Forschungsprogramm
deutlich: die Anwendbarkeit wissenschaftstheoretischer Kriterien
(qua regulativer Zielvorstellungen; vgl. GROEBEN&WESTMEYER 1975,
228) auf reflexive Kognitionssysteme bzw. der Kritisierbarkeit
dieser Systeme durch entsprechende Zielkriterien (s.u.II.1.).

Die These vom Paradigmawechsel bedeutet nun nicht nur, daß die
(disziplinäre) Dominanz des behavioristischen Paradigmas krisenhaft zerfällt, sondern auch, daß der kognitive Forschungsansatz
allenthalben um diese epistemologische Perspektive, d.h. die
Rekonstruktion und Kritik der subjektiven Kognitionsinhalte und
Strukturen als (Quasi-)Theorien erweitert wird (vgl.o.4.3. und u.
7.). Dabei ist durchaus zu erwarten, daß sich dies Forschungsprogramm zu Beginn zunächst auf die Behandlung solcher Kognitionsbereiche/strukturen konzentrieren wird, die sich relativ leicht
innerhalb dieser Kernannahmen rekonstruieren lassen. Um explizit
naiv-rigoristische Mißverständnisse auszuräumen, muß (noch einmal)
sehr engagiert betont werden, daß das epistemologische Paradigma
keineswegs als Kernannahme einführt, alle Kognitionen und/oder
Reflexionen des menschlichen Subjekts entsprächen den Anforderungen/
Kriterien in Bezug auf Theorien. Gerade der Aspekt der Kritisierbarkeit der subjektiven (Quasi)Theorien macht ganz eindeutig klar,
daß der Annahmenkern des epistemologischen Paradigmas nur impli-

ziert, das kognizierende, reflektierende menschliche Subjekt unter
dem Aspekt des subjektiven Theoretisierens zu konstituieren; *sowohl Erfüllung als auch Verfehlung der theoretischen Struktur von Kognitionsinhalten etc. sind (angezielter) Gegenstand des epistemologischen Forschungsprogramms.* Nichtsdestotrotz erleichtern
natürlich zunächst Kognitionsstrukturen, die die regulative Zielvorstellung von der Theoretizität (der subjektiven Reflexionen)
erfüllen, die Durchführung des Programms; solche Entsprechung ist
am ehesten dort zu erwarten, wo sich Alltagreflexionen mit wissenschaftlich vermittelten (und daher bereits entsprechend strukturierten) Kenntnissen mischen. Das ist sicherlich, auch von den
reflektierenden Individuen selbst intendiert, am ehesten bei subjektiven Verhaltenstheorien im beruflichen Bereich zu erwarten:
z.B. bei der subjektiven 'Unterrichtstheorie' von Lehrern, die aus
einer Kombination von wissenschaftlichen Didaktik- und Psychologiekenntnissen sowie alltagspsychologischen Reflexionen bestehen
dürfte (ACHTENHAGEN et al. 1975). Diese naive Unterrichtstheorie
(mit ihren Teiltheorien) ist daher eine der ersten innerhalb
eines epistemologischen Programms thematisierbaren (und auch schon
thematisierten) Aspekte - und wird deswegen auch im folgenden
des öfteren als Beispiel für Probleme und Lösungspotential des
Paradigmas herangezogen (s. bes. Kap.III.):

6.2. Neue wissenschaftstheoretisch-methodologische Zielvorstellungen:
z.B. das dialog-konsenstheoretische Wahrheitskriterium.

Die Frage im Hinblick auf die methodologische Erweiterung durch
eine neue 'paradigmatische' disziplinäre Matrix des epistemologischen Forschungsprogramms ist die, ob zur Erforschung solcher
subjektiver oder naiver (Quasi)Theorien eine veränderte Methodologie
gegenüber bisherigen (behavioristischen, aber auch) kognitiven
Forschungsansätzen nötig ist. Die in der Rede vom Paradigmawechsel
implizierte These, daß bei der Erforschung subjektiver Theorien
eine Vereinigung hermeneutischer und i.e.S. empirischer Methodiktraditionen notwendig und erreichbar wird, muß plausibel machen,
daß damit eine *Überschreitung vorhandener kognitiver Forschungsstrategien* konstitutiv gegeben ist. Dem halten kognitive Theoretiker
entgegen, daß es die einschlägigen Methodenansätze alle schon gegeben hat (so z.B. hinsichtlich des hermeneutischen dialog-konsenstheoretischen Wahrheitskriteriums bei PIAGET) und daher nicht von
einem Paradigmawechsel, sondern nur von einem (längerfristigen)

Konkurrenzzustand die Rede sein kann. Wir werden daher zunächst
kurz diskutieren, inwieweit die Forschungsmethode PIAGETs als
eine Realisierung einer für die Erhebung und Rekonstruktion naiver
Theorien adäquate hermeneutische Methode anzusehen ist; in Kontrast
dazu soll in einem zweiten Beispiel (der sog. 'Störmethode' nach
WAHL) die wissenschaftstheoretische Struktur einer explizit auf die
Erhebung subjektiver (Didaktik-)Theorien bezogene Methodik herausgearbeitet werden: besonders hinsichtlich der Explikaton des dialog-
konsenstheoretischen Wahrheitskriteriums und seiner Stellung zu
klassischen hermeneutischen Konzepten in der Psychologie sowie
zum empirischen Falsifikationskriterium.

*Das Beispiel PIAGET: Methodik für subjektive Theorien?*

PIAGETs genetische Epistemologie stellt auch kognitive Strukturen
(als Erklärungen für bestimmtes Handeln) in den Mittelpunkt der
Forschung; es ist daher berechtigt, an dieser Stelle nach einem
schon vorhandenen Methodenreservoir für ein epistemologisches
Forschungsprogramm zu suchen. PIAGET hat denn auch eine spezifische
(Befragungs)Methodik entwickelt, die er 'klinische Methode' nennt
(vgl. FLAVELL 1963, 24ff.). Die Methode besteht vor allem aus einem
halbstrukturierten, sehr flexiblen Interview, mit dem der
Experimentator Begründungen bei Kindern für die von ihnen vor-
genommene Lösung zuvor gestellter Aufgaben/Probleme erfragt. Es
wird dadurch u.E. eine Kombination von 'lautem Denken' bei Problemlösungen (analog zu den 'Ausfrageexperimenten' der KÜLPE-Schule)
und Erhebung der kognitiven Begründungsstruktur (und damit jeweiligen
Kognitionsstruktur im Hinblick auf die konkrete Aufgabenstellung)
erreicht. In den voll ausgereiften Versionen dieser Methode versucht PIAGET, die kognitive Struktur nicht allein durch 'verbale
reports', sondern immer in Kombination mit Handlungsdaten zu gewinnen (FLAVELL 1963, 4): die kognitive Struktur muß im Prinzip
auch aus den beobachtbaren Handlungen inferierbar sein (FLAVELL
1963, 17; KUBLI 1974, 14). An dieser Stelle beginnt der Unterschied
zu einer Methodik, die zur Rekonstruktion subjektiver Theorien
vollständig adäquat wäre: PIAGET gesteht den Aussagen der Vp über
ihre Kognitionsstruktur keine Aussagekraft ohne direkte Verbindung
mit Handlungsdaten zu; das ist auch für seinen Forschungsbereich -
die Entwicklung der kognitiven Struktur(en) von Kindern - völlig
gerechtfertigt, für komplexere, differenzierte Kognitionssysteme
Erwachsener aber nicht unbedingt notwendig. Der gleiche Unterschied
zeigt sich auch hinsichtlich der Aktivität des Vl; PIAGET muß
bei auch nur einfachen Strukturierungs- und Begründungsvorschlägen
(vgl. FLAVELL 1963, 25) immer sofort das methodische Problem der
Suggestion (gegenüber dem kindlichen Versuchspartner) berücksichtigen und die Aktivität des Vl einzuschränken suchen (o.c., 27).
An diesem Punkt aber wird gerade das dialog-konsenstheoretische
Wahrheitskriterium bei der Rekonstruktion einer entwickelten,
differenzierten naiven Theorie einsetzen: der Wissenschaftler schlägt
sozusagen Rekonstruktions-Präzisierungen der kognitiven Struktur dem
Versuchspartner vor, die dieser bei Adäquanz (Übereinstimmung mit
seinen Kognitionsinhalten und -strukturen) akzeptiert (s.u.
'Störmethode' nach WAHL). PIAGETs Befragungsmethode kann also
als Vorläufer für eine adäquate Erhebungsmethodik von (theorie-

artigen) Kognitionsstrukturen angesprochen werden, die aber innerhalb der epistemologischen Forschungsperspektive noch bis zu einer expliziten dialog-konsenstheoretischen Wahrheitskonzeption auszudifferenzieren ist; für diese Einschätzung als Vorläuferstatus spricht auch, daß der Ansatz von PIAGET und sein Werk bisher noch immer einen (nicht völlig rezipierten, assimilierten) monolithischen Block in der psychologischen Theorienlandschaft darstellt (vgl. PALERMO 1971, 151; FLAVELL 1963, 1).

*Das Beispiel der STÖRMETHODE (WAHL) zur Erhebung subjektiver Unterrichtstheorien: das DIALOG-KONSENSTHEORETISCHE WAHRHEITS-KRITERIUM.*

Eine explizit und vollständig auf die Erhebung naiver (Verhaltensbzw. Unterrichts)Theorien ausgerichtete Methodik stellt die sog. 'Störmethode' von WAHL (1976) dar. Er geht von einer Unterscheidung des Rechtfertigungs- vs. Steuerungsaspektes naiver Theorien aus (o.c. 15); dabei sieht er die Hauptfunktion der ausdifferenzierten subjektiven Theorien in der Rechtfertigung eigener Handlungen, die eine positive Bewertung dieser Handlungen erlauben (ebda.). Das impliziert einerseits das Primat des Verhaltens (o.c. 17), andererseits allerdings auch Verzerrungstendenzen wie das Vergrößerungs- oder Verkleinerungsprinzip (unterschiedlich starke Betonung von Ursachen zur nachträglichen Erklärung eigener Verhaltensweisen; o.c., 18f.). Entsprechend diesem Grundansatz nimmt bei der Erhebung der naiven Unterrichtstheorie der Lehrer die Befragung über die Gründe einer beobachteten Handlungsweise (des Lehrers im Unterricht) eine zentrale Stellung ein. Der Ablauf der Befragung ist dabei der folgende (o.c. 21f.): a. Benennung der Handlung/Situation durch den Beobachter; b. Erinnern der Situation/Handlung durch den Lehrer; c. Konsens über die Wahrnehmung der Situation zwischen Lehrer und Beobachter; d. Angabe der Ursachen des Schülerverhaltens durch den Lehrer; e. Angabe der Ziele der eigenen Handlung durch den Lehrer; f. Einschätzung der Handlungswirkung (beim Schüler) durch den Lehrer. Dadurch werden die Annahmen des Lehrers über die Prozesse im Schüler und die Wirkungen des Lehrerverhaltens auf ihn deutlich; um weitere Information über die Verbindung einzelner Hypothesen, schlußfolgernde Argumentation etc. zu erhalten, wird der Lehrer nun in seiner Konstruktion einer plausiblen naivtheoretischen Rechtfertigung seiner Handlung 'gestört' (o.c. 22): der Interviewer bietet ihm zu allen thematischen Punkten (von der Situationseinschätzung bis zur Auswirkung des Lehrerverhaltens) alternative Einschätzungen/Erklärungen an. Dadurch ist der Lehrer gezwungen, seine Erklärungen weiter zu begründen und auszudifferenzieren. Es schließt sich eine Vorhersage des Lehrers an, wie er sich in einer vergleichbaren Situation verhalten wird; nach einer Abfolge von weiteren Unterrichtsbeobachtungen und Interviews (einschließlich Störmethode) arbeitet der Beobachter (Vl) eine Rekonstruktion der naiven Unterrichtstheorie des Lehrers aus, die in einem abschließenden Interview besprochen wird. Der Rekonstruktionsversuch des Wissenschaftlers gilt als Explizierungs- und Präzisierungsvorschlag, der in gemeinsamer Diskussion vom Lehrer abgeändert werden kann (begründet versteht sich), bis er zustimmen kann (o.c. 23). Das Ergebnis für eine spezifische Unterrichtssituation bei und mit einem bestimmten Lehrer kann ungefähr folgenderweise aussehen (WAHL 1977):

Beispiel für ein strukturiertes Interview zu naiven Verhaltenstheorien.

Datum: 2.2.77.   Klasse 2   Fach: Mathematik
Thema: Auslegen von Flächen mit Dreiecken.
Situation: Schüler legt an der Tafel ein Fünfeck
    mit kleinen Dreiecken aus.
Lehrerin: Gut hat er's gemacht! Gleich auf Anhieb genau richtig!

| Frage | Antwort | Störung | Auswertung |
|---|---|---|---|
| 1. Hat der Lehrer die Situation auch so wahrgenommen? | Ja. Erinnert sich noch genau, auch an den Schüler. | Keine | Übereinstimmende Wahrnehmung d. Situation. |
| 2. Was wollte der Lehrer mit seinem Verhalten erreichen? | Wollte den Schüler loben. | (1) Lob zu stark? (2) Klasse eifersüchtig? | Lob für diesen Schüler. Andere Aspekte nicht bedacht. |
| 3. Welche Gründe gibt es dafür, daß sich der Schüler so verhalten hat? | Hat es richtig erfasst. Besitzt gute math. Fähigkeit. | (1) Zufall? (2) besondere Anstr.? | AT auf Fähigkeit: kein Zufall, da hohe Schwierigkeit. Anstr.f.g.Kl. |
| 4. Woran hat der Lehrer erkannt, daß diese Ursache zutraf? | Zielsicheres Vorgehen bei schw. Aufgabe | (1) Sch. hatte aber Fehlvers. | Fäh.erkannt an relativ zielsicherem Vorgehen |
| 5. Wie beurteilt der Lehrer die Wirkung seines Verhaltens (Hat es gewirkt?) | Glaubt es schon. | Keine | Kann keine näheren Angaben machen |
| 6. Woran hat der Lehrer erkannt, daß sein Verhalten gewirkt hat. | Hat nicht darauf geachtet. Hat nichts bemerkt. | (1) Woran könnte er es erkennen? | Könnte Wirkung an Mimik erkennen. |
| 7. Wie stellt es sich der Lehrer vor, daß sein Verhalten das Verhalten des Schülers beeinflusst. (Genau Beschreibung der vermuteten Vorgänge im Schüler) | Vgl. Wirkungskette (nächste Seite) | | |

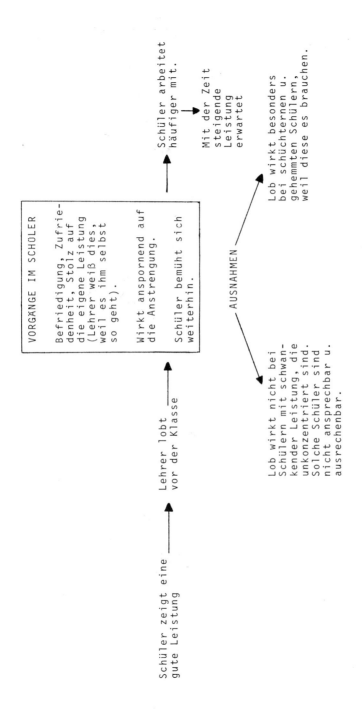

Abb.1: Beispiel für eine Wirkungskette (vgl. Punkt 7 des Interviews).

Die durch diese Erhebungsmethode verwirklichte wissenschaftstheoretische Struktur impliziert - was generell für die Erforschung subjektiver Theorien zutrifft; vgl. GROEBEN 1976a - *die Zulassung eines konsenstheoretischen Wahrheitskriteriums*. Die Frage nach der Adäquatheit der (metatheoretischen) Rekonstruktion der subjektiven Theorie des Lehrers durch den Wissenschaftler wird durch die Zustimmung des Lehrers entschieden: das ist die Einführung des dialog-konsenstheoretischen Wahrheitskriteriums. Dieses Kriterium ist vonseiten der Frankfurter Schule (HABERMAS, APEL, LORENZER) besonders am Beispiel der Psychoanalyse methodologisch expliziert und präzisiert worden: auch hier steht die Rekonstruktionsperspektive im Vordergrund. Und zwar wird (nach Frankfurter Auffassung) die Einheit einer Lebensgeschichte (HABERMAS 1968, 193) rekonstruiert, indem der Analytiker durch Interpretation (von Träumen, Assoziationen, Fehlleistungen etc.) potentielle Rekonstruktionen 'verlorengegangener' Lebensgeschichte beisteuert, an die sich der Patient bei Adäquatheit der Rekonstruktion erinnern kann (1968, 282). In diesem Vorgang liegt eine Objektivierung, insofern "der unmittelbare kommunikative Zusammenhang des intersubjektiven Gesprächs zunächst einmal abgebrochen und der andere zum Objekt distanziert wird" (APEL 1964/65, 240). Damit ist durchaus eine Form von Subjekt-Objekt-Trennung institutionalisiert, die eine (wenn auch nur zeitweise) Loslösung von der Sprache der intersubjektiven Kommunikation bedeutet, die aber ihrerseits wiederum durch die dialog-kommunikative (Wahrheits-)Überprüfung der entwickelten Rekonstruktion überwunden wird (vgl. ausführlicher GROEBEN 1976a). Es ist eindeutig, daß dieses konsenstheoretische Wahrheitskriterium nur *auf die Überprüfung deskriptiver Konstrukte* (im Sinne HERRMANNs 1969) *beschränkt* ist, nämlich auf die Struktur der reflexiven Kognitionssysteme. Hier aber rechtfertigt die Reflexivität der Kognitionsdaten (die ja die potentiellen Falsifikatoren für die wissenschaftliche (Re)Konstruktion sind) auch die Nachprüfung dieser (Rekonstruktions-)Adäquatheit an der Zustimmung des Erkenntnis'objekts'. Diese Zulassung des dialog-konsenstheoretischen Wahrheitskriteriums ist überdies nicht mit klassisch hermeneutischen Wahrheitskonzepten in der (z.B. verstehenden) Psychologie (sensu SPRANGER, WELLEK, LERSCH u.a.) identisch. Denn das Verstehen als 'Methode' einer solchen hermeneutischen Psychologie bedeutete, daß der Forscher unter Rückgriff auf seine eigenen Empfindungen, Gefühle, Kognitionen etc. rein nach Evidenzerlebnissen über psychische Prozesse (gerade auch anderer) Aussagen machte und als 'wahr' deklarierte. Man kann dies eine 'Subjekt-Objekt-Konfundierung' nennen (vgl. GROEBEN 1972a): der Wissenschaftler ist Erkenntnissubjekt und (über seine projezierende Introspektion) -objekt in einer Person, ohne daß eine echte Kontrollinstanz vorliegt. Demgegenüber kennt das dialog-konsenstheoretische Kriterium zumindest grundsätzlich die Subjekt-Objekt-Trennung, und zwar als Geschiedenheit der Dialog-Partner in der (zeitweiligen) objektivierenden Subjekt-Überordnung durch die Rekonstruktionsbemühungen des Forschers. Andererseits nimmt es die hermeneutische Tradition qua Konsenskriterium auf, wobei es allerdings die Bestätigung auf die Zustimmung des Erkenntnis'objekts' zur vorgeschlagenen rekonstruierenden Deskription (der naiven Theorie) beschränkt.

Damit ist jedoch die in Aussicht gestellte *Synthese von hermeneutischer und empirischer Tradition der Psychologie* noch nicht erreicht; diese kommt ins Blickfeld, wenn man die Verwendung subjektiver Theorien und Theorieninhalte als explikative Konstrukte (im Sinne HERRMANNs 1969), d.h. zur Erklärung von Verhalten etc. einbezieht. In diesem Fall reicht natürlich die Überprüfung der Rekonstruktionsadäquanz (der metatheoretischen Konstrukte) nicht aus, sondern man muß auch die Realitätsadäquanz thematisieren: für das angeführte Beispiel der naiven Unterrichtstheorie von Lehrern eben z.B. das Problem der Steuerungsfunktion, d.h. das Problem, inwieweit die subjektiven Verhaltenstheorien der Lehrer in der Tat als Erklärung ihres Verhaltens gelten können. Diese Frage ist selbstverständlich nicht mehr durch einen Dialog-Konsens, sondern nur durch kontrollierte Beobachtung zu beantworten (wie es auch innerhalb der WAHLschen Methodik durch die Unterrichtsbeobachtung auf der Grundlage der Voraussagen des Lehrers über sein eigenes Verhalten vorgesehen ist). *Das bedeutet, daß über den Erklärungswert (die Realitätsadäquanz) naiver Theorie-Konstrukte selbstverständlich anhand eines klassischen (externe Beobachtung implizierenden) Falsifikationskriteriums entschieden wird.* Damit ist nun auch eine Integration der beiden Traditionen (der hermeneutischen und i.e.S. empirischen) erreichbar. Die übliche Relation dieser beiden konkurrierenden Positionen ist dadurch charakterisiert, daß sich jede Position als die umfassendere, über- und vorgeordnete zur anderen behaupten will (vgl. GROEBEN&WESTMEYER 1975, 229ff.). Die Lokalisierung der beiden Wahrheitskriterien auf die verschiedenen Bereiche der deskriptiven vs. explikativen Konstruktverwendung ermöglicht eine differenziertere Strukturierung und Lösung dieser Frage: wie es durch die Unterscheidung deskriptive/explikative Konstruktverwendung im Forschungsprozeß determiniert wird, ist *die dialog-konsenstheoretische Rekonstruktion naiver Theorien als vorgeordnet* anzusehen (im Hinblick auf die falsifikationstheoretische Überprüfung des Erklärungswerts dieser metatheoretischen Konstrukte); zum anderen ist *die i.e.S. empirische Überprüfung der Realgeltung von subjektiven Theorien zwar nach-, dafür aber auch übergeordnet:* nur durch eine solche Überordnung ist die unter 4.3. konzipierte Kritik der subjektiven Theoriesysteme hinsichtlich ihrer Veridikalität überhaupt erreichbar. Damit ergibt sich in grafischer Veranschaulichung folgendes Verhältnis zwischen dialog-konsenstheoretischem Wahrheits- und falsifiaktionstheoretischem Beobachtungskriterium:

Diese Konzeption, die auch z.B. zur methodologischen Rekonstruktion der Aktionsforschung fruchtbar ist (vgl. GROEBEN et al. 1977), stellt eine explizite Kombination der konkurrierenden Kriterienkonzeptionen in der Tradition der Psychologie dar, die durch eine Aufteilung auf unterscheidbare Forschungsprozeßteilmengen gleich Problemaspekte, nämlich deskriptive vs. explikative Konstrukte, und dadurch innerhalb des gesamten Forschungsablaufs gleichzeitige Verzahnung der Wahrheitskriterien erreicht wird. Dabei wird durch diese Verzahnung der beiden zentralen Wissenschaftskonzeptionen der Psychologie (wobei die hermeneutische zugegebenerweise in bestimmter Form präzisiert und dadurch modifiziert ist) dasjenige, was oben als neue Problemstellungen eines epistemologischen Forschungsprogramms expliziert wurde, auch methodologisch behandel-

und d.h. beantwortbar. Dies legitimiert u.E. durchaus, von einem
neuen Paradigma zu sprechen: das eine (umfassende) Neustrukturierung
des Problemfeldes und eine ('revolutionäre') Veränderung der
Methodenstandards/-konzeptionen impliziert!

## 7. PARADIGMAWECHSEL ODER -KONKURRENZ?

Auf der Grundlage dieser Präzisierungen zur Paradigmahaftigkeit
des behavioristischen wie epistemologischen Forschungsprogramms
läßt sich nun vorläufig endgültig noch einmal die Frage des Paradigmawechsels bzw. der -Konkurrenz angehen. Mit den bisherigen
Ausführungen ist - wie bei PALERMO 1971 - impliziert, daß eine
Anwendung der KUHNschen Perspektive auf die Psychologie möglich
und sinnvoll ist. PALERMO selbst faßt den Behaviorismus als das
bereits dritte Paradigma der Psychologie auf, das auf die 'armchair-'
Psychologie der englischen Assoziationisten und das erste einzelwissenschaftliche Paradigma der (WUNDTschen) experimentellen Be-
wußtseinspsychologie folgt (o.c., 138ff.). Dabei behauptet er
ebenfalls den derzeitigen Niedergang des behavioristischen Paradigmas, d.h. daß gerade eine wissenschaftliche Revolution in der
Psychologie abläuft. Gegen diese Einschätzung hat (1972) BRISKMAN
engagiert Position bezogen: er macht geltend, daß es uneinheitliche
Beantwortungen inhaltlicher Fragen des Behaviorismus (Lerninhalt,
Basisprozesse des Lernens) gibt (o.c., 91), d.h. daß der Behaviorismus höchstens einen Rahmen für ganz unterschiedliche Theorien
abgibt (o.c., 93). Auf diesen Einwand ist bereits oben mit dem
Argument der Gegenstandsbestimmung durch die Methodikkonzeption
des Behaviorismus geantwortet worden. Auch der Hinweis BRISKMANs
auf bestimmte unveränderte ('paradigma-neutrale') Methodenstandards
zwischen Introspektionismus und Behaviorismus ist u.E. kein Argument gegen die Anwendbarkeit des Paradigmakonzepts in der Psychologie: durch die KUHNsche Perspektive wird ja keineswegs gefordert,
daß sich alle Methodenstandards ändern (mit diesem Argument könnte
man ja alle denkbaren wissenschaftlichen Paradigmen vereinheit-
lichen, nur weil sie die logisch legitimen Standards der Definition
von Begriffen aufrechthalten). Ähnlich ist es mit dem Argument, daß
nach KUHN zuerst eine 'Krise' da sein muß, aus der dann alternative
Theorien entspringen, während es in der Psychologie oft gerade
umgekehrt ist; die Diskussion oben hat hoffentlich gezeigt, daß
dies eine unzulässige Übersimplifikation KUHNs ist, der durchaus

das Phänomen der Theoriealternativen kennt, die lediglich ohne Krise des herrschenden Paradigmas keine Chance haben, zu einem neuen Paradigma aufzusteigen. Auch der wichtigste Einwand BRISK-MANs verfängt seit der Explikation des non statement-views von Theorien nicht mehr: er faßt den *Behaviorismus als ein degenerierendes* (sensu LAKATOS) *Forschungsprogramm* auf, (o.c., 94), wobei dieses Forschungsprogramm als Metaphysik und Methodologie kombinierende Rahmentheorie ('metaphysical-cum-methodological framework') empirisch letztlich unüberprüfbar ist und damit nur degenerieren kann. Die bisherige Analyse zeigt, daß dies unter der Nicht-Aussagenkonzeption von Theorien gerade die Charakteristika eines KUHNschen Paradigmas sind, so daß dieses *Argument letztendlich* (heute) *für die Auffassung des Behaviorismus als Paradigma* spricht. Ungleich wichtiger sind die Differenzierungen, die neuestens HERRMANN auf der Grundlage der skizzierten Anwendung des non statement-views in der Psychologie vorgenommen hat (1976): er unterscheidet zwei Arten von Forschungsprogrammen. Ein Typ a-Programm stellt die "variable Beantwortung einer fixierten Forschungsfrage" dar (o.c., 9), d.h. ist durch 'eine Invariante des Explanandums, nicht des Explanans charakterisiert' (o.c., 25): bei einem Typ a-Programm steht *"einem empirischen Tatbestandsbereich (einer* 'domain') *eine Theorieserie (als Antwortsequenz)"* gegenüber (o.c., 29: z.B. Müller-Lyersche Täuschung, Leistungsmotivation, Verkehrsunfallursachen etc.). Ein Typ b-Programm dagegen stellt die "variable Anwendung eines fixierten Beantwortungsschemas" dar (o.c., 9), d.h. ist durch das Explanans als Invariante charakterisiert (o.c., 25): *eine* Theoriekonzeption quasiparadigmatischer Art wird sozusagen auf eine 'Empirie*sequenz*' angewandt' (o.c., 29; z.B. Gestalttheorie, Dissonanztheorie etc.) - dabei sind beide Programmarten innerhalb des non statement-views aufzufassen, d.h. durch indisponible Annahmenkerne charakterisiert (o.c., 9). Es ist unmittelbar deutlich, daß keine der beiden Programm-Arten mit dem KUHNschen Paradigmabegriff identisch ist: Paradigmen sind ungleich 'voluminöser' als z.B. sogar die b-Programme sensu HERRMANN. Sicherlich ist diese differenzierte Zugangsweise HERRMANNs in der Unterscheidung von zwei Programm-Typen unterhalb der Paradigmenebenen für konkrete wissenschaftshistorische (und -theoretische) Analyse in höchstem Maße fruchtbar und weiterführend; trotzdem ist es u.E. legitim, (und in unserem Kontext ebenfalls programmatisch weiterführend), auch aus sozusagen größerer Distanz das

grobere Raster der Frage nach dem jeweils in einer Disziplin
herrschenden Paradigma zu stellen. Dabei ist klar, daß diese
Frage bei einer Konzeption sozusagen auf höherer, inklusiverer
Ebene ansetzen muß; das ist oben bei der Herausarbeitung des
Paradigmaskonzepts in der Psychologie berücksichtigt: indem es
sich eben nicht um einzelne (nur) inhaltlich differierende Annahmenkerne handelt, sondern um solche gegenstandskonstituierende
Kernannahmen, die durch eine bestimmte Methodologie impliziert,
determiniert bzw. abgedeckt werden. Diese Perspektive der Methodo-
logie-Gegenstands(konstituierung)-Verzahnung als generelle, hoch-
inklusive Perspektive der Explikation und Anwendung des Paradigmabegriffs läßt sich nun noch einmal (abschließend) mit Hilfe des
von HERRMANN entwickelten und bereitgestellten Begriffs- und
Analyseinstrumentariums weiter präzisieren: *es handelt sich bei
der thematisierten Methodologie-Gegenstandsverzahnung um eine
Rahmendetermination der Annahmenkerne durch die präformierenden-
operativen Komponenten der paradigmaspezifischen Methodologie* (vgl.
o.c., 73), d.h. die Wahl und Ausarbeitung von Explanantien (Typ
b-Programmen) innerhalb eines Paradigma ist auf einen bestimmten
Rahmen beschränkt - innerhalb des behavioristischen Paradigmas
z.B. auf den Rahmen einer Kontrolle durch Umwelt (HERRMANN nennt
diese 'methodische Umweltrestriktion' ein 'heuristisches Mittel',
das allerdings Beschränkungen der Problemwahl impliziert; o.c., 74).
Da die Kernanwendung bei Typ a-Programmen darin besteht, über das
immer als identisch aufzufassende Explanandum, d.h. über die Pro-
blemsetzung einen bestimmten Rahmen für die Problemerklärung (die
möglichen Explanantien) zu entwickeln (o.c., 52), bedeutet die
Auffassung des Paradigmas als Rahmen für Explanantien (Typ b-Programme) auch, daß gleichzeitig damit bestimmte Probleme (Typ a-Pro-
gramme) bevorzugt und andere ausgeschlossen werden - und das entspricht präzise den Ausführungen KUHNs zur Relation von Paradigma
und Problemwahl. Auch die höhere Abstraktions- bzw. Inklusivitäts-
ebene läßt sich nun in der Explikation des 'Rahmens' für verschiedene Typ b-Programme explizieren/präzisieren: bei der Analyse
des Beispiels der Leistungsmotivation (als a-Programm) stellt
HERRMANN heraus, daß die Sekundärannahmen zur Erklärung natürlich
aus verschiedenen, heterogenen b-Programmen stammen können (o.c.,
123). In Bezug auf die Einheitlichkeit von b-Programmen unter
einem inklusiveren Konzept (Paradigma) läßt sich daraus folgender
Ansatz gewinnen: *ein Paradigma gibt einen Rahmen für potentielle*

*Explanantien* (b-Programme) ab, *indem es für den Annahmenkern (das Subjektmodell) eine Grenze zieht: die Grenze manifestiert sich als Zulassung und Bereitstellung von verschiedenen, aber in Bezug auf die Vereinbarkeit mit dem Annahmenkern gleichartigen Sekundärannahmen für eine Vielfalt von paradigmakohärenten und doch in den Zusatzannahmen (teil)differenten Zusatzannahmen.* Damit wird auch noch einmal die Struktur der z.B. TOLMAN - HULL-Differenz innerhalb des einen behavioristischen Paradigmas völlig transparent: es handelt sich um im Hinblick auf den Annahmenkern gleichartige, trotzdem inhaltlich unterschiedliche Sekundär/Zusatzannahmen.
Somit ist im Hinblick auf die Relation der (begrenzten) Explanantienvielfalt auch gleichzeitig eine Präzisierung des Inkommensurabilitätsbegriffs von KUHN und mit dem präszisierten Inkommensurabilitätsbegriff ein Abgrenzungskriterium für Paradigmen (in erster intuitiver Näherung) erreichbar: Typ b-Programme (also verschiedene Theorien) sind dadurch charakterisiert, daß sie ein Problem (a-Programm) neu 'rekonstruieren' (o.c., 28); dabei gewinnen "Sekundärannahmen in wissenschaftlichen Typ a-Programmen ihre Kommensurabilität durch die *Identität des Rekonstruierten*" (o.c., 54). Gleichermaßen kann man u.E. festlegen: wenn keine Identität des Rekonstruierten (Problem des a-Programms) mehr vorliegt, ist Inkommensurabilität von Sekundärannahmen gegeben; inkommensurable Sekundärannahmen gehören (über die oben skizzierte Grenzfunktion) unterschiedlichen Paradigmen an! Und wir behaupten nach wie vor (Beispiele in 5. u. 6.), daß der Behaviorismus und die epistemologische Forschungsperspektive nicht-identische Probleme rekonstruieren! Dabei sind wir allerdings im Gegensatz zu HERRMANN nicht der Meinung, daß der kreative Augenblick des 'Neuen' nur zu Beginn eines Forschungsprogramms liegt (o.c., 35; allerdings mag es da Unterschiede zwischen den von ihm gemeinten Typ b-Programmen und Paradigmen geben): denn gerade das neue Durchrekonstruieren aller vorliegenden Probleme (im 'Domain'-Sinn) als Voraussetzung der 'Dominanz' des neuen Paradigmas ist u.E. eine eminent kreative Aufgabe.
Auf der Grundlage dieser Explikation(en) wird auch der Sinn des behaupteten Paradigma-*Wechsels* konkret faßbar: es handelt sich wegen der Nicht-Identität der Problemrekonstruktionen nicht um eine Problemlösung erster Art (nach HERRMANN), d.h. Problemlösung innerhalb von Forschungsprogrammen (o.c., 49ff.), sondern eindeutig um eine (behauptete) Problemersetzung (o.c., 59ff.).

Auf dem Hintergrund der oben skizzierten Relation von Problemrekonstruktion, Zusatzannahmen und (paradigmatischem) Subjektmodell bedeutet das die Behauptung, daß zur Zeit gleichzeitig bestimmte Zusatzannahmen, die 'in modellhafter Weise Attribute des (behavioristischen) Menschenbildes abbilden' 'in breiter Front durch andere ersetzt werden, die Abbildungen eines anderen Menschenbildes' (eben des epistemologischen) sind (Version a. eines präzisen Sprachgebrauchs für 'Paradigmawechsel' nach HERRMANN 1976, 161; da nach unserer Explikation dieses 'Menschenbild' eines Paradigmas durch die Methodologie mitdeterminiert ist und also immer eine methodisch-konstruktive Komponente impliziert, ziehen wir den Ausdruck Subjektmodell vor). Und genau das ist die *These: daß gegenwärtig auf breiter Front Explanantien* (im Sinn von Typ b-Programmen) *mit 'epistemologischen' Annahmen zur Neu-Rekonstruktion klassischer und neuer Probleme eingesetzt werden* - einzelne Ansätze in Wahrnehmungs-, Lern-, Denk-, Motivations-, Entwicklungs-, differentieller-, Sozial- und Pädagogischer Psychologie sind in Beispielen im Lauf der Analyse und Begründung oben genannt worden.
Es bleibt eine letzte Frage: ist es legitim und zulässig, einen Paradigmawechsel nicht nur zu konstatieren, sondern - wie es hier geschieht - auch zu propagieren? Wir meinen: ja - und zwar aus folgendem Grund: ein 'revolutionärer' Paradigmawechsel soll wissenschaftstheoretisch auch möglichst einen Erkenntnisfortschritt bringen, d.h. das alte Paradigma in sich 'aufheben' (also alte Probleme genauso gut oder besser und darüber hinaus noch neue wichtige ebenfalls lösen, vgl. dazu u.IV.A.). Und unter diesem Aspekt ist es u.E. auch wissenschaftstheoretisch völlig legitim, in einer 'Krisen'-Situation diejenige Richtung, in der nach subjektiver, aber durchaus (wie wir meinen) argumentativ begründeter Einschätzung das größte Entwicklungspotential steckt, herauszuarbeiten und zu propagieren. Dies umso mehr, als das entsprechende Paradigma auch unter anderen als wissenschaftstheoretischen Kriterien, z.B. der anthroplogischen Legitimierbarkeit und Wirksamkeit in der Alltagswelt (s.o. die Diskussion der Selbstanwendung) eindeutige Vorteile und Fortschritte bietet. Denn es wird u.E. dringend Zeit, daß die Psychologie auch einmal ein Menschenbild entwirft, dessen Verwirklichung eine soziale Zielideevorstellung darstellt; und dies ist mit der Idee/Vorstellung eines reflexiven und in der Reflexion (potentiell) rationalen Subjekts gegeben.
Bei einer ersten inhaltlichen Skizzierung des epistemologischen

Forschungsprogramms wird daher die Perspektive der Rationalität als zentrale Zielpotentialität des epistemologischen Subjekts (Modells) im Vordergrund stehen (müssen).

Zitat N. Groeben:

"Spontaneität, Kreativität und Phantasie, die häufig als zentraler Punkt der Zielpotentialität der Rationalität vermißt werden, sind gerade darin, besonders stark enthalten. Nur das reflexive, rationale Subjekt kann spontan und kreativ sein."

# KAP.II. METATHEORETISCHE PERSPEKTIVEN VON REFLEXIVITÄT: RATIONALITÄT ALS PSYCHOLOGISCHES KONSTRUKT

## 1. SELBSTANWENDUNG ALS HEURISTISCHES PRINZIP: REKONSTRUKTION VON REFLEXIVITÄT ALS THEORIE

Die Kernannahmen des epistemologischen Subjektmodells stellen die Reflexivität des menschlichen Subjekts in den Mittelpunkt der Problemdefinition und verstehen diese Reflexivität als Manifestation der Existenzweise des Menschen als 'animal rationale', d.b. als Voraussetzung für eine potentielle, zumindest prinzipiell erreichbare Rationalität. Dabei impliziert diese Assoziation von *Reflexivität und Rationalität innerhalb des problemdefinierenden Annahmenkerns des epistemologischen Paradigmas*, daß ihr *eine paradigmendiskriminierende Funktion* zukommt, d.h. praktisch, daß im behavioristischen Paradigma mitsamt der Reflexivität auch die Möglichkeit der Rationalität für das Erkenntnis-objekt ausgeschlossen wird. Dieser grundsätzliche Ausschluß sei kurz auf der Grundlage des besprochenen 'awareness'-Problems beim verbal conditioning (vgl. I.3.) verdeutlicht:

Im Anschluß an die kognitive Interpretation des 'awareness'-Problems beim verbalen Konditionieren sind schon BREGER&McGAUGH (1965,346) auf die Idee gekommen, daß, wenn die Vpn sowieso eine Hypothese über die zu emittierende Responseklasse entwickeln müssen, der gewünschte 'Lerneffekt' auch einfacher und effektiver dadurch zu erreichen sein könnte, daß man ihnen direkt sagt, was sie 'emittieren' sollen: d.h. also Lernen durch Instruktion, nicht durch (automatische) Konditionierung. Diesen Vorschlag haben dann (1968) MERBAUM&LUKENS in der Tat in einem Experiment realisiert; sie haben dabei drei Möglichkeiten zur Erreichung eines entsprechenden Lerneffekts (erhöhte Äußerungshäufigkeit einer bestimmten 'Responseklasse'; hier positiv und negativ getönte emotionale Worte) verglichen: 1. das klassische operante Konditionieren; 2. eine Methode des Hervorlockens ('eliciting') der Worte durch Fragen über Gefühle während des Erzählens einer Geschichte; 3. Instruktion der Vpn, möglichst viele emotional getönte Worte zu gebrauchen. Die Ergebnisse zeigen eine eindeutig größere Effektivität der Instruktionsmethode im Vergleich zum verbal conditioning (bei negativ getönten emotionalen Worten war die Methode des Hervorlockens der Verstärkung ebenfalls überlegen).

Dieser direkte Vergleich von Verstärkung contra Instruktion erscheint auf den ersten Blick fast absurd (unnütz) - denn natürlich erwartet man vom Alltagsvorverständnis her, daß vernunftbegabte erwachsene Vpn nach einem expliziten verbalen Hinweis auf die zu produzierende Wortklasse mehr 'richtige' Worte produzieren werden, als bei einem langwierigen, durch Verstärkungen wie Kopfnicken, mhms etc. implementierten 'Lern'prozeß. Doch die Absurdität liegt nicht bei dem Versuch von MERBAUM&LUKENS, sondern beim behavioristischen Paradigma, das ja durchaus allen Ernstes diese Lernform als ubiquitär gültig und effizient behauptet (vgl.o. I.5.2.). Die Absurdität besteht u.a. darin, daß das behavioristische Paradigma in allen seinen Versuchsanordnungen eben die vollständige Übersicht, die vollständige Information hinsichtlich des zu lösenden Problems dem Vl vorbehält und dem Erkenntnisobjekt (d.h. der Vp) vorenthält. Dieses Vorenthalten aller Informationen, des Überblicks über die Problemsituation, die dem Erkenntnisobjekt schon durch die Versuchsanordnung die Möglichkeit zu einer kognitiv-rationalen Problemlösung raubt, ist ja bereits der zentrale methodologische Unterschied (zur Inkommensurabilität führende) zu den Problemlösungsexperimenten z.B. der Gestalttheorie - wo z.B. schon in den Affenexperimenten KÖHLERs den Primaten alle zur Problemlösung notwendigen Informationen vorgegeben werden (vgl. HILGARD&BOWER 1973,271). In diesem Versagen der umfassenden Information ist die organismische Reduktion des Erkenntnisobjekts durch den Behaviorismus zu sehen, die durch die oben herausgearbeitete Asymmetrie von **Erkenntnissubjekt und -objekt zustandekommt.**Im konkreten Fall des verbal conditioning besteht die Reduktion darin, daß eine kognitiv-rationale Kommunikation mit dem Erkenntnisobjekt (qua Instruktion), obwohl möglich, vermieden wird. Vom Gesichtspunkt einer Psychologie des reflexiven menschlichen Subjekts aus erscheint es als absurd, solche Kommunikationsmöglichkeiten zu verschenken, nur um die ontologischen Implikationen eines Forschungsparadigmas aufrechtzuerhalten. Gleichzeitig ist damit aber die Konsequenz zu ziehen, daß dieses (behavioristische) Paradigma auf solche Gegenstandsbereiche beschränkt **werden** sollte, wo eine kognitiv-rationale Kommunikation mit dem menschlichen Subjekt nicht möglich ist (vgl. dazu IV.A.). Das bedeutet außerdem, daß das behaviorale Subjektmodell (akzentuierend) eine Psychologie für die a-rationalen Gegenstandsdimensionen des Bereichs 'menschliches Subjekt' generiert; wenn man von der Herrschaft dieses Subjektmodells/Forschungsprogramms in den letzten Jahrzehnten (vgl.o. I.5.2.) ausgeht, wird es Zeit für eine Psychologie der Rationalität, die die konstruktiven Möglichkeiten des reflexiven Subjekts **Mensch** auslotet. Dabei ist nicht nur unter dem Aspekt der Problemgewichtung innerhalb des epistemologischen Forschungsprogramms, **sondern auch** von der Effektivität her (dafür spricht die Untersuchung von MERBAUM&LUKENS) in Erklärung und Anwendung eine Vorordnung der Psychologie der Rationalität vor jener der A-Rationalität anzustreben (vgl. dazu ausführlicher IV.A.). Daß eine solche Vorordnung dem Erkenntnisobjekt 'Mensch' auch empirisch adäquater ist, zeigt sich am speziellen Problem 'verbal conditioning', wenn man im Experiment Instruktion und Verstärkung diskrepant werden läßt, d.h. durch Instruktion eine andere 'Responseklasse' benennt, als man dann tatsächlich verstärkt. In einer entsprechenden Untersuchung von KAUFMANN et al. (1966) hatte die Instruktion einen weitaus stärkeren Effekt (auf die produzierten Wortklassen) als die diskrepante Verstärkung!

Die Erforschung der (potentiellen) Rationalität des reflexiven Subjekts Mensch wird also eine der wichtigsten Frageperspektiven/Problemdimensionen des epistemologischen Forschungsprogramms sein. Zur Strukturierung dieser Problemdimension läßt sich nun das konstruktive 'tu quoque', das hinter der Strukturparallelität von Wissenschaftler und hypothesengenerierendem/-prüfendem Subjekt Mensch steht, als Heuristik ansetzen: *die (Selbst)Anwendung des (wissenschaftstheoretischen) Bildes von Wissenschaft und Wissenschaftler zur Konstituierung des psychologischen Menschenbildes ermöglicht es, den wissenschaftstheoretischen Rationalitätsbegriff für die Strukturierung eines psychologischen Konstrukts 'Rationalität' fruchtbar zu machen.*

Daraus folgt unmittelbar zweierlei: 1. Wir müssen davon ausgehen, daß sich die menschliche Reflexivität - zumindest prinzipiell potentiell - in Worten, Sätzen, Satzsystemen manifestiert; 2. Die Dimension der Rekonstruktion und Beurteilung dieser Reflexion als Theorie (bzw. theorieanalog) sind parallel zu den metatheoretischen Kriterien von Wissenschaftlichkeit zu konzipieren, wie sie die Wissenschaftstheorie postuliert.

ad 1: Ein Grundmodell des epistemischen Subjekts in Bezug auf eine *wissenschaftsanaloge Sprachstruktur* der Reflexivität hat bereits KNEBEL (1970;1973) vorgelegt; er führt dabei als wichtigste parallele Unterscheidung die Trennung von Beobachtungs- und Theoriesprachebene ein. Die Beobachtungssätze, in denen sich die Erfahrung des 'Alltagstheoretikers' manifestiert, sind nach ihm als Existenzsätze aufzufassen, während theoretische Allsätze in Nicht-Existenzsätze umformulierbar sind (z.B. 'Alle Wandtafeln sind grün' in 'Es gibt keine nicht-grünen Wandtafeln'; 1973,25). Zwischen Existenz- und Nicht-Existenzsätzen besteht dann die aus der Wissenschaftstheorie bekannte Beziehung der Falsifizierbarkeit: insofern als Existenzsätze einen entsprechenden Nicht-Existenzsatz falsifizieren können (nicht jedoch umgekehrt; 1973,17). Bei Vorliegen eines Widerspruchs zwischen Existenz- und entsprechendem Nicht-Existenzsatz kommt das subjektive System in die Falsifikationskrise, die es entsprechend den wissenschaftstheoretischen Grundmöglichkeiten auflösen kann (vgl.u. 2.4.). Bei Durchsicht des derzeitigen wissenschaftstheoretischen Diskussionsstandes (vgl.z.B. GROEBEN&WESTMEYER 1975) sieht man leicht, daß dies eine sehr einfache und teilweise überholte Strukturierung ist, die allerdings gerade wegen ihrer Beschränkung auf Grundstrukturen heuristisch brauchbar ist. Besonders adäquat an dieser Grundstruktur ist, daß KNEBEL neben den Existenz- und Nicht-Existenzsätzen noch eine dritte Kategorie berücksichtigt: die Metasätze (also Sätze über Sätze); damit ist die Tatsache berücksichtigt, daß ein reflexives Subjekt (genau wie der Wissenschaftler) natürlich auch über seine eigenen Kognitions- qua Satzsysteme reflektieren und damit Sätze generieren kann. Die entsprechenden Metasätze 'teilen mit den Existenzsätzen die Eigenschaft der Nicht-Falsifizierbarkeit, haben aber keinen dogmatischen, sondern problematischen Charakter' (KNEBEL 1973,29) - sie stehen hinsichtlich der Falsifizierbarkeit also praktisch zwischen Existenz- und Nicht-Existenzsätzen (1973,31). Die Grundstruktur des sich in Sprache manifestierenden epistemischen

Subjekts läßt sich also folgendermaßen zusammenfassen:

<u>E R F A H R U N G</u>         <u>T H E O R I E</u>
Metasätze
Existenzsätze - Nicht-Existenzsätze
Falsifikationskrise

ad 2: *Auf diese Satzsysteme lassen sich nun alle Kriterien anwenden, die zur Generierung und Beurteilung wissenschaftlicher Theorien von der Wissenschaftstheorie entwickelt worden sind*: also Kriterien hinsichtlich der Begriffsbildung über die (korrekte) Satz- und Argumentformulierung, in Bezug auf Erklärungs- und Überprüfungsprobleme bis hin zu den Fragen der Entwicklung von Theorien/Theoriesystemen. Die entsprechenden Kriterien lassen sich unter Anwendung des semiotischen Klassifikationsmodells in syntaktische, semantische und pragmatische einteilen (vgl. GROEBEN&WESTMEYER 1975,28ff.). Wir geben zum Überblick eine (vereinfachte) Zusammenstellung dieser Kriterien entsprechend der Klassifikation von GROEBEN&WESTMEYER (ebda.):

S Y N T A K T I K
   S E M A N T I K
      P R A G M A T I K

Präzision            Nachprüf-          Relevanz
Ableitungs-          barkeit            Theorienwandel
richtigkeit          Bestätigungs-      (progressiver vs.
                     grad                degenerativer)

         Erklärung           Einfachheit
                             Systematik

Z. T. lassen sich diese Kriterien direkt auf subjektive Theoriesysteme anwenden, z.T. werden sie im Laufe der Rekonstruktion von Kognitionssystemen unter dem Aspekt von Theoriestrukturen etwas weniger eng zu bennen sein: so wird z.B. an der Stelle von 'Erklärung' allgemeiner argumentative Begründung zu behandeln sein, der Bestätigungsgrad findet seine Analogien in der Validität bzw. Veridikalität von Inferenz- und Attributionsprozessen, der Relevanzaspekt manifestiert sich bei subjektiven Theoriesystemen als Bedeutsamkeit des kognitiven Systems für Verhaltens- und Emotionsbereiche.

In einer *Rekonstruktion und Beurteilung der Reflexionen des Erkenntnisobjekts Mensch als (subjektive) Theorien* unter den genannten Kriterien besteht also nach unserem Vorschlag das Forschungsprogramm einer Psychologie der 'Rationalität'. Dabei deutet der

Terminus Rekonstruktion schon an, daß damit nicht die Behauptung verbunden ist, das menschliche Subjekt konstituiere seine Reflexionen spontan, explizit und vollständig in der Form von Theoriestrukturen; vielmehr müssen diese potentiellen, impliziten Strukturen erst herausgearbeitet werden. Die wissenschaftstheoretischen Kriterien geben dabei heuristisch die als fruchtbar angesetzten Dimensionen des psychologischen Konstrukts 'Rationalität' an. Unseres Wissens hat zum ersten Mal ganz explizit diese Perspektive der Strukturierung und Beurteilung einer subjektiven Theorie unter Wissenschaftskriterien EPSTEIN (1973) hinsichtlich des Selbstkonzepts eingenommen: er faßt das Selbstkonzept als (subjektive) Theorie auf und betrachtet es unter den Aspekten der Gegenstandsbreite (Integrationswert nach HOLZKAMP 1968), Einfachheit, empirischen Validität, internen Konsistenz, Nachprüfbarkeit und Brauchbarkeit (1973,408ff.). Implizit sind solche kriterialen Aspekte und Dimensionen aber auch in den bei der Explikation des epistemologischen Subjektmodells genannten psychologischen Forschungsprogrammen von KELLYs 'personal construct theory' (1955) bis zu KELLEYs Attributionstheorie (1971) enthalten, weswegen all diese Richtungen grundsätzlich mit Gewinn für eine Psychologie der Rationalität ausgewertet werden können (vgl. die Beispiele unter 2.).

*Mit dieser heuristischen Strukturierung des psychologischen Konstrukts Rationalität ist* nun allerdings *keineswegs behauptet, daß alle Kognitionen/Kognitionssysteme des reflexiven Subjekts Mensch als rational anzusetzen seien.* Vielmehr werden nur die Aspekte vorgegeben, unter denen die reflexiven Kognitionssysteme bei der Thematisierung ihrer Rationalität betrachtet werden sollen. Es ist durchaus damit zu rechnen, daß diese Betrachtung dann im einzelnen zur Feststellung einer Fülle von nicht-rationalen (oder nicht vollständig rationalen) Manifestationen von Reflexivität führen wird. Dabei sind nicht unbedingt alle diese Manifestationen zu kritisieren; selbstverständlich kann man an das subjektive Kognitionssystem eines Individuums hinsichtlich der Validität seiner Reflexionen nur solche Ansprüche stellen, die auf der Grundlage des dem Individuum zur Verfügung stehenden bzw. möglichen Wissens sinnvoll sind (die also die Metanorm 'Sollen impliziert Können' nicht verletzt; s.u. III.4.2.). Von dieser Ausgangsposition geht auch das Konzept der 'beschränkten Rationalität' (bounded rationality) aus, das SIMON (1957) - besonders im Rahmen des entscheidungstheoretischen Rationalitätsansatzes - entwickelt hat und das z.B. die

Beschränktheit der kognitiven Kapazität des Menschen einbezieht. Da es sich hier um Beschränkungen des kognitiven Systems des Menschen handelt, spricht man neuerdings auch von 'kognitiver Rationalität' (JUNGERMANN 1977,25). Doch auch unter Berücksichtigung der damit thematisierten Beschränkungen der Rationalitätsmöglichkeiten des Alltagstheoretikers wird an den reflexiven Kognitionssystemen unter Theorieaspekten dennoch genügend zu kritisieren sein; in dieser Kritik liegt dann überdies die bei der Explikation des epistemologischen Subjektmodells herausgearbeitete *konstruktive Dynamik des epistemologischen Forschungsprogramms zur Verbesserung der 'Alltagsrationalität'*.

Der Begriff der beschränkten, subjektiven oder kognitiven Rationalität indiziert im übrigen, daß mit der skizzierten Heuristik für die Dimensionen des psychologischen Konstrukts Rationalität auch *der Rationalitätsbegriff* noch *nicht fixiert* sein soll, und das in einem zweifachen Sinn:

- zunächst einmal steht ja diese Heuristik am Beginn des entsprechenden Forschungsprogramms. Einschlägige wissenschaftstheoretische und -historische Analysen zeigen immer wieder, daß man die Forderung nach expliziter Begriffseinführung (am Anfang eines Forschungsprozesses) auch übertreiben kann und durch zu frühe abschließende Definitionen in Gefahr kommt, die möglichen Problemperspektiven zu verkürzen (premature closure). Wir wollen mit den klassischen Wissenschaftskriterien also nur den Rahmen des wissenschaftstheoretischen Rationalitätsbegriffs vorgeben und durch das hier propagierte spezifische Forschungsprogramm auf die Dauer überprüfen, inwieweit dieser Rahmen brauchbar ist, konkret ausgefüllt werden kann bzw. modifiziert werden muß. Wir beschränken uns daher bei der hier vorzulegenden Programmskizze zur Psychologie der Rationalität dezidiert auf die Verdeutlichung dieser metatheoretischen Rahmenstruktur; eine abschließende Explikation des metatheoretischen-psychologischen Rationalitätskonstrukts muß späteren Stadien dieses Forschungsprogramms vorbehalten bleiben. Dazu gehört auch die Bewertung der relativ 'inhaltsfreien' Konzipierung des zugrundeliegenden Rationalitätsbegriffs. Denn die heuristische Explikation über die Wissenschaftskriterien bedeutet, daß unter dem Rationalitätsaspekt eine metatheoretische Analyse der formalen Struktur/Merkmale von subjektiven Reflexions- qua Theoriesystemen im Vordergrund steht. Darin liegt der Vorteil einer (hinsichtlich der Reflexionsinhalte) relativ unbegrenzten

Anwendbarkeit des so konzipierten Rationalitätskonstrukts, aber u.U. auch die Gefahr einer inhaltlichen 'Ziellosigkeit'. Auch dieses Problem wird sich aber erst im Laufe des propagierten Forschungsprogramms entscheiden lassen.

- Durch den Metatheorie-Status einer solchen psychologischen Analyse ergibt sich aber noch (wie bei der Skizzierung des epistemologischen Subjektmodells auch schon einmal kurz angesprochen, vgl.o. I.4.3.) eine relevantere und grundsätzlichere Unabgeschlossenheit des Rationalitätsbegriffs: *von den empirischen Ergebnissen der konzipierten metatheoretisch-psychologischen Rationalitätsforschung aus lassen sich direkte Konsequenzen und Rückwendungen auf die metatheoretische Rationaltitätskonzeption der Wissenschaftstheorie ziehen.* Das 'tu quoque'-Prinzip der Selbstanwendung gilt durch den Metatheoriestatus der Psychologie des reflexiven Subjekts Mensch auch in der Relation empirische Psychologie und Wissenschaftstheorie (vgl. KNEBEL 1970; MATTHES&SCHÜTZE 1973,49). Die ersten, die diesen Metatheoriestatus explizit erkannt und mitsamt den Konsequenzen für die Wissenschaftstheorie eingeführt haben, waren die Vertreter der 'personal construct'-Theorie (vgl. z.B. BANNISTER&FRANSELLA 1971,32). Unter dem Aspekt, daß auch Wissenschaftler Menschen sind (und d.h. der Anwendung des schon erwähnten Brückenprinzips 'Sollen impliziert Können'), kann die empirisch-psychologische Rationalitätsforschung zu einer Kritik und Überprüfung wissenschaftstheoretischer Rationalitätsforderungen beitragen und benutzt werden. Das sollte zu einer Liberalisierung wissenschaftstheoretischer Rationalitätskonzeptionen führen, insofern als 'unmenschliche' Anforderungen (s.als Beispiel die Forderung der Theorienkonkurrenz, die oben - I.1. - unter dem non-statement view kritisiert worden sind) vermieden werden bzw. abgelehnt werden können. *Auf diese Weise kommt eine permanente Offenheit des Rationalitätskonzepts durch die interdependente Kritik der metatheoretischen Programme von psychologischer Rationalitätsforschung und wissenschaftstheoretischer Rationalitätsanalyse und -rekonstruktion zustande* - eine Offenheit, die auch der rechtfertigungsfreien Begründung des Rationalismus (BARTLEY 1962,164) gerecht wird. Wenn das psychologische Programm einer Rationalitätsforschung nicht zentrale Forschungsdimensionen verschenken will, wird es daher diese Perspektiven der Konsequenzen für und Rückwendung auf die Wissenschaftsstruktur und -theorie auf jeden Fall mitumfassen.

Diesen skizzierten, heuristischen Strukturen der Rationalitätskonzeption folgen auch Aufbau und Darstellung des Kapitels: im Punkt 2. werden zunächst die wissenschaftstheoretischen Kriterien in Bezug auf Rekonstruktion und Beurteilung subjektiver Alltagstheorien angewandt; Punkt 3. versucht dann einige schon jetzt sichtbare Konsequenzen in der Rückwendung auf die Wissenschaft und Wissenschaftstheorie zu skizzieren. Dabei können natürlich weder vom Raum noch vom Entwicklungsstand eines epistemologischen Forschungsprogramms zur Rationalität her gesicherte Ergebnisse und Problemlösungen vorgetragen werden; vielmehr ist die Hauptaufgabe darin zu sehen, mögliche fruchtbare Frageperspektiven eines solchen Forschungsprogramms zu entwickeln und an einzelnen, ausgewählten Beispielen zu verdeutlichen. Dabei stehen, entsprechend dem großen Gewicht, das der Kritik beigemessen wurde, die Inkonsistenzen, Fehler etc. beim Aufbau von subjektiven Theoriesystemen, also das Verfehlen von Rationalität, im Vordergrund. Um die - auch interdisziplinäre - Integrationskraft des epistemologischen Paradigmas zu verdeutlichen, werden wir außerdem bemüht sein, in den theoretischen Perspektiven wie Beispielen besonders auch den Beitrag zu benennen, der durch interdisziplinäre Ansätze wie die phänomenologische Soziologie, den symbolischen Interaktionismus, die Ethno-Sprachtheorie etc. geleistet werden kann.

## 2. STRUKTUREN SUBJEKTIVER THEORIEN: FRAGEPERSPEKTIVEN EINER PSYCHOLOGIE DER RATIONALITÄT

### 2.1. Begriffsaufbau, -definition, -explikation

Bereits hinsichtlich der elementarsten Einheiten beim Aufbau subjektiver Theorien, den einzelnen Begriffen, ergeben sich Probleme; LAUCKEN arbeitet bei der metatheoretischen Analyse der von ihm rekonstruierten 'naiven Verhaltenstheorie' mangelnde Präzision und Explizitheit der 'naiven Indikatordefinitionen' heraus (1974, 2ooff.): er versteht unter Indikatordefinition die 'Verknüpfung eines alltagstheoretischen Erklärungsbegriffs mit beobachtbaren Indikatoren' (ebda.) und stellt für diese Verknüpfung eine übermäßige Belastetheit mit - unüberprüften - Voraussetzungen fest: z.B. Voraussetzungen hinsichtlich vorhandener Wissensvorräte beim (zu interpretierenden) Gegenüber, in Bezug auf bestimmte Lern- und Behaltensvorgänge etc. (2o1f.). Noch relevanter aber ist die

mangelnde Präzision der Indikatordefinitionen, die LAUCKEN sowohl
für die einzelne (quasi operational-definitorische) Beziehung
zwischen Indikator und (Alltags-)Konstrukt feststellt als auch
für die Beziehung von Einzelindikatoren innerhalb eines 'Indika-
torenkomplexes' (2o3ff.). LAUCKEN zieht von dieser grundlegenden
Kritik aus die Konsequenz, daß sich die 'naive Verhaltenstheorie'
bereits 'von der Art der empirischen Verankerung her' als nicht
'verbindlich nachprüfbar' und damit als nicht falsifizierbar
erweist (2o7). Gerade in Bezug auf diesen Punkt nun ist aber
KNEBEL, der u.W. im deutschen Sprachraum die erste metatheoretische
Kritik subjektiv-epistemologischer Systeme vorgelegt hat (197o),
gänzlich anderer Ansicht: nach ihm weisen subjektive Systeme
Falsifizierbarkeit auf, die in unserer Gesellschaft sogar optimal
positiv sanktioniert wird: er stellt eine Korrelation von o,5
zwischen Falsifizierbarkeit und sozialem Status fest, was eine
optimale, rationale Norm zur Maximierung von Falsifizierbarkeit
unter Vermeidung von 'totalitärem Utopismus' darstelle (197o,79ff.,
89). Diese Position impliziert natürlich als Voraussetzung auch
eine ausreichende Explizitheit und Präzision beim Aufbau der
Begriffe einschließlich ihrer operationalen (oder Indikator-)
Definitionen - und d.h. der Unterscheidung von interpretierender
und beschreibender Sprache (parallel zur wissenschaftstheoretischen
Trennung von Theorie- und Beobachtungssprache). Bei LAUCKEN wird
im Gegensatz dazu gerade die mangelnde Trennung dieser Sprach-
ebenen durch den Alltagstheoretiker behauptet (1974,2o6). U.E. ist
die Frage nach Explizitheit und Präzision des Begriffsaufbaus
allerdings auf die Dauer nicht unter einer so grundsätzlichen,
generellen Perspektive lösbar; *vermutlich ist es ergiebiger, die
metatheoretische Kritik in Bezug auf verschiedene Teilmengen/Teil-
bereiche subjektiven Wissens auszudifferenzieren* - denn mit großer
Wahrscheinlichkeit ist das subjektive Theoretisieren selbst in
verschiedenen Inhaltsbereichen interindividuell unterschiedlich
ausdifferenziert, explizit, präzise (vgl.u. 2.3.). Die Gegen-
sätze in der Rekonstruktion und metatheoretischen Bewertung von
subjektiven Theorien werfen aber darüber hinaus auch die grund-
legende(re), vorgeordnete sprachpsychologische *Frage nach dem
Verhältnis von Begriffen (generell Sprache) und der Wahrnehmung
(wahrgenommenen Realität)* auf; ULMANN hat (1975) einen zusammenfassenden Überblick der einschlägigen empirischen Forschungsergebnisse zu dieser Frage vorgelegt; die dabei herausgearbeiteten

Gesetzmäßigkeiten zeigen, daß es durchaus Schwierigkeiten und möglicherweise Grenzen bei der adäquaten Operationalisierung von Begriffen (und d.h. hinsichtlich der Validität von Reflexions-Konzepten) gibt. ULMANN führt folgende Ergebnisse als (vorläufig) gesichert an:

- daß Worte die Organisation des Wahrnehmbaren ausrichten und die einmal konstituierte Organisation meist nur mit Hilfe anderer Benennungen veränderbar ist (38);

- daß Ähnlichkeits- und Differenzierungsgrad der Wahrnehmung von den entsprechenden sprachlichen Bezeichnungen teildeterminiert werden (Farbe, Schnee etc.; 45), wobei die Spezifität von Bezeichnungen auch als Voraussetzung für die Differenziertheit des Verhaltens wichtig ist (56);

- daß Klassenbegriffe die Wahrnehmung auf die begriffsrelevanten Merkmale konzentrieren und von den irrelevanten ablenken (68; gleich Beschränkung der Sicht auf die definierten Eigenschaften, 75);

- diese Einflüsse werden (positiv wie negativ, d.h. realitäts-adäquat wie -verzerrend) auch als Langzeitwirkungen (über die Gedächtnisfunktionen) wirksam (83);

- dabei wird durch die verbale Benennung zumeist die visuelle Exploration abgeschlossen und auch weitere Konfrontation mit der Realität führt nicht zur Veränderung des Wahrgenommenen (91).

Man kann diese Gesetzmäßigkeiten zusammenfassen zu der Feststellung, daß die *Wahrnehmung von der sprachlichen Begriffsbildung nicht unabhängig ist und besonders in höherkomplexen Erfahrungsbereichen* die sprachliche Benennung sich sogar verzerrend gegenüber der Wahrnehmungsadäquanz durchsetzen kann (96ff.). Diese Konsequenz steht in Parallelität zur Entwicklung der Diskussion über das Beobachtungssprachenproblem in der Wissenschaftstheorie (vgl. GROEBEN&WESTMEYER 1975,19off.): während man ursprünglich auf der Grundlage des Zweisprachenmodells (Unterscheidung Theorie- vs. Beobachtungssprache) davon ausging, daß theoretische Begriffe durch Beobachtungsterme interpretiert werden, ist man sich heute weitgehend über die Theorieabhängigkeit der Beobachtung(en) einig. Kontrovers aber ist die Radikalität dieser Abhängigkeit: während die eine Position an der traditionellen Interpretationsrichtung festhält, also davon ausgeht, daß den theoretischen Termen durch beobachtungssprachliche Zeichen zumindest partiell eine stabile, intersubjektive Bedeutung verliehen wird, behauptet eine andere Position, daß Beobachtungssätze mit Hilfe von Theorien interpretiert werden (besonders FEYERABEND 1970). Dieser radikalen

These der Theorieabhängigkeit der Beobachtung entspricht im Bereich der allgemeinen Sprachwissenschaft bzw. Ethnolinguistik die sprachliche 'Relativitätsthese' von SAPIR/WHORF, die von einer relativen Determinierung des Denkens und der Welterfahrung durch die (Mutter-)Sprache ausgeht (vgl. WHORF 1963; GIPPER 1972). Sowohl hinsichtlich der wissenschaftstheoretischen als auch ethnolinguistischen Version dieser radikalen Relativitäts-These sind aber Vorbehalte angebracht: hinsichtlich der wissenschaftstheoretischen Position ist geltend gemacht worden, daß man die Unterscheidung von sprachimmanenter und sprachtranszendenter Bedeutung stärker berücksichtigen sollte (Intension vs. Extension); dann kann man von einer theorieabhängigen Varianz der intensionalen Bedeutung sprechen, die aber vereinbar ist mit der Konstanz ihrer referentiellen (extensionalen) Interpretation (vgl. SCHEFFLER 1967; MARTIN 1971). Auch in Bezug auf das allgemeine Sprachverhalten bedeuten die oben berichteten Ergebnisse, besonders wenn man zusätzlich die Labilisierungen der jeweiligen Versuchssituationen methodenkritisch berücksichtigt, vor allem, daß bestimmte Wahrnehmungen in Abhängigkeit von der Sprache leichter, häufiger gemacht werden (vgl. auch KUTSCHERA 1972,28off.); sie bedeuten nicht, daß bestimmte Gegenstandsdimensionen über die Wahrnehmung wegen der Beschränkungen/Akzentuierungen etc. des Sprachsystems überhaupt nicht mehr als (semantische) Inhalte erreichbar wären. Hier ist u.E. das mehr formale Ergebnis, daß Wahrnehmungsprozesse/Welterfahrung durch die sprachliche Benennung abgeschlossen werden (und dann auch kaum mehr, zumindest nicht mit modifizierendem Ergebnis, aufgenommen werden können), von ungleich höherem Gewicht. In dieser *Tendenz der durch sprachliche Benennung ausgelösten vorzeitigen, möglicherweise verzerrenden Abschließung des Wahrnehmungsvorgangs* ist in der Tat eine wichtige Beschränkung auch und gerade der Alltagsrationalität des reflexiven Subjekts Mensch zu sehen, die sich besonders hinsichtlich der Veränderbarkeit von Kognitionssystemen (also der Falsifikationskrise von subjektiven Theorien) negativ auswirken dürfte (s.u. 2.4. u. 2.5.). Nach den vorhandenen psycho- und ethnolinguistischen Forschungsergebnissen wäre dieser Rationalitätsbeschränkung am ehesten durch eine differenzierte, flexible, variable Benennungskompetenz entgegenzuwirken - möglicherweise eine neue Legitimations- und Frageperspektive für die ansonsten etwas in Sackgassen geratene soziolinguistische Code-Forschung (vgl. DITTMAR 1973; ORT 1976).

Noch weniger gesichert sind die Thesen der Relativitäts-Position
in Bezug auf die mögliche *Handlungssteuerung durch Benennung*; allerdings muß man zugestehen, daß hier 'harte' experimentelle Daten
mit Alltagsrelevanz vermutlich nur schwer zu erreichen sein werden.
So gibt es derzeit vor allem illustrierende Beispiele aus der subjektiven Alltagspraxis; WHORF selbst nennt ein solches aus seiner
Praxis als Feuerversicherungsagent:

Normalerweise wird man sich in der Nähe von Benzinfässern vermutlich
vorsichtig verhalten, besonders mit Feuer (Zigaretten etc.); tragen
die Fässer die Aufschrift 'leere Benzinfässer', so wird diese Vorsicht
abnehmen, weil man mit 'leer' Bedeutungen wie 'null und nichtig, negativ, kraftlos' assoziiert, obwohl die Situation objektiv sehr viel
gefährlicher geworden ist: denn entzündlich sind besonders die Benzindämpfe, die in 'leeren' Fässern sehr viel mehr vorhanden sind als in
vollen (WHORF 1963,75). Es gibt ein paralleles Beispiel aus der deutschen Verkehrspraxis: bei Reparaturen von Straßenbrücken kann man
seit einiger Zeit durch Aneinanderreihung einzelner Stahlplatten Behelfsbrücken bauen; da zwischen den Stahlplatten natürlich Ritzen
unvermeidbar sind und zur Vermeidung von Verschiebungen auch nicht
zu starke Kräfte auf die Behelfsbrücke einwirken dürfen, muß man die
Geschwindigkeit auf 4okm/h begrenzen. Diese Begrenzung wurde von den
Kraftfahrern praktisch überhaupt nicht eingehalten, solange die
Brücke angekündigt war mit 'Achtung Stahlflachstraße' - die Assoziationen zu 'flach' und 'Stahl' fordern praktisch zu schnellem Fahren
auf; das Problem hat sich sehr vermindert, seit die Ankündigung lautet: 'Achtung Behelfsbrücke'.

Diese Beispiele verdeutlichen zumindest, daß Benennungen/Begriffsbedeutungen beim reflektierenden Subjekt mit anderen - potentiell
handlungsleitenden - Kognitionskomplexen/strukturen in Verbindung
stehen bzw. in diese eingebettet sind. Diese Verbindungen sind besonders von der Sozialpsychologie der Eindrucksbildung und impliziten
Persönlichkeitstheorie nachgewiesen worden: so kann man als gesichertes empirisches Ergebnis ansprechen, daß von bestimmten linguistischen
Bedingungen (wie Stellung von Eigenschaftsbenennungen in einer Eigenschaftsliste - ASCH-Experimente -, sprachlichen Assoziationsstrukturen
etc.) der Aufbau von konkreten und auch strukturellen Persönlichkeitsbildern (impliziten Persönlichkeitstheorien) abhängen (SCHNEIDER
1973,3o2ff.). Dabei kann es natürlich wiederum interindividuelle Unterschiede geben: so läßt sich z.B. das Merkmal der 'autoritären'
und 'ethnozentrischen' Einstellung einer Persönlichkeit (bzw. eines
Kognitions-/Reflexionssystems) als Tendenz zur Ontologisierung von
(subjektiven) Konstrukt-Begriffen rekonstruieren (GABENNESCH 1972).
Alle diese Untersuchungsrichtungen haben unter dem Aspekt der Rationalität den Nachteil, daß sie eigentlich mehr die Möglichkeiten der
verzerrenden Manipulation durch semantische Strukturen zeigen. Und

ein unvoreingenommener Blick auf Psychologen zeigt, daß auch in
diesen höherkomplexen kognitiven Bereichen das Wissen über die Verzerrungsgefahr (ähnlich wie bei optischen Täuschungen) nicht oder kaum
vor den Verzerrungen bewahrt. Was unter Rationalitätsperspektive auf
die Dauer nottut, ist eine Ergänzung durch Untersuchungen, die die
Immunisierung gegen manipulative Verzerrungstendenzen in den Vordergrund stellen.

Der bisher besprochenen Trennung von Theorie- und Beobachtungssprache
ist in der Wissenschaftstheorie eine Unterscheidung vorgeordnet, die
nicht nur für einzelne Begriffe, sondern auch für Sätze und Satzsysteme relevant ist: *die Trennung von deskriptiver und präskriptiver
Sprachebene*. Die (analytische) Theorie der empirischen Wissenschaften
sieht seit dem WEBERschen Werturteils-Freiheits-Postulat nur deskriptive Sätze als wissenschaftlich-kognitiv und tolerierbar an. Das gründet sich auf die zu Zeiten von hermeneutischer Pädagogik, Anthropologie, Psychologie, Soziologie nicht eben seltene Vermischung von de- 
und präskriptiven Sätzen, durch die dann praktisch Wertungen des
Wissenschaftlers mit dem Anspruch gesicherter (deskriptiver) Erkenntnis auftraten (vgl.u. III.1.).

Diese Gefahren einer illegitimen, irrationalen Vermischung deskriptiver und präskriptiver Semantikkategorien mögen in der empirischen
Wissenschaft mittlerweile zum größten Teil eliminiert sein, im Bereich
der alltäglichen Kommunikation und damit der Alltagsrationalität spielen sie allerdings eine erhebliche Rolle. Gerade für die Kritik alltagssprachlicher Ideologiehaftigkeit hat sich diese Unterscheidung
(Deskription/Präskription) als sehr fruchtbar erwiesen. So expliziert
z.B. HOFMANN (1968, 60ff.) ideologische Verkappungen insbesondere als
*Konfundierung von Seins- und Werturteilen*: indem das Subjekt nicht
klar erkennbar wertet, sondern so tut, als besäße eine Sache oder ein
Sachverhalt als solche(r) Wert bzw. Unwert, werden Wertungen mit der
Gewißheit von Tatsachen ausgegeben; dabei stellt HOFMANN besonders
die 'begriffsfixierten Wertungen' heraus - Beispiele: ein Streik
'droht', die Preisbindung für den Artikel xy wird 'gerettet' etc.
Vor allem die Sprache der Werbung, des Journalismus und natürlich der
politischen Manipulation und ideologischen Rechtfertigung bedient sich
in extenso solcher Verschmelzungen. Im Bereich der rhetorischen
Sprach- und Stilkritik (vgl. BEUTIN 1976) ist gerade zu dem Aspekt
der politischen Sprache z.B. des Dritten Reichs, in der DDR, der
'kapitalistischen' BRD etc. eine Fülle von Untersuchungen vorgelegt

worden, die neben den begriffsfixierten Wertungen u.a. auch noch
Verschwommenheit (o.c., 95), teleologisches, organologisches Vokabular (o.c., 97), Euphemismen etc. festgestellt haben: Beispiel: 'Endlösung' für die Ausrottung der europäischen Juden, 'Befriedung'
('pacare'), wie Caesar seine gewaltsame Unterwerfung der Gallier
nannte (o.c.,115).

Zur Steigerung der Rationalität gerade auch in Alltagskommunikation
und -reflexion sind daraus zwei Konsequenzen zu ziehen: einerseits
daß auch der Alltagstheoretiker sich einer <u>expliziten Trennung von
Deskription und Präskription befleißigen sollte</u>; zum anderen aber
auch die Bemühung von seiten der Wissenschaft darum, daß das reflektierende Subjekt besonders gegenüber der Sprache von Politik und Werbung instand gesetzt wird, unzulässige Verschmelzungen von Deskription und Präskription zu bemerken und in Bezug auf die dahinter
stehende Manipulationsdynamik zu analysieren. Darüber hinaus wäre natürlich konstruktiv auch noch ein 'rationaler' argumentativer
Umgang des reflexiven Subjekts mit den so herausgearbeiteten Wertungen (Präskriptionen) zu wünschen. Dafür aber gibt nun die empirische Sozialwissenschaft Psychologie kaum Lösungsvorschläge - ein
Phänomen, das u.U. darauf beruht, daß das Werturteils-Freiheits-Postulat hier ein wissenschaftliches Vakuum geschaffen hat; daraus ist
in Rückwendung auf die wissenschaftliche Rationalitätskonzeption auf
jeden Fall eine ausführlichere, differenzierte Analyse der Argumentationsmöglichkeiten im präskriptiven Bereich zu fordern (s. dazu
Kap.III.).

2.2. Begründung in Argumentationssystemen

Konzentriert man sich auf den Bereich deskriptiver Sätze/Satzsysteme
und ihre Struktur, so steht unter wissenschaftstheoretischer Perspektive die Struktur der Erklärung im Vordergrund. Erklärung bedeutet dabei in einem ersten Näherungssinn 'kausale Erklärung von
Tatsachen und Vorgängen' und besteht "in der Angabe von Ursachen
für bestimmte Sachverhalte" (GROEBEN&WESTMEYER 1975,77). Diese Struktur der Erklärung läßt sich auch in subjektiven Theorieprozessen/systemen entdecken: für diese *naive* *Ursachenzuschreibung für gegebene
Sachverhalte* hat sich der anglo-amerikanische Fachausdruck 'Attribution' durchgesetzt; die Attributionsforschung ist als die bisher expliziteste und differenzierteste Rekonstruktion reflexiver Kognitionssysteme unter der Erklärungsperspektive anzusehen und bildet

von daher sicherlich eines der Herzstücke eines epistemologischen
Forschungsprogamms (auch der Rationalität).

Das derzeit wohl bekannteste Beispiele naiver Ursachenzuschreibung
ist die attributionstheoretische Rekonstruktion der Leistungsmotivationsforschung; danach können Erfolg bzw. Mißerfolg im Leistungs-
bereich vom reflektierenden Subjekt auf die in der folgenden Vierfel-
dertafel aufgeführten Ursachen zurückgeführt werden (vgl. HECKHAUSEN
1974,561):

| Stabilität über Zeit | Beeinflussungsbereich | |
|---|---|---|
| | internal | external |
| stabil | Fähigkeit | Aufgaben-schwierigkeit |
| variabel | Anstrengung | Zufall (Glück od. Pech) |

Dieses Vierfelderschema integriert praktisch die Dimensionen des 'try'
vs. 'can' von HEIDER (1958) und 'internal vs. external' von ROTTER
(1966); mit Hilfe dieser attributionstheoretischen Rekonstruktion
lassen sich klassische Probleme der Leistungsmotivationsforschung,
wie z.B. die Unterschiede zwischen Erfolg- vs. Mißerfolgsmotivierten
außerordentlich differenziert und mit verbessertem - objektivem -
Informationsgehalt beschreiben, erklären und voraussagen (vgl. z.B.
MEYER 1973). Die Attributionstheorie hat natürlich darüber hinaus
noch eine Fülle von naiven Ursachenzuschreibungen erforscht (vgl.
JONES et al. 1971; HARVEY et al. 1976). Unter der Perspektive der
Rationalität (auch der naiv-impliziten Erklärungen) interessiert
weniger die inhaltliche Bandbreite, sondern - wie oben expliziert -
mehr der Aspekt der formalen Struktur dieser Attributionsprozesse.
Man könnte nun die subjektiven Erklärungsprozesse des Alltagstheoretikers unter dem Gesichtspunkt aller (4) wissenschaftstheoretischen
Adäquatheitsbedingungen für Erklärungen (vgl. GROEBEN&WESTMEYER 1975,
81) analysieren; wir wollen uns aber auf die u.E. für naive Theorien
zentralen Anforderungen der Realitätsadäquanz der Ursachenzuschreibung (wissenschaftstheoretisch der guten Bewährung der herangezogenen Gesetze) und der (logischen?) Korrektheit des argumentativen
Schließens konzentrieren.

*Die Frage nach der Realitätsadäquanz stellt praktisch die metatheoretische Kritik des Erklärungswerts der subjektiven Erklärung (qua Kausalzuschreibung) dar*: diese Frageperspektive wird innerhalb der Attributionsforschung als das Problem der 'Veridikalität' rekonstruiert (vgl. KELLEY 1971,16; SCHERER 1974; KÖHLER 1974). Wie bei reflexiven Kognitionssystemen unvermeidbar, kann natürlich nicht nur der Wissenschaftler sozusagen von außen nach der Realitätsadäquanz der ('naiven') Ursachenerklärung fragen, sondern auch der Alltagstheoretiker selbst in die Metaebene gehen und diese Frage hinsichtlich seines Kognitionssystems stellen; man kann auch diesen (sozusagen internen) Aspekt der Realitätsadäquanz unter Veridikalität verstehen (KELLEY ebda.). Besser scheint es uns, diese Metaperspektive des subjektiven Theoretikers 'subjektive Veridikalität' zu nennen; wir wollen im folgenden unter Veridikalität immer die *'objektive' (externe) Validität* verstehen und uns auf diesen Problemaspekt konzentrieren. Dabei ist vor allem zu thematisieren, welche Verzerrungen, Invalidierungsdynamiken etc. den Alltagstheoretiker in seinen Attributionen gefährden.

Was damit unter dem Aspekt Veridikalität allerdings eindeutig nicht thematisiert werden soll, sind Verzerrungen aufgrund von ungenügender oder falscher Information von Vpn in experimentellen Untersuchungssituationen: diese Effekte mit unter die Frage der Veridikalität zu subsummieren (wie es KELLEY 1967,231ff. tut), widerspricht u.E. den Kernannahmen eines epistemologischen Forschungsprogramms und ist nur als Rückfall in eine behavioristische Forschungsmethodik (s.o. I.5. die Diskussion der Täuschung) zu klassifizieren.

Doch auch ohne solche unberechtigten Einbeziehungen sind die Invalidierungsdynamiken innerhalb der subjektiven Erklärungsprozesse nach den vorliegenden Forschungsergebnissen - leider - zahlreich und stark genug. Wir beschränken uns auf einige besonders eindrucksvolle Beispiele:

- dabei muß man grundsätzlich davon ausgehen, daß - wie in der wissenschaftlichen Erklärung auch - jede Erklärung natürlich eine Interpretation der Situation, der Daten etc. impliziert; in diesem Hinausgehen über die 'planen' Daten (SCHMIDT 197o,55), das auch eine Nicht-Berücksichtigung bestimmter Informationen bedeutet, liegt die Voraussetzung für die Gefahr möglicher Verzerrungen. Nach KELLEY spielen für interpretative Inferenzprozesse vor allem 3 Informationsarten eine relevante Rolle: Besonderheits-Informationen ('distinctiveness': ob der Handelnde in allen Situationen vergleichbar reagiert oder nur in speziellen Situationen); Konsistenz-Information (ob der Handelnde immer, unter verschiedensten Umständen, konsistent agiert); Bezugsgrößen-Informationen ('consens': ob andere genauso handeln oder nur die konkrete, thematische Person). Nach empirischen Untersuchungen von NISBETT et al. 197o werden Personen aber in ihren Attributionsprozessen im Gegensatz zu dieser Hypothese von KELLEY durch Informationen über das Verhalten anderer kaum beeinflußt (197o,114), auch da nicht, wo es durchaus sinnvoll wäre (z.B. bei Einschätzung eigener Gefühle als depressiv oder nicht; o.c., 118ff.). Die Autoren erklären diese suboptimale Informationsausnutzung damit, daß Bezugsgrößen-Informationen normalerweise relativ abstrakt sind (z.B. in der Form von Statistiken etc.;o.c. 128). Sie schlagen zur Abbhilfe eine 'Konkretisierung' der Information in dieser Kategorie vor (und weisen z.B. darauf hin, daß die Häufigkeit der Anmeldungen zur Krebsvorsorgeuntersuchung in Amerika seit den Brustoperationen von Frau Ford und Rockefeller sprunghaft angestiegen sind; o.c., 132).

-KANOUSE&HANSON haben in einem Überblick (1971) als gesichert festgestellt, daß negativen Informationen stärkeres Gewicht gegeben wird als positiven (so z.B. daß bei der Bildung eines Persönlichkeitsbildes aufgrund von Eigenschaftslisten die negativen Eigenschaften stärker zum Gesamtbild beitragen als durch reine Zusammenfassung/Mittelung zu erwarten wäre; o.c., 60). Hinsichtlich der Erklärung dieses Phänomens ist bisher nur sicher, daß es sich nicht um Effekte des größeren Überraschungswerts der negativen Informationen handelt; möglicherweise gründet sich die Asymmetrie auf das menschliche Bedürfnis, 'Kosten' wie z.B. Enttäuschungen, kognitive Veränderungen etc. zu vermeiden (ebda.; vgl. auch u. 2.5.).

- Daß bestimmte Informationen bei der Interpretation von Ereignissen, Sachverhalten etc. entweder stärker gewichtet oder aber vernachlässigt werden, ist im konkreten Einzelfall zumeist auch für den (externen) Kritiker durchaus verständlich: z.B. wenn rollenkonformes Verhalten als nicht informierend hinsichtlich der agierenden Person wirkt, während nicht-konformes Verhalten als hoch informativ empfunden wird (JONES&DAVIS 1965,264). Problematischer wird es da bei im Prinzip falschen, unzulässigen Inferenzen, Ursachenzuschreibungen. Die Attributionsforschung weist die Möglichkeit solcher Fehler häufig durch unterschiedliche Attributionen verschiedener Personen hinsichtlich des gleichen Ereignisses nach und fragt nach den bedingenden Faktoren solcher Unterschiede. Dabei kommen z.B. JONES&NISBETT (1971) nach einer Durchsicht entsprechender Untersuchungen zu der Konsequenz, daß die Beobachtungsperspektive des ('naiv') Interpretierenden eine der ausschlaggebenden Variablen ist: der Handelnde selbst attribuiert seine Handlungen auf situationale Umstände, während der (nicht-handelnde) Beobachter die gleichen Handlungen auf Persönlichkeitsdispositionen (des Akteurs) zurückführt (o.c., 8o). Die Erklärung dafür liegt nach JONES&NISBETT in dem Phänomen begründet, daß für die Attribuierenden unterschiedliche Aspekte des Informations-Korpus relevant werden: für den Handelnden vor allem Informationen hinsichtlich situationaler Zustände (einschließlich seiner Emotionen, Intentionen etc.), für den Beobachter hebt sich im Gegensatz dazu der Akteur als Figur vor dem Hintergrund der Situation ab (o.c., 85ff.). So kommt der Beobachter zu einer impliziten Theorie von Persönlichkeitszügen('traits'), während der Handelnde selbst zu einer naiven Persönlichkeitstheorie der Ziele, Werte, Zustände ('states') tendiert (o.c., 88ff.).

Interessanterweise kehren sich diese Tendenzen bei der Beurteilung/ Interpretation von bestimmten Effekten der Handlungen praktisch um: BECKMANN (1973) ließ die Ursachen für steigende Lernerfolge von Schulkindern attribuieren. Dabei führten die (handelnden) Lehrer die Lernerfolge der Schüler überwiegend auf die eigenen didaktischen Anstrengungen zurück (nicht jedoch die Mißerfolge auf eigenes Versagen), während externe Beobachter immer Schülereigenschaften (Dispositionen oder Anstrengungen) für den Lernerfolg verantwortlich machten.

Die Beispiele machen deutlich, *daß die Validität von Attributionen nicht unwesentlich davon abhängt, ob Ereignisse und (potentielle) Ursachen dafür mit den Zielen und Werthaltungen des Attribuierenden interferieren* (vgl. IRLE 1975,134). Durch solche Interferenzen kommen mit Sicherheit einige Beschränkungen der Attributions-Validität zustande, ohne daß diese Beschränkungen auf der Grundlage der bisherigen Forschungsergebnisse schon halbwegs umfassend skizziert werden könnten. Was aber bereits deutlich wird, ist, daß man intuitiv *nicht alle Veridikalitäts-Einschränkungen auch als Einschränkungen von (Alltags-)Rationalität* ansehen würde: Wenn Lehrer z.B. Lernerfolge ihrer Schüler auf eigene didaktische Anstrengungen zurückführen, so wird dies vermutlich nicht zu einem Verringern solcher Anstrengungen führen und auf diese Weise insgesamt eher eine Verbesserung der schulischen Interaktionssituation ermöglichen. Man wird also das *Veridikalitätskriteriumm innerhalb eines größeren Zusammenhangs der Relevanz für Handlungen und der sozialen Wirkung sehen* müssen. Am metatheoretischen Beispiel der 'objektiven' wissenschaftlichen Theorie verdeutlicht: man kann sich fragen, ob es z.B. hinsichtlich der JENSEN-Kontroverse der genetischen Determiniertheit (oder Nicht-Determiniertheit) der Intelligenz nicht relativ unabhängig von dem bisher nicht entschiedenen Realitätsgehalt der konkurrierenden Theorieansätze sinnvoll ist, die lerntheoretische Position aus pragmatischen Gründen zu favorisieren: weil durch sie und die auf ihr aufbauenden Technologien auf jeden Fall das potentielle Reservoir an Veränderbarkeit/Verbesserbarkeit der je individuellen Intelligenz optimal genutzt werden wird.

Gerade das Beispiel der positionsabhängigen Attribution qua impliziten Theorie zeigt aber auch einen direkten Ansatz zur Rückwendung auf die Wissenschaft auf, der schon an dieser Stelle kurz benannt werden soll: Die für den Akteur vs. Beobachter herausgearbeiteten impliziten Persönlichkeitstheorien entsprechen nämlich verblüffend der Kontroverse im Bereich der wissenschaftlichen (expliziten) Theorien zwischen 'state'- und 'trait'-Theoretikern. Da ist die Vermutung naheliegend, daß hier die Wissenschaftler nur die von ihnen bevorzugte implizite Theorie-Perspektive auf- und ausarbeiten; ein Phänomen, das grundsätzlich überhaupt nicht zu kritisieren ist, da ja jedes wissenschaftliche Fragen vom Alltagswissen ausgehen und dann allerdings darüber hinausgehen muß (vgl. HOLZKAMP 1968). Nun hat jedoch das behavioristische Paradigma seine Kernannahmen unter anderem mit dem Argument zu verteidigen versucht, daß gerade die Distanz zu Alltagskonzepten wie 'Freiheit' und 'Würde' den Erkenntnisfortschritt dieses Forschungsprogramms signalisiere (vgl. o.I.2.1.). Hier bietet das epistemologische Paradigma u.E. eine sehr viel konkretere, präzisere Möglichkeit der Feststellung, wie stark ein wissenschaftlicher Theorieansatz das Alltagswissen überschreitet: nach einer umfassenden Erforschung der alltagstheoretischen Strukturen und Inhalte wird es möglich sein, die wissenschaftlichen Theorien auf ihre alltagswissenschaftlichen Implikationen hin zu überprüfen und so relativ präzise festzustellen, wie weit sich der objektiv-wissenschaftliche Ansatz von der Alltagstheorie entfernt hat. Es gibt im übrigen gute Argumente dafür, daß bei einer solchen Analyse die behavioristische Theorie (besonders in der SKINNERianischen Präzisierung) als die Ausarbeitung der subjektiven Theorie machtlüsterner Bürokraten herauskommen würde (vgl. CARPENTER 1974).

In Bezug auf die wissenschaftstheoretische Anforderung des korrekten Arguments (innerhalb von Erklärungen) sind die formalen Strukturen der Schlußprozesse in naiv-theoretischen Satzsystemen zu analysieren. Unter diesem Aspekt wurde bereits oben bei der Begründung einer wissenspsychologischen Perspektive (I.4.3.) *das Phänomen der topischen Argumentation* besprochen, bei der in nicht-schlüssiger Weise auf verallgemeinerte, nicht zu überprüfende und nicht zu korrigierende Erfahrungen im Sinn von 'Gemeinplätzen' rekurriert wird (MAAS&WUNDERLICH 1972,272ff.). Und dies ist sicherlich nur ein *Beispiel für nicht-rationale Argumentationsformen innerhalb alltäglicher Reflexionsprozesse*, die sich bei der Durchführung einer epistemologischen Argumentationsanalyse ergeben dürften. Andererseits ist es auch ein optimales *Beispiel für die Ambivalenz, in der die Anwendung von Kriterien des Schließens aus der Logik auf Alltags-Argumentationen - aber nicht nur in Bezug auf diese - steht*. Denn in der so aufgefaßten und kritisierten topischen Argumentation manifestiert sich nur der eine Auffassungsstrang von der Topik, wie sie in der klassischen Rhetorik entwickelt wurde: eben der des Topos als 'common place' (wie er von CURTIUS in die deutsche Rhetorik implementiert wurde; KOPPERSCHMIDT 1973,138).

Es gibt aber durchaus auch einen anderen - mehr an die griechische Tradition angelehnten - Topik-Begriff; hier wird Topik aufgefaßt als 'heuristische Methode im Dienst der Argumentation', also als Methode zum Auffinden von überzeugungsstarken Argumenten (KOPPERSCHMIDT 1973, 14o; MERTNER 1956). Beispiele dafür sind z.B. Regeln wie: überprüfen, ob Eigenschaften, die einem Objekt zugesprochen werden, nicht akzidentiell sind; ein Wort auf seinen ursprünglichen Begriffsinhalt zurückführen (was wir z.B. mit diesen Topoi nach ARISTOTELES gerade tun); 'gute und schlimme Folgen abwägen'; 'Beweggründe des Tuns und Lassens vorbringen' etc. (EMRICH 1972,92,99). Wenn man diesen Begriff von Topik miteinbezieht, dann wird die erwähnte Ambivalenz deutlich, insofern nämlich Topik "zugleich der Inbegriff der Vorurteilsstruktur wie auch das Mittel zur dialektisch-kritischen Anwendung des verfügbaren Meinungswissens auf neuartige Problemsituationen" ist (BORNSCHEUER 1977,210). Und diese letztere Funktion ist durchaus positiv zu bewerten, da sie das reflexive Subjekt durch

Rückgriff auf erlernte (von anderen gemachte) Erfahrungen so weit
entlastet, daß ein höheres Komplexitätsniveau des Denkens und Handelns erreichbar wird (als wenn man z.B. alle Erfahrungen selbst machen müßte; vgl. MATTHES&SCHÜTZE 1973,14).

Auf diesem Hintergrund kann man fragen, ob es *überhaupt sinnvoll ist, die strengen Kriterien formal-logischer Schlußweisen auf Alltags-Argumentationen anzuwenden.* Diese Frage hat in konsequenter Radikalität TOULMIN in seinem Buch 'The uses of argument' (1958) gestellt, mit dem er die gegenwärtige Argumentationstheorie begründet hat. Er kritisiert dabei die formal-logische Schluß-Lehre auch hinsichtlich der praktischen, anwendungsorientierten (Sozial-)Wissenschaften (besonders der Jurisprudenz). Sein Vorwurf ist, daß sich die Logik auf das paradigmatische Beispiel der einfachsten Argumentation, nämlich der analytischen mit universellen Sätzen als 'Oberprämisse' etc., spezialisiert habe, deren Ergebnisse aber auf die Mehrzahl praktisch relevanter Argumentationen gar nicht anwendbar seien (TOULMIN 1975, 128ff., 148ff.). Auch HAMBLIN (1970) konstatiert dies Ungenügen der formalen Logik und rekonstruiert in Absetzung von dieser Merkmale/Kriterien, die für das praktische Argumentieren und Schließen gelten (sollen); dabei erweist sich, daß in solcher Argumentation z.B. sogar das Fehlen von Prämissen tolerabel ist. Er beginnt mit folgender Aufstellung von Kriterien (hinsichtlich des epistemischen Status; o.c., 236):

(E1)     Die Prämissen müssen als wahr bekannt sein
(E2,3)  Die Konklusion muß klar aus den Prämissen folgen
(E4)     Nicht genannte Prämissen müssen als allgemein vorausgesetzt gelten können
(E5)     Die Konklusion muß ohne das beigebrachte Argument zweifelhaft sein.

Nach einiger explikativer Diskussion formuliert er diese Kriterien in 'dialektische' um (o.c., 245):

(D1)     Die Prämissen müssen akzeptierte sein (vom jeweiligen Argumentationspartner)
(D2,3)  Der Übergang von den Prämissen zur Konklusion muß auf eine akzeptierte Art und Weise erfolgen
(D4)     Nicht eingeführte Prämissen müssen von der Art sein, daß ihr Fehlen als akzeptabel gilt
(D5)     Die Konklusion müßte ohne das eingebrachte Argument nicht akzeptiert werden.

Es ist unschwer zu sehen, daß diese Kriterien dem praktischen Argumentieren einen sehr viel größeren Spielraum geben, als es die formale Logik täte, ohne die durchgeführten Schlüsse als nicht-rational zu brandmarken. TOULMIN hat für solche praktischen Argumentationen den Vorschlag einer liberalisierten (formalen) Struktur vorgelegt (1975,95); danach könnten/sollten Argumentationen folgenderweise aufgebaut sein:

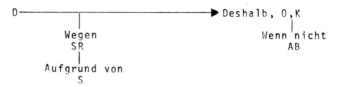

Dabei bedeuten D: Daten; SR: Schlußregeln; S: Stützung einer Schlußregel; O: Operator; K: Konklusion; AB: Ausnahmebedingung. Die Einheiten werden deutlicher, wenn man das von TOULMIN mitgeteilte Beispiel anschaut (vgl. Abb.2.):

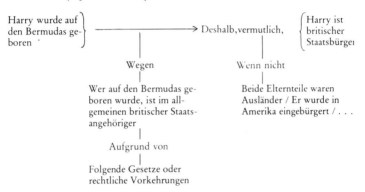

Abb.2.: Beispiel für das Schema einer Argumentation (nach TOULMIN 1975,96)

*Die Frage nach der Rationalität subjektiver Theorien ist hinsichtlich der Argumentationsstruktur der naiven Erklärungen* nach den Ausführungen der Argumentationstheoretiker also *nicht anhand der Kriterien formaler Logik zu beantworten*; vielmehr wird die epistemologische Forschungsperspektive hier die bisherigen und weiteren Ansätze der Argumentationstheorie zur Rekonstruktion der naiven Theorien heranziehen müssen. Schon jetzt läßt sich dabei die Konsequenz ziehen, daß man von naiven Theorien nicht die Struktur (z.B. deduktiv-nomologischer oder induktiv-statistischer) Erklärungen im stringent-wissenschaftstheoretischen Sinn verlangen kann; das ist auch der Grund, weswegen schon in der Überschrift dieses Punktes das weitere, liberalere metatheoretische Konzept der Begründung genannt wurde (vgl. auch LENK 1972). Über diese - vorläufigen - Konsequenzen im Hinblick auf subjektive Theoriestrukturen hinaus ergibt sich aber noch eine direkte Rückwendungsmöglichkeit für die Metatheorie der Sozialwissenschaft(en):

die Einbeziehung der argumentationstheoretischen Perspektive in das epistemologische Forschungsprogramm wird unvermeidbar zu der Frage führen müssen, ob nicht auch für die 'objektiven' Theorien einer reflexiven Psychologie solche liberalen Argumentations- und Begründungsstrukturen (wie auch immer sie auf die Dauer rekonstruiert werden) brauchbarer, adäquater und legitimierbar sind.

## 2.3. Einfachheit und Systematik von Alltagstheorien

Hinsichtlich der Komplexität (objektiver) Theoriesysteme sind in der Wissenschaftstheorie als zusätzliche Kriterien zu dem des Erklärungs- bzw. Realitätsgehalts die Anforderungen der Einfachheit und Systematik expliziert worden (GROEBEN&WESTMEYER 1975,166ff.); zusätzlich bedeutet dabei, daß diese Kriterien selbstverständlich keine Mängel beim Realitätsgehalt kompensieren können, daß sie aber auf der Grundlage eines vorhandenen Erklärungswerts für die Präferenz zwischen konkurrierenden Theorien ausschlaggebend sein können. Das Einfachheitskriterium thematisiert, ein wie großer Gegenstandsbereich mit Hilfe möglichst weniger Hypothesen, Gesetzmäßigkeiten, Konstrukten oder dergl. erklärt werden kann; je mehr man die Breite des zu erklärenden Gegenstandsbereichs maximieren will, desto mehr wird man allerdings auf die Dauer auch empirische und theoretische Erklärungen (GROEBEN&WESTMEYER 1975,78ff.) unterschiedlicher Abstraktionsstufen kombinieren und integrieren müssen. Das erfordert eine möglichst große Systematik der Theorieansätze, die sich zumindest in logischer Widerspruchsfreiheit manifestieren muß.

Auf die (quasi-)theoretische Struktur subjektiver Kognitions- qua Reflexionssysteme angewandt führt das zu der Frage nach der Differenziertheit/Einfachheit, der Verbundenheit vs. Unverbundenheit und Widerspruchsfreiheit der Alltagstheorien. Man kann natürlich auch hier die wissenschaftstheoretischen Kriterien (objektiver Theorien) ungeschmälert auf subjektive Theorien übertragen. Das hält z.B. McGUIRE (1968) für sinnvoll und berechtigt: nach ihm haben Alltagstheoretiker ein "highly interconnected and highly coherent belief system" (o.c., 144); hinsichtlich der Kohärenz geht er davon aus, daß die formale Logik ein adäquates Modell für die Beschreibung des menschlichen Denkens liefert, allerdings stellt er sich dabei eine Überschreitung der klassischen zweiwertigen Logik vor (o.c., 157).

Dieser Position relativ entgegengesetzt ist die Auffassung der 'personal construct' - Theoretiker, die sich im Bereich der Psychologie bisher am ausführlichsten und auch empirisch mit den metatheoretischen Merkmalen subjektiver Theorien beschäftigt haben (vgl. KELLY 1955; BANNISTER 1970; BANNISTER&FRANSELLA 1971). Eines der 11 programmatischen Corollarien, die zusammen mit dem zentralen axiomatischen Ausgangspostuat das theoretische Grundgerüst der Theorie der personalen Konstrukte von KELLY ausmachen, behauptet explizit eine relative Unverbundenheit von (quasi-)theoretischen Teilsystemen; es ist dies das 'Fragmentation corollary': 'Eine Person kann sukzessive eine Vielzahl von Konstrukt-Subsystemen verwenden, die untereinander logisch unverträglich sind' (KELLY 1955,83). Sicherlich ist diese Vorstellung von einer kognitiven Hierarchie untereinander nicht völlig verbundener Subsysteme, die je spezifische Gegenstandsbereiche abdecken (können), realistischer als das Bild eines logisch-systematisch durchgearbeiteten und verbundenen Systems von Alltagstheorie(n). Diese Annahme ist aber u.E. nicht nur empirisch gehaltvoller, sondern durchaus auch unter metatheoretischer Kriterienperspektive sinnvoll und berechtigt: denn auch innerhalb wissenschaftlicher Theoriesysteme wird eine unbegrenzte Steigerung der systematischen Verbundenheit von Theoriesystemen abgelehnt - einmal weil die Überprüfung der Widerspruchsfreiheit immer schwieriger wird, zum anderen weil sich die Verabsolutierung des Systematikkriteriums auf die Dauer zu einem konservativen Kriterium der konventionalistischen Vernachlässigung des empirischen Werts und der Abwehr von neuen Theorieentwürfen auswachsen muß (GROEBEN&WESTMEYER 1975,172). Von daher erscheint es schon *hinsichtlich des Veridikalitätskriteriums und der Möglichkeit zur Veränderung subjektiver Theoriesysteme nicht sinnvoll, zu hohe Anforderungen an die (systematischen) Verbundenheitsgrade von naiven Theorien zu stellen.* Das kann natürlich nicht bedeuten, daß innerhalb der einzelnen Subsysteme logische Widersprüche zu tolerieren wären; vielmehr sind dafür durchaus z.B. die Postulate anzusetzen, die die empistemische Logik in der Bedeutungsexplikation eines rationalen Glaubens aufgestellt hat (vgl. KUTSCHERA 1976,80):

- Logische Wahrheiten müssen rationalerweise geglaubt werden.
- Jeder muß rationalerweise die Sätze glauben, von denen er selbst glaubt, daß sie Konsequenzen eigener Annahmen sind.
- Man kann rationalerweise nicht zugleich A und Nicht-A glauben.' - wobei zur präzisierenden Explikation der 'Konsequenzen-Ableitung' im Postulat 2) nach unserem Verständnis die Ausführungen des obigen Abschnitts über Argumentationsstrukturen einzusetzen wären.

Man kann daher relativ begründet davon ausgehen, daß für subjektive Theoriesysteme unter dem Kriterium der Rationalität vermutlich ein mittleres Ausmaß an Systematik und damit zugleich Unverbundenheit das optimale ist; die konkrete Bandbreite dieses 'Mittelwegs' (und damit auch die Grenzen der Unverbundenheit) genauer festzustellen, wird Aufgabe der weiteren Entwicklung des epistemologischen Forschungsprogramms sein. Dabei sind natürlich die Ansätze der Kognitiven Stil-Forschung (HARVEY et al. 1961; SEILER 1973) - in metatheoretischer Rekonstruktion - zu integrieren. Auf jeden Fall kann als gesichert gelten, daß es interindividuelle Unterschiede gibt, die sich in Bezug auf die formale (quasi-)theoretische Struktur der subjektiven Kognitionssysteme rekonstruieren lassen: so kann man z.B. Autoritarismus bzw. Dogmatismus als mangelnde Toleranz gegenüber potentiellen Inkonsistenzen zwischen (unverbundenen) Subsystemen der Kognitionsstruktur auffassen (MILLER&ROKEACH 1968,624ff.). Damit ist auch gleich eine der möglichen *Grenzziehungen in Bezug auf den optimalen Mittelbereich* erreichbar - gleich metatheoretisch ausgedrückt: *dort, wo die Modifikation von subjektiven Theorien anhand von Erfahrungen nicht mehr bzw. kaum noch möglich ist,* also eine dogmatische 'Lösung' der Falsifikationskrise vorliegt (s.u. 2.4.), *ist die unter der Perspektive der Rationalität tolerierbare Grenze der Maximierung von Verbundenheit/Systematik der naiv-theoretischen Subsysteme erreicht. Der andere Grenzbereich - der der Unverbundenheit - ist erreicht, wenn der Zusammenhang der naiv-theoretischen Subsysteme so gelockert ist, daß keine einheitliche und valide Welterfahrung mehr möglich ist.* Innerhalb der Theorie der personalen Konstrukte ist die Schizophrenie als eine Krankheit rekonstruiert worden, die aus einer solchen übermäßigen Lockerung ('loosening') der personalen Konstrukte besteht (vgl. KELLY 1955,497). Diese Rekonstruktion (besonders der Gedankenflucht) der Schizophrenie als Mangel an konzeptueller Struktur und Konsistenz konnte auch in empirischen Untersuchungen bestätigt werden (BANNISTER 1960; BANNISTER&FRANSELLA 1966): das Ausmaß der Verbundenheit von Konstrukt-Subsystemen läßt sich mit Hilfe der für die 'personal construct'-Theorie entwickelten 'Repertory Grid'-Technik (vgl. WEWETZER 1973,58ff.) sogar quantitativ ausdrücken. Dabei ergab sich bei Schizophrenen eine durchaus normale subjektiv-theoretische Konstruktions-Kompetenz in Bezug auf Objekte, die Lockerung der personalen Konstrukte bezieht sich akzentuierend auf den Bereich der Personen/Interaktionspartner (BANNISTER&FRANSELLA 1971,163). Hier zeigt sich uns, Erachtens sehr überzeugend die Fruchtbarkeit und große Anwendungsbreite der metatheoretischen Rekonstruktionsperspektive, die die formale Struktur der subjektiven Theoriesysteme thematisiert und analysiert; diese Fruchtbarkeit (und damit auch die der 'personal construct'-Theorie) erweist sich im übrigen noch durch die metatheoretisch-formale Rekonstruktion weiterer Krankheitsbilder, auf die hier aus Raumgründen nicht eingegangen werden soll (vgl. BANNISTER&FRANSELLA 1971,17off.).

Nicht unerwähnt bleiben soll aber, daß KELLYs (Meta-)Theorie, die ja aus der klinischen Praxis (und für sie) entstanden ist, die verschiedensten Therapietechnologien zur Veränderung der Konstrukt-Verbundenheiten (je nach Ausgangslage Verstärkung oder Lockerung) vorsieht (vgl. KELLY 1955,II); KELLY hat auf diesem Gebiet schon relativ lange vor dem Siegeszug der Verhaltenstherapie Ansätze vorgelegt, die eine Integration von mehr und weniger kognitiv orientierten Therapiemethoden unter der metatheoretischen Perspektive erlaubten (ein Thema, das wir im abschließenden Kap. IV. wieder aufnehmen und ausführen werden). Daß diese Entwürfe von KELLY in der amerikanischen Psychologie kaum Beachtung fanden, jedenfalls sehr viel weniger, als ihnen u.E. gebührt hätte, dürfte als Indikator dafür gelten können, daß er mit seiner Theorie zu früh, d.h. in eine Phase des 'normalwissenschaftlich' (KUHN 1967) herrschenden behavioristischen Paradigmas kam, in der Theoriealternativen nicht 'revolutionär' wirken können.

*In dem Mittelbereich der Verbundenheit und Systematik subjektiver Theorien sollte dann die Komplexität dieser Reflexionssysteme möglichst hoch sein,* denn je differenzierter und dabei zugleich integriert eine Theorie - auch des Alltagstheoretikers - ist, umso differenzierter und weniger stereotyp wird eine Person ihre Umwelt, auch die soziale, strukturieren, erklären und voraussagen können (vgl. IRLE 1975,136ff.); dabei kann man mittlerweile aus einer Fülle unterschiedlicher Maße für die Erfassung der Komplexität von Kognitionsstrukturen auswählen (vgl. BONARIUS 1965,14ff.).

Darüber hinaus lassen sich selbstverständlich noch eine Vielzahl von weiteren Dimensionen bzw. Merkmalen an naiven Theoriesystemen abheben, die für eine Rekonstruktion und besonders Erklärung der Relevanz für Handlungen etc. wichtig werden können; wir benennen einige Beispiele, die SCHÜTZ&LUCKMANN 1975) genauer ausgearbeitet haben:

Das Alltagswissen des reflexiven Subjekts wird mit Sicherheit nicht hinsichtlich aller potentiellen Gegenstandsbereiche gleich ausdifferenziert und umfassend sein, es sind Unterschiede je nach der 'biographischen Prägung des Wissenserwerbs und der individuellen Interessenlage' zu erwarten (o.c., 147). Dementsprechend können sich die einzelnen Subsysteme auch hinsichtlich der Bestimmtheit, Klarheit und Explizitheit unterscheiden (o.c., 154f.). Der oben thematisierte mittlere Verbundenheitsgrad der reflexiven Subsysteme dürfte dazu führen, daß die jeweiligen, in sich kohärenten (impliziten) Theorieinhalte im Normalfall problembereichsspezifisch und damit situationsspezifisch eingesetzt werden; erst wenn mit einzelnen Wissensteilmengen kein Erklärungs-, Prognose- oder Voraussageerfolg zu erzielen ist, werden andere Teilsysteme 'relevant' und ebenfalls eingesetzt. In solchen Fällen wird dem reflexiven Subjekt u.U. als naivem 'Metatheoretiker' erst eine potentielle Widersprüchlichkeit, Unvereinbarkeit oder dergl. bewußt: hier ist dann nach der Notwendigkeit der Auflösung des Widerspruchs für die Bewältigung der Situation zu fragen - ohne eine solche Notwendigkeit wird das reflexive Subjekt u.U. auch die Inkohärenzen zwischen den naiv-theoretischen Subsystemen tolerieren (o.c., 161). Dieses Beispiel macht schon deutlich, daß man bei der Rekonstruktion und Analyse der subjektiven Theoriesysteme hinsichtlich ihrer Einfachheit und Systematik auf jeden Fall auch die naive Metatheorie des Subjekts über sein eigenes Wissenssystem berücksichtigen sollte: das reflexive Subjekt wird z.B. vorhandene Lücken in seinem Wissen bemerken, bewerten und je nach dieser Bewertung 'strukturell motiviert' sein (im Gegensatz zur Motivation von der aktuellen Situation her), diese Lücken auszuräumen - oder sie tolerieren (o.c. 179).

Diese Frageperspektiven sind von der phänomenologischen Soziologie aus mit rein illustrativen Beispielen entwickelt und ausgefaltet worden; für eine empirische epistemologische Psychologie (s.o. I.6.) können diese Ansätze nur als Heuristik gelten, die mit der oben entwickelten Methodik empirisch zu überprüfen sind. Die Beispiele dürften aber verdeutlicht haben, daß eine epistemologische Psychologie (der Rationalität) unbedingt die Ansätze der phänomenologischen Soziologie (in der Nachfolge von SCHÜTZ; vgl. z.B. auch BERGER&LUCKMANN 1969) und des symbolischen Interaktionismus (AG BIELEFELDER SOZIOLOGEN 1973) berücksichtigen und integrieren sollte.

## 2.4. Die Falsifikationskrise und ihre Lösung(en)

Die bisher behandelten metatheoretischen Kriterien der (wissenschaftlich-theoretischen) Rationalität beziehen sich auf den strukturellen Aufbau vorliegender Theoriesysteme und damit praktisch auf die Statik auch subjektiv-impliziter Theorien; was zu einer relativ umfassenden Skizzierung der potentiellen Dimensionen von Rationalität fehlt, ist die Theoriendynamik, d.h. *der Aspekt der Veränderung von (auch naiven) Theorien*. Denn aus der Anforderung des empirischen Gehalts für Theorien folgt, daß sich theoretische Sätze einem Widerspruch zur Erfahrung entsprechend den Erfahrungstatsachen ändern müssen. Diese grundsätzliche Modifizierbarkeit der subjektiven Theorien gehört zu den Grundmerkmalen eines epistemischen Subjekts: die Vorstellung des 'man scientist' von KELLY (1955) geht explizit von der Annahme aus, 'daß alle gegenwärtigen Interpretationen einer Modifikation oder Ersetzung zugänglich sind' (o.c., 15). Man kann sogar vermuten, daß erst in einer Krisensituation des mangelnden praktischen Erfolgs von Wissensteilmengen eine voll bewußte reflektierende Aufarbeitung des ansonsten eher routinemäßig automatisierten Wissensbestandes eintritt (MATTHES&SCHÜTZE 1973,22). Damit ist auch schon die Ausgangssituation jeder möglichen Theorienveränderung/-dynamik genannt: die Krisensituation des Widerspruchs zwischen Erfahrung (Existenzsätzen) und Theorie (Nicht-Existenzsätzen). KNEBEL hat (1970; 1973) die möglichen Lösungen dieser 'Falsifikationskrise' subjektiver (und sozialer) Kognitions-Systeme analysiert und ausdifferenziert; er unterscheidet *3 Möglichkeiten der Lösung der Falsifikationskrise:* die repressiv-regressive, die konservativ-dogmatische und die kritisch-fortschrittliche Lösung (1973,32ff.).

Die *repressiv-regressive Lösung* besteht darin, daß nicht etwa der Nicht-Existenzsatz revidiert wird, auch nicht der falsifizierende Existenzsatz für falsch erklärt wird (s. dazu die dogmatische Lösung), sondern beide *(Existenz- und Nicht-Existenzsatz) eliminiert* werden. Das reflexive System verdrängt zusammen mit dem falsifizierten Satz auch den ihn falsifizierenden Existenzsatz, der dadurch praktisch nur mehr virtuell besteht, d.h.: das kognitive System regrediert 'durch diese doppelte Repression auf die Stufe, die es vor dem Lernen des objektsprachigen Nicht-Existenzsatzes innehatte' (KNEBEL 1973,33). Die repressiv-regressive Lösung der Falsifikationskrise ist also praktisch die Negation von Reflexion, da sie nicht nur die quasi-theoretische Kognition, sondern auch die sprachliche Repräsentation der Erfahrung/Wahrnehmung virtualisiert.

Diese 'Lösung' der Falsifikationskrise ist in unserem derzeitigen Gesellschafts- und Kulturbereich am häufigsten bei einem Widerspruch von individuellen Bedürfnissen (potentiellen Existenzsätzen) und gesellschaftlich vermittelten Normen (Nicht-Existenzsätzen) zu beobachten; so wird z.B. im abendländisch-christlichen Kultur- und Wertungsbereich (Moral/Ethik) durch die Übermächtigkeit der gesellschaftlichen Normierung (und Sanktionierung) häufig schon die Konstatierung der eigenen Bedürfnisse (sexuelle/erotische/interaktive) als Existenzsätze verhindert und abgeblockt. Die repressive Regression besteht darin, daß nicht nur eine alternative Norm (durch den gesellschaftlichen Druck) verhindert wird (d.h. alternative theoretische Sätze unterdrückt werden), sondern auch die Wahrnehmung der realen (eigenen) Bedürfnisse nicht möglich ist, d.h. das Individuum zur Regression auf das Stadium vor diesen seinen Bedürfnissen (bzw. deren Konstatierung) gezwungen wird.

Aber dieser Mechanismus ist natürlich nicht nur auf Bedürfnisunterdrückung beschränkt, sondern läßt sich auch bei bestimmten Formen pseudohafter Bedürfnisbefriedigung nachweisen: so ist z.B. die eskapistische Bedürfnisbefriedigung bei der Lektüre von sog. Trivialliteratur ebenfalls als repressiv-regressive Lösung der Fal-

sifikationskrise zu rekonstruieren (vgl. SCHEELE 1974, 37ff.). Es
handelt sich hier u.a. um den Widerspruch der gesellschaftlich-
ideologischen Leistungs- und Aktivitätsnorm und den besonders für
Unterschichtangehörige relativ radikal eingeschränkten Aktivitätsmöglichkeiten im Berufs- und gesellschaftlichen Leben (deren Lage
ist ja mehr durch Entfremdungsgefühle wie Machtlosigkeit, Sinnlosig-
keit etc. gekennzeichet). Durch die Identifikationsmöglichkeiten
mit den z.T. unrealistischen Aktivitätsmöglichkeiten von 'Trivial'-
literatur-Helden wird der Leser von dem Druck seiner Entfremdungs-
erfahrung kurzfristig entlastet, er regrediert auch hier vor seine
Erfahrung (und kann folglich z.B. seine entsprechenden Erfahrungen nicht adäqat in Existenzsätze fassen); dadurch werden natürlich auch alle möglichen Alternativen von Nicht-Existenzsätzen
zur gegenwärtigen Mittelstandsideologie (etc.) unterdrückt. "Eskapismus bedeutet demnach psychologisch verdinglichungsbedingtes Re-
gredieren vor Erfahrung und Theorie, und soziologisch... Assimilieren an die Ideologie der Herrschenden, d.h. Flucht aus der schmerz-
haften Erfahrung und ihrer kognitiven Repräsentation." (SCHEELE 1974,
39).

Die Beispiele deuten an, daß sich mit Hilfe des Konzepts der re-
pressiv-regressiven Lösung der Falsifikationskrise einige Ansätze
z.B. der Psychoananlyse rekonstruieren lassen; dabei wird 'Verdrängung' präzisiert als der (Falsifikation vermeidende) Verlust von
Existenzsätzen, die eigene Erfahrung/Bedürfnisse abbilden. Da bei
der methodologischen Konzeptualisierung des epistemologischen Paradigmas (s.o. I.B.) auch eine rekonstruierte Dialog-Methodik eingeführt wurde, ist dies erneut ein (wie wir meinen) starker Indikator für die Integrationskraft, die ein solches epistemologisches
Forschungsprogramm hinsichtlich bislang wissenschaftshistorisch in
der Psychologie nicht zureichend assimilierten Theorieansätzen besitzt. Unter Rationalitäts-Gesichtspunkten ist die repressiv-regressive 'Lösung' der Falsifikationskrise dabei eindeutig als *nicht-rational* abzulehnen; eine epistemologische Psychologie wird hier (unter Assimilation von vorhandenen unterstützenden Modellen) vordringlich daran arbeiten, die Bedingungen für die Möglichkeit der kog-
nitiv-sprachlichen Repräsentation von Erfahrung (Bedürfnissen etc.)
aufzuklären und konstruktiv zu schaffen.

Diese Möglichkeit ist *bei der konservativ-dogmatischen Lösung* zunächst einmal grundsätzlich gegeben; allerdings *wird der jeweilige
Existenzsatz (d.h. Beobachtungssatz) nach seiner Formulierung und
der Konfrontation mit einem widersprechenden theoretischen Satz für
falsch erklärt* (so wie man in der Wissenschaft die Beobachtungstheorie eines Meßinstruments für falsch erklären kann; vgl. GROEBEN&
WESTMEYER 1975,2ooff.), um den gefährdeten theoretischen Satz aufrechterhalten zu können. Solche Phänomene der Revision der Beobach-

tungstheorie und damit Verzerrung von Wahrnehmungsprozessen sind aus der kognitiven Sozialpsychologie zuhauf bekannt: z.B. die Selektivität der Wahrnehmung, die Wahrnehmungsabwehr bei sog. unterschwelliger Wahrnehmung, die Einstellungsresistenz gegenüber widersprechenden Daten bei bestimmten Bedingungen des personalen Systems, z.B. erhöhtem Ego-involvement - wie ja überhaupt die Dogmatismusanfälligkeit mit steigender Ich-Beteiligung wächst (ROKEACH 1960), etc. etc. Man kann nahezu alle oben (unter 2.1. und 2.2.) behandelten Beschränkungen von Wahrnehmungs- und Inferenzprozessen hier als Beispiele anführen. Und damit stellt sich auch gleich das zentrale metatheoretische Bewertungsproblem hinsichtlich der konservativ-dogmatischen Lösung: denn manche der dort skizzierten Beispiele (z.B. der Beeinflussung der Wahrnehmung durch sprachliche Benennungen) scheinen für das menschliche System nicht vermeidbar; sie scheinen eher Ausdruck einer teilweise unüberspringbaren 'Theorieabhängigkeit der Beobachtung' zu sein! Es wäre daher unsinnig, innerhalb einer Psychologie der Rationalität solche - unerreichbaren - Anforderungen an das reflexive Subjekt Mensch zu stellen. Von klassischer wissenschaftstheoretischer Einstellung her wäre die konservativ-dogmatische Lösung als nicht-rational abzulehnen, doch dies scheint in der Tat ein 'überspannter, unmenschlicher Rationalismus' zu sein, wie es sich schon auf dem Hintergrund der wissenschaftshistorischen Analysen KUHNs und des non-statement view von Theorien andeutete (vgl.o. I.1.). Ein epistemologisch-psychologisches Forschungsprogramm der Rationalität wird daher sinnvollerweise eher die Frage stellen und zu beantworten versuchen: *welche Konservativismen sind (als unüberspringbar) zu tolerieren, welche sind als vermeidbare Dogmatismen zu kritisieren?*

Die gleiche Ambivalenz zeigt sich dann natürlich komplementär auch bei der kritisch-fortschrittlichen Lösung: Nach klassischem wissenschaftstheoretischem Verständnis (der Falsifikationskonzeption) wäre die *Maximierung der Falsifizierbarkeit*, wie sie *in der kritisch-fortschrittlichen Lösung der Falsifikationskrise* vorliegt, das Rationalste; immer wenn ein Existenzsatz einem Nicht-Existenzsatz widerspricht, wird der theoretische Satz revidiert. Doch auch die wissenschaftstheoretische Diskussion hat hier bezüglich der Entwicklung von Theorien bereits Einschränkungen erbracht; so geht das dynamische Konzept vom progressiven vs. degenerativen Wandel von Forschungsprogrammen (LAKATOS 1970) davon aus, daß z.B. in Anfangsphasen von theoretischen Systemen durchaus eine gewisse konservative Beharrlichkeit nützlich sein kann.

Diese Denkrichtung wird gestützt, wenn man die Falsifizierbarkeit subjektiver Theoriesysteme wiederum unter dem Brückenprinzip (zwischen deskriptiven und präskriptiven Sätzen) 'Sollen impliziert Können' betrachtet: Falsifizierbarkeit der Kognitionssysteme bedeutet für das Individuum psychologisch Unsicherheitstoleranz; und sicherlich ist eine unbegrenzte Maximierung von Unsicherheitstoleranz dem Menschen nicht möglich: er braucht immer irgendwelche sozusagen 'konstant' gehaltenen Bereiche, um auf anderen Gebieten die zur Falsifizierbarkeit nötige Toleranz gegenüber Unsicherheit zu realisieren. Um beim oben angeführten Beispiel der Literaturrezeption zu bleiben, so spricht vieles dafür, daß z.B. Unterschichtangehörige im Hinblick auf fiktionale Literatur in ihrer (Lese)sozialisation keine Bestätigungsdimension erwerben, die die unsicherheitstolerante Verarbeitung von Problemen und Falsifikationen generierender Literatur erlauben; dagegen scheint die Fähigkeit der Mittelschichtangehörigen, sog. 'hohe Literatur' mit all ihrem Problem- und Falsifikationsgehalt zu verarbeiten, auf einer Metaebenen-Bestätigung zu beruhen, indem die psychische Realisierung von (kognitiver) Flexibilität mit entsprechenden ästhetischen Genußdimensionen als fundierende, Unsicherheitstoleranz generierende Bestätigung wirkt (vgl. grundsätzlich BERLYNE 1974). Im gleichen Sinn läßt sich das Phänomen erklären, daß Hochkreative durchaus in den meisten Fällen nicht das gleiche Kreativitätsniveau in allen Tätigkeitsbereichen aufweisen, sondern intraindividuelle Brüche einer nur bereichtsspezifischen Kreativität zeigen. Wendet man diese Tendenz konstruktiv z.B. auf die Wirkungsforschung in Bezug auf ideologische Wirkung z.B. von Texten, Fernsehsendungen etc. an, so fragt sich, ob nicht eine höhere Gesamtrationalität durch eine bestimmte Mischung aus falsifizierbaren und nichtfalsifizierbaren Kognitionsteilsystemen zustandekommt - die dann z.B. eskapistische Bedürfnisbefriedigung ohne kognitive Übernahme ideologischer Inhalte ermöglichen könnte (vgl. für Trivialliteratur-Rezeption am Beispiel Comics: GROEBEN 1976).

Parallele Probleme treten auch bei der Perspektive der Rationalität/Falsifizierbarkeit im sozialen Kontext auf: so ist es z.B. keineswegs sicher, daß eine unbegrenzte Flexibilität/Selbstkritik/ Falsifizierbarkeit im sozialen Kontext immer zu einer Erhöhung der Rationalität des gesamten sozialen Systems führen wird. So stellt sich einer Vielzahl von Betrachtern die Entwicklung zumindest mancher Universitätsinstitute so dar, daß eine große Liberalität von Hochschullehrern nicht zu einer analogen Flexibilität/Falsifizierbarkeit der Studierenden geführt hat, sondern im Gegenteil relativ dogmatische Kognitionssysteme sich ziemlich ungehindert entwickeln ließ. Es gibt hier u.U. analoge Umschlagphänomene wie bei maximierten Erkenntnispositionen in der Selbstanwendung: so bedeutet eine uneingeschränkte Relativismusposition einen Widerspruch in sich selbst, da sie mit absolutem Erkenntnisanspruch auftritt. Die Interaktion von Individuen und Institutionen im sozialen Kontext unter dem Aspekt der Falsifikationskrise und ihrer Lösungen zu analysieren, ist Aufgabe einer metatheoretischen Soziologie, die KNEBEL (1973) ausgearbeitet hat; er rekonstruiert dabei soziologische Konstrukte wie Tradition/Gemeinschaft, Sanktion, Werte, Normen, Isolierung, Unterwerfung, Meidung von anderen, Widerstand etc. innerhalb eines epistemologischen Subjektmodells (o.c., 85ff.).

Eine Metatheorie der rationalen Dynamik, d.h. Veränderung von subjektiven Theorien wird also vermutlich in einer Integration von konservativen und kritischen Lösungsprozessen der Falsifikationskrise bestehen; in welche Beziehung diese Prozesse zueinander zu setzen sind, um von einer dynamischen Rationalität zu sprechen, wird allerdings erst im Lauf eines durchgeführten Forschungsprogramms zur Psychologie des reflexiven Subjekts entscheidbar werden. Für dieses Programm aber dürfte dabei eine Anwendung der wissenschaftstheoretischen und -historischen Diskussion über die Dynamik (objektiver) Theorien heuristisch nützlich sein.

## 2.5. Evolutionäre vs. revolutionäre Entwicklung subjektiver Theorien

Das geschilderte Konzept der kritisch-fortschrittlichen Lösung der Falsifikationskrise basiert auf Voraussetzungen (des frühen Falsifikationismus), die die wissenschaftstheoretische Diskussion der letzten Jahre schon wieder zurückgenommen hat: nämlich daß man aufgrund von Beobachtungs-/Basissätzen theoretische Sätze immer eindeutig falsifizieren und in Konsequenz verändern kann. Die Vorstellung eines 'naiven' Falsifikationsismus ist mittlerweile ersetzt durch eine Rekonstruktion, in der sich nur mehr Theorien (nämlich Beobachtungs- vs. zu prüfende Theorie) anhand von Daten widersprechen können (vgl. GROEBEN&WESTMEYER 1975,194f.). Daraus folgt als Konsequenz u.a., daß die Modelle über die Dynamik von Theorien sehr viel komplexer sein müssen, als man ursprünglich dachte. Diese Einsicht hat zu ganz neuen und sehr viel weniger rigorosen, liberaleren Vorstellungen von einer Rationalität innerhalb des Wandels von Theorien geführt: das Modell des 'revolutionären' Wissenschaftsfortschritts von KUHN (einschließlich der wissenschaftstheoretischen Rekonstruktion des damit implizierten non-statement view von Theorien; vgl. STEGMÜLLER 1973; HERRMANN 1974; 1976; s.o. I.1.) ist das bekannteste. Eigentlich wäre es eine der Chancen einer epistemologischen Psychologie des reflexiven Subjekts gewesen, für diese realistischere (und damit liberalere) Einschätzung der menschlichen Möglichkeiten in Bezug auf die Struktur von Theorienveränderung und -fortschritt (auch innerhalb der Wissenschaften) zu sorgen. Da wegen der Herrschaft des behavioristischen Paradigmas diese Chance nicht genutzt wurde, sind derzeit ironischerweise wissenschaftshistorische Modelle ihrerseits als Heuristik für die Psychologie der Veränderung subjektiver Theorien anzusehen.

Man kann mit SPINNER (1974,38ff.) zwischen Stagnations-, Kumulations und Revolutionstheorien der Theorienveränderung unterscheiden. Stagnationstheorien setzen zumindest in einem Kernbereich des jeweiligen Theoriesystems, die eine oder andere Art

unrevidierbaren (Offenbarungs-)Wissens voraus und sind daher von
der Wissenschaftstheorie als irrational kritisiert worden. Sie
dürften zwar vermutlich für eine Mehrzahl von subjektiven Reflexionssystemen (z.B. religiöser Art) empirische Geltung haben, sollen aber hier nicht weiter thematisiert werden, da sie das Problem
des (subjektiven) Theorienwandels praktisch zum Verschwinden bringen. Die Kumulationstheorie des Erkenntnisfortschritts ist die
klassische Vorstellung von der Entwicklung der Wissenschaften, die
Erkenntnisse zu einem sukzessive wachsenden Wissenskorpus zusammentragen. Der kritische Rationalismus vertritt dabei eine evolutionstheoretische Variante, für die sich in einer dauernden Theorienkonkurrenz jene Theorie als stärkste durchsetzt, die am häufigsten der Kritik unterzogen wurde und dieser standhalten konnte
(vgl. TOULMIN 1974). Für das revolutionstheoretische Modell des
Erkenntnisfortschritts ist dieser Kumulationsaspekt nur gültig in
der Phase der 'normal science', des 'Rätsellösens' innerhalb eines
herrschenden Paradigmas; der richtige Theorienwandel kommt erst
in einer Phase des revolutionären Erkenntnisfortschritts als Wechsel/Ersetzung von Paradigmen zustande (s.o. I.).

*Dieses Phasenmodell der Entwicklung von Theorien scheint nun auch
durchaus für die (potentielle) Veränderung subjektiver Theorien
brauchbar zu sein:* Das würde bedeuten, daß sich *im Normalfall* (und
d.h. über große Zeiträume) *keine großen Veränderungen der subjektiven Theorien vollziehen,* sondern bestenfalls auf dem Hintergrund
vorhandener (Quasi-)Theorien *eine kumulative Vervollständigung der
Wissensbestände* erfolgt. *Nur im (Ausnahme-)Fall einer revolutionären
Umwandlung* des (gesamten?) subjektiven Theoriensystems kommt es wirklich zu einer Veränderung bzw. Entwicklung der naiven Alltagstheorien. Das würde verständlich machen, wieso solche Veränderungen des
subjektiven Kognitionssystems (qua Glauben und Wissen) häufig den
Eindruck einer 'Konversion' zu bestimmten Positionen machen.

Bezieht man den für den empirischen Wert der thematischen Theorien
zentralen Aspekt der Wahrheitskriterien (vgl. GROEBEN&WESTMEYER
1975,134ff.) mit ein, so läßt sich als erste orientierende Hypothese über die Entwicklung der subjektiven Theorien formulieren: Der
normale Zustand des kognitiven Systems besteht in einem auf dem Kohärenzkriterium basierenden kumulativen Ausbau der subjektiven Theorien; erst wenn dadurch eine zufriedenstellende Erklärung und Voraussage der Umwelt nicht mehr möglich ist, kommt es zu das Korrespondenzkriterium (der Übereinstimmung von Sätzen mit Tatsachen) benutzenden revolutionären Theorieveränderungen im Sinne eines Ersatzes
alter Theorien durch neue. Das im Normalzustand vorherrschende Kohä-

renzkriterium ermöglicht es, die kognitive Struktur nach dem Prinzip des geringsten Aufwandes ('least effort principle') aufrechtzuerhalten (ABELSON 1968,115); denn das Korrespondenzkriterium würde wegen der Kohärenzanforderungen zumindest für die jeweiligen Subsysteme (vgl.o. 2.3.) schon bei der Revision eines einzigen Satzes enorm aufwendige Konsequenzen für die Abänderung des gesamten Teilsystems nach sich ziehen. Deswegen folgt das Kognitionssystem so lange wie möglich der Trägheitstendenz (McGUIRE 1968,158) und wehrt potentiell falsifizierende Existenzsätze ab, rationalisiert etc. (ABELSON 1968,119ff.), d.h. löst die Falsifikationskrise konservativ-dogmatisch. Wie man sich das metatheoretisch (in Verbindung mit einer Nicht-Aussagenkonzeption von Theorien) im konkreten Prozeßablauf vorstellen kann, hat HERRMANN (1976,134ff.) mit der Konzeption eines W-Kriteriums verdeutlicht: danach prüft das (bei ihm wissenschaftliche) Subjekt schon auf Hypothesenebene, ob potentielle Sätze mit einer (mehr oder minder) globalen Weltkonzeption vereinbar sind; erst wenn dies positiv beantwortet ist oder aber die thematische Annahme zumindest 'redintegriert' werden kann, wird nach der Korrespondenz mit der Erfahrung gefragt und gemäß der empirischen Bewährtheit (E-Kriterium) der jeweilige Satz angenommen oder nicht (vgl. o.c., 152f.). Dieses Vorgehen kann nun aber natürlich dazu führen, daß entweder sehr viele, relativ enge und gegenseitig inkonsistente Subsysteme entstehen (vgl. oben die 'Lockerung' von Konstrukten in der Schizophrenie) oder das Gesamtsystem nicht mehr ausreichende Validität ('Veridikalität') zur adäquaten Voraussage und Erklärung von Umweltereignissen besitzt. Besonders in diesen beiden Fällen dürfte damit zu rechnen sein, daß das reflexive Subjekt für u.U. nur kurze Zeit die Anforderungen der Entscheidung nur aufgrund des empirischen Werts besser erfüllt und das Korrespondenzkriterium in den Vordergrund stellt. Dabei kommt ihm dann zugute, daß es in dem oben geschilderten Normalzustand unter der ihm an und für sich möglichen Kompetenz der Beobachtung geblieben ist (SMITH 1966,123). Auf diese Weise dürfte dann in - nach außen revolutionär erscheinender - Unmittelbarkeit eine vehemente Veränderung der subjektiven Theorien möglich sein. Dabei ist noch zu berücksichtigen, daß die vorausgesetzte 'Trägheit' des Reflexionssystems nicht nur interindividuell variieren dürfte, sondern auch intraindividuell: insofern als sie in persönlichkeitszentralen Teilbereichen größer sein dürfte als z.B. in reich technologisch relevanten Wissensbeständen (von Hobby, Beruf oder dergl.; s.o. 2.3.). Von daher wird man eventuell auch bereichsspezifisch eine unterschiedliche Gewichtung von Evolutions- und Revolutionstheorie der Veränderung von (subjektiven) Theorien annehmen können: daß z.B. revolutionäre Veränderungen konzentriert sind auf naive Liebestheorien, Selbstkonzepte, Karrieretheorien, (religiöse) Glaubensvorstellungen etc. All diese heuristisch aus der historischen Analyse 'objektiver' Theorien gewonnenen metatheoretischen Annahmen werden sich allerdings erst zureichend beantworten lassen, wenn im Rahmen einer Psychologie des epistemischen Subjekts Längsschnittuntersuchungen der Entwicklung von Reflexionssystemen und ihren naiv-theoretischen Inhalten geleistet werden; immerhin aber werden solche bislang aus der Psychologie weitgehend ausgesparten Fragen innerhalb eines epistemologischen Forschungsprogramms zumindest behandel- und rekonstruierbar.

Innerhalb eines reflexiven Systems kann dabei allerdings noch ein Faktor eine Rolle spielen, über den bisher u.W. so gut wie nichts bekannt ist: nämlich die *naive Theorie des reflexiven Subjekts über die Veränderung der eigenen Kognitionen/Reflexionen/Theorien*, also

praktisch die naive (kognitive) Lerntheorie. Wenn man von den unter
der Attributionsanalyse diskutierten Ergebnissen ausgeht, so kann
man hier als Heuristik ansetzen, daß relativ frühe wissenschaftliche
Theorien innerhalb einer Disziplin am ehesten die Ausformulierungen
von Alltagstheorien der Wissenschaftler sind oder umgekehrt, daß die
Alltagstheorien am ehesten den frühen Theorien der jeweiligen Teil-
disziplin ähneln (eine Präzisierung, die die im Diktum vom 'abge-
sunkenen Kulturgut' implizierte Dynamik auf den Kopf stellt - eventuell auf die Füße?). Das würde für die naive Metatheorie des Alltagstheoretikers bedeuten, daß er u.U. einem metatheoretischen
Verifikationismus und Kumulationsvorstellung anhängt. Interessanterweise ist das genau die Vorstellung, die SKINNER mit seiner Lerntheorie erfüllt: der Verstärkungsbegriff ist, metatheoretisch rekonstruiert, eindeutig eine Verifikations- (nicht Falsifikations)Vor-
stellung, und das 'Shaping' ist die Urvorstellung der Kumulation! Es
ist also u.E. durchaus möglich, daß der Erfolg des behavioristischen
Paradigmas darin besteht, daß seine Kernannahmen eben doch einer
naiven Theorie entsprechen: und zwar der naiven Metatheorie über das
Verändern von subjektiven Theorien. Doch dies sind offene Fragen für
ein epistemologisches Forschungsprogramm.

## 2.6. Epistemologisch-kognitive Theorie von Verhalten und Emotion?

Unter pragmatischer Perspektive (im semiotischen Sinn) ist innerhalb
der Wissenschaftstheorie besonders das Kriterium der Relevanz
thematisiert und expliziert worden: vor allem die technische Relevanz der praktischen Verwertbarkeit wissenschaftlicher Ergebnisse
und die emanzipatorische Relevanz als Beitrag zur befreienden Aufklärung über gesellschaftliche Abhängigkeiten und Zwänge (GROEBEN&
WESTMEYER 1975,178ff.). Fragt man unter dem Aspekt der Rationalität
nach analogen Merkmalen subjektiver Theorien, so bietet sich die
Relevanz an, die die reflexiven Kognitionsstrukturen und -inhalte
für das menschliche Verhalten und die Emotion haben. Denn nur wenn
die subjektiven Theorien auch eine Steuerungsfunktion für das Verhalten haben, kann man von praktischer Auswirkung, einschließlich der
von den Verhaltensweisen abhängigen Veränderungen in der Umwelt sprechen. In Bezug auf die Emotion dürfte zentral sein, inwiefern sich
Emotionen in Beschreibung und Erklärung epistemologisch (d.h. unter
dem Aspekt naiv-theoretischer Kognitionsstrukturen) rekonstruieren
lassen und ob auf der Grundlage solcher Rekonstruktion Ansätze zur

Überwindung emotionsgebundener Irrationalitäten entwickelt werden können.

Damit ist vermutlich auch eine sehr wichtige Frage in Bezug auf die Einschätzung des epistemologischen Subjektmodells und Forschungsparadigmas generell angesprochen. Denn es wird zwar vielen durchaus plausibel erscheinen, daß man den Kognitionsbereich im Sinne naiver Theorien konstituieren kann; die Brauchbarkeit dieser Gegenstandskonzeption hinsichtlich der Bereiche von Verhalten und Emotion ist aber sicherlich nicht so unmittelbar einsichtig. Es ist daher durchaus legitim, wenn man an das propagierte epistemologische Paradigma die Anforderung stellt, daß es auch eine in sich kohärente und erklärungskräftige epistemologisch-kognitive Theorie von Verhalten und Emotion entwickelt. Die folgenden Ausführungen versuchen gedrängt zu skizzieren, daß eine solche Theorie zumindest grundsätzlich erreichbar ist.

Die epistemologisch-kognitive Rekonstruktion des Verhaltensaspekts ist die einfachere Aufgabe, die auch von den verschiedensten Positionen aus bereits angegangen worden ist. Dabei wird dann vor allem der *Aspekt der steuernden Kognitionsinstanz* in den Vordergrund gestellt; eine solche kognitive Steuerung von Verhaltensweisen wird gemeinhin mit dem Ausdruck *'Planung'* bezeichnet. Für geplantes Verhalten ist der Terminus *'Handlung'* adäquat. Eine epistemologisch-kognitive Psychologie wird daher (hinsichtlich der Verhaltensdimensionen des reflexiven Subjekts) notwendigerweise eine Handlungstheorie darstellen. In der Handlung sind 'Bewegung (qua Verhalten) und Wissen integriert' (SHOTTER 1975,122). Begriff und Konzept der 'Handlung' sind ausführlich behandelter Gegenstand der Philosophie (vgl. WHITE 1968); obwohl, wie in jedem Forschungszweig, auch hier die möglichen Explikationen des Begriffs alle mit Gegenargumenten kristisierbar sind, so implizieren doch die meisten mehr oder weniger direkt Intentionalität (Absichtlichkeit). In der Definition und Explikation von *Verhaltensweisen des reflexiven Subjekts als intentionale Handlungen* (innerhalb eines epistemologischen Paradigmas) wird eine weitere Aporie behavioristischer Forschungsmethodik aufgehoben.

WERBIK hat nähmlich überzeugend nachgewiesen, daß man bei der Definition vieler psychologischer Konstrukte auf Intentionen zurückgreifen muß; die Begriffe Aggression und Frustration stehen hier für viele andere als Beispiel (s.auch u.IV.B.). Bei der Aggression wird - implizit oder explizit - auf eine schädigende Absicht rekurriert, wenn

man eine Definition/Explikation vorlegen will, die den intuitiven
Bedeutungsdimensionen 'vernünftiger Rede' gerecht wird. Ohne einen
solchen Rückgriff auf die Intention, d.h. als Definition rein auf
der Verhaltensebene, sind Inkonsistenzen zum normalen, sinnvollen
Wortgebrauch unvermeidbar: so müssen Schädigungen, die 'aus Versehen'
passieren (z.B. ein Hammer fällt einem aus der Hand und einem anderen
auf den Fuß) als Aggression verbucht werden, während Handlungen mit
schädigender Absicht, die nicht gelingen (z.B. jemanden vergiften,
der das Vergiftete aber nicht ißt), nicht als Aggression klassifiziert werden können. Will man diese Aporien innerhalb des behavioristischen Paradigmas ausräumen, so basiert die Klassifikation dann
ausschließlich auf der Interpretationsmächtigkeit des Beobachters
(WERBIK 1971); dessen Interpretationen als valide anzusetzen, ist
aber ohne Rückgriff auf die Intention des Handelnden völlig unbegründet - daher ist es sinnvoller, "die Definition auf die Klassifikation der Handlung durch die handelnde Person selbst zu stützen"
(WERBIK 1971,233). Als adäquate Methodik dazu setzen wir (im Gegensatz zu WERBIK, der eine konstruktivistische Sprachnormierung vorschlägt) Formen des oben (I.6.2.) skizzierten Dialog-Konsens an. Vergleichbares gilt für der Terminus der Frustration: wenn man in ihr
eine 'Verhinderung eines Zielverhaltens' sieht, dann ist das Vorliegen von Frustration ohne Rückgriff auf die Aussagen des Handelnden
nie valide beobachtbar, da ja gerade ein bestimmtes Verhalten verhindert wird, nicht eintritt - und man als 'externer' Beobachter jederzeit bestreiten kann, daß das nicht eingetretene Verhalten für die
'frustrierte' Person ein Zielverhalten gewesen wäre (WERBIK 1974 a,
9of.).

Indem das epistemologische Paradigma in diesem Sinn eine Psychologie
der Handlung impliziert, geht es (programmatisch) von einer 'epistemologischen Verantwortlichkeit' (KELLY 1970,4) aus. Es scheint daher
nützlich, 'Handlung' in der Explikation von BRENNENSTUHL (1975,89) zu
verstehen: "Eine Handlung ist ein kontrollierbares und kontrolliertes
Zustandebringen eines Ereignisses durch einen potentiellen Agenten."
Diese Explikation enthält auch das Stichwort für die in einer
epistemologischen Handlungstheorie u.E. vorausgesetzte grundlegende
Dynamik des reflexiven Subjekts: die der Kontrolle. Kontrolle nun
allerdings nicht im behavioristischen Sinn der Kontrolle (des Subjekts) durch die Umwelt, sondern diametral entgegengesetzt der (kognitiven) *Kontrolle der Umwelt durch das Subjekt*. Unter Kontrolle sind
dabei - wiederum in Analogie zum Wissenschaftler - die Dimensionen
der (naiven) Erklärung, Voraussage und Technologie zu verstehen. Damit wird das fundamentale Postulat der 'personal construct'-Theorie
von KELLY ('a person's processes are psychologically channellized by
the ways in which he anticipates events') um die dort nur impliziten
Aspekte der Erklärung und besonders Technologie erweitert. Wichtig
ist dabei, daß entsprechend der vorgestellten 'Handlungs'-Konzeption
die Dimensionen als integriert zu konstituieren sind, insbesondere
der technologische Aspekt mit dem von Erklärung/Prognose integriert.

FREY et al. haben (1976) im Rahmen einer genau entsprechenden Explikation von Kontrolle Daten und Beispiele dafür angeführt, daß in dieser Dynamik in der Tat (wie in KELLYs Fundamentalpostulat impliziert) die zentrale Lebensbewegung zu sehen ist ('the fundamental thing about life is that it goes on.. the going on is the thing itself'; BANNISTER&FRANSELLA 1971,19): besonders in stark aversiven Situationen wie (kognizierter) Hilf- und Hoffnungslosigkeit zeigt sich, daß 'Kontrollverlust mit dramatischen Konsequenzen wie Krankheit und Tod einhergeht' (FREY et al. 1976,3). Experimentelle Untersuchungen haben in Nachfolge zu den ersten Feldergebnissen sichern können, daß 'nicht das Ausmaß der objektiven aversiven Stimulation entscheidend ist', "sondern das Ausmaß der kognizierten Kontrolle über diese aversive Stimulation" (o.c., 4). So werden z.B. Lärm- und auch Schmerzreize durch Vorhersagbarkeit oder Beeinflußbarkeit nur des Zeitpunkts des Auftretens in ihrer empfundenen Intensität drastisch reduziert (vgl. KANFER 1976). Die entsprechenden Konstruktvalidierungen weisen aus, daß unter kognitiver Kontrolle in der Tat die Fähigkeit zu verstehen ist, "Ereignisse und Zustände zu beeinflussen und/oder zu erklären und/oder vorherzusehen." (FREY et al. 1976,7). In diesem dreifachen Sinn werden im epistemologischen Paradigma die subjektiven Theorien des reflexiven Subjekts als praktisch relevant angesetzt: für Erklärung, Prognose, Technologie (Beeinflussung). In diesem Bedeutungswechsel von 'Kontrolle' kristallisiert sich noch einmal der gesamte Paradigmawechsel vom behavioralen zum epistemologischen Subjektmodell, in dem sich im Sinne des non-statment view der Theorienwandel als Ersetzung durch neue Fragerichtungen und Problemgewichtung manifestiert.

Daß es im Rahmen dieser Problemersetzung gerechtfertigt ist, die kognitiv-epistemologischen Prozesse als (steuernde) Antezedenzbedingung für die Verhaltensteilmengen des Handlungs-Konstrukts anzusetzen, wird vielleicht am deutlichsten, wenn man die Einflüsse betrachtet, die kognitive Variablen sogar auf Prozesse ausüben, die üblicherweise als völlig außerhalb handlungsmäßiger Steuerung angesehen werden: daß Wahrnehmungsprozesse (und nicht nur die der person perception) in Integration mit kognitiven Variablen stehen, ist mittlerweile fast allgemein akzeptierte Einsicht (s. Zusammenfassung bei NEISSER 1974); aber auch klassisch konditionierte Reflexe sind kognitiv beeinflußbar (z.B. ist ein konditionierter Blinzelreflex durch 'awareness' zu löschen; MURRAY&JACOBSON 1971,711f.); sogar physiologische Erregungsniveaus primärer Bedürfnisse werden durch z.B. kognitive Dissonanz verändert (vgl. IRLE 1975,194).

Damit soll allerdings nicht behauptet sein, daß es hinsichtlich der Binnenstruktur der kongitiv-epistemologischen Kontrolle keine offenen

Fagen bzw. Probleme gäbe. In der Wissenschaftstheorie gibt es z.B. eine ausgedehnte Diskussion über die Strukturparallelität von Erklärung und Prognose (vgl. LENK 1972); dabei ist u.a. herausgearbeitet worden, daß Prognosen auch ohne Erklärungswissen erfolgreich auf dem Niveau reiner Regelbeschreibung etc. geleistet werden können: Ebbe und Flut lassen sich nur durch Extrapolation der meßbaren Zeitabstände korrekt prognostizieren, ohne daß man auf die 'Realgründe' der Schwerkraft-Anziehung, Umlaufbahn des Mondes etc. rekurriert. Analog kann man auch hinsichtlich der subjektiven Alltagstheorien nach eventuellen Niveau-Unterschieden des Wissens und den Bedingungen, unter denen solche Unterschiede auftreten, fragen (vgl. FISCHHOFF 1976,421ff.). *Das nur prognoserelevante, aber nicht Erklärungs-* (oder den für subjektive Theorien entsprechenden Attributions)*Anforderungen genügende Wissen läßt sich, da vornehmlich auf Regeln oder 'Rezepte' konzentriert,* mit SCHÜTZ als 'Kochbuchwissen' apostrophieren (1972, 33).

Desgleichen ist mit dem Handlungskonzept auch nicht ausgeschlossen, daß es *Handlungen* gibt, die *durch häufige Wiederholung z.B. zu automatisierten Verhaltensweisen* eingeschliffen werden, für die das planend-steuernde Wissen auch dem Subjekt gar nicht mehr explizit und bewußt gegeben ist (vgl. SCHÜTZ 1972,38f.); für alle diese Verhaltensweisen wird nur impliziert, daß die sie begründenden Reflexionen z.B. bei 'Störungen' des Automatismus (s.o. I.6.2.) für das Individuum mehr oder minder explizit erreichbar sind - wobei es durchaus interindividuelle Unterschiede in der reflexiven subjektiv-theoretischen Verantwortbarkeit von Verhaltensweisen (also bei der naiv-theoretischen Rekonstruktion von Automatismen als Handlungen) geben wird (vgl.o. 2.3.). Überdies bleiben auch im Bereich der 'Verantwortung' immer bestimmte Wissensteilmengen als allen Interaktionspartnern gemeinsame 'Hintergrundserwartungen' unexpliziert (SCOTT& LYMAN 1973,3o4): wenn man als Begründung für Deprimiertsein Familienprobleme angibt, so ist dabei das Hintergrundwissen, daß Familienprobleme Grund (genug) für Depression(en) sind, als unbefragter gemeinsamer Wissensbestand unterstellt.

Nicht zuletzt ist auch die in der angesetzten Handlungs-Definition unterstellte Voraussetzung der 'Kontrollierbarkeit des Zustandebringens eines Ereignisses' nicht unproblematisch; unter dem Aspekt der Rationalität ist hier besonders die Frage relevant, welche Bedingungen das interne System (des Handelnden) erfüllen muß, damit von einer solchen Kontrollierbarkeit ausgegangen werden kann - ob z.B. bestimmte emotionale Zustände diese Voraussetzung als unberechtigt erweisen und so ein kognitiv kontrollierendes, rationales Handeln verhindern. All diese Fragen der Binnenstruktur eines epistemologisch-rationalen Handelns werden im Lauf der Entwicklung und Ausarbeitung einer Psychologie des reflexiven Subjekts zu behandeln und möglichst zu beantworten sein.

Die damit angesprochene *epistemologische Theorie der Emotion* erscheint auf den ersten Blick sehr viel unwahrscheinlicher, problematischer, als die des Verhaltens/der Handlung - denn die Emotion wird in unserem Kulturkreis *gemeinhin als der (unvereinbare) Gegenpol zur Kognition,* und besonders zur Rationalität, angesehen. Für das Gegenstandsverständnis innerhalb eines epistemologischen Subjektmodells ist diese Dichotomie eine unfruchtbare, aus dem Neoromantizismus stammende Polarisierung. *Eine epistemologische Psychologie muß und will sich den Anspruch stellen* (und möglichst erfüllen), *diese polarisierten Dimensionen theoretisch und praktisch wieder - so weit möglich - zu reintegrieren.* Dazu ist eine Rekonstruktion emotionaler Zustände bzw. Konstrukte innerhalb einer kognitiven Rahmentheorie notwendig. Dies wird anscheinend dadurch erleichtert, daß auch innerhalb der Emotionstheorie eine 'Kognitivierung' zu beobachten ist. So haben SCHACHTER&SINGER in einem vielzitierten, paradigmatischen Experiment (1962) nachgewiesen, daß "Emotionen das Ergebnis einer Interaktion von physiologischen Erregungszuständen und Kognitionen" sind (IRLE 1975,148). Für eine epistemologisch-metatheoretische Psychologie ist dies aber sicherlich noch kein genügend umfassender Perspektivenwechsel: denn die Basis ist immer noch ein wenn auch relativ unspezifischer physiologischer Erregungszustand, der lediglich durch kognitive Zuschreibungen zu einem spezifischen (empfundenen) emotionalen Zustand erklärt, festgelegt wird. Innerhalb eines epistemologischen Subjektmodells wird man danach streben, als Basis der Emotionen möglichst Merkmale/Dimensionen des reflexiven Systems bzw. der Reflexionsprozesse herauszuarbeiten. Ein diesen Anforderungen entsprechender Grundansatz wird von KELLY in seiner Theorie der personalen Konstrukte vorgelegt (1955); für ihn ist Emotion rekonstruierbar als das 'Bemerken ('awareness') von Veränderungen (change) oder Übergängen (transition) innerhalb des Konstrukt-Systems' (BANNISTER 1966,368). Auf der Grundlage dieser Rekonstruktionsperspektive lassen sich emotionale Zustände u.M. nach äußerst fruchtbar innerhalb eines epistemologischen Paradigmas explizieren (und auch konstrukt-validieren!). Wir führen im folgenden nur einige der von KELLY ausgearbeiteten Beispiele an (und ergänzen sie um eine weitere - bislang spekulative - Perspektive):

- Angst ist danach das Bemerken der Tatsache, daß Ereignisse, die auf einen zukommen, außerhalb des durch das Konstrukt-System abgedeckten Realitätsbereichs liegen (KELLY 1955,495); man reagiert also mit Angst auf die nicht-vorhersagbaren (und in diesem Sinne unbekannten) bzw. nicht oder nur partiell zu beeinflussenden Ereignisse (BANNISTER&FRANSELLA 1971,35);

- Feindlichkeit bzw. Aggression lassen sich rekonstruieren als der Versuch, die eigenen Voraussagen gegenüber einer sie eigentlich falsifizierenden Umwelt dennoch durchzusetzen (KELLY 1955,508; BANNISTER&FRANSELLA 1971,35f.);

- Schuldgefühle treten auf, wenn man bemerkt, daß die eigenen Handlungen nicht mit zentralen Konstrukten innerhalb des personalen Konstruktsystems übereinstimmen, vor allem hinsichtlich der auf sich selbst bezogenen Konstrukte (Selbstkonzept; KELLY 1955,502; BANNISTER&FRANSELLA 1971,36);

- Faszinierend ist u.E. auch besonders, daß nicht nur solche negativ getönten emotionalen Zustände als Unzulänglichkeiten der epistemologischen Kognitionsstruktur oder -inhalte rekonstruierbar sind, sondern auch positiv getönte Emotionen, die nach neoromantischem Selbstverständnis unserer Kultur als zentral nicht-kognitiv bzw. -reflexiv imponieren. Aus der Sozialpsychologie ist bekannt, daß Interaktion zu Annäherung von Kognitionsinhalten und dies wiederum zu positiven Gefühlen dem anderen gegenüber führt (vgl. HOMANS' Interaktionsgesetze). In der Ähnlichkeit oder Übereinstimmung des Konstrukt-Systems von Personen kann man auf dieser Grundlage Emotionen wie Sympathie, Zuneigung, Liebe begründet sehen. Dabei könnte die Intensität dieser Gefühlsreihe von der Zentralität der übereinstimmend aufgebauten Konstrukte abhängen. Unter Heranziehung des unter dem Aspekt 'Theorieveränderung' Ausgeführten (2.5.) wird dann auch erklärbar, wieso gerade Zuneigung und Liebe als Möglichkeiten zu einer intensiven und extensiven Selbsterfahrung, aber auch -erweiterung empfunden werden: Auf der Grundlage der Versicherung übereinstimmender Konstrukte in Kernbereichen ist es dem reflexiven Subjekt möglich, in einer Fülle von anderen Gegenstandsbereichen neue Konstrukte aufzubauen oder Veränderungen seiner subjektiven Theorien (unter dem Korrespondenzkriterium) vorzunehmen. Man kann unter dieser Perspektive sogar spekulativ Phasen innerhalb der Entwicklung solcher 'emotional fundierten' Interaktionen/Beziehungen unterscheiden: Zu Beginn (Verliebtheit?) wird sich die Ähnlichkeit der reflexiven Konstruktion vor allem auf den Kernbereich der Kognitionen über sich selbst (das Selbstkonzept) beziehen; in späteren Phasen wird auf der Basis dieser Übereinstimmung die - gemeinsame - Konstruktion auf weitere, mehr 'welt'orientierte Konstruktbereiche ausgreifen. Wenn man dabei unter 'Ähnlichkeit der Konstruktion' überdies eine 'Ähnlichkeit der Konstruktions-Dimensionen' versteht (BONARIUS 1965,40), dann ist es außerdem nicht nötig, daß man z.B. in der Bewertung/Voraussage einzelner Ereignisse übereinstimmt - d.h. es ist eine emotionale Fundierung im Sinne übereinstimmender Konstruktsysteme ohne 'Fixation' möglich. (Wem diese Rekonstruktionsskizzen zu 'kognitivistisch', z.B. in der Vernachlässigung sexueller 'Fundierungen' sind, dem soll hier nur noch als Stichwort entgegengehalten werden, daß sich besonders in der interkulturellen Forschung mittlerweile auch die Vorstellung von Sexualität als sekundärem, also kultur- und sozialisationsmäßig geprägtem Motiv durchzusetzen beginnt.)

Die Beispiele deuten schon an, daß *eine solche epistemologische Theorie der Emotion in der Tat emanzipatorisch - im Sinne einer Steigerung von (Alltags-)Rationalität - relevant sein kann, indem sie die Kontrollierbarkeit der eigenen Handlung entweder gegen interne oder auch externe (durch andere kognitive Systeme ausgeübte) Beschränkungen heraufsetzt.* Insofern ist jede innerhalb des epistemologischen Paradigmas konzipierte Therapie auch eine 'rationale Psychotherapie'; allerdings ist sie das nicht in dem Sinn, wie ELLIS diesen Terminus okkupiert hat: bei ihm besteht nämlich der Versuch der Rationalitätssteigerung darin, dem Klienten neue 'richtigere' Sätze (über sich und die Welt) statt 'falscher', internalisierter beizubringen (z.B. statt der 'Idee, daß man immer jemand anderen Stärkeren, Größeren braucht, an den man sich anlehnt - die Idee, daß man besser auf eigenen Füßen steht und die Schwierigkeiten des Lebens selbstbewußt selbst löst'; ELLIS 1973,177). Eine solche Konzeption würde voraussetzen, daß der Therapeut inhaltlich das höhere, rationale Wissen sicher besitzt; dies ist eine Implikation, die auf der Grundlage des epistemologischen Subjektmodells nicht mehr unproblematisch ist und innerhalb eines Austauschs von subjektiven und objektiven Theorien überprüft werden sollte (vgl.u. III.1.3. und III.5.). Eine entsprechende Theorie wäre (unter Rationalitäts-Gesichtspunkten) also mehr auf die Verbesserung der formalen Charakteristika des jeweiligen personalen Konstruktsystems ausgerichtet und würde dem Individuum besonders im Wertbereich Freiheiten der eigenen Wahl von Zielen, Idealen etc. lassen. Relativ ausgearbeitete Ansätze zu solchen Therapieformen hat KELLY bereits entwickelt und erfolgreich erprobt (1955, II.), innerhalb derer sich auch die empirische Brauchbarkeit der oben vorgestellten Emotionsrekonstruktionen erwiesen hat (vgl. zusammenfassend SEIDENSTÜCKER et al. 1975).

*3. KONSEQUENZEN FÜR UND RÜCKWENDUNG AUF WISSENSCHAFTSSTRUKTUR(EN)*

3.1. Informationsgehalt und Einfachheit im Austausch von subjektiven und objektiven Theorien

Die Parallelität zwischen Wissenschaftler als Erkenntnissubjekt und reflexivem Subjekt als Erkenntnisobjekt hat Konsequenzen sowohl für die Methodologie (s.o. I.6.) als auch für die Struktur der wissenschaftlichen Aussagensysteme - und damit für die Wissenschaftskriterien. Der Ausganspunkt ist dabei, daß die 'black box' des Behaviorismus programmatisch durch das naiv-theoretische Kognitionssystem des erforschten Subjekts ausgefüllt wird. Diese 'interne' Sicht des 'Gegenstandes' Mensch ermöglicht es der epistemologischen Perspektive, im Kontrast zur behavioristischen 'externen' Sicht, Differenzierungen vorzunehmen, die zu spezifischeren und gleichzeitig empirisch gehaltvolleren Gesetzmäßigkeiten führen. Ein sehr anschauliches Beispiel dafür hat HECKHAUSEN (1974) mitgeteilt:

Ausgangsproblem ist der von ROSENTHAL&JACOBSON (1968) berichtete sog. 'Pygmalion'-Effekt: d.h. daß Schüler sich in einem relativ stabilen Persönlichkeitsmerkmal, nämlich dem IQ innerhalb eines 3/4 Jahres erheblich verbessern, wenn man zuvor bei den Lehrern eine entsprechende Erwartungshaltung hat wecken können. Dieses zunächst die Pädagogische Psychologie elektrisierende Ergebnis konnte allerdings methodischer Kritik und empirischer Nachuntersuchungen nicht standhalten (ELASHOFF&SNOW 1972), so daß höchstens von sehr schwach wahrscheinlichen Effekten die Rede sein kann. Wenn man von der Grundidee ausgeht, daß ein möglicher Pygmalion-Effekt beim Schüler durch eine Veränderung der Kausalattribuierung der Schülerleistung von Seiten des Lehrers zustandekommt, könnten die uneinheitlichen Ergebnisse dadurch bewirkt werden, daß die veränderte Kausalattribuierung des Lehrers bei manchen Schülern zu einer Erhöhung der kognitiven (Lern-)Leistung (und auch der intellektuellen Leistungskapazität) führt, bei manchen aber nicht. Auf der Grundlage der Kausalattribuierungstheorie unter dem Aspekt der attributionsthematischen Kommunikation zwischen Lehrer und Schüler läßt sich präzisieren, bei welchen Schülern ein Pygmalion-Effekt aufgrund der Attribuierungsveränderung des Lehrers eintreten kann; sie müssen drei Bedingungen erfüllen: '1. Mißerfolge bislang vornehmlich auf eigenen Fähigkeitsmangel und Erfolge weniger auf eigene gute Fähigkeit als auf glückliche äußere Umstände zurückgeführt haben; 2. einen Lehrer haben, der auf ihre Leistungen mit dem gleichen Kausalattribuierungsmuster wie der Schüler bisher reagiert ..; 3. nicht aufgrund eines tatsächlichen Fähigkeitsmangels vom Unterricht überfordert sein, sondern eigentlich mehr leisten können, als sie bislang zuwege bringen.' (HECKHAUSEN 1974,572). Die empirische Überprüfung konnte diese spezifizierte Hypothese bestätigen. (ebda.).

Die (auch empirische) Reanalyse des Pygmalion-Effekts unter epistemologischer qua Attributions-Perspektive führt also durch die Spezifizierung bestimmter (internal-kognitiver) Bedingungen und damit Eingrenzung auf eine bestimmte Schülerkategorie zu einem erhöhten empirischen Wert, zu erhöhtem Realitätsgehalt. *Es ist denkbar, daß durch die 'interne' Sicht eines epistemologischen Kognitivismus die probabilistischen Gesetzmäßigkeiten der 'extern'-behavioristischen Sicht sich tendenziell deterministischen spezifischeren Gesetzen annähern.* Dabei impliziert diese Erhöhung des Realitätsgehalts (gerade auch im Fall des skizzierten Beispiels) einen aufgrund der Strukturparallelität möglichen 'Austausch zwischen subjektiver und objektiver Theorie' (s. auch o. I.4.3. und u. III.1.4.): Es wird nicht nur der

Erklärungswert subjektiver Kausalattribuierungen beim Lehrer und Schüler von der wissenschaftlichen Perspektive aus kritisiert, sondern durch "gezielte Vermittlung eines Stücks wissenschaftlicher Verhaltenstheorie in die Lehrer-Schüler-Interaktion" eine bestimmte Anzahl von Schülern "von der Gebundenheit an ein naiv-unangemessenes Selbstkonzept eigenen Begabungsmangels befreit" (HECKHAUSEN 1975,12). Damit stellt sich ein wissenschaftstheoretisches Problem, für das aber gleichzeitig ein Lösungsansatz mitgegeben ist. Das *Problem* besteht darin, daß die <u>*Erhöhung des Realitätsgehalts*</u> der Hypothesen mit ihrer Spezifizierung (und d.h. wissenschaftstheoretisch durch die Einführung zusätzlicher Bedingungen in die Wenn-Komponente der Hypothesen einer *Senkung des Gesamt-Informationsgehalts*; vgl. GROEBEN &WESTMEYER 1975,166ff.) erkauft wird. Das wirft die *Frage* auf, *wie weit* man in einer solchen *Spezifizierung von Gesetzmäßigkeiten* gehen kann, darf, soll; denn vermutlich lassen sich Hypothesen durch immer stärkere Eingrenzung auf bestimmte Bedingungen, Subjekte etc. mit genügend großem Realitätsgehalt ausstatten, werden aber durch die zunehmende Distanz zum Einfachheitskriterium wissenschaftlicher Gesetze tendenziell aussagenleer und von der praktischen Verwertbarkeit her irrelevant. In Bezug auf das Einfachheitskriterium läßt sich nun von der Austausch-Perspektive her eine recht präzise Beantwortung dieser Frage entwickeln, wie sie auch innerhalb einer weniger liberalen, 'anspruchsvolleren' naturwissenschaftlich-analytischen Wissenschaftstheorie nicht geleistet worden ist.

Mit dem folgenden Beispiel soll daher auch gleichzeitig dem Verdacht entgegengetreten werden, ein sozialwissenschaftlich-epistemologisches Paradigma bringe notwendig einer 'liberaleren' Wissenschaftskonzeption die Präzision der Explikation von Wissenschaftskriterien zum Opfer. Denn bekanntlich ist es bis heute auf der Grundlage höchst präziser Kriterienrekonstruktionen (z.B. innerhalb der analytischen Wissenschaftstheorie) nicht gelungen, das Einfachheitskriterium befriedigend zu explizieren (vgl. GROEBEN&WESTMEYER 1975,166ff.): Das quantitative Konzept des Informationsgehalts (bestimmt über die Wahrheitswertkombinationen - vgl. OPP 197o,166ff.) läßt sich präzise explizieren nur für die Frage der Veränderung des Informationsgehalts bei Veränderung einer einzelnen Wenn-dann-Hypothese; schon beim Vergleich verschiedener Hypothesen versagt es in der Praxis, weil für einen präzisen Vergleich die potentiellen Falsifikatoren identisch oder in einem Klassen-Teilklassenverhältnis stehen müssen. Für Hypothesenhierarchien (=Theorien) ist es dann gänzlich nur mehr als metaphorisches Konzept, im Sinne der Problemlösekapazität (sensu OPP) faßbar; eine gleichermaßen metaphorische, intuitive Konzeption stellt das HOLZKAMPsche Kriterium des Integrationswerts von Theorien dar (1968), weil der Umfang einer Theorie nicht präzise angebbar und die Strategie der Konstruktzählung in sich problematisch ist (s. RAMSEY-Satz etc.).

Innerhalb eines epistemologischen Subjektmodells ist, zumindest unter dem Aspekt der Steigerung von Rationalität in der Alltagswelt, der thematisierte Austausch zwischen wissenschaftlichen und naiven Theorien als Anwendung der metatheoretischen Konstrukte ein zentraler Ansatzpunkt. Für einen solchen Austausch aber ist wiederum eindeutig das Brückenprinzip 'Sollen impliziert Können' zugrundezulegen - und das bedeutet: der (psychologische) Alltagstheoretiker muß diesen Austausch auch vollziehen können, d.h. die subjektiven Theorien müssen den objektiven angeglichen werden können, ohne daß damit *die kognitive Kapazität des Alltagspsychologen* überschritten wird. Es ist also zu prüfen, wieviel Dimensionen z.B. subjektive, naive Theorien maximal aufweisen - und dieser Umfang ist unter dem Aspekt des Austausches von wissenschaftlichen und naiven Theorien zusammen mit der Grundlage des 'Sollen impliziert Können' dann auch die *eindeutige, quantitativ präzise Grenze für die Komplexität und Differenziertheit wissenschaftlicher Theorien*. Nun gibt es solche Untersuchungen zur Differenziertheit subjektiver Theorien, besonders in der Forschung zur impliziten Persönlichkeitstheorie durchaus: so berichtet zum Beispiel HOFER (1975) in einem Überblick über die implizite Persönlichkeitstheorie von Lehrern über Schüler, daß diese subjektive Theorie praktisch niemals über eine Differenzierung von 5 Dimensionen hinauskommt - es sind dies: Begabung, Anstrengung, Diszipliniertheit, soziale Aktivität, Seelische Robustheit. Diese fünf Dimensionen, mit denen Lehrer subjektiv die Leistung ihrer Schüler erklären und die auch entsprechende Zusammenhänge mit der Notengebung der Lehrer aufweisen, konnten reproduziert werden: mit Hilfe unterschiedlicher Eigenschaftspools, an unterschiedlichen Vpn-Gruppen/Stichproben, mit unterschiedlichen Analysemethoden (der Dimensionsgewinnung: Faktorenanalyse, multidimensionale Skalierung und hierarchische Clusteranalyse). Man kann also von einem selten sicheren Ergebnis ausgehen und als Folgerung die Konsequenz aufstellen, daß objektive Theorien zur Erklärung z.B. der Schulleistung nur bis zu 5 Erklärungsdimensionen aufweisen sollten - obwohl natürlich prinzipiell die Generierung von Theorien mit im Prinzip unendlich vielen Erklärungsdimensionen möglich und denkbar ist.

Zur Vereinfachung des Beispiels ist hier zunächst einmal davon abgesehen, daß eine solche Grenzfestlegung in der Praxis natürlich nicht bereits nach einfachem Feststellen des Ist-Standes erfolgen wird: es ist selbstverständlich legitim und unter Rationalitätsperspektive sogar anzustreben, von seiten der wissenschaftlichen Theorie zunächst zu erproben, ob sich diese Kapazität des Alltagstheoretikers hinsichtlich der Differenziertheit/Dimensionen seiner subjektiven Theorie nicht (z.B. durch Lehre etc.) verbessern läßt. Eine (vorläufig) endgültige Grenzfestlegung setzt solche konstruktiven Rückkoppelungsprozesse natürlich voraus.

Damit gelingt es, auf der Grundlage einer liberalisierten Wissenschaftskonzeption ein anwendungsorientiertes Forschungskriterium so genau zu explizieren, wie es auf der Grundlage einer sehr viel präziseren Ausgangsposition der Wissenschaftskonzipierung nicht möglich ist - ein Phänomen polarer Antinomie, das u.E. für die Sozialwissenschaften nicht untypisch ist. Das aber bebeutet, programmatisch formuliert: die epistemologische Psychologie als Psychologie der Rationalität vermeidet nicht nur Inkonsistenzen von Wissenschafts- und Gegenstandskonzeption und gelangt dadurch zu einem rationaleren Menschenbild, sondern erreicht auch durchaus eine vergleichbar präzise und in wichtigen Teilen sogar praktikablere Wissenschaftskonzeption!

## 3.2. Rückwendung und Anwendung: menschliche Wissenschaft

Die prospektiven Ergebnisse einer Psychologie der Rationalität, auch und gerade der Alltagsrationalität, können in der Rückwendung auf die Struktur der 'objektiven' Theorien zu einer Vermenschlichung der Wissenschaft beitragen; und zwar in beiden Richtungen des semantisch ambivalenten Begriffs 'menschlich': in Bezug auf die Begrenzungen, die das 'nur' oder 'allzu Menschliche' bedeuten, als auch hinsichtlich der Möglichkeiten, die das 'animal rationale' Mensch vor anderen Organismen auszeichnet. Auf dem Hintergrund der bisherigen (behavioristischen) Wissenschafts- und Gegenstands-Konzeption der Psychologie wird *die Perspektive einer realistischen Berücksichtigung menschlicher Beschränkungen* akzentuierend relevant *für die Wissenschaftsstruktur und die Kriterien von Wissenschaftlichkeit; der Aspekt der menschlichen Möglichkeiten* und damit der impliziten Ziele, die mit einer Gegenstandskonstituierung und d.h.in der Psychologie mit dem zugrundegelegten Menschenbild verknüpft sind, wird wichtig *für über die Gegenstandskonzeption erfolgende Ziel-Implementationen*. Dabei manifestiert sich die Rückwendung von der Alltags- auf die wissenschaftliche Rationalität notwendigerweise in der Metanorm 'Sollen impliziert Können' (vgl.u. III.4.2.), die daher auch in diesem Zusammenhang oben schon mehrmals genannt wurde; denn das 'Können' repräsentiert die zu berücksichtigenden Beschränkungen menschlicher Rationalität, das 'Sollen' die anzustrebenden und über die Wissenschaft konstruktiv zu realisierenden Rationalitätsziele.

*Der metatheoretische Status einer epistemologischen Psychologie hat den*, wie wir meinen, *enormen Vorteil, daß empirische Ergebnisse, die unter der Perspektive, daß Wissenschaftler auch (nur) Menschen sind, diese ebenfalls betreffen, nicht mehr einfach als irrelevant abgetan werden können.* Gegenüber Forschungsergebnissen des behavioristischen Paradigmas, die z.B. innerhalb von Wissenschaftspsychologie bzw. -soziologie fruchtbar gemacht werden sollten, war immer eine Immunisierung zur Abwehr der Selbstanwendung möglich: die Wissenschaftstheorie hat parallel zum psychologistisch-soziologistischen Abwehrtopos des 'nichts-als' eine 'auch, aber'-Abwehr entwickelt; während im ersten Fall bestimmte inhaltlich-kognitive Argumente zu *nichts als* Ausdruck z.B. einer Neurose, einer Klassenzugehörigkeit etc. erklärt wurden, konnte die Wissenschaftstheorie wegen der im behavioralen Subjektmodell verankerten Asymmetrie zwischen Erkenntnissubjekt und -objekt (vgl.o. I.2.3.) argumentieren: der Wissenschaftler sei *auch* Mensch, für den tendenziell die nachgewiesenen psychisch-sozialen Abhängigkeiten und Strukturen (vgl. WEINGART 1972) gelten können, *aber* es gehe bei der Wissenschaftstheorie um die normative Rekonstruktion von Wissenschaftskonzeption(en), für die solche (psychologisch-soziologisch) genetischen Fragen als irrelevant zu gelten hätten. Dieser Abwehrtopos ist bei der Konstituierung des Erkenntnisobjekts als Alltags-Wissenschaftler kaum mehr möglich, vielmehr ist eine tu quoque-Rückanwendung unablehnbar: weil erstens die Alltagsrationalität nach dem Modell der wissenschaftlichen Rationalität konzipiert und erforscht wurde und zweitens die epistemologische Psychologie z.T. genau wie die Wissenschaftstheorie eine Theorie über Theorien (eine Metatheorie) ist. Das bedeutet nun natürlich auch hier nicht, daß man nur plan das derzeitige 'Können' der Rationalität von reflexiven Subjekten feststellt und direkt auf die Wissenschaftler qua reflexives Subjekt überträgt, sondern eine konstruktive Erforschung der Möglichkeiten und Grenzen von Rationalität (auch in der Wissenschaft). Allerdings sieht man dann Wissenschaft auch nicht mehr als 'gottgleich' an, sondern als "an extension of ordinary human question, as a formalization of sloppy human curiosity, as a Sunday best version of man in an everyday mood." (BANNISTER 1970a,49) Diese Perspektive ist verstädlicherweise bis heute in der Psychologie extrem selten; explizit nehmen sie eigentlich nur einige Vertreter der 'personal construct'-Theorie ein. Wir können daher hier nur einige Beispiele für mögliche Frageaspekte innerhalb dieser Rückwendungs-Perspektive benennen, die aber u.E. dennoch deren Fruchtbarkeit verdeutlichen:

- einen ersten potentiellen Aspekt der Rückwendung bietet das *Problem der Systematik* (qua Verbundenheit/Unverbundenheit) theoretischer Systeme (vgl.o. 2.3.). BANNISTER geht programmatisch davon aus, daß auch die Wissenschaft ein 'Subsystem' ist, d.h. daß wissenschaftliche Theorien in sich kohärent verbunden sein müssen, aber relativ wenige Verbindungslinien zu anderen theoretischen Subsystemen aufweisen (1970a,5o). Den großen Vorteil sieht er dabei in der Möglichkeit, Freiheitsgrade für das inner- wie außerwissenschaftliche Handeln zu gewinnen (ebda.); denn wenn man maximal nach Kohärenz innerhalb u.U. sogar interdisziplinärer Theoriesysteme sucht, wird man nicht zu praktischer Verwertung von (vorhandenen) Ergebnissen kommen, ja eventuell sogar die innerwissenschaftliche Validierung zugunsten eines Konventionalismus aufgeben. Dieser Angriff gegen übermäßige Kohärenzforderungen der Wissenschaftstheorie bedeutet allerdings nicht, daß der Wissenschaftler in den gegenteiligen Fehler verfallen sollte, Subsysteme gegeneinander abzuschotten. Einige Verbindungslinien sollten schon bestehen: BANNISTER hält hier im wissenschaftlichen Bereich die Sprachebene für optimal und kritisiert, daß in psychologischen Lehrbüchern normalerweise jeder Unterabschnitt ein eigenes 'Mini-Sprachsystem' bedeutet (o.c., 53). Ein ganz spezielles Problem ergibt sich hinsichtlich der Rationalität und Verbundenheit von Subsystemen bei Wissenschaftlern: wie inkohärent dürfen wissenschaftliche und Alltagstheorie beim 'scientist-the-man' sein? Ist es z.B. als rational tolerierbar, wenn ein Wissenschaftler - begründeterweise - publiziert, daß Prüfungsnoten nur eine sehr geringe Validität haben (so gering, daß man eigentlich sinnvoll nur zwischen 2 und 5 trennen kann), und sich in seinen eigenen Prüfungen ausführliche Gedanken darüber macht, ob der Kandidat nun 2-minus oder 3-plus war?

- ein zweiter Aspekt sind die *Kapazitätsgrenzen*, die der Mensch im Kontrast z.B. zum Computer relativ frühzeitig hat, weswegen viele wissenschaftstheoretische Konzeptionen, die Computer-Gehirne vorauszusetzen scheinen, relativ unrealistisch sind (vgl.McGUIRE 1968, 159). Die Frage ist, auf welche Art und Weise man sich auf diese Grenzen einstellen will; eine immer weitergehende, unbegrenzte Spezialisierung der Wissenschaftler als Ausweg bzw. Anpassung kann dazu führen, daß lediglich eine Fülle von unzusammenhängenden, theoretisch irrelevanten Trivialitäten produziert wird. Dieser Vorwurf wird häufig gegenüber der amerikanischen Psychologie und ihrer Wissenschafts-Organisation erhoben; wenn man sich anschaut, wie von den meisten amerikanischen Wissenschaftlern nur in einem ganz engen Kreis von auch persönlich bekannten 'Bezugspersonen' Publikationen gelesen werden, kann man dem Vorwurf zumindest einige Wahrscheinlichkeit in Bezug auf seine Berechtigung nicht absprechen. So ist es z.B. (um im Rahmen der hier relevanten Ansätze zu bleiben) innerhalb der Attributionstheorie fast schon ein Topos, H.H. KELLEY die Erfindung der Vorstellung vom Individuum als wissenschaftsanalogem Theoretisierer 'zuzuschreiben' (vgl. z.B. FISCHHOFF 1976,421: "KELLEY (1973) compares man to an intuitive scientist") - während der für die Attributionstheorie wahrlich nicht irrelevante G.A.KELLY (fast) völlig unbekannt scheint (der 1955, 4 schreibt: "have a look at *man-the-scientist*."). Die Rückwendung einer epistemologischen Psychologie auf den Wissenschaftler wird hier sicher dazu führen müssen, daß sehr viel intensivere Überlegungen hinsichtlich Aufarbeitung von Informationsfluß, Wissenschaftshistorie etc. eingesetzt werden.

- BANNISTER skizziert im übrigen noch einen Punkt, wo die Wissenschaftler eindeutig von der Rationalität des Alltagstheoretikers lernen können. Der Aufbau subjektiver Theorien geht normalerweise in einem 'kreativen Zirkel' von Heuristik bis zur Validitäts-Überprüfung vor sich (197oa,58f.). In der Wissenschaft aber haben sich diese *Phasen des Theorieaufbaus* durch die ausschließliche Akzentuierung von Aussagensystemen quasi verselbständigt: es gibt 'harte' und 'weiche' Theoretiker, die fast glaubensmäßig-*dogmatisch bestimmte Anforderungen an Daten, Verfahren etc.* verteidigen. Diese Polarisierung sollten in ein kreatives Nacheinander von 'weichen' und 'harten' Phasen des wissenschaftlichen Forschungsprozesses reintegriert werden (ebda.).

- dieses Beispiel verdeutlicht schon, daß die Rückwendung von der Alltags- auf die Wissenschafts-Rationalität nicht notwendig zu einer Entlastung für den Wissenschaftler führen muß, sondern auch durchaus in *Kritik an* ihm und seinem *Wissenschaftsbetrieb* enden kann. Dazu gehört auch die Feststellung, daß vertretene Wissenschaftskriterien nicht erfüllt werden (wie es MAHONEY 1976 an vielen Beispielen herausgearbeitet hat). Jedem bekannt sind die dauernden Verstöße gegen das Falsifikationskriterium; Publikationen werden im Gegensatz zu diesem Kriterium nach positiven (signifikanten) Ergebnissen eingereicht und ausgewählt. MAHONEY schlägt zur Abhilfe z.B. vor, daß nur noch theoretische Ableitung der Hypothesen und Versuchsplan eingereicht werden sollten und die Auswahl aufgrund dieser (und keiner anderen) Information erfolgt bzw. noch früher ein entsprechendes Exposé einzureichen, so daß auch die Forschung bereits unabhängig von den potentiellen Ergebnissen mit der Sicherheit der Publikation durchgeführt wird (1976,1o4ff.).

Die Zieldimension der Rationalität innerhalb einer epistemologischen Psychologie manifestiert sich auf Seiten der Wissenschaftsstruktur im *Fortfall eines weiteren Problems, das für klassische Wissenschaftskonzeptionen und ihre Methodologie besteht:* Es ist das grundsätzliche Problem (das wir oben anhand des Beispiels der Täuschung der Vp schon angesprochen haben; I.5.), *daß die Beobachtung und Erforschung des psychologischen Gegenstandes zu einer Gegenstandsverzerrung führen kann*; ein analoges Problem könnte man bei einer Psychologie des naiven Theoretisierens darin sehen, daß natürlich (mehr oder minder) systematische Verbalisierungen der Vpn (innerhalb von Interviews, lautem Verbalisieren bei Handlungen, dialogischer Diskurs etc.) dem thematischen Objekt, der subjektiven Theorie also, erst zur Existenz verhelfen (indem z.B. Reflexionen von einer Ziel-Mittel-Rationalität, Verbundenheit, Geordnetheit, Vollständigkeit und Begründetheit aufgebaut werden, die ohne die Erhebungsaktivität des Forschers 'gar nicht oder nur rudimentär gegeben wären'- TREIBER 1977,12). Dies ist nun für das epistemologische Paradigma keineswegs ein Problem: denn eine solche 'Verzerrung' ist ja eine dynamische Entwicklung des Individuums in Richtung auf die inhaltlich-regulative Zielidee des angesetzten Subjektmodells (Menschenbilds) und damit völlig in Übereinstimmung mit den möglichen technologischen Konsequenzen, die aus diesem Forschungsprogramm hervorgehen könnten. Das bedeutet: *die*

*Forschung selbst* und alle ihre Auswirkungen sind *auf der Grundlage des ein Ziel implizierenden Subjektmodells* im methodisch 'problematischsten' Fall *bereits eine entsprechende Technologie*. Das ist der Vorteil, wenn das als Gegenstandskonstituierung eingeführte Subjektmodell eine Zieldynamik impliziert; das bedeutet zwar, daß sicherlich nicht immer eine umfassende Rekonstruktion des Erkenntnisobjekts als modelladäquates 'reflexives Subjekt' gelingen wird, daß aber die Realisierungsdynamik des empirischen, experimentellen Forschens nur zu (im Sinn des Paradigmas) konstruktiven Konsequenzen führen kann. Wir möchten allerdings eine gegenstandsverändernde Realisierung nur dann als konstruktiv bezeichnen, wenn sie ein über den gegenwärtigen Zustand des Menschen, die gegenwärtige Kompetenz hinausgehendes Ziel beinhaltet, also die Entwicklungsmöglichkeiten des Menschen bewirkend ausschöpft.

*Perspektive*

Und dies läßt sich von Menschenbildern in der Wissenschaft, die ausschließlich bemüht sind, den Menschen von seinen in der Tat teilweise mythologischen Selbstkonzept-Reflexionen abzubringen, u.E. nicht sagen. Menschenbilder um Entwürfe zu reduzieren, die (wenn auch vielleicht nur alltagsrationale) Vorentwürfe für die Entwicklungsmöglichkeiten und -intentionen des Menschen sind, führt zu Zerrbildern, zu verzerrten Subjektmodellen, in denen eben gerade auch die reflexiv-intentionale Fähigkeit und das Bedürfnis des 'Gegenstandes' Mensch, sich selbst zu definieren (SHOTTER 1975,13o), eliminiert sind. KOCH hat solche Subjektmodelle als 'das vereinte Pseudowissen' der Psychologie bezeichnet und folgende Beispielreihe aus der bisherigen Entwicklung der Psychologie zusammengestellt:

'... Kakerlak, eine Ratte oder ein Hund .., eine Telefonzentrale, ein Servomechanismus oder ein binärer Digitalrechner, eine auf Erfolg gerichtete Kraft, der Bindestrich im Reiz-Reaktionsprozeß, ein Reizverstärker, ein Nahrungs-, Sex oder Lidido-Energie-Umwandler, ein Rollenspieler mit besonderen Funktionen, ein Statussucher, ein 'Ego-Kitzler' oder ein gefühlsmäßiger (bzw. tatsächlicher) Masturbierer auf Gegenseitigkeit oder ein hohler Kokon, der Ekstase durch Abbau seiner Schranken sucht, in Gemeinschaft mit anderen Konkons, die ebenso Ekstase suchen.' (1973,2o1).

KOCH führt solches 'Pseudowissen' auf ein 'asignifikantes Denken' zurück, das Wissen erwartet "als das Ergebnis eines Fabrikationsvorgangs, nicht einer Entdeckung" (o.c., 2o2). Der Fabrikationsvorgang ist dabei in der Wissenschaft bestimmt durch eine nicht zielgebundene Herrschaft von Regeln, Verfahrensweisen und Methoden: es handelt sich um eine Wissenschaft, die 'über ihre Methoden verfügt, ehe sie einen Inhalt hat, ehe sie ihre Forschungsprobleme kennt' (o.c., 2o9). Und

113

genau diese Vorordnung der Methoden- und Wissenschaftskonzeption vor
das Gegenstandsverständnis ist von uns oben (I.2.) als der Ausgangspunkt des behavioralen Subjektmodells festgestellt worden. Dabei muß
man sich aber darüber im Klaren sein, daß auch solche reduktionistischen (im Sinn der Reduktion um reflexiv-intentionale Zielentwürfe)
Menschenbilder innerhalb und durch die jeweiligen Forschungsprogramme
eine *Realisierungsdynamik* entwickeln. Und beim behavioristischen
Forschungsprogramm heißt diese Dynamik: *Steigerung der Umweltkontrolle*; daran ändern auch die verbalen Beteuerungen der Möglichkeiten
von 'Gegenkontrolle' nichts. Die bisher schon besprochenen Argumente
lassen uns den Kritikern SKINNERs zustimmen: "that counter-control
will not control. The controllers will." (SCHWAB 1973,254) Das bedeutet in Bezug auf die Wirkung solcher Subjektmodelle: "Sozialwissenschaft more physico betrieben ist daher kein 'Irrtum' über das 'Wesen
der sozialen Realität', sondern der Versuch, eine bestimmte Art der
sozialen Realität zu schaffen und durchzusetzen: nämlich eine physikalische, objektive - man könnte auch sagen unmenschliche." (FALK&
STEINERT 1973, 34) Unter dem Aspekt der Menschlichkeit (von Menschenbildern) ist der Gegensatz zu mythologischen Vorstellungen nicht ein
zum Pragmatismus, und d.h. zur Anpassung tendierender 'Realismus',
sondern die: Utopie. Nur Utopien konstituieren die kognitiven Freiheitsgrade und den Handlungsspielraum, die zur Überwindung der Beharrungskraft des Bestehenden, der gegenwärtigen Realität nötig sind,
nur Utopien manifestieren und realisieren die Faszination von Entwicklungsmöglichkeiten (vgl. NEUSÜSS 1972). Die Vorstellung der Rationalität des reflexiven Subjekts ist nur eine der möglichen Utopien,
sicherlich nicht die einzige, nicht die letzte und keineswegs die
endgültige - aber wir würden wünschen, daß mit dem hier propagierten
Paradigmawechsel zum epistemologischen Subjektmodell zumindest ein
nicht hinterschreitbarer Wechsel in der Psychologie verbunden wäre:
von reduktionistischen Subjektmodellen zu utopiehaltigen Menschenbildern.

### 3.3. Eine Modellskizze rationaler Erklärung

Faßt man die in Kap.I. und II. erarbeiteten methodologischen und
wissenschaftstheoretischen Konzepte zusammen, so läßt sich die Grundstruktur einer epistemologisch-rationalen Erklärung skizzieren, die:
erstens bisher kontroverse Wissenschaftstheorie-Traditionen integriert und zweitens Rationalität als regulative Zielvorstellung im
Sinn eines methodischen Prinzips (vgl. SCHWEMMER 1976,142ff.) inner-

halb der Erklärungsstruktur realisiert! Wir verdeutlichen und begründen im folgenden noch einmal kurz die Ausgangspunkte einer solchen rationalen Erklärung und ziehen die Konsequenzen für die potentiellen Strukturaspekte einer rationalen Erklärung.

Der erste Ausganspunkt ist die *'interne Sicht'* des Erkenntnisobjekts durch das wissenschaftliche Erkenntnissubjekt, d.h. die Ausfüllung der black box des Behaviorismus durch theorieanaloge Reflexionen. Die Notwendigkeit dieser Ausfüllung ist oben bereits ansatzweise begründet worden; die Behauptung solcher Notwendigkeit muß sich aber der Frage stellen, warum ein so sinnvolles und nötiges Desiderat so lange und häufig übersehen, nicht akzeptiert werden konnte. Die grundsätzliche Antwort ist aus der Sozialpsychologie bekannt: Selbstverständlichkeiten, die alle teilen, bleiben für das reflektierende Bewußtsein meistens unbemerkt. Das ist identisch mit der Behauptung, daß der Behaviorist im Bereich des Gegenstandsbereichs 'Mensch' die black box immer schon mit eigenen Reflexionen/Annahmen etc. ausgefüllt hat (ohne es zu merken), d.h. vom Rekurs auf die Interpretationskompetenz des Beobachters lebt (vgl. GÜNTHER 1976). Daß ein solcher Rekurs existiert, wird meistens dort deutlich, wo er nicht mehr gelingt: bei der Erforschung von Individuen oder sozialen Einheiten aus anderen Kulturkreisen, Epochen etc.; an solchen Fällen läßt sich Sinn und Notwendigkeit der 'internen Sicht' daher auch am überzeugendsten veranschaulichen. EIBL gibt in diesem Sinn folgendes Beispiel (1976,58):

"Ein Ethnologe befindet sich - wo sonst! - auf einer Südseeinsel und sieht einen merkwürdigen Tanz der Eingeborenen". Er sucht nun nach gleichzeitigen oder antezedenten Ereignissen, um sich das Phänomen des Tanzens zu 'erklären'; er stellt eine Mondfinsternis fest und eine Zusammenhangshypothese zwischen Mondfinsternis und Tanz auf, deren Überprüfung zu dem Ergebnis führt: "'Wenn auf dieser Insel (Gruppenname) sich eine Mondfinsternis ereignet, tanzen die Eingeborenen diesen Tanz.' Die Verknüpfung hat aber ihre Ursache darin, daß die Eingeborenen (1) ein Problem lösen wollen und (2) diese Lösung nach einer ihrer eigenen Regelmäßigkeitsannahmen bewerkstelligen: 'Wenn man diesen Tanz tanzt, bringt man den Mond wieder zum Erscheinen!' Daß *unsere* Regelmäßigkeitsannahmen uns sagen, daß der Mond auch ohne den Tanz wiederkäme, spielt dabei keine Rolle: Indem ich den Tanz erkläre," (alltagssprachlicher Gebrauch von 'erklären': s.u. - N.G./B.S.) "verknüpfe ich die Fakten Tanz und Mondfinsternis nicht nach *unseren* Regelmäßigkeitsannahmen, sondern nach den Regelmäßigkeitsannahmen der Handelnden."

Solche Regelmäßigkeitsannahmen sind aber genau das, was wir als subjektive Theorien des reflexiven Subjkets Mensch expliziert haben; dabei macht das Beispiel noch zweierlei deutlich: 1. daß ein solches Herausfinden von Regelmäßigkeitsannahmen/Reflexionen des Handelnden

nicht im wissenschaftstheoretischen Sinn Erklärung heißen kann; es
handelt sich hier vielmehr um ein 'Erklären' im alltagssprachlichen
Sinn des 'sich-Verständlich-Machens'. Folgerichtig expliziert EIBL
auch:

"*'Erklären'* ist die Verknüpfung von 'Tatsachen' mittels *unserer*
Regelmäßigkeitsannahmen.
*'Verstehen'* ist die Rekonstruktion, wie ein anderer 'Tatsachen' mittels *seiner* Regelmäßigkeitsannahmen verknüpft oder verknüpft hat,
um ein Problem zu lösen" (1976,60).

In unserem Verständnis ist unter subjektiven Theorien über die hier
angesetzte Erklärung des eigenen Handelns einer Person hinaus auch
noch deren 'Regelmäßigkeitsannahmen' hinsichtlich des Verhaltens anderer subsumiert. Wenn wir die 'Erklärungs'-Perspektive zunächst
(bis zur Diskussion unten) aufschieben, folgt aus der Explikation des
'Verstehens': 2. daß die Reflexionen des Erkenntnisobjekts nicht unmittelbar zugänglich sind - und zwar z.T. weder dem externen Beobachter noch (vollständig explizit) dem reflektierenden Indivduum selbst.
Daraus u.a. folgt *die Notwendigkeit der Rekonstruktion der Reflexionen*; da es sich dabei um einen Verstehensprozeß (im weiteren Sinn)
handelt, ist es adäquat, für diese Rekonstruktion das dialog-konsenstheoretische Wahrheitskriterium und eine entsprechende *Diskurs-Methodik* anzusetzen (wie wir es oben I.6. expliziert haben). Dieses Rekonstruktionspostulat gründet sich übrigens auch von der pragmatischen
Methodik her darauf, daß es kaum bis nicht möglich ist, implizite
Theorien mit Hilfe standardisierter Verfahren (z.B. Fragebogen,
Q-Sort etc.) zureichend zu erheben; Vpn drücken sich sehr viel lieber
und umfassender in nicht so gesteuerter (dabei aber nicht unanregender) Form aus (BONARIUS 1965,26).

Die wissenschaftstheoretische Explikation des Erklärungskonzepts hat
eine relativ allgemein akzeptierte Feststellung erbracht, nämlich
daß 'Erklärung eines Sachverhalts immer Erklärung unter einer bestimmten Beschreibung' ist (GROEBEN&WESTMEYER 1975,78). Geht man von
dieser klassischen Unterscheidung aus, so sind die bisher zusammengefaßten *Phasen der Erhebung von Reflexionen (des Erkenntnisobjekts)
und deren Rekonstruktion als subjektive Theorien als Beschreibung
innerhalb eines Modells epistemologisch-rationaler Erklärung* anzusehen. Für die Erklärung selbst ist (innerhalb von zwei grundsätzlichen Erklärungsperspektiven: der weil- und um zu-Perspektive) der
Rekurs 'objektive' Ursachenzuschreibung, auf 'externe' Antezedenz-

bedingungen, auf überprüfte Gründe bzw. legitimierte Ziel-Mittel-
Relationen nötig (s.u.):

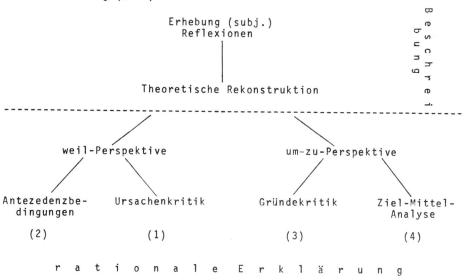

Dadurch, daß im epistemologischen Paradigma der Verhaltensbegriff in
das Konzept des Handelns überführt wird, ergibt sich die Notwendigkeit, parallel zu der Unterscheidung von SCHÜTZ (1974,115ff.) in weil-
und um-zu-Motive zwischen einer weil- und einer um-zu-Perspektive zu
trennen. Um-zu-Motive geben nach SCHÜTZ den sinnhaften Grund an, der
für einen Handelnden als 'Orientierung an Künftigem' motivierend ist
(o.c., 117). Zwar kann man auch solche Gründe in weil-Sätzen ausdrük-
ken ('Weil ich den A sprechen wollte, bin ich ausgegangen'; o.c.,
12o), aber wegen der Umformulierbarkeit in um-zu-Sätze, handelt es
sich um 'unechte' weil-Sätze. Ein echtes weil-Motiv besteht im Gegensatz dazu aus 'vorvergangenen Erlebnissen', die als Ursachen für die
'Konstituierung des Handlungsentwurfs', der Intention anzusetzen sind
(o.c., 123). Eine rationale Erklärung innerhalb einer epistemologischen Psychologie hat dabei vom Ansatz der 'internen Sicht' her die
Möglichkeit, beide Perspektiven abzudecken.

Die unterschiedlichen Aspekte kann man natürlich auch schon innerhalb
der subjektiven Theorien herauskristallisieren und -rekonstruieren.
Abstrahierend auf der Grundlage der bislang vorliegenden Beispiele
der Erforschung von subjektiven Theorien lassen sich folgende Gegen-
standsakzentuierungen unter den beiden Perspektiven feststellen: die

weil-Perspektive wird z.T. für eigenes Verhalten und relativ überwiegend für die Erklärung von Fremdverhalten benutzt: unter die weil-Perspektive fällt auf jeden Fall die Attributionstheorie (z.B. wird eine Leistung bei sich oder anderen eben auf die Ursache der mangelnden Begabung zurückgeführt). Die um-zu-Perspektive wird akzentuierend für die Selbsterklärung verwendet (Beispiel s.o. von SCHOTZ).

*Innerhalb der weil-Perspektive* liegen mit den Ursachenzuschreibungen der Alltagstheoretiker bereits (wenn auch subjektive) Erklärungsentwürfe vor; es ist schon festgehalten worden, daß deren Rekonstruktion nicht als (wissenschaftlich-objektive) Erklärung angesehen werden kann (sondern nur als Beschreibung, s.o.). Aber wenn man von einer Strukturparallelität zwischen Erkenntnis-objekt und -subjekt ausgeht, so ist doch zumindest nicht grundsätzlich ausgeschlossen, daß der naive Theoretiker mit seiner (subjektiven) Erklärung recht haben könnte, also 'objektive' Erkenntnis produziert (z.B. wenn ein Schüler berechtigterweise Mißerfolge auf eigene mangelnde Fähigkeit attribuiert, s.o. das Pygmalion-Beispiel, 3.1.). Hier bietet die 'interne' Sicht des epistemologischen Paradigmas *die Möglichkeit, die Gegenstandskomplexität* (die u.U. nur bei 'externer Sicht' so hoch ist) *durch Akzeptierung der subjektiven als objektiven Erklärung zu reduzieren*. Dies wird prinzipiell denkbar, da im epistemologischen Paradigma ja die Subjekt-Objekt-Relation nicht mehr durch Vorordnung einer Wissenschaftskonzeption gegenüber der Gegenstandskonstituierung vorab irreversibel festgelegt ist. Vielmehr ist jetzt "die Objekt- oder Subjekteigenschaft eines Systems .. eine variable Größe, die durch die Falsifizierbarkeit des jeweiligen Altersystems mitbestimmt wird" (KNEBEL 1970,92). Das bedeutet, daß die subjektive Erklärung eines reflexiven Subjekts bei entsprechender Falsifizierbarkeit und Validität durchaus als objektive akzeptierbar sein kann. *Die Kritik der Akzeptierbarkeit subjektiver Erklärungen hinsichtlich ihrer Veridikalität* (s.o. 2.2.) *ist so der (forschungspragmatisch) erste Schritt in einer objektiven rationalen Erklärung*. Wir nennen diese Kritik, die die objektive Validität der subjektiven Ursachenzuschreibungen feststellt, *Ursachenkritik* (s. im Schema Schritt 1). Diese Kritik kann zu zwei Ergebnisausgängen führen: ist die Validität vorhanden, dann ist die subjektive Erklärung als objektiv akzeptierbar, ist also (optimal) 'rational' gewesen - dies rechtfertigt sicherlich die Subsumption dieses Falls unter den Terminus 'rationale Erklärung'. Ist die Validität nicht gegeben, so sind die Ursachenzuschreibungen des reflexiven Subjekts zu kritisieren, indem eine valide Rückführung auf Ursachen dagegenzusetzen und für den Austauch mit der subjektiven Theorie bereitzuhalten ist. Damit sind die in jeder normalen, bisherigen psychologischen Erklärung erfragten Antezedenzbedingungen für das zu erklärende Phänomen (Sukzedenzbedingung) erfragt; innerhalb einer epistemologischen Psychologie sollten aber dabei zusätzlich Antezedenzbedingungen thematisiert sein, die erklären, warum der subjektive Theoretiker über seine oder andere Handlungen, Kognitionen, Emotionen falsche Ursachenattribuierungen besitzt. Die gleiche Erklärungsanforderung gilt auch für die als rational akzeptierte subjektive Ursachenattribuierung. *Der (forschungspragmatisch) zweite Schritt der rationalen Erklärung besteht also in der Rückführung auf Antezedenzbedingungen (2), die die Rationalität oder Nicht-Rationalität der subjektiven Theorien bedingen/erklären.*

*Unter der um-zu-Perspektive* sind ganz parallel zur weil-Perspektive zunächst die in der subjektiven Reflexion angegebenen *Gründe für eine Handlung* (Wünsche, Intentionen etc.) *auf ihre Realitätsadäquanz zu überprüfen*; es ist dies praktisch die Frage nach der Rationalität im Sinn der Ausschließung von Rationalisierung: wenn das reflexive Subjekt sich selbst und/oder andere über die 'wahren' Wünsche, Absichten etc. täuscht, sind auch hier die subjektiven 'Erklärungen' nicht als objektive akzeptierbar und müssen durch andere, 'veridikale' ersetzt werden. Man sieht unmittelbar, daß sich unter dieser Perspektive z.B. ein großer Teil der Psychoanalyse rekonstruieren läßt. Da aber, wie oben bei der Explikation des Handlungskonzepts schon erwähnt, diese Perspektive bislang in der Psychologie kaum Toleranz erfahren hat, liegen (sieht man einmal von der umstrittenen Psychoanalyse ab) weder ausgearbeitete Verfahrensweisen noch entsprechende Untersuchungen und Ergebnisse zur Gründekritik vor. Wissenschaftstheoretisch nicht umstritten dürfte die Subsumtion einer solchen Kritik unter dem Rationalitätsaspekt sein; was aber auf jeden Fall kontrovers ist, ist die Akzeptierbarkeit des Rekurses auf so definierte Gründe unter dem Erklärungskonzept. Diesem Problem hat TAYLOR ausführliche Analysen gewidmet (vgl. 1975). Er geht dabei von der These aus, daß Erklärungen durch Wunsch oder Absicht sogar als kausale anzusehen sind (o.c., 73); er stellt nicht den gewöhnlichen Aspekt der kontingenten Verbindung von Ursache und Wirkung in den Vordergrund, sondern weist darauf hin, daß solche Erklärungen potentielle konkurrierende Erklärungen ausschließen (z.B. wenn man auf einen Wunsch rekurriert, darf der Handelnde nicht in Wahrheit widerstrebend oder ohne besondere

Neigung agiert haben; o.c., 108). Wünsche sind als Ursachen akzeptierbar, wenn man Ursache nicht mit 'wirksamer' Ursache im Sinne einer kausal-mechanistischen Erklärung gleichsetzt (o.c., 114). Diese Argumente (mit denen die Diskussion sicherlich nicht abgeschlossen ist) berechtigen u.E. zumindest dazu, den *Schritt (3) der Gründekritik* als Teilaspekt einer rationalen Erklärung zu konzipieren.

Mit der um-zu-Perspektive kommen darüber hinaus aber auch noch die Ziele der Handlung(en) und der Weg zu ihnen ins Blickfeld (der Erklärung). Ziele stellen nun gegenüber Ursachen und Gründen insofern eine neue Dimension dar, als sie unvermeidbar Wertungen/Normen implizieren. Der subjektive Theoretiker muß dementsprechend als rationales Subjekt auch diese seine Wertungen/Ziele rechtfertigen sowie die Handlungsschritte auf dem Hintergrund der Ziele begründen. Der Wissenschaftler als 'objektiver' Theoretiker hat auch hier die Adäquanz subjektiv-theoretischer Rechtfertigungen/Begründungen zu überprüfen, gegebenenfalls kritisch zu verbessern und die möglichen Verbesserungen für den Austausch mit dem subjektiven Theoretiker bereitzuhalten. SCHWEMMER sieht in der 'Feststellung, Beurteilung und Begründung von Normen' sogar die zentrale Aufgabe der von ihm so genannten Kulturwissenschaft (1976,35). In dieser Form ist das Erklären von Handlungen dann allerdings nicht mehr ein Deduzieren (aus Gesetzen und Randbedingungen), sondern "ein *Argumentieren, und zwar als ein sinnrationales Begründen*", für das die "Annahme der *Sinnrationalität* der Handlung ein *methodisches Prinzip* und keine empirische Behauptung ist." (o.c., 13) Das rational-rekonstruktive Erklärungsschema umfaßt dabei vor allem folgende beiden Aspekte: *die Begründung der Handlungen als für die Erreichung der verfolgten Zwecke notwendig* (o.c., 133: Zweckrationalität) und die *Legitimation der Zwecke in einer übergreifenderen Normen- oder Maximenstruktur* (Sinnrationalität; ebda). Dabei ist durchaus von der Sicht (und dem Informationsstand) des Handelnden auszugehen; die (rationale) Erklärung einer Handlung besteht dann also darin, "daß man die relativen, also sinnrationalen, Begründungsschritte zu ihr rekonstruiert." (o.c., 139). Das erfordert eine differenzierte Ziel-Mittel-Analyse, deren Grundstruktur wir im nächsten Kapitel (III.) erarbeiten werden. SCHWEMMER identifiziert diese sinnrationale Begründungsrekonstruktion mit dem Terminus der rationalen Erklärung, doch scheint uns das für die empirischen Sozialwissenschaften zu begrenzt. Unter Einbeziehung (und Voraussetzung) der bis hierher skizzierten Strukturmomente einer rationalen

Erklärung sehen wir *in der Ziel-Mittel-Analyse den vierten*, allerdings ↙
unverzichtbaren *Schritt einer epistemologisch-rationalen Erklärung*.

Das skizzierte Erklärungskonzept innerhalb eines epistemologischen
Paradigmas erfüllt u.E. eine der Hoffnungen, die oben bei der These
des Paradigmawechsels ausgesprochen wurden: auf die Integration der
hermeneutischen und empirischen Tradition innerhalb der Psychologie.
Im optimalen Fall kann die vorgelegte Strukturierung des Zueianders
dieser Traditionen innerhalb einer rationalen Erklärung zu einer
'friedlichen Koexistenz' (TAYLOR 1975,259) der bislang unvereinbaren
Wissenschaftsverständnisse führen (und wir hoffen es): was ein weiterer Indikator wäre für die Integrationskraft und das Reformpotential des neuen Paradigmas, das das alte in sich 'aufhebt'.

↙ = althergebrachte Falsifikationismen

## KAP.III. NORMKRITIK UND -BEGRÜNDUNG ALS VORAUSSETZUNG UND ZIEL DES AUSTAUSCHES VON OBJEKTIVEN UND SUBJEKTIVEN THEORIEN

### 1. ZUR BEGRÜNDUNG VON NORMENKRITIK UND -BEGRÜNDUNG

#### 1.1. Vakuumthese

Die dynamische Perspektive der Wissenschaftstheorie, die nicht nur den (statischen) Aufbau, sondern auch die historische Entwicklung der Objekt-Wissenschaften betrachtet (vgl. LAKATOS&MUSGRAVE 1970; SPINNER 1974), hat den Blick dafür geschärft, daß sich die Funktion von Methodik-Postulaten im Lauf der Entwicklung wandeln kann. Eine solche Wandlung läßt sich u.a. für das sog. Wertfreiheits-Postulat behaupten; M.WEBER hat dieses Postulat (daß empirische Wissenschaft wertfrei sein solle, indem in ihr Werurteile/präskriptive Sätze nicht als 'wissenschaftliche' zugelassen seien) an einem Punkt der Wissenschaftsentwicklung erhoben, da allenthalben (aus metaphysischen Systemen gespeiste) Wertungen mit dem Anspruch wissenschaftlicher Objektivität (d.h. deskriptiver Objektivität) vertreten wurden. Diese implizite Ausgabe von Werturteilen als Sachverhaltsurteile ist wissenschaftstheoretisch als Indikator ideologischen Denkens kritisiert worden (HOFMANN 1971, 59ff.) *WEBERs Forderung nach 'strenger Unterscheidung von Erfahrungswissen und Werturteil' und die Ausgliederung der Wertebene aus dem Bereich der Erfahrungswissenschaft hatte daher zunächst durchaus eine antiideologische Funktion* (vgl. GROEBEN& WESTMEYER 1975, 19). Mittlerweile aber ist durch den Siegeszug der (antimetaphysischen) empiriezentrierten Wissenschaften und ihrer (analytischen Wissenschafts-)Theorie die Gefahr der Vermischung von Tatsachen und Normen (Werten) ungleich geringer geworden. So wird die wichtigste Manifestation dieser Vermischung, der sog. *naturalistische Fehlschluß*, heute z.B. überwiegend abgelehnt (und zumeist auch vermieden). Der naturalistische Fehlschluß besteht aus einer unzulässigen 'Ableitung' präskriptiver Sätze aus deskriptiven: so wird z.B. aus dem deskriptiven Satz "Gute Schüler (in unserem Schulsystem) sprechen den elaborierten Code (sensu BERNSTEIN/OEVERMANN)" der präskriptive Satz 'abgeleitet': "Also *soll* der Lehrer seinen Schülern den elaborierten Code beibringen!" Unzulässig ist dieser 'Schluß', da "der Bedeutungsumfang eines abgeleiteten Satzes niemals den Bedeutungsumfang jener Aussage überschreiten" kann, "aus der er abgeleitet ist." (PRIM&TILMANN 1973, 119). Korrekt ist der Schluß daher nur, wenn man als

Prämisse zu dem deskriptiven Satz einen (allgemeineren) normativen hinzufügt, z.B.: "Lehrer sollen ihren Schülern diejenigen Fähigkeiten beibringen, die in unserem Schulsystem zu einer guten Bewertung führen!" Damit ist zugleich am Beispiel verdeutlicht, daß auch auf der Grundlage des 'Dualismus von Tatsachen und Normen' präskriptive Sätze bzw. Normen nicht völlig getrennt von emprischen Sätzen zu sehen sind, sondern als abgeleitet aus einer Kombination von präskriptivem und deskriptivem Satz angesehen werden können: und zwar in der skizzierten Kombination von normativem Obersatz - empirischem Untersatz - normativem Schlußsatz. Auf der Basis solcher 'gemischter Satzsysteme' läßt sich begründen und nachweisen, daß
- die empirische Wissenschaft das Wertfreiheitspostulat überwinden sollte, um nicht ein Vakuum für irrationalistische Strömungen entstehen zu lassen;
- der (empirische) Wissenschaftler immer schon zumindest implizit wertet/werten muß, und diese Wertungen besser als explizite kritisierbar gemacht werden sollten.

EXKURS: *Der Dualismus von Tatsachen und Normen.*

Selbstverständlich ist auch der hier zunächst (und auch weithin) vorausgesetzte Tatsachen-Norm-Dualismus, wie jedes Problem in der Wissenschaft, nicht unumstritten. Es ist hier nicht der Ort, die entsprechende Kontroverse um das Verhältnis von 'Is and Ought' ausführlich darzustellen; es sollen aber zumindest die wichtigsten Fragerichtungen und deren im weiteren als berechtigt angesetzte Beantwortung angegeben werden. Einen repräsentativen Querschnitt durch die Positionen dieser Kontroverse gibt der Sammelband von HUDSON 1969; die beiden zentralen Fragen sind: a) Können Soll-Sätze auf Seins-Sätze reduziert werden? und b) Können Soll-Sätze aus Seins-Sätzen abgeleitet werden? Hinsichtlich der ersten Frage ist das wichtigste 'nicht-dualistische' Argument, man könne alle Soll-Sätze auf Seins-Sätze über Wünsche, Wollen etc. zurückführen; als Konsequenz wären Soll-Sätze überhaupt überflüssig. Wir schließen uns hier der Position an, daß damit nur eine Verschiebung des Problems vorgenommen ist, denn man muß anschließend zwischen zwei Arten von Seins-Sätzen unterscheiden: zwischen deskriptiven und evaluativen. D.h., daß der Unterschied zwischen Seins- und Soll-Sätzen auf diese Weise nicht 'reduziert' ist, wenn man eine Ursache (cause) für einen entsprechenden Wunsch/Willen angibt, die man nicht immer auch als Grund/Begründung (reason) zu akzeptieren gewillt sein wird (vgl. HUDSON 1969, 21; passim). Hinsichtlich des zweiten Problems stammt das am meisten beachtete Argument von SEARLE, der in einem Beispiel versucht hat, aus dem deskriptiven Satz '(1) Jones hat geäußert "Hiermit verspreche ich dir, Smith, fünf Dollar zu zahlen"' den präskriptiven abzuleiten: '(5) Jones muß Smith 5 Dollar zahlen' (vgl. auch ZEDLER 1976, 134). Wir neigen hier (im Gegensatz zu ZEDLER) der Auffassung zu, daß SEARLE beim Übergang zwischen den einzelnen Sätzen (die hier aus Raumgründen nicht aufgeführt sind) Prinzipien unterstellt, die ihrerseits Soll-Sätze (und

123

damit normative Prämissen) sind, so z.B. den Satz, daß man seine
Versprechen halten soll/muß (HUDSON 1969, 25). Insofern bleibt
für uns (und unsere weitere Argumentation) die These bestehen,
daß Soll-Sätze nicht aus Seins-Sätzen ableitbar sind, es sei
denn in Verbindung mit einer irgendwie gearteten 'evaluativen'
Prämisse. Ein offenes Problem ist hier sicherlich, daß es Sätze
gibt, deren prä- oder deskriptiver Status nicht eindeutig (da
z.B. kontextabhängig) entscheidbar ist (vgl. HUDSON 1969, 29;
passim).

Wenn man diese Kenntnis der Gefahren des naturalistischen Fehlschlusses voraussetzen kann, wandelt sich aber u.U. die Funktion
des Wertfreiheitspostulats: Wertung wird dadurch als legitime Aufgabe nur für den Bereich persönlicher Einstellungs-, Glaubens- und
Gewissensbildung sowie politischer Willens-Bildung angesehen. Dahinter steht die Identifizierung von Rationalität mit (deskriptiver)
Objektivität. Da diese Objektivität, zumindest nicht in Form logischer Ableitung von Soll-Sätzen *nur* aus Seins-Sätzen zu erreichen
ist, wird gleich das Kind mit dem Bade ausgeschüttet: nämlich Soll-
Sätze (als wissenschaftliche) überhaupt verboten, ohne vorher zu
prüfen, ob es auf der Grundlage der 'gemischten Satzsysteme' nicht
doch wenigstens bestimmte Ansatzpunkte zur Kritik und ev. auch
Begründung von Normen gibt. Es ist eine besondere Tragik, daß gerade
der kritische Rationalismus (vgl. ALBERT 1968) sich für diese (unnötig) überscharfe Beschränkung von Rationalität stark gemacht hat.
Denn in der heutigen Situation des objektiviert-empiristischen
Wissenschaftsbetriebs stellt das absolute Wertfreiheitspostulat
seinerseits eine Gefahr dar: die Gefahr, daß die wissenschaftsinterne Wertungsabstinenz für wissenschaftsexterne Wertungsdynamik besonders anfällig macht, das bedeutet, die Verwertung der Ergebnisse
völlig ungesteuert externen und damit unkritisierten, unüberpüften
Wertungen überläßt. *Das Wertfreiheitspostulat erfüllt daher heute
nicht mehr eine antiideologische Funktion, sonder vielmehr eine
potentiell ideologische: indem es eine unnötige* (und wie zu zeigen
ist, unberechtigte) *Grenze für rationale Kritik aufbaut!* Denn die
"Identifizierung von Objektivität und Rationalität klassifiziert
Werturteile als (notwendig?) irrational ab" (GROEBEN&WESTMEYER 1975,
19) und der rigorose Rückzug der empirischen Wissenschaften aus dem
Bereich der Ziel- und Normentscheidung/-begründung etc. macht dieses
Gebiet zu einem "Vakuum, das zwangsläufig von irrationalistischen
Strömungen ausgefüllt wird". (THIEL 1972, 58) Im Extremfall kann
dadurch "Sittlichkeit zu moralischer Innerlichkeit" verkümmern
und eine "sittlich neutralisierte Politik" ist "latent irrational

und tief sitzenden Vorurteilen ausgeliefert" (HÖFFE 1975, 12f.).
Das sollen keine (Überzeugungs-)Gründe dafür sein, die notwendige
Trennung von Tatsachen und Normen (Irreduzierbarkeit und Unableitbarkeit) zu vernachlässigen/verdrängen, sondern auf der Grundlage
dieser Trennung die vorhandenen Kritik- und Begründungs-Möglichlichkeiten in Bezug auf Normen und Ziele zu nutzen und zu entwickeln.
Nur auf diese Weise ist einer potentiell ideologischen Funktion des
rigorosen Wertfreiheitspostulat auf dem Hintergrund der derzeitigen
Wissenschaftsentwicklung vorzubeugen.

## 1.2. Unvermeidbarkeit von Wertung in der Wissenschaft

Diese Bewertung der methodologischen Situation der empirischen
Wissenschaften ist argumentativ zu stützen, wenn es gelingt nachzuweisen, daß einerseits empirische Wissenschaftler de facto Wertungen (wenn auch implizite) vornehmen und daß andererseits (oder
gleichzeitig) dieses Faktum nicht als methodisches Ungenügen zu
kritisieren ist, da das rigorose Wertfreiheitspostulat in sich nicht
schlüssig und kohärent expliziert werden kann. Diese Explikation des
rigorosen Wertfreiheitspostulats stringent geleistet zu haben, beansprucht ALBERT (1968): er unterteilt das Werturteilsproblem in
drei Unterprobleme: 1. *das Problem der Wertbasis*, d.i. die Frage,
inwieweit sozialwissenschaftlich-empirischer Forschung und wissenschaftlichen Aussagesystemen Wertungen zugrundeliegen; die Existenz
einer solchen Metabasis ist eine empirisch feststellbare Tatsache
und auch völlig unvermeidbar: die gesamte wissenschaftstheoretische
Analyse läuft ja auf die Explikation methodologischer Kriterien
oder zumindest Ziele hinaus, die als Basis für die einzelwissenschaftliche Forschung anzusetzen sind. So ist der Soll-Satz des
Wertfreiheitspostulats selbst seinerseits eine Wertung als Basis
für die Wissenschaftsmethodik; will man sich mit dem Wertfreiheitspostulat nicht selbst ad absurdum führen, ist die Wertbasis von
Wissenschaft damit nicht gemeint - dieser Problembereich war daher
auch niemals kontrovers (ALBERT 1960, 2o8). 2. *Das Problem der
Wertungen als Objekt der sozialwissenschaftlichen Forschung*, d.i.
die Frage, inwieweit Wertungen als Gegenstand zulässig sind: da
Wertungen im Gegenstandbereich der Sozialwissenschaften permanent
vorkommen, wäre es irrational, deren Behandlung aus dem wissenschaftlichen Fragen und Forschen ausschließen zu wollen. Allerdings,
so die These auf dem Hintergrund des Wertfreiheitspostulats, bedeutet das Aufbauen von Theorien über Wertungen nicht auch selbst

eine Wertung, sondern ist rein deskriptiv möglich. 3. *Das Problem, ob (sozial-)wissenschaftliche Aussagen selbst Werturteile sein dürfen* - und dies ist das eigentliche (und einzige) Werturteilsproblem. Und hier kritisiert die hermeneutisch-dialektische Position am Wertfreiheitspostulat, daß durch das methodologisch fixierte 'technische Erkenntnisinteresse' der empirischen Wissenschaft die wissenschaftliche Rationalität auf reine Instrumentalität reduziert wird, d.h. daß der Bereich der Zielfindung und -setzung einer bloß willkürlichen, zufälligen Entscheidung (also dem 'Dezisionismus') anheimfällt. Demgegenüber aber beharrt der kritische Rationalist ALBERT darauf, daß die Werturteile eines Wissenschaftlers keineswegs besser beweisbar sind als diejenigen irgendeines anderen Menschen und daß es daher unzulässig bleibt, "praktische Empfehlungen als Ergebnisse wissenschaftlicher Erkenntnisse hinzustellen" (ALBERT& TOPITSCH 1971, 2o1).

An dieser differenzierenden Präzisierung des Werturteilsproblems sind zwei Implikationen zu kritisieren: zum einen wird nur von der 'Beweisbarkeit' von Aussagen (im Sinne der Begründung durch deskriptive, sog. Basissätze) gesprochen. Nun hat aber gerade der kritische Rationalismus nachgewiesen, daß auch die Beweiskraft solcher Basissätze nicht als sichere 'letzte' Begründung verstanden werden darf; es gibt daher u.E. keinen rationalen Grund dafür, daß man das Problem mit der Abwehr des naturalistischen Fehlschlusses für abgeschlossen erklärt und nicht andere Kritikmöglichkeiten zuläßt: so läßt sich ja (analytisch) die interne Konsistenz von Wertungen überprüfen, Kritik auf der Basis empirischer Daten kann sich auf die 'Wertträger' von präskriptiven Sätzen und natürlich erst recht auf die deskriptiven Untersätze innerhalb der erwähnten gemischten Satzsysteme beziehen etc, (vgl. PRIM&TILMANN 1973, 118ff.); ausgewählte wichtige Beispiele solcher Kritikmöglichkeiten werden unter 3. diskutiert.

Zum zweiten setzt die Beschränkung des Werturteilsproblems auf die 3. ALBERTsche Fragestellung voraus, daß zwischen den herausdifferenzierten Problemebenen strikt getrennt werden kann: und zwar nicht nur in der analytischen Konzeption, sondern auch im methodischen Vorgehen der Einzelwissenschaft. Und diese Voraussetzung ist u.E. schlichtweg falsch.

Für die *Relation von Wertbasis und Werturteil* (1-3) haben bereits PRIM&TILMANN die Möglichkeit einer solchen vollständigen Abschottung angezweifelt (1973, 11). Sie führen als Beispiel an, daß die inhaltliche Fragestellung (und damit Bewertung im Sinn der Gewichtung bestimmter Probleme) und die methodische Forschungsanlage in Interdependenz miteinander stehen: z.B. führt die Norm, daß alle Arbeitnehmer für gleiche Arbeit gleichen Lohn erhalten sollen, zu einer Untersuchung der Lohnsituation der arbeitenden Frau und nach der Feststellung einer vorhandenen Lohndiskriminierung zu einer dieser Diskriminierung abhelfenden Technologie, die als Realisierungsziel vorgeschlagen wird (PRIM&TILMANN 1973, 141f.). Hierbei handelt es sich allerdings nur um eine relativ indirekte Verbindung: nämlich die der Forschungsgewichtung. Zweifellos fließt in die konkrete Forschungsarbeit über die Auswahl der Forschungsthemen eine Bewertung von Problemperspektiven und damit auch Bewertungen ein; doch dieser Einfluß ist nicht so stark, daß er nicht sowohl in der Darstellung wie in den Konsequenzen (Technologien) überwunden (revidiert) werden könnte. PRIM&TILMANN geben explizit zu, daß die Darstellung dieser indirekten Bewertungen/Gewichtungen auch ohne präskriptive Sätze erfolgen kann (1973, 143); und die Diskussion um die Verwertung von Forschungsergebnissen hat eindeutig (auch von ideologiekritischer Seite aus akzeptiert) gezeigt, daß die aus den erarbeiteten Forschungsergebnissen ableitbaren Konsequenzen sogar gegen die Forschungsintentionen und damit impliziten Bewertungen des Forschenden gerichtet sein können (s. GROEBEN&WESTMEYER 1975, 182f.). *Direktere und unvermeidbare implizite Bewertungen* aber *stecken in den Menschenbildannahmen, die mit bestimmten Methodiken und Methodologie-Kriterien konfundiert sind.* So hat die Kritik vor allem des behavioristischen Forschungsparadigmas deutlich gemacht, daß durch bestimmte Forschungsmethoden bestimmte Subjektmerkmale ausgeschlossen und andere realisiert werden (vgl. HOLZKAMP 1972). Im behavioristischen Forschungsmodell führt die Vorordnung der Methodik-Kriterien vor Gegenstandsfragen dazu, daß die methodisch-regulative Zielidee der Kontrolle auch zu einem inhaltlichen Zielkriterium wird: behavioristische Psychologie erforscht den Menschen unter Umweltkontrolle (vgl. o.I.2.3.). Und sie erforscht ihn nicht nur in dieser 'Situation', sondern sie realisiert, konstruiert, konstituiert ihn auch als solchen: das behaviorale Subjektmodell impliziert - unüberspringbar durch die Forschungsmethodik - als zentrale Subjekt-Merkmale Umweltkontrolliertheit und A-Reflexivität (für die kognitive Selbst-, Weltsicht und Autonomie nur Störgrößen sind). Durch diese konstituierende Konstruktion werden die genannten Subjektmerkmale innerhalb des behavioristischen Paradigmas praktisch unvermeidbar zum Forschungsziel (das ist ja die Konsequenz der paradigmageleiteten Forschung nach KUHN 1967). Gerade der non statement-view von Theorien (vgl. HERRMANN 1974; 1976; oben I.1. u. I.7.) als Rekonstruktion des KUHNschen Paradigmabegriffs macht die Unabschließbarkeit der Aussagenebene gegenüber der Methodikebene in der Wissenschaft überzeugend transparent: Theorien werden hier als Problemfestlegungen angesehen; *faßt man Probleme als Ist-Soll-Diskrepanzen auf* (vgl. auch unten IV.3.1.), *so implizieren Theorien und die ihnen kon'geniale' Methodik auch immer eine Soll-Vorstellung, d.h. ein Ziel der Subjektkonstituierung*. Da dieses Ziel nicht gegen (qua Kernannahmen des Menschenbildes), sondern nur über die paradigmakonforme Forschungsmethodik realisiert werden kann, ist die Unvermeidbarkeit der Verbindung von (methodischer ) Metabasis und wissenschaftlicher Aussageebene evident.

Hinsichtlich der *Relation von Wertungen als Objekt und wissenschaftlicher Aussagenebene* (2-3) gestehen PRIM&TILMANN die Trennbarkeit der Ebenen zu (1973, 141). Wir halten dieses Zugeständnis für eine unzulässige Vereinfachung und sehen im Gegensatz dazu auch in Bezug auf diese Ebenen unvermeidbare Verbindungslinien. Es gibt eine Fülle von Begriffen, die - zumindest alltagssprachlich - "sowohl empirischen wie auch wertenden Charakter haben, wobei diese beiden Komponenten verschieden stark ausgeprägt sein können". (KUTSCHERA 1973, 129) Dazu gehören z.B., mit unterschiedlicher Gewichtung der beiden Komponenten, Begriffe wie: tapfer, klug, intelligent, kreativ, selbständig, autonom etc. Die Behauptung, daß man bei der Überführung solcher Begriffe in den wissenschaftlichen Sprachgebrauch durch entsprechende Explikation und Präzisierung *die wertende Komponente völlig eliminieren* könne, halten wir für *Wunschdenken - und überdies für ein gar nicht anzustrebendes methodisches Ziel*. Eine Analyse der wissenschaftlichen Literatur macht denn auch deutlich, daß trotz gegensätzlicher Beteuerungen entsprechende Begriffe häufig mit impliziter Wertdynamik benutzt werden; BRANDTSTÄDTER&MONTADA (1977) sprechen dabei von 'kryptonormativem Vokabular' und geben Beispiele besonders aus der erziehungs- und entwicklungspsychologischen Literatur (z.B. hinsichtlich Wortkombinationen wie 'erfolgreiche Aggressivität', 'neurotische Verhaltensstörungen' etc.). Solche impliziten Wertungen sind natürlich weniger kritisierbar, als wenn sie explizit entwickelt würden; die Konsequenz, daß man Wertungsdimensioen explizit herausarbeiten und begründen sollte,

setzt allerdings voraus, daß es sich bei den impliziten Wertungen
nicht um ein untolerables methodisches Versagen, sondern um eine
unvermeidbare Ebenenverbindung handelt. Wir möchten diese These an
zwei Beispielen verdeutlichen:

Ein Beispiel für die Klasse von Begriffen wie 'intelligent, autonom'
etc., an dem sich die Nicht-Abschottbarkeit der Ebenen verschärft
zeigt, ist der Begriff der Kreativität. Kreativitätsuntersuchungen
müssen auch immer notwendig Kriterien angeben für das, was sie unter
Kreativität verstehen wollen. Um nicht selbst zu werten, verschiebt
der Forscher im Normalfall das Problem von einer Ebene auf die
andere. Wenn auch Kreativität zunächst einmal ein Konstrukt der
Persönlichkeitsdisposition ist, wird die Kreativität von Personen
gewöhnlich (z.B. bei der Validierung von Kreativitätstests) über
deren Produkte definiert; d.h. es wird untersucht, ob die Produkte
von 'Experten' als kreativ eingeschätzt werden. Man nimmt z.B. berühmte Architekten bzw. Redakteure von Architekturzeitschriften
oder in Bezug auf Schriftsteller anerkannte Literaturkritiker und
akzeptieren deren Beurteilung der Produkte hinsichtlich der Qualität.
Das ist der Versuch, die Wertung zu exterritorialisieren - und zwar
auf bestimmte gesellschaftliche Gruppen -, indem man auf die Metaebene geht; d.h. man sagt nicht mehr: dies oder jenes soll als
kreativ gelten, sondern: dies und jenes gilt (für die Experten) als
kreativ. Entsprechend sehen die Kreativitätsdefinitionen dann etwa
so aus: 'Ein kreatives Produkt ist ein neues Produkt, das von einer
Gruppe zu irgendeinem Zeitpunkt als brauchbar und befriedigend angesehen wird' (so etwa STEIN 1953). Aber der Wechsel zur Metaebene
bringt das Wertungsproblem nicht zum Verschwinden: denn es stellt
sich doch die Frage, welche Gruppen man zur Kreativitätsdefinition
zulassen will und warum. Die in der bisherigen Forschung übliche
Bezeichnung 'Experten', deren Urteile dann als gültig angesetzt
werden, ist ja nicht als explizite Begründung akzeptabel. Akzeptieren
wir aber einmal versuchsweise den Begriff 'Experte' als potentiell
ausfaltbare Begründungsskizze; dann bedeutet die Übernahme der
Expertenbewertungen konsequenterweise ebenfalls eine Wertung -
wenn auch jetzt nicht hinsichtlich der Kreativität von (Personen
oder) Produkten, sondern hinsichtlich des Expertentums (von Personen)
- denn 'Experte' ist selbst wiederum ganz eindeutig ein Begriff
aus der Klasse der empirisch gehaltvollen Wertungsterme. Die Begründung für die Wertung nun wird allerdings in der gängigen Forschung nicht mehr als nötig erachtet. Damit erweist sich der Exterritorialisierungsversuch hinsichtlich der Explikation von Kreativitätskriterien als Augenwischerei: man hofft, durch das Verschieben
der Begründungsnotwendigkeit (von Wertung) auf die nächsthöhere
Ebene (also von der Ebene der Kreativitätskriterien auf die der Expertenkriterien) eben diese Notwendigkeit verschleiern und einem
relativ kurz greifenden Plausibilitätsdenken als schon erledigt
vorgaukeln zu können! Interessanterweise führt der Versuch, die
Begründung hinsichtlich des 'Expertentums' nachzuholen, gerade
beim Kreativitätskriterium zum Aufweis der Unsinnigkeit dieser
Wertungsverschiebung: akzeptiert man diejenigen Gesellschaftsgruppen als 'Experten', die quantitativ das 'Sagen' haben, dann
käme 'Trivial'-kunst als das Kreativste heraus (vgl. zum Problem
der 'Trivialkunst' KREUZER 1967; GROEBEN 1976). Nimmt man
qualitative Gesichtspunkte zur Begründung des Expertentums (Beschäftigungsdauer, theoretische Kenntnis etc.), so wäre man auf
die Bewertungen des heutigen Bildungs-Bürgertums festgelegt und
damit den Einschätzungen unterworfen, die in unserer Gesellschaft

herrschend sind. Dies aber stellt eine interne Inkohärenz zwischen
Inhalt des zu explizierenden Konstrukts und dem Vorgehen der Explikation dar; denn für den Inhalt des Konstrukts wird ja als
zentrales, erstes, unverzichtbares Kriterium die Neuheit (das über
gegenwärtige Kognitions- und Wertungssysteme-Hinausgehen) angesetzt.
Die Rückbindung an gegenwärtige Kognitions- und Wertungssysteme
aber muß Intension und Extension des Neuheits- und damit Kreativi-
tätsbegriffs pervertieren. Diese Widersinnigkeit ist allerdings
nur ein Spezialfall der Situation, die durch den Versuch der Verschiebung wissenschaftlicher Bewertungsaspekte auf den Objektbereich
eintritt: die Konsequenz der Unterordnung von wissenschaftlicher
Rationalität unter die Rationalität des Alltagswissens! Dabei ist
nicht grundsätzlich abgestritten, daß der Rückgriff auf das intuitive
Wissen bestimmter Subjektklassen auch für die Wissenschaft eine
erkenntniserweiternde Funktion besitzen kann (vgl. u. die 'Austauschperspektive zwischen objektiven und subjektiven Theorien').
Nur kann diese Mechanik der Exterritorialisierung - noch dazu in
der unreflektierten Form der versäumten oder aber inkohärenten
Begründung für die 'Experten'-Bewertung - nicht als Abdichtung der
wissenschaftlichen Konstrukte (hier Kreativität) gegen die Wertungsimplikationen akzeptiert werden; vielmehr werden auf diese Weise
die - gesellschaftlich bedingten - Wertungsteilmengen implizit und
damit unüberprüft mitgeschleppt (was zu zeigen war).
Gleiches zeigt sich - noch in verstärktem Maße - im Bereich der
für die pädagogische Psychologie überaus wichtigen Lernzielanalyse.
Obwohl hier der Legitimationsdruck eigentlich am stärksten ist,
wird auf der Grundlage des Wertfreiheitspostulats über die Perspektive der 'taxonomischen' Klassifikation trotzdem die Behauptung
der Vermeidbarkeit von Werturteilen aufrechterhalten. In der reinen
Klassifikation von Lernzielen und der 'Evaluation' von Mitteln zur
Erreichung solcher Ziele wird keine Wertung gesehen; als Begründung
wird ein (reduziertes) Lösungsschema propagiert: der Rückzug auf
vorausgesetzte, nur deskriptiv berücksichtigte Ziele, die mit entsprechenden Wenn-dann-Beziehungen forschungspraktisch und -techno-
logisch aufgehellt werden: "Wenn das Lernziel x erreicht werden soll,
dann ist so und so zu verfahren" (BLANKERTZ über die informations-
theoretische Didaktik: 1969, 51). Auf dieser Grundlage wird dann
die Pflichtbeteuerung abgegeben, daß Lernzielklassifikation und
-analyse nichts mit Wertung zu tun haben (BLOOM 1973, 2o). Daß dies
ein Irrtum ist und schon die Klassifikation von Lernzielen durch
Auswahl und Gewichtung eine implizite Wertung bedeutet, wird trotz
Kenntnis dieser Situation verdrängt. So entschuldigt sich BLOOM
explizit dafür, daß vielleicht nicht alle den Psychologen interes-
sierenden Verhaltensweisen in seiner Taxonomie auftauchen, mit der
Begründung: "Daher beschreiben die beabsichtigten und gewünschten
Verhaltensweisen, die in Lernzielen enthalten sind, normalerweise
keine unerwünschten oder anomalen Verhaltensweisen, die sozial
abgelehnt werden" (1973, 26f.). Der Rekurs auf soziale Erwünschtheit
und Normalität ist de facto ebenfalls wieder die Oberantwortung der
Wertung an die normative Kraft des (gesellschaftlich-historisch)
Faktischen.

Bezeichnend ist dabei, daß die Wissenschaftler selbst die unvermeidbaren Wertungsimplikationen ihres Handelns/Forschens nicht
erkennen. Obwohl z.B. der Wortsinn von 'Evaluation' die "Eigenschaft
Werturteile abzugeben" (WEISS 1974, 19) explizit zum Inhalt hat,
wird der Prozeß normalerweise nicht als Verstoß gegen das Wert-

freiheitspostulat angesehen, nur weil die Ziele, auf die hin die
Mittel 'evaluiert' werden, als gegeben vorausgesetzt werden
(vgl. WEISS 1974, 31). (Die spätere Analyse wird zeigen, daß solche
Evaluation innerhalb der Zweckrationalität des Ziel-Mittel-Schemas
durchaus als Zielkritik verwendet werden kann). Diese Wertfreiheits-
beteuerungen bei gleichzeitig konträrem Handeln sind auch in anderen
Bereichen, so z.B. der Erziehungs- und Interaktions-Stilforschung,
durchaus üblich (vgl. BRANDTSTÄDTER 1977a; BRANDTSTÄDTER&MONTADA
1977). Ein solches Phänomen spricht vor allem dafür, daß es sich
beim Postulat der Werturteils-Freiheit heute vornehmlich um den
Topos eines überholten Forschungsparadigmas handelt; in diesem
toposhaften Lippenbekenntnis manifestiert sich die disziplinäre
Matrix (KUHN 1972) als Beschränkung der Entwicklungsmöglichkeit
von Wissenschaft. Die Wissenschaftstheorie mit ihren Postulaten
wird dadurch völlig dysfunktional als Normenlieferant für den Einzelwissenschaftler eingeführt, während sie doch nur eine rationale
Rekonstruktion der Objektwissenschaft leisten kann: und daher auf
die kreative, eigenständige Weiterentwicklung der Objektwissen-
schaften durch den Einzelwissenschaftler angewiesen ist (vgl.
GROEBEN&WESTMEYER 1975, 226f.). In Bezug auf das Entwicklungspotential der (z.B. Pädagogischen) Psychologie ist daher die Konsequenz
zu ziehen, daß sich der Wissenschaftler vom Topos des Werturteils-
Freiheit-Postulats lösen sollte, weil (-zusammenfassend -):

- *dieser Topos ein Vakuum für irrationalistische Strömungen im
Bereich von Wertungs- und Zielentscheidungen schafft;*

- *Kritik und Begründung auch außerhalb von deduktiv-schließenden
Systemen deskriptiver Sätze möglich ist;*

- *die Vermeidung von Wertungsimplikationen durch Trennung von wissenschaftlichen Aussagenebenen forschungspraktisch und -methodisch
weder möglich noch sinnvoll ist.*

1.3. Wirkungsschwierigkeiten 'werturteilsfreier' Technologien

Genauso wie alltagssprachliche Begriffe noch viel stärker als
wissenschaftliche emotiv-wertende Besetzungen zeigen (vgl. o.),
ist das praktische Handeln wertungs-, da ziel- und normorientiert.
*Während in der Wissenschaft empirisch-deskriptive Erklärungsversuche
(vgl. zu den logisch-systematischen Erklärungskonzepten GROEBEN&
WESTMEYER 1975, 8o ff.) im Mittelpunkt der Bemühungen stehen, sind
für das praktische Handeln gemischte normativ-deskriptive Satzsysteme zur Auswahl wie Begründung von Handlungszielen ungleich*

*zentraler.* Das zeigt sich auch in der Form des 'praktischen Syllogismus' (WRIGHT 1974, 93), der praktisch lediglich die Version des oben skizzierten gemischten Satzsystems aus der Sicht des handelnden Subjekts ist:
'A beabsichtigt, p herbeizuführen.
A glaubt, daß er p nur dann herbeiführen kann, wenn er q tut.
Folglich macht sich A daran, q zu tun.'
Bei dieser Art von 'praktischem Schließen' werden "konkrete Handlungsziele ... aus einem gemischt normativ theoretischen oder 'voluntativ-kognitiven' Prämissensystem hergeleitet" (BRANDTSTÄDTER 1977b). Andererseits ist ein solcher praktischer Schluß wegen der im 'Glaubenssatz' steckenden empirischen Hypothese ('wenn q, dann p') auch mit empirischen Daten kritisierbar (vgl. BRANDTSTÄDTER&MONTADA 1977). Auf diese Weise umfaßt das praktische Handeln (in Zielfindung und -rechtfertigung) sowohl empirische Kontingenzen (qua subjektiv-wahrscheinlichen Erwartungen von Handlungsfolgen) als auch Bewertungen (eben dieser Handlungsfolgen). Die psychologische Realität dieser Analyse wird durch Daten begründet, die innerhalb sog. 'Instrumenatlitätstheorien' oder 'Erwartungs-Wert-Modelle' (vgl. BRANDTSTÄDTER&MONTADA 1977) erhoben wurden: wie z.B. entsprechender Leistungsmotivations-Modelle (vgl. FEATHER 1959) und der sozialen Lerntheorie ROTTERs (ROTTER,CHANCE&PHARES 1972). Der Praktiker muß auf dem Hintergrund dieser Handlungs- und Reflexionsstruktur zur Verbesserung seiner praktischen Schlüsse von der Wissenschaft als Hilfe dann zwangsläufig sowohl Informationen über empirische Gesetzmäßigkeiten als auch Argumente hinsichtlich der Bewertung von Handlungskonsequenzen erwarten. *Eine unter dem Wertfreiheitspostulat arbeitende Wissenschaft wird* ihm zumindest in Bezug auf den Bewertungsaspekt *kaum Hilfe bieten können:* entweder *weil sie keine Wertungs-Begründung entwickelt hat, oder weil sie, wo ihr solche Argumente innerhalb des Zweck-Mittel-Schemas aufgrund ihrer empirischen Ergebnisse (indirekt) zur Verfügung ständen, sie diese nicht in Richtung auf Bewertungskonsequenzen ausgearbeitet hat.* Das kann eigentlich nur zu Schwierigkeiten bei der Verbreitung und Wirkung wissenschaftlicher Ergebnisse in und für die Praxis führen; genau diese Wirkungsschwierigkeiten der Forschung haben denn auch (amerikanische) Innovationsforscher durchweg festgestellt. Dabei steht als Hauptcharakteristikum der traditionellen Anwendungs- und Verbreitungsversuche von Wissenschaft deren mangelnde Ausrichtung auf den potentiellen Benutzer (von

Wissenschaft) im Vordergrund (vgl. HAVELOCK 1969; HAVELOCK&LINGWOOD 1973). Als klassisches Modell der Implementierung wissenschaftlichen Wissens in den Bereich der Alltagspraxis ist das R, D & D-Modell anzusehen, 'Research, Development & Diffusion': Forschung, Darlegung, Verbreitung. HAVELOCK gibt als Hauptmerkmal dieses Modells die Maxime an: "If the knowledge is there, a user will be found for it" (1969, 2-41). Eine solche Verbreitungsstrategie erliegt leicht der Gefahr, mehr Widerstände als Veränderung beim 'Abnehmer' zu erzeugen; neben der Bedrohung der eigenen Kompetenz ist dabei vor allem ein Konflikt der impliziten wissenschaftlichen und der subjektiven Bewertungen des Praktikers von Gewicht (HAVELOCK 1969, 4-37). Bei einem solchen Konflikt ist ein Widerstand gegen die (neue, wissenschaftliche) Information oder deren Abdrängung etc. nicht verwunderlich - alles Phänomene, die aus der Sozialpsychologie der Kommunikation sattsam bekannt sind (vgl. LIEBHART 1973). Die Wirkung der wissenschaftlichen Psychologie und ihrer Ergebnisse auf den Praktiker ist unseres Wissens noch nicht zureichend erforscht worden; doch kennt jeder Pädagogische Psychologe gerade bei Lehrern Reaktionen des Vorbehalts oder der Abwehr; Psychologen werden häufig als Leute angesehen, die - ohne zureichende Praxiskenntnis - immer wieder mit neuen Modellen kommen, und jedesmal mit dem Anspruch kaum gebremster Wahrheitsverkündung. Obwohl die Psychologen in durchaus vitaler Selbstliebe solche Phänomene noch nicht direkt zum Forschungsgegenstand gemacht haben, gibt es dennoch empirische Evidenzen für diese Wirkungsschwierigkeiten der wissenschaftlichen Psychologie:

So hat z.B. KREMERS (1960) untersucht, inwieweit das Studium der Psychologie die alltagspraktische Beurteilung von Menschen verbessert. Er hat dazu Studenten (verschiedener Fachrichtungen einschließlich der Psychologie) an der Universität Nijmegen am Anfang und Ende des Studiums untersucht; durch den Vergleich von Beurteilungsprozessen (ohne Rückgriff auf Testdaten) zwischen Anfangs- und Abschluß-Studenten der Psychologie sowie zwischen Psychologie- und (Alt)Philologie- bzw. Naturwissenschaft-Studenten versuchte er folgende Fragen zu beantworten: Besitzen Abschluß-Studenten der Psychologie eine validere Person-Beurteilung als vergleichbare Studenten anderer Fachrichtungen? Differieren die Beurteilungskategorien zwischen Psychologie- und anderen Studenten? Sinkt die Tendenz, anderen Personen die eigenen Reaktionstendenzen zu unterlegen, im Laufe des Psychologiestudiums (und im Vergleich zu anderen Studien) ab? Ist der Psychologie-Student am Ende seines Studiums bezüglich der Richtigkeit seiner alltäglichen Personbeurteilungen vorsichtiger als andere Studenten? etc. (KREMERS 1960, 3ff.). Die Ergebnisse waren für die Wirksamkeit des Psychologiestudiums zwischen hoffnungslos und niederschmetternd: es gab kaum Unterschiede zwischen Psychologie-Studenten und Studenten anderer Fachrichtungen und auch kaum

welche, die sich innerhalb der Psychologiestudenten während des Studiums einstellen. Insbesondere wuchs die praktische Beurteilungsfähigkeit im Lauf des Studiums nicht und unterschied sich auch nicht bei Psychologie-, Philologie- und Naturwissenschafts-Studenten; auch die Tendenz, anderen Personen die eigenen Handlungsweisen zu unterstellen, verringerte sich weder im Laufe des Psychologie- noch eines anderen Studiums und zeigt bei allen Studenten eine gleich starke Ausprägung. Die einzigen Lichtblicke sind die folgenden zwei Ergebnisse: die Inhalte der wichtigsten Beurteilungskategorien unterschieden sich am Ende des Studiums zwischen Psychologie- und anderen Studenten (wobei die Psychologiestudenten sich an die Kategoriensysteme ihrer Wissenschaft annäherten); die Psychologie-Studenten waren am Ende ihres Studiums weniger von der Richtigkeit ihrer Beurteilungen überzeugt als am Anfang (wobei dieses Ergebnis aus methodischen Gründen nicht ausreichend sicher ist, da es sich nicht um eine Längsschnittstudie, sondern um einen Querschnitt mit dem Vergleich von 15 Anfangs- und 16 Abschluß-Studenten handelt).
Nun muß man bedenken, daß die Psychologiestudenten höchstwahrscheinlich in der Mehrzahl der Fälle noch für das Fach und daher die Aufnahme der wissenschaftlichen Informationen motiviert waren. Dies ist eine Voraussetzung, die man vermutlich für die normale Situation der Verbreitung wissenschaftlicher Erkenntnis, und daher auch z.B. für die Beratung im Bereich pädagogischer Psychologie, nicht so uneingeschränkt machen kann. Wenn schon die Wirksamkeit bei motivierten 'Abnehmern' so enttäuschend ist, wie ist sie dann erst bei weniger oder un-motivierten? Dies haben HANKE et al. (1975) in einer Untersuchung erfahren: sie untersuchten die 'Beeinflußbarkeit des Lehrerurteils' durch Mitteilung von psychologisch-diagnostischen Daten. 36 Klassenlehrer von (72) vierten Grundschulklassen in Augsburg wurden gebeten, ihr subjektives Urteil über die Eignung ihrer Schüler zum Gymnasialbesuch abzugeben (Kategorien: geeignet - bedingt - ungeeignet); drei Wochen später erhielten alle 72 Klassenlehrer ein genauso kategorisiertes Urteil vom Institut für Unterrichtsforschung (IFU), das auf den Ergebnissen von Intelligenz- und Schulleistungstests mit den Schülern basierte. Anschließend gaben alle Lehrer (die 36 der Versuchsgruppe ein zweites Mal) ein Urteil über die Gymnasialbildung ab. Die Ergebnisse zeigen, daß die Lehrer unter dem Einfluß der Testurteile nur für 13% der Schüler ihre subjektiven Urteile ändern. Noch überraschender für die Untersucher war allerdings die Richtung dieser Änderung: von 159 Urteilsänderungen bewegen sich 29 in die Richtung des Testurteils, aber 13o stehen in Widerspruch dazu (HANKE et al. 1975, 35)! Die Autoren interpretieren dieses Ergebnis als 'Bumerangeffekt' der beratenden Information und geben im Anschluß an HOVLAND als potentielle Erklärungshypothesen an: - die Lehrer fühlten sich u.U. in ihrer fachlichen Kompetenz angegriffen oder sie bewerteten die Informationsquelle negativ, d.h. waren nicht von der Brauchbarkeit der eingesetzten Testverfahren überzeugt.

Die Überlegungen und empirischen Evidenzen berechtigen zu der Vermutung, daß die mangelnde Wirksamkeit und Verbreitung wissenschaftlicher Forschungsergebnisse in der Praxis von der Forschungs- und Implementierungskonzeption mitbedingt wird. Der Grund für die Widerstände der Praktiker und damit *die Verringerung von Praxisrelevanz der Wissenschaft liegt nach den Ergebnissen der Innovationsplaner nicht zuletzt in der Konzentration auf den 'vertikalen*

*Informationsfluß'* (HAVELOCK 1969, 6-4). Verbreitung von Forschungsergebnissen wird in der traditionellen Perspektive (s.o. R,D&D-Modell) als Fluß der Information von den wissenden Wissenschaftlern hinunter zu den unwissenden Praktikern angesehen! In der Psychologie ist dies u.E. zum Teil eine direkte Emanation des behavioristischen Forschungsparadigmas, das diese Asymmetrie ja bereits in der Gegenstandskonstituierung seiner Forschungspraxis realisiert (vgl. oben I.2.3.): während der Forscher (als Erkenntnissubjekt) hochgradig aktiv und mit kognitiv-methodischer Differenzierung das Erkenntnisobjekt unter experimentelle Kontrolle bringt, wird dieses - gerade dadurch - als im 'Idealfall' maximal umweltkontrolliert angesetzt, wobei subjektive Reflexionen über sich selbst wie über Umwelt als Störvariablen gelten. Die Zielvorstellung des naiv-natürlichen, eben unreflektierten Subjekts, die z.B. in der experimentellen Täuschungsmethodik zum Ausdruck kommt (vgl. BREDENKAMP 1969; oben I.5.), ist den behavioristischen Forschungsergebnissen so stark inhärent, daß sie sich auch bei der Verbreitung dieser Ergebnisse automatisch manifestiert. So gehen z.B. klassische Lehrertrainigs ebenfalls von der (nicht unbedingt kognitions-elaborierten) planen Übung von Verhaltenssequenzen aus (vgl. z.B. micro-teaching; s. Kritik bei WAGNER 1973; 1976), bei der hauptsächlich der Trainer den kognitiven Überblick hat und der zu trainierende 'Lehrer' sich manchmal vielleicht 'dümmer' vorkommen muß als die von ihm (dann möglichst 'einsichts'orientiert) zu unterrichtenden Schüler. Wegen der Strukturparallelität von Erklärung und Technologie (vgl. PRIM&TILMANN 1973, 109 ff.) kann ein behavioristisches Forschungsprogramm aber kaum zu anderen Trainingstechnologien kommen: denn was in der (Erklärung anstrebenden) Forschung als Explanandum (Sukzedenz- oder versuchsplanerisch abhängige Variable) erforscht wird, muß für die Technologie als Zielgröße angesetzt werden, die eben durch Realisierung der empirisch als bedingend gesicherten Antezedenzvariable erreicht wird. *Wenn die Explananda des behavioristischen Forschungsprogramms (aus methodischen Gründen) das reflexionslose Subjekt anzielen, dann können auch die aus diesem Programm abgeleiteten Technologien nur ein ebenso reflexionsloses (umweltabhängiges) Subjekt unterstellen.* Es ist daher nur eine paradigmainhärente Konsequenz, daß der behavioristische Forscher auch in der Verbreitung seiner Ergebnisse z.B. durch Beratung wie der wissende Guru zu seinen unwissenden Kindern kommt. - Besser sollte man wohl sagen: kommen will; denn die Konsequenzen dieses Forschungsparadigmas für die Stellung der Psychologie in der Praxis, zumal der pädagogischen Praxis, zeigt die Untersuchung von HANKE et al. u.E. sehr deutlich; künftige Psychologengenerationen werden hier eine Menge zerschlagenes Porzellan als historische Belastung aus behavioristisch methodik-restringierter Vergangenheit abzutragen haben.

### 1.4. Paradigmawechsel: Austauschperspektive

Die Richtung dieses Abbaus und damit die mögliche Erhöhung der Akzeptierbarkeit von wissenschaftlicher Forschung durch den Praktiker wird von Innovationsforschern mit dem Schlagwort 'Linkage' angegeben (HAVELOCK&LINGWOOD 1973); die interaktive 'Verkettung' von Wissenschaftlern und Wissenschafts-Benutzern wird in einschlägigen Interviews und Ratings von den Betroffenen als wichtigstes Element zur Verbesserung von Verbreitungs- und Wissenschafts-Benutzungs-Systemen (D&U-Systems: Dissemination and Utilisation) genannt (o. c., 12 f.). Im Bereich der pädagogischen Praxis ist dieser Aspekt der Verkettung mit dem Ziel einer *Aufhebung der Forscher-Praktiker-Asymmetrie* besonders von (vor allem pädagogischen) Handlungsforschern hervorgehoben worden: so gehen z.B. auch HEINZE et al. (1975) von der Erkenntnis aus, daß mit rein technologischen Implementationsmodellen ohne Einbeziehung der Lehrer (und möglichst auch Schüler) in den Innovationsprozeß kaum 'eine Veränderung der Schulwirklichkeit zu erreichen ist' (1975, 58). Daraus leitet sich die Forderung nach einer möglichst großen Symmetrie ab ('Subjekt-Subjekt-Relation'; KLAFKI 1973, 5o4); um den Praktiker nicht in einer 'partiell unaufgeklärten und unkritischen Position' zu halten, soll er als möglichst 'gleichberechtigter Partner im Entscheidungs- und Erprobungsprozeß' der Innovation akzeptiert werden (ebda). Das führt im Idealfall dazu, daß die empirischen Forschungsverfahren (samt der durch sie gewonnenen Ergebnisse) zu "Instrumenten der Selbstaufklärung, Selbstkontrolle und Selbststeuerung der Praktiker werden" (KLAFKI 1973, 5o5); diese regulative Zielidee der Symmetrie kann und darf allerdings nicht so verstanden werden, daß sich die Gleichberechtigung auch auf methodische Fragen erstreckt, d.h. also eine vergleichbare methodische Kompetenz unterstellt wird (KLAFKI 1973, 5o7). Das würde letztendlich zu einer Aufgabe eines empirischen Falsifikationskriteriums führen (vgl. GROEBEN et al. 1977). *Anzustreben ist* vielmehr *ein alle Rechtfertigungsfragen umfassender Diskurs zwischen Forschern und Lehrern* (ebenso wie an der Basis zwischen Lehrern und Schülern; vgl. HEINZE et al. 1975, 144); das gilt u.E. nicht nur für Handlungsforschung, die die Gewinnung und Verwertung von Forschungsergebnissen in einem Prozeß zu identifizieren versucht (vgl. GROEBEN&WESTMEYER 1975, 184 ff.), sondern auch für die Verbreitung aller erarbeiteten wissenschaftlichen Informationen im pädagogischen Bereich: als Beratung. Verbreitung von wissenschaftlicher Erkenntnis als Beratung in einem möglichst gleichberechtigten Diskurs *setzt nun allerdings ein gänzlich anderes Subjektmodell voraus, als es dem behavioristischen Forschungsparadigma inhärent ist:* der zu Beratende (zumeist Lehrer oder Eltern) muß als zumindest strukturell genauso rationalitäts-fähig angenommen werden wie der beratende Wissenschaftler. Hier zeigt sich, daß die Psychologie unter der Ägide des (auch methodologischen) Behaviorismus kein faszinierendes Menschenbild entwickelt hat, das diesen Anforderungen entspricht. Das einzige faszinierende Subjektmodell, das die Wissenschaftler skizziert haben, ist - mit Unterstützung der Wissenschaftstheoretiker - das Bild von sich selbst: als Hypothesen generierende und überprüfende, kognitiv reflexive Subjekte von hoher kritischer, da flexibler Rationalität (vgl.o. I.4. u. II. 1.). In diesem Subjektmodell ist die planvolle, zielreflektierende Handlungsaktivität als Autonomie und Veränderungsstreben, wie sie der 'praktische Schluß' und besonders die Rolle des Lehrenden/Erziehenden im pädagogischen Feld implizieren, konstitutiv eingeführt. Will man daher die Anwendung wissenschaftlicher Erkenntnis in der Praxis durch ein Modell des beratenden Diskurses wirksamer machen, so muß man (schon aus Verständigungs- und Effizienzgründen) ein solches epistemologisches Subjektmodell ansetzen; d.h. *man muß davon ausgehen, daß der zu Beratende über einen Korpus von subjektiven oder 'naiven' Theorien verfügt, die er zur Handlungssteuerung und -rechtfertigung einsetzt.*

Daß diese Voraussetzung nicht sinnlos ist, hat die Erforschung von sog. impliziten Theorien (im Rahmen eines dezidiert kognitiv orientierten Forschungsprogramms) gezeigt; insbesondere in Bezug auf Lehrer sind bereits die Umrisse und Grundstrukturen solcher impliziter Theorien über sich selbst und die pädagogisch relevante Umwelt zu erkennen. Relativ frühzeitig sind die naiven Theorien der Lehrer über den Schüler erforscht worden (HOFER 1969); dabei haben sich fünf Dimensionen ergeben, in denen der Lehrer sein subjektives Bild vom Schüler strukturiert: Begabung, Anstrengung, Diszipliniertheit, soziale Aktivität, seelische Robustheit. Diese Faktoren sind als subjektive Konstrukte auch attributionstheoretisch relevant, d.h. die Lehrer erklären sich mit ihnen die Leistungen der Schüler und geben auch Noten, die von ihren Einschätzungen der einzelnen Schüler auf den Faktoren abhängen (vgl.

HOFER 1975). Diese 'naive' Persönlichkeitstheorie (über die Schüler) wird ergänzt durch eine implizite Führungstheorie über die Auswirkungen des eigenen (Lehrer)Verhaltens auf die Schüler (vgl. NICKEL 1976, 159). Die Verbindung dieser beiden naiven Theoriesysteme (oder Teiltheorien) läßt sich mit ACHTENHAGEN et al. (1975) als naive 'Unterrichtstheorie' bezeichnen; diese Unterrichtstheorie ist dann z.B. für die unterschiedliche Zuweisung von Lehrmaterialtypen an verschiedene Schülergruppen verantwortlich. ACHTENHAGEN et al. konnten dabei u.a. auch den Einfluß sozialer Stereotypien wie der unterschiedlichen Berufsbranchen (z.B. Wirtschaftsgymnasium vs. Einzelhandelskaufmann) auf die Beurteilung der Schüler nachweisen (o.c., 59ff.). Dabei kann diese Unterrichtstheorie - gerade bei didaktisch interessierten Lehrern - natürlich eine Mischung aus naiven Theorien und wissenschaftlich begründeten (z.B. Didaktik-) Konzepten darstellen; das Gewichtungsverhältnis dürfte weitgehend vom Erfolg einer beratenden Wissenschaftsverbreitung abhängen.

Da die Funktion naiver Theorien vor allem in Handlungssteuerung und -rechtfertigung (auch unter Zeitdruck; vgl. LAUCKEN 1974, 314) besteht, interessieren hier am epistemologischen Subjektmodell auch besonders die aktions- bzw. handlungsorientierten Menschenbild-Kernannahmen. Der Wechsel vom 'Verhaltens'-Konzept des behavioristischen Paradigmas zum 'Handlungs' Aspekt eines kognitionsorientierten (epistemologischen) Forschungsprogramms bedeutet die Überwindung einer kontrollierenden, reduzierenden, parzellierenden (HOLZKAMP 1972) Experimentalsituation, in der die Versuchsperson "ihrer gewohnten menschlichen Fähigkeiten, Neigungen und Bezugssysteme entkleidet" wurde (ROSENTHAL 1974, 26); stattdessen wird am menschlichen Subjekt gerade das ziel- und zweckgerichtete Handeln hervorgehoben (o.c., 31). Das bedeutet eine Absage an die (Versuchs)Techniken, die Versuchspersonen "in Unterdrückung, Geheimnisse und sinnlose Probleme und Lösungen" verwickeln (o.c., 12o), und stellt dem als wichtigere Frage die nach dem menschlichen Urteilen und Handeln entgegen, wenn dem Subjekt 'hinlänglich bedeutungsvolle Probleme, einschließlich der Bewußtmachung der eigenen Lage, des notwendigen Wissens und der freien Wahl für sinnvolle Beurteilung und kluges Handeln' vorgegeben werden (o.c., 122). Verantwortlichkeit stellt dann gleichermaßen eine zentrale Kernannahme des Subjektmodells wie einen wichtigen Teil des Alltagslebens dar (SHOTTER 1975, 78); da intelligentes, einsichtiges und verantwortliches Handeln (o.c., 1o4) konstruktiv in dem Sinn ist, daß es bestimmte Ziele zu realisieren versucht (o.c., 91), wird der Aspekt der Beurteilung von Gründen für Handlungen ("the evaluative aspect of reasons for actions", o.c., 94), also die Rechtfertigung von Werten und Normen, zu einem unvermeidbaren Problem, einer unverzichtbaren Aufgabe der naiven Alltags-reflexion wie auch der (Sozial)Wissenschaft. Das Streben nach einer größeren Wirksamkeit wissenschaftlicher Erkenntnisse in der Praxis führt für die Pädagogische Psychologie zur Notwendigkeit einer Beratung unter Berücksichtigung der subjektiven Kognitionssysteme (qua 'impliziten' naiven Theorien); *da diese subjektiven Kognitionssysteme entsprechend ihrer Funktionen für die alltägliche Handelnspraxis die Aufgabe der Begründung/Legitimation von Zielen (und Mitteln) mitumfassen, ergibt sich daraus für die Wissenschaft die Aufforderung (pragmatische Notwendigkeit), Wertekritik und -begründung mit in ihren Aufgabenbereich zu integrieren.* Nachdem die wissenschaftsinterne und -theoretische Analyse keine schlüssigen Gegenargumente erbracht hat, liegt in diesen praxisbezogenen Argumenten u.E. die ausschlaggebende, konstruktive Begründung für die wissenschaftliche Behandlung von Wertungsfragen, die es nicht gestattet, noch länger an dieser Aufgabe einer um Rationalität bemühten Sozialwissenschaft vorbeizugehen. Die Rede von der 'Beratung' ist dabei nur sinnvoll, wenn man von einer größeren Objektivität und Validität der wissenschaftlichen Argumente im Vergleich zu den naiv-theoretischen Konzepte ausgeht. Das widerspricht nicht der Forderung nach einem epistemologischen Subjektmodell: denn dieses postuliert lediglich die Strukturparallelität der subjektiven Kognitions/Reflexionssysteme und der wissenschaftlichen Theorien, nicht eine identische oder vergleichbare Validität bzw. Legitimations'tiefe'. Eine 'aufklärerische und korrigierende Funktion' pädagogisch-psychologischer Beratung ist nur gegeben, wenn man die "methodische und inhaltliche Überlegenheit wissenschaftlicher gegenüber subjektiven Theorieaussagen unterstellt" (WEINERT 1977). Und diese Funktion muß eine Sozialwissenschaft, die an ihrer gesellschaftlichen Verpflichtung festhalten will, erfüllen: denn Aufgabe der Wissenschaft ist immer das Fragen über Alltagswissen hinaus (HOLZKAMP 1968), nicht die Reproduktion von Alltagswissen. Dieser vorausgesetzte Anspruch wird u.a. dadurch legitimiert, daß *subjektive Theorien* nach den bisherigen Untersuchungen z.T. erhebliche Unzulänglichkeiten aufweisen: sie sind in der Definition ihrer (subjektiven) Konstrukte u.U. *unpräzis, in der Überprüfung selektiv und unexpliziert*, zerfallen z.T. in unabhängige, sich überlappende Teiltheorien (LAUCKEN 1974; s.o. II.2.3.). Andererseits stecken auch *in den Argumenten des Wissenschaftlers* innerhalb einer beratenden Anwendung/Nutzbarmachung von wissenschaftlichen Ergebnissen teil-

weise *nicht methodisch kontrollierte Konzeptmengen:* so z.B. die
Generalisierungen von Forschungsuntersuchungen auf bestimmte in
der Praxis thematische Situationen, Personen, Verhaltens-/Handlungs-
weisen etc. (vgl. WEINERT 1977, 18). Auf jeden Fall ermöglicht
es die Strukturparallelität von objektiven und subjektiven Theorien
(trotz der zumindest potentiell höheren Rationalität der wissenschaftlichen Theorien), die (pädagogisch-psychologische) Beratung
als einen Prozeß des Austauschs von wissenschaftlichen und naiven
(Verhaltens)'Theorien' aufzufassen, wie es zuerst HECKHAUSEN (1975)
vorgeschlagen hat. Damit ist als erstes die 'Erweiterung, Differenzierung oder Umorganisation' des Informationsstandes subjektiver
Theorien (WEINERT 1977, 37) gemeint; als zweites aber durchaus
auch die Rückwirkung der naiven Theorien auf wissenschaftliche
Systeme: "Radikale Einseitigkeiten wissenschaftlicher Verhaltenstheorien sind mit dem Common-Sense naiver Theorien unverträglich
und werden als unverdaubar ausgeschieden" (HECKHAUSEN 1975, 1o7).
HECKHAUSEN weist als Beispiel auf die Ablehung rigoros-überzogener
Technologien von Psychoanalyse und Behaviorismus hin. "So ist der
Aufklärungsfortschritt durchaus gegenseitig" (ebda). Die Einsicht
in die Notwendigkeit von Normkritik und -legitimation kann durchaus als ein solcher Aufklärungsfortschritt für die Wissenschaft
angesehen werden, der aus der Berücksichtigung und Analyse von
Alltagstheorien resultiert. Gleichzeitig aber wird durch die
Austauschperspektive auch konstruktiv die optimale Struktur
der Normenkritik und -begründung angebbar: die einschlägigen
Probleme sollten so aufgearbeitet werden, daß sie genau jene
für die Beratung zentralen Schnittmengen von wissenschaftlicher
und naiver Theorie bzw. Reflexion umfassen.

*2. PROGRAMMATISCHE ASPEKTE DER NORMENKRITIK UND -BEGRÜNDUNG:*
*GRUNDSTRUKTUR*

2.1. Ziel-Mittel- und Grundwertlegitimation: zwei Stufen

Normen (präskriptive Sätze) sind, wie die Analyse sowohl unter
dem Aspekt wissenschaftlicher Satzsysteme als auch unter dem
des praktischen Schließens gezeigt hat, nicht ohne Realitätsbezug
(s.o.); *die Struktur solcher gemischt normativ-deskriptiven Satz-*
*systeme ist bisher am erfolgreichsten unter der Perspektive einer*
*Ziel-Mittel-Argumentation rekonstruiert worden* (vgl. KÖNIG 1975,
15ff.). Dabei wird eine bestimmte konkrete Forderung gewöhnlich

durch die erwarteten Handlungsfolgen und die Auszeichnung dieser
Folgen als Ziel oder Zweck begründet: es wird z.B. von Lehrerstudenten gefordert: 'man soll Schüler möglichst oft loben!';
die alltagssprachliche Begründung dürfte dann in den meisten
Fällen etwa so lauten: 'damit sie mehr zum Lernen motiviert werden
und also mehr lernen.' Dahinter steckt zunächst einmal eine empirische Behauptung, nämlich daß Schüler, wenn sie gelobt werden,
stärker zum Lernen motiviert sind und mehr lernen (als ohne Lob)
- daß sie Lob also z.B. nicht so auffassen, als ob sie nun genug
gearbeitet hätten und sich folglich mehr Freizeitunternehmungen
widmen, d.h. das Lernen einstellen können. Dies reicht allerdings
zur Begründung der Forderung von Lob noch nicht aus (s.o. die
Kritik am naturalistischen Fehlschluß) - die Wirkung der Handlung,
das verstärkte Lernen, muß auch als gewollt und beabsichtigt ausgezeichnet werden, d.h. als Ziel oder Zweck der Handlung. Es
könnte ja durchaus jemand der Meinung sein, daß Schüler heute
schon wegen des Leistungsdrucks des NC an den Universitäten so viel
arbeiten und lernen, daß eine weitere Steigerung durch Lob von
seiten des Lehrers absolut inhuman und schädlich wäre. Bei dieser
Bewertung wäre die Ausgangsforderung auch unter Akzeptierung der
erwarteten Handlungskonsequenz als empirisches Datum nicht begründet
bzw. gerechtfertigt. Aus dieser Bewertung würde vielmehr
eine 'Soll-nicht'-Forderung hinsichtlich des Lobens durch Lehrer
folgen: das 'Wollen' in Bezug auf eine Handlungswirkung kann
also auch in einer Vermeidungsforderung bestehen (vgl. KÖNIG
1975, 19). Für die Struktur der Argumentation bleibt diese
positive oder negative Fassung unerheblich: *die geforderte
Handlung (oder deren Vermeidung) ist das Mittel zur Erreichung
der Wirkung der Handlung (oder deren Vermeidung), die ihrerseits
der Zweck oder das Ziel der Handlung ist. Aus diesem Grund wird
in Bezug auf diese Struktur von einer Zweck-Mittel- oder Ziel-
Mittel-Argumentation gesprochen.* Hinsichtlich der Wortwahl hat
sich in der schlagwortartigen Bezeichnung der hinter dieser Argumentationsstruktur stehenden Rationalität das (kritisch-wertimplikative) Wort 'Zweck' durchgesetzt: man spricht von Zweck-
Rationalität. Im pädagogischen Bereich allerdings wird mehr der
Intentionalitätscharakter der angestrebten Handlungs-Wirkungen
betont und von Erziehungs-, Unterrichts- oder Lehr'zielen'
geredet: Wir werden daher im folgenden immer von Ziel-Mittel-Argumentation sprechen. Da diese Argumentationsstruktur, wie ge-

zeigt, immer einen deskriptiven und einen normativen Satz umfaßt, muß auch die Ziel-Begründung aus einem deskriptiven und einem normativen Teil bestehen (vgl. KÖNIG 1975, 24ff.). Die Überprüfung des deskriptiven Teils unterliegt den gleichen Kriterien wie jede wissenschaftlich-empirische Prüfung (GROEBEN&WESTMEYER 1975); sie muß also zunächst einmal die Klärung von Semantik und Syntax leisten, insbesondere die präzise (gegebenenfalls operationale) Definition der Ausgangssituation (Antezedenzvariable der empirischen Gesetzmäßigkeiten) und des angestrebten (Ziel)Ereignisses (qua Handlungseinwirkung: Sukzedenzvariable), so daß sich valide entscheiden läßt, ob die jeweils thematische Situation bzw. das Ereignis in der Tat vorliegt. Sodann umfaßt die Überprüfung des deskriptiven Teils als zentrale Teilmenge die empirische Überprüfung des in der Begründung implizierten (generellen) 'Wenn-dann-Satzes' (als empirischer Gesetzmäßigkeit). Dies ist der Aspekt, unter dem wissenschaftliche Forschungsergebnisse - auch unter klassischer Technologieperspektive - am direktesten zur Verbesserung subjektiver Kognitionssysteme beitragen können. Dazu gehört u.a. auch die Berücksichtigung von weiteren, in der ursprünglichen Argumentation nicht vorgesehenen Handlungswirkungen: insbesondere wenn es sich um unerwünschte Nebenwirkungen handelt (vgl. dazu differenzierter und ausführlicher u. 3.1.). Die Überprüfung des normativen Teils kann zunächst noch durchaus innerhalb des Ziel-Mittel-Schemas verbleiben: das geschieht dadurch, daß man die jeweiligen normativen Oberprämissen selbst wiederum als Unterziele auffaßt und mithilfe eines empirischen Satzes und einer erneut übergeordneten (generelleren) normativen Prämisse begründet (vgl. KÖNIG 1975, 27), in Weiterführung des obigen Beispiels: empirischer Satz: 'je intensiver Schüler in der Schule lernen, desto lebenstüchtiger werden Sie'; normativer Obersatz: 'Schüler sollen durch den Schulunterricht lebenstüchtig werden!' In diesem hierarchischen Aufsteigen ist die Realisierung des Unterziels 'Lernen' als Mittel zum Erreichen des Oberziels 'Lebenstüchtigkeit' aufzufassen; das jeweilige Unterziel ist also - unter der Voraussetzung, daß der implizierte empirische Satz einer Überprüfung standhält - in Bezug auf das Oberziel gerechtfertigt. Daraus folgt zweierlei: *erstens läßt sich eine Norm oder Zielsetzung schon dann widerlegen, wenn sich nur der empirische Satz innerhalb des Rechtfertigungsversuches als falsch oder unhaltbar bzw. (durch Sprachkritik) als sinnlos erweist;*

empirische Forschungsergebnisse reichen daher zwar nicht (allein) zu einer konstruktiven Begründung von Normen aus, können aber durchaus und uneingeschränkt eine 'negative Kritik' (vgl. KÖNIG 1975, 29) von Normen/Zielen leisten. Und *zweitens: eine positive Rechtfertigung von Zielen mit dem Ziel-Mittel-Schema führt ihrerseits wiederum nur zu Oberzielen, die ebenfalls als zu legitimierende aufzufassen sind.* Die Überprüfung des normativen Teils der Begründung durch eine Ziel-Mittel-Argumentation führt immer nur zu einer relativen Rechtfertigung (in Relation zu Oberzielen), nicht zu einer umfassenden. Sie leistet allerdings den 'Aufstieg' zu so allgemeinen Präskriptionen, daß man diese (qua 'oberste Werturteile') als 'Grundwerturteile' (WEISSER; vgl. PRIM&TILMANN 1973, 122) bezeichnen kann. *Die Rechtfertigung von Grundwerturteilen* allerdings *ist konstruktiv nur durch Überschreiten der Zweckrationalität möglich;* in diesem Problembereich sind allerdings wegen der bisher vernachlässigten Norm-Reflexion in den Sozialwissenschaften vornehmlich offene Probleme zu finden. An diskussionswürdigen Ansätzen sind u.E. zwei zu berücksichtigen: einmal sog. Diskurs-Modelle, die eine Legitimation durch Konsensbildung innerhalb eines möglichst rationalen (gleichberechtigten) Diskurs anstreben (Frankfurter-; Erlanger Schule); zweitens der Versuch, bestimmte Grundnormen pragmatisch-analytisch aus der methodischen Verfahrensform von (rationaler) Argumentation (als deren Voraussetzung) abzuleiten und so im Rahmen eines pragmatischen Zirkels als notwendig (vorausgesetzt) zu legitimieren. Für Begründungsversuche von Zielen/Normen im Bereich einer pädagogisch-psychologischen Beratung als Austausch von objektiven und subjektiven (Erziehungs)Theorien wird für absehbare Zeit der (relativ) optimale Weg in der Anwendung beider Ansatzpunkte bestehen. Es gibt aber auch darüber hinaus noch weitere wichtige Perspektiven der normativen Kritik außerhalb des zweckrationalen Rahmens wie die 'Wertigkeit von Handlungen' (außerhalb ihrer Mittelfunktion) und Metanormen oder 'Normen zweiten Grades' als Brückenprinzipien zwischen de- und präskriptiven Sätzen (wie z.B. 'Sollen impliziert Können'; vgl. dazu ausführlicher unten 4.).

## 2.2. Exkurs: Der Beitrag verschiedener Forschungsrichtungen.

Die verschiedenen Forschungsansätze, die sich auf die eine oder andere Weise mit Werten, Normen, Zielen etc., ihrer Ableitung, Kritik oder Begründung befaßt haben, sind in sehr unterschiedlichem Ausmaß zur anwendungsorientierten Problematisierung von Normfragen brauchbar. Der Versuch, diese Brauchbarkeit vorab explizit anzugeben, verfolgt das Ziel, eine möglicherweise arbeitsersparende kognitive Strukturierung und Bewertung vorzulegen. Wem unsere Darstellung, Auswertung und Abwägung von Argumenten und Positionen qualifiziert und glaubwürdig erscheint, kann durch die Übernahme der im folgenden vorgetragenen Brauchbarkeitseinschätzungen die Komplexität einer teilweise sehr verzweigten Literatursituation reduzieren und sich (für eine Weiterarbeit) auf die für den Sozialwissenschaftler ergiebigen Ansätze konzentrieren. Der historisch früheste Versuch, sich - einzelwissenschaftlich - mit Norm- und Zielfragen auseinanderzusetzen, die *geisteswissenschaftlich-normative Pädagogik,* kann nach dem heutigen Diskussionsstand als gescheitert angesehen werden. Die normative Pädagogik geht von obersten Sinn-Normen (BLANKERTZ 1969) aus, die sie zumeist aus religiösen, weltanschaulichen oder philosophisch-ethischen Systemen bezieht (vgl. KLAUER 1973, 114); ihr Anspruch ist es, von diesen obersten Normen (quasi normativen 'Axiomen': KLAUER 1973, 114) deduktiv speziellere Lern- und Unterrichtsziele abzuleiten. Dabei ist aber schon das Problem der Rechtfertigung dieser obersten Normen nicht befriedigend gelöst; denn entsprechend der oben (1.1.) gegebenen Analyse ist eine naturalistische Begründung, die durch Reduktion der präskriptiven auf deskriptive Sätze, d.h. durch Verweis auf die faktische Anerkennung von Normen 'rechtfertigt' (vgl. KÖNIG 1975, 13), nicht als brauchbar anzusehen. Das gleiche gilt auch in Bezug auf die (deduktiven) Ableitungsregeln; MEYER hat (1971) in einer differenzierten Analyse der Systeme von Chr. Möller, W. Schulz, H. Roth und S.B. Robinsohn gezeigt, daß auch in neueren (vom eigenen Anspruch her 'deduktiven') Entwürfen das 'Deduktionsproblem' "entweder ausgeklammert oder unbefriedigend gelöst wird" (o.c., 126).

Dieser Vorwurf ist *der Normen- oder deontischen Logik* sicherlich nicht zu machen; die Deontik behandelt gerade die logischen Probleme normativer Denkformen und Satzsystme (vgl. KLAUS&BUHR 1972). Sie arbeitet mit deontischen Operatoren wie 'geboten', 'verboten', 'erlaubt' (vgl. KUTSCHERA 1973, 15ff.) und erarbeitet für Sätze mit solchen Operatoren die logisch zulässige Syntax. Diese kann dann z.B. zur Überprüfung der rein logischen Konsistenz normativer Systeme eingesetzt werden (so arbeiten z.B. KLAUS&BUHR die Widersprüchlichkeit der beiden biblischen Gebote heraus: 'Wer nicht arbeitet, soll auch nicht essen!' und 'Man soll sich nicht um das Essen sorgen, denn die Vögel arbeiten nicht und essen doch'. Die logische Analyse ergibt bei Geltung beider Gebote: "daß Essen dazu verpflichtet, zu arbeiten und zugleich nicht zu arbeiten oder daß es, ob man arbeitet oder nicht arbeitet, verboten ist, zu essen", o.c., I. 231). Allerdings gelten solche Analysen(-möglichkeiten) natürlich nur für Sätze mit den vorausgesetzten Operatoren; und darin liegt eine erhebliche Einschränkung der Relevanz für praxisorientierte Normkritik, da hier hauptsächlich Präferenzprobleme auftreten, in folgender Art: welche Handlung ist in einer bestimmten Situation besser oder schlechter? Welches spezielle Lern- oder Erziehungsziel ist auf dem Hintergrund bestimmter genereller Ziele und der Grundlage gegebener empirischer Randbedingungen gerechtfertigter als andere? etc. Außerdem kann man gegen eine pragmatische Brauchbarkeit der deontischen Logik (auf dem derzeitigen, noch sehr disparaten Entwicklungsstand; vgl. KLAUS&BUHR 1972, I, 23o) einwenden, daß sie mit den genannten Operatoren situationsinvariante und damit statische Normensysteme voraussetzt (KÖNIG 1975, 14) - eine gerade für Diskursmodelle der Beratuung völlig dysfunktionale Voraussetzung (s.u. 4.3.). U.E. ist daher die deontische Logik für das sozialwissenschaftlich-psychologische Reflexionsinteresse nur dort auswertbar, wo Gebots-, Verbots- etc. Normen in subjektiven Kognitonssystemen vorkommen.

Das Modell der *rationalen Entscheidungstheorie* ist der am differenziertesten und präzisesten ausgearbeitete Ansatz der Zweckrationalität; sein Ziel ist es, unter der Perspektive des Nutzens für den Entscheidenden (Umwelt)Komplexität so zu reduzieren, daß eine (rationale) Entscheidung möglich wird (JUNGERMANN 1976, 11). Das entscheidungstheoretische Grundproblem ist, aus einem Korpus vorgegebener alternativer Handlungen diejenige auszuwählen, die im Hinblick auf die eigenen Ziele den größten Nutzen bringt (vgl. HÖFFE 1975, 42). Entsprechend dem Zweckrationalitäts-Gedanken sind dabei die Konsequenzen der Entscheidung/der auszuwählenden Handlungen zentral, und zwar in zweifacher Hinsicht: bezüglich der Wahrscheinlichkeit des Eintreffens der konsequenten Ereignisse/Zustände und hinsichtlich des beigemessenen Werts (Nutzen: Präferenzordnung der Alternativen). Bei der Erwartung bezüglich des Eintreffens von Handlungskonsequenzen handelt es sich grundsätzlich um die Erwartung des entscheidenden Subjekts, also um eine subjektive Wahrscheinlichkeit; die Entscheidungstheorie optimiert also die zweckrationale Wahl von einer rein subjektiv-immanenten Sicht aus. Je nach der Sicherheit des Wissens über die zu erwartenden Handlungsfolgen unterscheidet man drei Situationen: Entscheidung unter Gewißheit (certainty), Risiko (uncertainty, risk), Ungewißheit (ignorance). Das Grundprinzip der Wahl besteht in der Maxime der Nutzenmaximierung, d.h. der Kombination des Nutzens eines Ergebnisses mit der (erwarteten) Wahrscheinlichkeit seines Eintreffens (HÖFFE 1975, 51; vgl. den Subjectively Expected Utility-Wert, JUNGERMANN 1976, 32); für Entscheidungen unter Ungewißheit gibt es verschiedene Regeln (wie das Maximax-Prinzip: 'Wähle die Alternative mit dem größten möglichen Nutzen', oder die vorsichtigere Minimax-Regel von Wald: 'Wähle die Alternative mit dem kleinsten möglichen Schaden'; vgl. HÖFFE, 1975, 51f,; KÖNIG 1975, 46ff,; KUTSCHERA 1973, 113f.). Die innerhalb der Entscheidungstheorie erarbeitete präzise Struktur der Zweckrationalität macht positiv deutlich, welche Bestimmungsstücke man bei einer Ziel-Mittel-Argumentation auch in der sozialwissenschaftlichen Beratungssituation berücksichtigen muß. Zugleich aber, und darin liegt u.E. sogar die wichtigere Funktion der Entscheidungstheorie, verdeutlicht die Präzisierung sehr klar die Grenzen zweckrationaler Argumentation und Reflexion: es handelt sich um eine formale, subjektive Rationalität (JUNGERMANN 1976, 51ff.). Subjektiv, da die Entscheidungstheorie von den subjektiven Kognitionen der handelnden Person über Zustände und Ereignisse der Welt ausgeht; hier wird gerade eine (psychologische) Beratung als Austausch von objektiver und subjektiver Theorie die Frage nach der Veridikalität dieser Kognitionen stellen und - hoffentlich - die Validität der Kognitionen durch Erweiterung mit objektiven Informationen steigern können. Formal ist die entscheidungstheoretische Rationalität, da sie nur nach dem (optimalen) Mechanismus der Entscheidung fragt, die materiale Rationalität der Entscheid-

ungen z.B. im Hinblick auf die Legitimität der verfolgten Ziele
bleibt eine Leerstelle: "die Dimension der Zielrichtigkeit ist
von der Theorie ausgeblendet" (HÖFFE 1975, 47). Da die (entscheidungstheoretisch optimale) Wahl "genauso rational oder irrational
wie die eingegebenen Daten" (auch die Bewertungen etc.) ist (o.c.,
57), erhebt sich hier für die wissenschaftliche Beratung eine
besondere Verpflichtung, die reine Zweckrationalität zu transzen-
dieren: dazu gehört die Berücksichtigung der 'Wertigkeit der Handlungen' (in sich) (vgl. JUNGERMANN 1976, 44ff.) und die Frage nach
der Generierung der unterschiedlichen Handlungsalternativen (HÖFFE
1975, 43; vgl. im einzelnen u.3. und 4.).

Die *Spieltheorie* geht davon aus, daß mehrere Entscheidungsträger
existieren, die aufeinander angewiesen sind, da sie zu einer
gemeinsamen Entscheidung kommen müssen. Da die Interessen der
einzelnen kollidieren können, kommt es darauf an, möglichst die
eigenen Interessen durchzusetzen (HÖFFE 1975, 73ff.). Die Spieltheorie erarbeitet hierfür 'optimale' Strategien: z.B. die Strategie, "bei einer optimalen Strategie des Gegners den Verlust zu
minimieren" (KÖNIG 1975, 214). Da auch in sog. kooperativen Spielen
die Beratung der Partner untereinander weniger Grundbedingung
der Einigung als eine zeitweise Taktik ist (vgl. HÖFFE 1975, 81),
baut die Spieltheorie strukturell auf der Gegnerschaft der 'Partner'
auf; diese Implikation macht sie für die Anwendung in einer auf
möglichst gleichberechtigten Diskurs ausgerichteten Beratung
unbrauchbar.

Die Idee der Zweckrationalität ist philosophiehistorisch stark
der Philosophie des (besonders englischen) *Utilitarismus* verpflichtet, dessen Ethik allerdings durchaus darüber hinausgehend
materiale Dimensionen einer konstruktiven Norm-/Zielbegründung
anstrebt (HÖFFE 1975, 100ff.). Im hedonistischen Utilitarismus
BENTHAMs (der besonders bekannt geworden ist), "gilt das als
geboten, was möglichst viel Vergnügen ... und möglichst wenig
Leid ... schafft" (o.c., 114). Das Ziel des 'Glücks *aller* Betroffenen' wird operationalisiert durch die größtmögliche Befriedigung aller (relevanten, tatsächlich vorhandenen) Bedürfnisse und Interessen (o.c., 129ff.). In Schwierigkeiten kommt
die utilitaristische Position bei der Festlegung qua Feststellung
dieses Glücks: der Rückgriff auf die Kognitionen/Emotionen der
'Betroffenen' ergibt nicht nur methodische Probleme (wie z.B.
die Meßbarkeit und Vergleichbarkeit von Gratifikationen; vgl.
HÖFFE 1975, 14ff.), sondern auch inhaltliche: der ('krude)
Empirismus der utilitaristischen Position setzt die "Präferenz-
souveränität der Betroffenen" voraus, d.h. daß diese Bedürfnis-
befriedigungen in Intensität, Dauer, Erwartungsgewichtung etc.
valide feststellen und unverzerrt verbalisieren könnten (o. c.,
147). Die internen Inkohärenzen, in diese Postulate führen,
sind nur zu vermeiden, indem man 'Glück' in einer Metaperspektive
als offene, prozessuale Konstruktion ('Selbstfindungsprozeß'
u. dergl.; HÖFFE 1975, 152) konzeptualisiert - eine Konsequenz,
die besonders für konstruktive, über Zweckrationalität hinaus-
tendierende Legitimation von Grundwerten relevant wird. Dem (utilitaristischen) "Paradigma der Nutzenkalkulation steht der Gedanke
der Kommunikation gegenüber" (HÖFFE 1975, 201), der seit jeher
besonders intensiv in der deutschsprachigen (Sozial)Philosophie
verfolgt wurde; Legitimation durch kommunikative Einigung wird
angezielt von *Modellen*, die den *Dialog* oder *Diskurs* in den Mittelpunkt stellen. Dabei dürfen Meinungen und Interessen nicht mehr
wie im utilitaristischen Paradigma den Charakter eines Datums

haben, sondern müssen zur Disposition gestellt werden (o.c., 21o);
d.h. der Diskutierende muß bereit sein, sich der argumentativen
Entwicklung des Diskurses zu stellen, gegebenenfalls theoretische
Lernprozesse durchzumachen und sich anschließend diesen gemäß zu
verhalten. Die (idealen) Charakteristika einer solchen möglichst
gleichberechtigten Diskussion sind besonders von HABERMAS (1971)
herausgearbeitet worden; das ausdifferenzierteste Diskurs-Modell
zur Legitimation von Normen/Zielen etc. hat die Erlanger Schule
ausgearbeitet (vgl. LORENZEN&SCHWEMMER 1973; SCHWEMMER 1971).
Hier schließen sich dann Modelle der Legimitation durch Konsens-
schaffung bei Experten (vgl. das Quellen-und-Kriterien-Modell von
TYLER oder die Delphie-Methode; KLAUER 1973, 131ff.) an, die aber
unter dem hier thematischen Aspekt der (vornehmlich dialoghaften)
Beratung nicht interessieren. Die Diskurs-Modelle sind für die
(pädagogisch-psychologische) Beratung als Austausch zwischen objektiver und subjektiver Theorie vor allem unter argumentations-
instrumentellem Gesichtspunkt wichtig, d.h. zur Gestaltung einer
möglichst repressionsfreien, gleichberechtigten Argumentationsweise
und -struktur innerhalb der Beratungssituation (vgl. dazu besonders
5.).

2.3. Aufbau

Die Darstellung einzelner paradigmatischer (für die pädagogisch-
psychologische Beratung wichtiger) Probleme folgt der oben
skizzierten Grundstruktur der Normkritik und -begründung.

Die erkenntnistheoretische Ausgangsposition, die dieser Grundstruktur unterliegt (und die daher hier explizit übernommen wird),
ist die eines gemäßigten Emotivismus (zwischen Intuitionismus und
Emotivismus, wie er von ZECHA z.B. für die Position BREZINKAs
herausgearbeitet worden ist, 1972, 584ff.; vgl. auch ZEDLER 1976,
99). Die Position des Naturalismus mit der These der Ableitbarkeit
(und Reduzierbarkeit) von Wertaussagen aus (auf) 'Sein'-Aussagen
wurde bereits oben bei der Kritik des naturalistischen Fehlschlusses abgelehnt. Der ethische Intuitionismus dagegen geht durchaus
von der Trennung in deskriptiven und Wert-Bereich aus - dadurch
wird insbesondere die Kritik der Mittel innerhalb der zweckrationalen Argumentation erreichbar (vgl. ZEDLER 1976, 96). Soweit
allerdings Werte nur als durch Rückgriff auf ein intuitives Vermögen der Werterkenntnis erfaßbar und damit nicht als begründbar
gelten, wird hier über den Intuitionismus hinausgegangen (ZEDLER
1976, 97f.). Diese Möglichkeit ist für den Emotivisten gegeben,
für den Wertung eine emotive, einstellungs-generierende Sinnkompo-
nente impliziert: und zwar im Rahmen einer Überzeugung von Partnern
durch eine (rationale) Diskussion (vgl. ZEDLER 1976, 98f.).

Für die Aufgaben einer Diskussion in Form der skizzierten Beratungssituation sind dabei drei verschiedene Ebenen relevant: 1. die
Ebene der wissenschaftlich-psychologischen Reflexion und Argumentation (sog. 'objektive' Theorie); 2. Die Ebene der (impliziten)
Alltags-Reflexion und -Argumentation des Erziehenden (sog. 'naive'
oder 'subjektive' Theorie); 3. Die Ebene der (impliziten oder
expliziten, naiven oder argumentativen) Wertungen des Erzogenen.

Entsprechend der Zielsetzung einer solchen Beratung unter 'Austauschperspektive' wird sich die Problemaufarbeitung auf solche Aspekte konzentrieren, die für die objektive und subjektive Theorie strukturparallel sind und daher zu einer direkten Erweiterung (vornehmlich der subjektiven) Theoriesysteme führen können. Andererseits wäre es eine irrational verkürzte Wertungsdynamik, das Beratungsmodell für die Wissenschaftler-Praktiker-Beziehung für optimal zu halten, nicht aber für die Erzieher-Erzogenen-Relation; die ideale Zielvorstellung setzt natürlich auch hier eine größtmögliche Gleichberechtigung und Beratungs-Relation an (vgl. HEINZE 1975, 144). Die Darstellung wird daher auch Probleme der Relation von Erzieher und Erzogenen mit thematisieren, selbst wenn das in der wissenschaftlichen Argumentation nur mehr ein Reden über die subjektiven Theorien bedeuten kann: denn da die Wissenschaft als solche keinen (erziehenden) Kontakt mit dem Erzogenen hat, handelt es sich bei solchen Fragen nur noch um Probleme des Erziehers, nicht um (genau) strukturparallele der Wissenschaft. In den Beispielen werden wir uns der Einfachheit und Geschlossenheit wegen auf diejenige Gruppe von Erziehern beschränken, die schon von Berufs wegen ein Interesse an der Vereinigung ihrer subjektiven Theorien mit objektiven haben muß und für die auch am umfassendsten die Existenz naiver (Persönlichkeits- und Prozeß/Interaktions-) Theorien nachgewiesen ist: die Lehrer. *Für die Normkritik und -begründung wird dabei nicht zwischen Zielen, Normen und Werten unterschieden, weil ihre funktionale Stellung innerhalb der zu behandelnden normativ-deskriptiv gemischten Satzsysteme identisch ist.* Normen sind Handlungsanweisungen (TRÖGER 1974, 113) oder -aufforderungen (KÖNIG 1975) und bezeichnen daher im praktischen Erziehungs- bzw. Unterrichtskontext Handlungsziele (die wiederum ihrerseits in Beziehung zu generelleren Lehr- oder Unterrichtszielen stehen, die als Normen oder Wertungen formulierbar sind; s.o.). Hinter Normen stehen Wertungen 'als theoretischer Vorgang', die durch den Aspekt der 'praktischen Konsequenz' zur 'Handlungsanweisung' werden (TRÖGER 1974, 113); damit aber füllen sie im Hinblick auf Kritik und Legitimationsversuche die gleiche funktionale Position aus: Wertungen "als Grundlage von Normen - weil die und die Handlung gut ist, muß man sie tun - können *metonymisch* als Normen bezeichnet werden" (KALINOWSKI 1972, 9). Allerdings ist als Prämisse des Bedürfnisses nach Normenkritik und -legitimation von der Voraussetzung auszugehen, daß kein unpro-

blematisierter Konsens über Normen- und Wertungsfragen besteht:
wo (z.B. durch Tradition) übereinstimmende Normbestände existieren,
gibt es keine Legitimationsprobleme (MEYER in FREY et al. 1975,
II, 427). Die Diskurs-Modelle gehen sogar von einer Einschränkung
der 'Aufgabenstellung auf die konfliktrelevanten Wertungen'
(LORENZEN&SCHWEMMER 1973, 1o9) aus, da es Aufgabe des Diskurses
sei, "das unproblematisierte Einverständnis ... durch Begründung
wiederherzustellen" (HABERMAS 1971, 115). Dies muß für einen
beratenden Diskurs nicht grundsätzlich unterstellt werden, ist
nicht einmal die optimale Zielidee; doch wird man auch hier davon
ausgehen, daß zumindest eine Unsicherheit hinsichtlich der Wert-/
Normenlegitimität vorhanden ist. Entsprechend dem prinzipiell
als Zielidee aufrechterhaltenen Anspruch der höheren Rationalität
der objektiven Theorie kann diese Unsicherheit allerdings innerhalb der Beratung auch in der Verunsicherung des subjektiv-naiven
Kognitionssystems durch die wissenschaftliche Argumentation bestehen (umso wichtiger ist die hilfreich-symmetrische Strukturierung der Beratungssituation: vgl. 5.). Die Schrittabfolge dieser
diskursiven Argumentation reflektiert sinnotwendig die eingangs
beschriebene Grundstruktur (vgl. KÖNIG 1975, 173ff.): innerhalb
der Ziel-Mittel-Argumentation zunächst die deskriptive Überprüfung
und die negative Kritik, sodann die über Zweckrationalität hinaus-
reichende Argumentation hinsichtlich der Wertigkeit von Handlungen,
Metanormen und Grundwertlegitimation (s. 3. u. 4.).

*3. ZWECKRATIONALE ZIEL-MITTEL-ARGUMENTATION*

3.1. Empirische Fragen: Situationseinschätzung, Mittelbrauchbarkeit und -erweiterung

Der Einsatz bestimmter (z.B. didaktischer) Mittel zur Erreichung
von Unterrichtszielen erfolgt immer in einer konkreten Ausgangssituation; die adäquate Kenntnis dieser Ausgangssituation ist
für den Lehrenden wichtig, damit er beurteilen kann, was seine
didaktischen Mittel und Ziele für den Lernenden 'bedeuten'. Hier
muß der Lehrende aufpassen, daß er nicht in den 'Objektivismus'-
Fehler verfällt, den die experimentelle Psychologie leider so
häufig vorgemacht hat. In psychologischen Experimenten (besonders
des behavioristischen Forschungsprogramms) wird häufig unterstellt,
daß die Experimentalsituation für die Versuchsperson so beschaffen

ist, wie sie der Versuchsleiter 'eingerichtet' hat - und damit so, wie er sie wahrnimmt; für die Versuchsperson ist keine eigenständige Weltsicht vorgesehen (obwohl sie eine solche hat, die zudem nicht selten von der des Vl differiert). Der Lehrende sollte sich bewußt sein, wie die Ausgangssituation im subjektiven Erleben des Schülers und seiner Weltsicht beschaffen ist; denn nur auf dem Hintergrund dieser Kenntnis können didaktische Mittel effektiv sein und Ziele legitimiert werden. Als wichtigster Aspekt ist dabei sicherlich die Berücksichtigung der Bedürfnisse des Schülers zu nennen, auf die der Lehrer mit seiner Ziel-Mittel-Intention trifft.

Beispiel: Ein Lehrer bestraft die gesamte Klasse für das den Unterricht störende Verhalten einiger weniger (zur pädagogisch-psychologischen Bewertung dieser Disziplinierungsmaßnahme vgl. KLAUSMEIER&RIPPLE 1975, 3o5); er mag dies in der (skizzierten) Struktur zweckrationaler Argumentation folgendermaßen begründen: diese Maßnahme schafft Ruhe und Disziplin in der *ganzen* Klasse und Schulklassen müssen/sollen diszipliniert sein; dies läßt sich weiterhin rechtfertigen durch die Behauptung, daß nur in einem disziplinierten Unterricht auch die schwächeren Schüler, die durch Lärm, Unruhe etc. besonders abgelenkt werden, etwas lernen und nicht nur die guten Schüler, die bekanntlich auch trotz Störungen lernen; und nur die Sicherung, daß auch die schlechteren Schüler lernen, ermöglicht es, die Schere zwischen sozial benachteiligten und bevorteilten Schülern nicht noch größer werden zu lassen und Chancengleichheit für die Schüler zu verwirklichen (wir brechen hier den legitimierenden Argumentationsgang ab, obwohl er sich natürlich prinzipiell fortsetzen läßt). Damit sich der Lehrer hier nicht von Anfang an 'objektivistisch' in der Kohärenz seiner Legitimations-Argumentation verfängt, sollte er bereits für die Ausgangssituation die Bedürfnislage der Schüler berücksichtigen. Dazu gehören natürlich besonders die gegen Disziplin gerichteten Bedürfnisse nach impulsiver Aktivität, verbaler und nonverbaler Kommunikation etc., so daß die psychische Belastung und Schwierigkeit, die das angestrebte Ziel und indirekt dadurch auch die eingesetzte Disziplinierungsmaßnahme für die Schüler bedeuten, deutlich werden.

Eine solche reflektierende Vergegenwärtigung und damit Explikation der Bedürfnisse der Lernenden ist besonders bei jungen Schülern ein wichtiges Problem. In einem (tendenziell symmetrischen) Diskurs wie der angestrebten Beratung der Praktiker durch Wissenschaftler bringt jeder der Beteiligten möglichst gleichberechtigt seine Wertungen, Interessen, Bedürfnisse in die Argumentation ein (und stellt sie damit natürlich auch zur Geltungsüberprüfung frei; vgl. HABERMAS 1971, 137). Kindern und Jugendlichen aber ist das je nach Alter kaum oder zumindest nicht vollständig möglich, aus Gründen der Entwicklung von Reflexions-, Verbalisierungsfähigkeit etc.; das heißt nicht, daß man nicht versuchen sollte, über den gegenwärtig erreichten (sicherlich nicht optimalen) Stand hinaus

durch sozialintegrativen Interaktionsstil und Kommunikationsweisen
diese Fähigkeiten zu verbessern. Aber in Bezug auf die nicht überspringbaren Grenzen der Selbsterkenntnis und Verbalisierungsfähigkeit muß der Lehrer die Aufgabe übernehmen, möglichst umfassend
die Bedürfnisse und Interessen des Schülers zu explizieren und
in seine Legitimations-Argumentation einzubringen; nur so kann
diese Argumentation auch in Bezug auf unvermeidbar Unterlegene
(Schüler) eine zumindest virtuell kommunikative werden. Im konkreten Legitimationsprozeß erleichtert diese Sichtweise es dem Lehrer,
zwei Folgeaspekte der Argumentation qualifizierter anzugehen:
*die Kenntnis der Schwierigkeiten,* die seine Unterrichtsziele und
-mittel für den Schüler bedeuten (können), setzt ihn in die Lage,
Hypothesen über mögliche (unerwünschte) Nebenfolgen seines Handelns
aufzustellen (vgl. u.). Wenn diese Schwierigkeiten z.B. entwicklungsbedingt und damit für den Schüler auch bei 'gutem Willen'
nicht ausräumbar sind (vgl. die Entwicklung der 'Impulskontrolle'),
*wird* diese Perspektive *für das Problem der Legitimität von Zielen
unter dem Aspekt der Realisierbarkeit wichtig* (vgl. u. Metanorm
'Sollen impliziert Können').

Ein spezielles Problem der möglichen Diskrepanz in den Bewertungen
von Erziehern und Erzogenen kann sich im Gebots- und Verbotsbereich
ergeben - ein Problem, das in der Grundunterscheidung von der
deontischen Logik präzisiert wurde. In Normensystemen qua Gebots-,
Verbots- und Erlaubnisbestimmungen sind gewöhnlich eine Vielzahl
von Situationen geregelt, niemals aber alle möglichen Situationen,
Handlungen etc. abdeckbar. Dies gilt auch für Verbote und Erlaubnisse von Erziehern gegenüber Kindern. Es stellt sich daher das
Problem der 'Abschließung' des Normensystems; dafür gibt es zwei
prinzipielle Möglichkeiten: einmal die Bestimmung 'Alles, was nicht
erlaubt ist, ist verboten' und zum anderen 'Alles, was nicht verboten ist, ist erlaubt' (vgl. KALINOWSKI 1972, 121; KUTSCHERA 1973,
22). Die erste Maxime ist in Bezug auf die Variabilität und (quantitative) Offenheit der zulässigen Verhaltensweisen naturgemäß sehr
viel restriktiver als die zweite. Praktisch-pädagogische Erfahrungen
und psychologisches Verständnis (der jeweiligen Motivationshintergründe) berechtigen zu der Vermutung, daß Erzieher und Erzogene
schon von der unterschiedlichen Rolle her gern einen verschiedenen
Abschluß wählen: die Erzieher eher den 'restriktiven' und Erzogene
eher den 'offenen'. Erzieher sollten diese unterschiedliche Abschließungs-Möglichkeit zumindest bewußt haben und ihre Wahl auch
argumentativ begründen können. Dabei wird sich allerdings u.E. relativ rasch die Begrenztheit der deontischen Operatoren zeigen, denn
Ziel der Moralentwicklung ist sicherlich weder ein restriktiver
noch ein offener Abschluß von Verbots- und Erlaubnissystemen;
sondern eher die Unabhängigkeit von solchen Bestimmungen, die eigenverantwortliche Wahl und Auszeichnung von Zielen (als gebotene,
qualitativ zu präferierende etc.).

## Mittelbrauchbarkeit: Folgen und Nebenfolgen

Viele Konflikte über Erziehungsziele setzen weniger im eigentlich normativen Bereich, sondern "in der Meinungsverschiedenheit über die *Mittel*" an (TRÖGER 1974, 162). Denn die zweckrationale Ziel-Mittel-Argumentation impliziert immer Annahmen über eintretende Folgen; an diesem Punkt liegt *die direkteste Wirkungsmöglichkeit für die empirische Wissenschaft zur Verbesserung des subjektiven Kognitions- und Argumentationssystems:* indem sie durch *Mitteilung von empirischen Gesetzmäßigkeiten* (hinsichtlich der thematischen Mittel-Folge-Beziehungen) den subjektiven Informationsstand verbessert. Wenn z.B. beim Lehrer bisher überhaupt keine (auch keine subjektiven empirischen) Informationen über bestimmte Folgen vorlagen, hat die wissenschaftliche Beratung die Chance, den Entscheidungsrahmen vom Zustand der Ungewißheit in den des Risikos zu überführen. Wenn subjektive Erwartungswahrscheinlichkeiten in Bezug auf das Eintreten konsequenter Ereignisse (beim Lehrer) gegeben sind, kann die Mitteilung empirischer Forschungsergebnisse zu einer Objektivierung und Validitätssteigerung des subjektiven Informationsstandes beitragen. Damit ist (im positiven Falle) zunächst einmal ein Zuwachs an objektiver Rationalität bei der Mittelauswahl erreicht; wegen der Identität von Mittel und Ziel im Lauf der 'aufsteigenden' Legitimation ist - im negativen Fall der Falsifizierung einer Erwartung von Handlungsfolgen - auch eine ('negative') Zielkritik möglich.

Beispiel: Wenn im Beispiel der oben angeführten Disziplinierungsmaßnahme die empirische Annahme, daß durch die Bestrafung der gesamten Klasse als Folge Ruhe und Disziplin in der gesamten Klasse eintreten, von seiten der empirischen Wissenschaft und ihrer Ergebnisse als falsch zu bezeichnen ist: dann ist das Disziplinierungsmittel als unbrauchbar und ungerechtfertigt kritisiert. Wenn die empirische Annahme, daß nur in einem disziplinierten Unterricht auch die schwächeren Schüler etwas (präziser: genauso viel wie die guten Schüler) lernen, empirisch unhaltbar ist: dann ist damit das (Zwischen)Ziel 'Disziplin' als nicht-legitim nachgewiesen (im Kontext der vorgegebenen Argumentation; vgl. o. 2.1. und KÖNIG 1975, 22f.).

Durch den Austausch von objektiver und subjektiver Theorie kann im Hinblick auf die Handlungsfolgen ein methodisches Kriterium realisiert werden, das z.B. von der Entscheidungstheorie bereits als Voraussetzung eingeführt wird: die Unabhängigkeit von Nutzen und Erwartungswahrscheinlichkeit der Folgen. Für ein rationales Subjekt sollen "die Werte, die es möglichen Konsequenzen beimißt, und die Erwartungen, die es hinsichtlich der Zustände der

Welt hat, unabhängig voneinander" (JUNGERMANN 1976, 3o) sein. Das
ist nach den Forschungsergebnissen der Psychologie allerdings eine
Idealvorstellung, kein Faktum des normalen Wahrnehmungsprozesses
(vgl. Ergebnisse zur sozialen Wahrnehmung, über Inferenz- und
Attribuierungsprozesse etc.). Sehr viel realistischer ist es,
davon auszugehen, daß der Mensch nur allzu gern 'alles glaubt,
was ihm seine (eingenommene) wertende Haltung legitimiert'
(PAWLOWSKA 1969, 523) und er dann z.B. selektiv, verzerrend wahrnimmt. *Die beiden (unter zweckrationaler Perspektive) wichtigsten
Verletzungen der Unabhängigkeitsannahme sind folgende: einmal
die Beeinflussung der Erwartung von den Nutzen her* (alltagssprachlich 'Wunschdenken'; JUNGERMANN 1976, 31); der Handelnde wünscht
die Folge und nimmt sie daher auch (übersteigert oder gänzlich
unberechtigt) wahr. Der Lehrer z.B., der Ruhe und Ordnung in der
Schulklasse anstrebt, nimmt (eventuell unter Ausnutzung des
Kontrasteffekts) eine deutlich bessere Disziplin wahr, nachdem
er die ganze Klasse bestraft hat - obwohl keine bedeutsame Änderung
(in Richtung auf Arbeitserleichterung) eingetreten ist. *Die zweite
Möglichkeit: Beeinflussung der Bewertung von der Erwartung her*
(alltagssprachlich das Phänomen der 'sauren Trauben'; JUNGER-
MANN 1976, 31); der Lehrer, der sich über die Effektivität
seiner Disziplinierungsmaßnahme im Unsicheren ist, wertet den
(Folge)Zustand der Disziplin in der Schulklasse ab - obwohl er
vielleicht in der Tat eine wichtige Voraussetzung auf dem Weg
zur Chancengleichheit von Schülern aus unterschiedlichen Be-
völkerungsschichten ist. Im Ausräumen solcher (durchaus 'menschlichen' und daher nicht als Vorwurf monierbaren) Verzerrungen
kann die pädagogisch-psychologische Beratung zur Steigerung der
Rationalität von Ziel-Mittel-Legitimationen beitragen (völlig
erreichen lassen wird sich dies methodische Kriterium der Unabhängigkeit von Nutzen und Erwartung allerdings kaum, da natürlich
auch Wissenschaftler den genannten Verzerrungstendenzen unterliegen
- nicht zuletzt auch als Versuchsleiter empirischer Untersuchungen,
vgl. die versuchskritische Forschung: Überblick s.o. I.5.). Von
der empirischen Wissenschaft aber wird darüber hinaus noch erwartet,
daß sie auch über eventuelle andere Folgen der eingesetzten Mittel
Auskunft geben kann. In diesem Aspekt der *'Nebenfolgen'* liegt ein
weiterer Ansatzpunkt zur Ziel-Mittel-Kritik (vgl. KÖNIG 1975, 23).
Denn die unbeabsichtigten Wirkungen können die ganze legitimierende
Argumentation erschüttern, z.B. wenn sie gegen viel wichtigere

oder generellere Ziele des Legitimationsversuchs verstoßen. BREZINKA hat daher völlig zu Recht darauf hingewiesen, daß der Ausdruck 'Nebenfolgen' unter dem Aspekt der ursprünglichen Zielgerichtetheit der thematischen Handlung gewählt ist, aber keine Gewichtigkeit der Bedeutung andeuten soll und darf (1976, 118). *Unbeabsichtigte Wirkungen können für die Erreichung des intendierten Ziels völlig irrelevant sein, sie können gegen andere Wert- und Normhorizonte verstoßen oder sogar den beabsichtigten Zweck unmöglich machen.* Die konkrete Entscheidung über die Legitimität der eingesetzten Mittel (und indirekt der angestrebten Ziele) wird im Einzelfall von der argumentativen Einbettung in andere Ziel-Mittel-Hierarchien und der Möglichkeit abhängen, unerwünschte Nebenfolgen "mit Hilfe sog. 'flankierender Maßnahmen' abzuschwächen oder auszugleichen" (KÖNIG 1975, 63).

Beispiel: Wenn in unserem Disziplinierungsbeispiel Schüler, die für das Störverhalten anderer bestraft werden, ebenfalls eine 'implizite Unterrichtstheorie' besitzen und innerhalb dieser z.B. eine Gerechtigkeitsnorm, die Sühne ohne Schuld ablehnt, dann werden sie sich ungerecht behandelt fühlen, motivational geschädigt werden etc.; außerdem kann durch die generalisierte Bestrafungsweise des Lehrers Ängstlichkeit auftreten, die (gerade bei weniger guten Schülern) zu Leistungsabbau bis -zerfall führt. Daß solche 'Neben'wirkungen in der Tat auftreten, haben empirische Untersuchungen von KOUNIN&GUMP (1958) ergeben (vgl. KLAUSMEIER& RIPPLE 1975, 3off.). Die beschriebene Disziplinierungsmaßnahme widerspricht also schon einmal einem anderen, aber höheren Wert, als welcher die unterstellte Gerechtigkeitsnorm der Schüler sicherlich zu legitimieren wäre. Darüber hinaus aber widerspricht sie auch Zielen, die als Oberziele zur Legitimierung der 'Disziplin' eingeführt wurden: nämlich der für das Lernen notwendigen Motivation, ja gerade der Lernleistung der (schwächeren) Schüler. Solange keine 'flankierenden Maßnahmen' zur Eliminierung/Aufhebung dieser Nebenwirkungen bekannt sind, wird man daher die vorgestellte Argumentation als 'negativ kritisiert' (und damit die Handlung der Bestrafung und das Ziel der Disziplin als nicht-legitimiert) ansehen.

Ein Aspekt, für den sich die Pädagogische Psychologie seit einiger Zeit in ihren Forschungsprogrammen hinsichtlich der Frage der 'Nebenfolgen' zu rüsten beginnt, ist durch die Unterscheidung von Schülergruppen (starke vs. schwächere) angedeutet: pädagogisch-didaktische Mittel haben nicht unbedingt bei allen Schülern die gleichen Folgen (BREZINKA 1976, 132f.). Während bei einer Schülergruppe die beabsichtigten Wirkungen eintreten, können bei einer anderen ganz andere oder sogar konträre Folgen auftreten. Diese Probleme werden in der pädagogischen Psychologie vom sog. ATI-Forschungsprogramm angegangen (Aptitude-Treatment-Interaction;

vgl. FLAMMER 1973; 1975; TREIBER&PETERMANN 1976); bisher sind allerdings die vorliegenden Ergebnisse sicherlich für die Bedürfnisse des Praktikers bei weitem nicht ausreichend. Insgesamt ist der Praktiker pinzipiell durchaus berechtigt, gerade in Bezug auf das Problem der Nebenfolgen das wissenschaftliche Informationspotential (soweit es Informationen zur Verfügung hat) über eine pädagogisch-psychologische Beratung auszubeuten; das entbindet ihn aber nicht davon, sich auch selbst (z.B. hinsichtlich nicht erforschter Nebenfolgen, was die Mehrzahl sein dürfte) ein wachsendes Problembewußtsein zu bewahren oder aufzubauen: die dauernde Frage an sich selbst nach den Bedürfnissen, Interessen der Schüler ist eine gute Möglichkeit dafür (s.o.).

*Mittelerweiterung*

Wenn innerhalb eines beratenden Austausches von objektiver und subjektiver (Unterrichts)Theorie eine in der Praxis eingefahrene Technik als ungeeignet bestimmt wurde, wird natürlich sofort die Frage auftauchen: welches Mittel soll man anstelle des abgelehnten setzen? Möglichst ein Mittel, das die angestrebten Ziele optimal verwirklicht, dessen Wirkung empirisch gesichert ist und das keine unerwünschten Nebenwirkungen hat. In der Bereitstellung solcher Mittel wird die Verbesserung der pädagogischen Praxis durch die Wissenschaft unter technologischem Aspekt geleistet. Diese Verbesserung kann natürlich auch darin bestehen, zu vorhandenen Mitteln weitere mögliche Alternativen hinzuzufügen, um so eine qualifiziertere Auswahl zu ermöglichen. *Diese Funktion der Bereitstellung zusätzlicher Mittel (Techniken) gilt traditionellerweise als eine der wichtigsten (wenn nicht die) Aufgabe der Wissenschaft in Bezug auf die Praxis* (vgl. HOFER 1976, 11). Ihr entspricht auch am besten die Forschungsstrktur mit den Zielen der Erklärung und Prognose (PRIM&TILMANN 1973, 109ff.): man nimmt die Sukzedenz-Variablen empirisch bestätigter Gesetzmäßigkeiten als Ziele und kann dann aufgrund der Kenntnis der Antezedenz-Variablen angeben, welche Bedingungen (als Mittel) zur Erreichung des Ziels zu realisieren sind. Verfügt man über mehrere solcher Handlungsmöglichkeiten, so ergeben sich unter präzisen, formalisierten Entscheidungsmodellen Folgeprobleme der optimalen Auswahl, die allerdings für praktische Entscheidungsprozesse u.E. kaum relevant werden, da hier zumeist auf intuitive Gewichtungen zurückgegriffen wird; wir sind uns auch unschlüssig, ob man innerhalb pädagogisch-

psychologischer Beratung auf eine Explizierung und Präsizierung
dieser Entscheidungsstrukturen drängen sollte: man kann u.E. durchaus berechtigt die These vertreten, daß auch die von der Wissenschaft gelieferte Informationsgrundlage viel zu unsicher ist, als
daß derart komplexe, differenzierte Verarbeitungsmechanismen angebracht wären (wer sie dennoch durchführen möchte, findet eine
gute Zusammenfassung bei KÖNIG 1975, 37ff.). Auch hier ist der
Praktiker allerdings weder durch die wissenschaftliche Information
noch durch lange erfolgreiche Anwendung von Mitteln von der Verpflichtung zu dauernder kritischer Überprüfung der Legitimität ent-
bunden. Es ist nämlich durchaus möglich, daß bislang legitime
Mittel durch die Änderung der Situation (z.B. historische Änderung)
ungerechtfertigt werden: so kann sich z.B. die Interessen-, Be-
dürfnis- und Fähigkeitslage der Schüler ändern, im Hinblick auf
Disziplinierungsmaßnahmen etwa wenn 'antiautoritär' erzogene
Kinder eingeschult werden. Solche (historischen) Veränderungen
nicht zu beachten, führt zu einer *'Verselbständigung der Mittel'*
(KÖNIG 1975, 2oof.); die *Gefahr* solcher Verselbständigung ist
u.E. *für objektive wie subjektive Theoriesysteme* gleichermaßen
gegeben (weil es auch für Wissenschaftler mit hohen kognitiven -
und materiellen - 'Kosten' verbunden ist, das Theoriesystem immer
wieder auf historische Entwicklungen 'einzustellen'). Der Austausch
zwischen wissenschaftlicher und naiver Theorie und Argumentation
kann - und soll - daher hier durchaus zu einer gegenseitigen Kritik
führen!

Überhaupt ist an dieser Stelle abschließend für das gesamte Gebiet
der Verbesserung impliziter Theorien (der Praktiker) durch wissenschaftlich-empirische Daten vor allzu großer Euphorie zu warnen:
die Forschung ist zu einem großen Teil zunächst einmal auf die
Gewinnung möglichst 'harter' experimenteller oder quasiexperimen-
teller Daten ausgerichtet. Wegen der Gegenläufigkeit von interner
und externer Validität (vgl. CAMPBELL&STANLEY 1963) führt das zu
einer relativ großen Unsicherheit hinsichtlich der Generalisierbarkeit (der Ergebnisse) auf Alltagssituationen; pädagogische
Psychologen werden daher bei jeder Form von Beratung auch immer
(zumindest partiell) naive Schlußprozesse (wie Vermutungen über
Generalisierbarkeit) in ihrem Theorie- und Kognitionssystem besitzen (vgl. WEINERT 1977). Außerdem ist in der Tat auch das
empirische Wissen (der Psychologie) in Bezug auf die kontruktiven

Handlungsmöglichkeiten, bedingt durch inkohärente Forschungsergebnisse, Methodenprobleme etc., nicht übermäßig sicher, eher schon das Wissen über das, was auf alle Fälle schädlich ist (vgl. BREZINKA 1976, 104). Jedenfalls gibt es gute Argumente dafür, daß auch die Wissenschaft von der Erfahrung und Reflexion des erfolgreichen Praktikers erheblich lernen kann (vgl. TREIBER et al. 1976).

3.2. Zielfragen: Präzision, Kohärenz, Konflikt

*Zielpräzisierung und -Explikation*

Ziele müssen, um kritisierbar und legitimierbar zu sein, präzise definiert und expliziert werden. Es ist nicht zulässig, Akzeption von Zielen statt durch argumentative Legitimierung durch emotionale Faszination, die hauptsächlich auf der Vagheit und einer Projektionen offenstehenden Leere der Konzeptexplikation beruht, erreichen zu wollen (vgl. die Kritik an Leerformeln: TOPITSCH 1966; 1969). Es scheint, als habe z.B. der Begriff der 'Emanzipation' in der Diskussion der letzten Zeit zumindest zum Teil auf diese Weise seine weit verbreitete Akzeption als Zielkonzept erreicht (vgl. RÖSSNER 1972, 59ff.) Nur auf dem Hintergrund einer präzisen Definition, die eine empirische Entscheidung über das Erreichtsein eines Zieles erlaubt, ist eine Kritik, Bewertung von Mitteln und Handlungsnormen möglich. KÖNIG analysiert z.B. die Begründung, daß das Unterrichtsziel 'Effektivität' durch programmierten Unterricht besser als durch lehrergeleiteten erreicht wird, unter dem Aspekt der Zieldefinition bzw. -präzisierung (1975, 83ff.); dabei zeigt sich, daß in der Literatur 'Effektivität' unterschiedlich operationalisiert wird: als benötigte (kürzere) Lernzeit; als höhere Leistung in einem lernzielorientierten Test; als höhere Behaltensleistung (im Langzeitgedächtnis) etc. Je nach Begriffspräzisierung sind natürlich andere empirische Daten zur Überprüfung der empirischen Begründungsimplikationen heranzuziehen; und noch einmal: andere Untersuchungen sind vonnöten, wenn man z.B. die genannten drei Explikationen zusammengefaßt als Definition des Ziels 'Effektivität' verstehen will - wobei nach KÖNIGs Übersicht diese Untersuchungen z.B. bisher noch nicht existieren (1975, 87). So notwendig eine differenzierte sprachimmanente Analyse des jeweiligen Zielkonzepts also für eine rationale Legitimationsargumentation ist, so darf sie doch nicht dazu mißbraucht werden, empirische (und damit sprachtranszendente) Fragen rein analytisch lösen

zu wollen. Es ist zumeist ein sicherer Indikator für dogmatisierende
Immunisierung, wenn vorgegeben wird, empirische Fragen über (analytische) Definitionsversuche beantworten zu können. KÖNIG kritisiert
als Beispiel die rein sprachimmanente Begründung des Lernziels
'Stärkere Berücksichtigung der Individualphase des Lernens'
(durch den Programmierten Unterricht); wenn die Begründung darauf
abzielt, daß eine stärkere Berücksichtigung der Individualphase
des Lernens einen größeren Lernerfolg erzielt, ist es unzulässig,
diese Behauptung folgendermaßen (analytisch) nachweisen zu wollen
(vgl. KÖNIG 1975, 87): "Lernen ereignet sich nur in der Form
'ich lerne'" und daraus zu folgern "je mehr die Individualphase
des Lernens berücksichtigt wird, desto größer ist der Lernerfolg".
"Noch so viele Überlegungen über die umgangssprachliche Verwendung
des Prädikator 'lernen' ... sagen nichts darüber aus, ob eine
stärkere Berücksichtigung der Individualphase wirklich zu einer
Vergrößerung des Lernerfolgs führt" (KÖNIG 1975, 88). *Ziel-
Konzepte müssen also (wie wissenschaftliche Begriffe und Konstrukte
generell) möglichst präzise und differenziert expliziert (definiert) sowie auf ihre Realitätsadäquanz (im Sinne der Konstruktvalidierung) überprüft werden.*

Beispiel: Als Beispiel skizzieren wir kurz eine Möglichkeit der
Explikation von Kreativitätskriterien (die nicht auf unlegitimierte
oder unlegitimierbare Experten-Ebenen ausweicht). Hinsichtlich des
zentralen Ausgangskriteriums 'Neuheit' führt der Rekurs auf eine
statistische Norm zu einem Widerspruch in sich selbst (vgl. o.
1.2.). Ähnliches gilt für die Anforderung, daß ein Gedanke (z.B.)
zum erstenmal überhaupt gedacht wird (GHISELIN 1964) bzw. innerhalb
einer bestimmten Gesellschaft oder Zeit objektiv zum erstenmal
vorkommt (BARRON 1955). Bei dieser Anforderung wäre von zwei Personen, die unabhängig voneinander völlig selbständig und 'neu'
die Infinitesimalrechnung entwickeln, die zeitlich spätere nicht
mehr 'kreativ'. Das widerspräche einem vernünftigen (psychologischen)
Wortgebrauch von 'kreativ'. Es bleibt daher für eine psychologisch
adäquate Explikation nur (wie es mittlerweile auch weitgehend
akzeptiert ist), Neuheit durch den Rückbezug auf ein Bezugssystem
zu definieren (BRUNER; HENLE; JACKSON&MESSICK; vgl. GROEBEN 1972,
75). Eine Idee bzw. ein Produkt ist dann neu, wenn es "von diesem
System nicht vorhersagbar ist" (ULMANN 1968, 31). Auch für diese
Explikation bleibt allerdings eine Denkmöglichkeit, die mit der
sinnvollerweise angesetzten Intension von 'kreativ' kollidiert;
es sind gewisse Neuheitseffekte auch durch 'rein blindes Variieren'
(CAMPBELL 1960) erreichbar - z.B. durch Zufallsgeneration. Die
Ziellosigkeit solcher (eben auch statistischer Neuheit) widerspricht
allerdings eindeutig dem beim Konstrukt Kreativität implizierten
Sinnhorizont; daher ist die - polare - Ergänzung des Kriteriums
'Neuheit' durch ein Kriterium wie 'Brauchbarkeit' (sprachimmanent
logisch) notwendig - wobei das Kriterium der 'Brauchbarkeit' natürauch wieder in Rückbezug auf kognitive (etc.) Systeme zu sehen ist.

Es ergibt sich damit durch die sprachimmanente Explikation, daß auf jeden Fall die polaren Kriterien der 'Neuheit' und 'Brauchbarkeit' zusammen als (notwendige und hinreichende) Kriterien für Kreativität angesetzt werden müssen. Die Rede von der Polarität ist dabei so zu verstehen, daß sie trotz ihrer Gegenläufigkeit möglichst beide maximiert werden sollten, ohne daß sie durch die damit ausgelöste Divergenzdynamik auseinanderbrechen, d.h. eines (oder beide) in die Richtung der Minimierung umkippt. Die übrigen Kreativitätskriterien (wie 'Transformation', 'Integrationsdynamik' etc.) erfüllen dann vorwiegend zusätzliche Funktionen wie die Beurteilung höherkomplexer Produkte in Bezug auf ihre Einordnung in bestimmte Kreativitätsniveaus etc (GROEBEN 1972, 75ff.). Die empirische Adäquanz dieser Kriterienexplikation, besonderes der polar-korrektiven Relation zwischen 'Neuheit' und 'Brauchbarkeit', wäre dann durch empirische Konstruktvalidierung zu überprüfen; das bedeutet gewöhnlich eine (methodisch-empirisch geleitete) Einbettung des Konstrukts in ein nomologisches Netzwerk, z.B. der Wirkung von (nach den Kriterien) kreativen Produkten. Hier wären z.B. sehr viel mehr historische Untersuchungen, die das Veränderungspotential kreativer Produkte aus der historischen Retrospektive abzuschätzen gestatten, vonnöten (wie z.B. WERTHEIMERs Analyse der Relativitätstheorie Einsteins: 1957). Mithilfe solcher Überprüfungen könnte es nach und nach auch gelingen, die Kreativitätskriterien immer mehr aus dem Stand regulativer Zielvorstellungen (auf dem sie beim derzeitigen Status der Explikation und empirischen Begründung noch stehen) in den Stand von am Objekt selbst meß- und bewertbarer Merkmale herauszuheben.

Zur Ziel-Explikation gehört aber auch die Reflexion über den Bezug zu anderen, in der jeweils thematischen Argumentation nicht (unmittelbar) intendierten Zielen. Ein erster Aspekt solcher mittelbarer Zielhorizonte ist das 'advokatorische Wahren von Schülerinteressen' durch den Lehrer (MEYER in FREY et al. 1975, II, 43o), die diese nicht artikulieren können - eine Forderung, die wir schon oben unter dem Aspekt der 'Situationseinschätzung' behandelt haben, da sie dort u.E. für den Argumentationsprozeß eine produktivere Funktion besitzt. Wichtiger erscheint uns noch die *Frage, welchen anderen als den angestrebten Zielen man mit der Verfolgung 'seiner' Ziele notwendig oder empirisch kontingent noch dient.* BREZINKA führt als Beispiel an, daß man mit der Realisierung bestimmter Erziehungsziele in einem bestimmten Schul- und Bildungssystem automatisch auch politische Ziele verwirklicht (z.B. 'Produktion von Abiturienten' oder 'Integration unterprivilegierter Bevölkerungsgruppen' (?); BREZINKA 1969, 9o, Fragezeichen von uns). Grundsätzlich sehen wir zwei verschiedene Möglichkeiten einer solchen mittelbar-indirekten Zielrealisierung, über die man sich Rechenschaft ablegen sollte (als Wissenschaftler wie als Praktiker): *zum einen Ziele, die eventuell bestimmten Verfahrens- oder Vorgehensweisen inhärent sind* (und damit unüberspringbar sind). Im Bereich der Wissenschaft

etwa wäre das die inhaltlich-konstruktive Auswertung der Beziehung
zwischen methodologischer Metabasis und Gegenstandskonstituierung
(s.o. 1.3.). Das Argument von HABERMAS, daß empirische Wissenschaften (notwendig, da methodenimmanent) ein 'technisches Erkenntnisinteresse' verfolgen, ist ein Beispiel für diese verfahrensdeterminierte Zielperspektive; auch die (oben angedeutete) Kritik
am behavioristischen Forschungsprogramm geht - über den non-statement view von Theorien - von dem Argument aus, daß durch die Forschungsmethodik unvermeidbar bestimmte (unerwünschte) Subjektmerkmale als Zielkategorien der Gegenstandskonstituierung realisiert
werden (behaviorales Subjektmodell). Genauso wichtig ist aber
sicherlich *die zweite Reflexionsmöglichkeit:* nämlich den Aspekt der
*'Nebenwirkungen'* sozusagen *konstruktiv in den Zielbereich
hinein zu verfolgen* und zu überprüfen, welche weiteren als die
intendierten Ziele durch (empirische) Verbindungen mit anderen
Zielkategorien, -dimensionen etc. beim Anstreben bestimmter
beabsichtigter Ziele mitrealisiert werden. Die durch das Wertfreiheitspostulat 'wertallergisch' (SCRIVEN 1967) gewordene
empirische Wissenschaft hat allerdings hinsichtlich beider *Perspektiven der indirekten Ziel-Mitrealisierung* bisher hauptsächlich
Berührungsfurcht gezeigt und auf diese Weise u.E. für eine praxisrelevante (rationale) Technologie- und Legitimierungs-Argumentation
große Lücken entstehen lassen.

*Zielkohärenz - Zielkonflikt*

Von dieser Explikation aus ist es nur mehr ein kleiner Schritt
dazu, mehrere Ziele gleichzeitig intentional zu berücksichtigen;
in diesem Fall wird die deontische Konsistenz bzw. Inkonsistenz
zu einem möglichen Problem. Deontische Konsistenz ist die Widerspruchsfreiheit von Normensystemen (KUTSCHERA 1973, 28). Rein
logisch ist Widerspruchsfreiheit dadurch gegeben, daß nicht gleichzeitig ein Ziel (eine Norm) und seine (ihre) Negation behauptet
werden; da dies noch am leichtesten unmittelbar, auch intuitiv
sichtbar wird - allerdings nur bei adäquater Explikation des
thematischen Ziel-/Normsystems -, ist die (logische) Widerspruchsfreiheit vermutlich weitgehend zu unterstellen. Weniger auffällig
allerdings sind *Widersprüche, die über die Konsequenzen verschiedener Ziele (und damit empirischer Kontingenzen) vermittelt sind.*
Zur Eliminierung solcher 'äußeren Widersprüchlichkeit' (wir verwenden den Terminus etwas anders als KLAUER 1973) kann wiederum

die empirische Psychologie durch Bereitstellung von entsprechenden (empirisch gesicherten) Informationen beitragen - vorausgesetzt sie akzeptiert konstruktiv die ziel- und normkritische Denk- und Argumentationsrichtung. Der einfachste Fall eines derartigen ('äußeren') Widerspruchs-Aufweises, für den wir im folgenden ein Beispiel geben wollen, besteht darin, daß für ein bestimmtes Lernziel (A) empirisch Konsequenzen oder Voraussetzungen nachgewiesen werden, deren Negation von einem gleichzeitig angestrebten Lernziel (B) her impliziert ist.

Beispiel: Das (Unterrichts)Ziel der Persönlichkeitsintegration (vgl. KLAUSMEIER&RIPPLE 1975, 276) impliziert unter dem Aspekt der 'psychischen Gesundheit' (mental health) auch eine adäquate, realistische Anpassung (an die Umwelt etc.). Das bedeutet nicht eine völlig unselbständige Kontrolle durch die Umwelt, sondern durchaus auch z.B. die Entwicklung eigenständiger moralischer Normen (allerdings nicht ohne 'soziale Verantwortung', 'demokratisches Gesellschaftsinteresse' etc., d.h. nicht eines gegen die Gesellschaft gerichteten Wertsystems: KLAUSMEIER&RIPPLE 1975, 277). Als adäquate Mittel zur Anpassung werden in diesem Zusammenhang Techniken zur Lösung konflikthafter Anforderungen behandelt: Zurückweisung einzelner, Akzeption anderer, Hierarchisierung von Anforderungen unter andere etc. (o.c., 282); die Zurückweisung aller gestellten Anforderungen und selbständige Entwicklung neuer ist unter dem Aspekt der Anpassung (verständlicherweise) nicht vorgesehen. Dies ist allerdings schon konzeptimmanent eine Inkohärenz zu den Anforderungen der 'Neuheit' im Hinblick auf das Lernziel Kreativität. Sollte sich auch empirisch sichern lassen, daß Kreativität in systematischer Abhängigkeit eher mangelnde (soziale) Anpassung impliziert, dann wäre es ein (äußerer) Widerspruch, die beiden Ziele (mental health-)Persönlichkeitsintegration und Kreativität gleichzeitig aufzustellen. In der Tat haben die empirischen Untersuchungen zur Kreativität praktisch durchwegs ergeben, daß Kreative nicht sozial angepaßt sind (vgl. ULMANN 1968, 43f.). Hier zeigt sich, daß die (pädagogische) Psychologie einen erheblichen Nachholbedarf an einschlägigen Legitimations-Argumentationen hat; denn in dem pädagogisch-psychologischen Standardwerk von KLAUSMEIER&RIPPLE werden diese Lernziele aus der 'mental health-Phase' und 'Kreativitäts-Phase' der amerikanischen Psychologie völlig unproblematisiert (in verschiedenen Kapiteln, aber im selben Buch) nebeneinandergestellt. Ein entsprechender argumentativer Austausch von objektiven und subjektiven Reflexionssystemen kann auch an dieser Stelle zur Rationalitätssteigerung für beide beitragen: nicht unerheblich selbstverständlich auch für die subjektive Theorie, die besonders im Bereich politischer 'Argumentation' stark verbesserbar ist. Denn das gleiche Problem der äußeren Widersprüchlichkeit tritt z.B. hinsichtlich des Ziels einer offenen, flexiblen Demokratie und der Praxis der Radikalenerlasse auf (wo auch einmal Nicht-Anpassung, das andere Mal Anpassung gefordert wird - von den 'Nebenfolgen' der Gesinnungsschnüffelei etc. ganz zu schweigen; wir versagen es uns aus Raumgründen, dieses Beispiel ausführlich darzustellen: der Argumentationsgang gleicht strukturell dem oben dargestellten).

Im Regelfall wird man allerdings versuchen, einen Zielkonflikt
(möglichst rational) aufzulösen; dies insbesondere, da ja alltags-
relevante Wert- und Zielprobleme es gerade nicht wie die deontischen Operationen mit klassifikatorischen Normensystemen (vgl.
KUTSCHERA 1973, 125) zu tun haben, sondern das 'Entweder-Oder'
zugunsten des Problemtyps des 'Mehr-oder-Weniger' (HÖFFE 1975, 239)
hinter sich lassen. Und hier ist die *Hierarchisierung von Zielen/
Werten* natürlich die nächstliegende und beste Möglichkeit *zur
Auflösung des Zielkonflikts*, d.h. als eine Präferenzordnung (nicht
mehr von Konsequenzen, sondern) der Ziele. Das Problem besteht
dann in Entwicklung (und gegebenenfalls Begründung) von entsprechenden Präferenzdimensionen; die Entscheidung scheint leicht und
plausibel, bei Antagonie von lang- und kurzfristigen Entscheidungen: "beispielsweise, wenn langfristige (sozialintegrative Effekte)
und kurzfristige (Ruhe) miteinander ins Gehege kommen" (HOFER 1976,
1o). Eine ausdifferenzierte und begründete (Meta)Strategie zur
rationalen Ziel- und Wertpräferierung aber hat die 'wertfreie'
Psychologie bisher jedenfalls u.E. noch nicht entwickelt (sie
weiß nur deskriptiv, wie man es normalerweise macht). An zwei
Punkten ist außerdem mit dem Problem des Zielkonflikts und seiner
Auflösung die *Grenze der zweckrationalen Argumentation* erreicht:
*wenn es sich nicht mehr um Ziele unter Bezug auf höhere Ziele
('relative Hierarchie') handelt, sondern um letzte Ziele ('absolute
Hierarchie')*: z.B. "es besser ist, ein hygienischeres Leben zu
führen als ein an ästhetischen Empfindungen reicheres" (PAWLOWSKA
1969, 532) - dann geht diese Frage in das Problem der Grundwertlegitimation über (vgl. u. 4.3.). *Und wenn der Konflikt durch
unterschiedliche Präferenzordnungen verschiedener Personen bedingt
ist*, dann ist der mögliche Zielausgleich das Problem einer intersubjektiven Einigung innerhalb eines beratenden Diskurses (4.4.).

4. *WERT(UNGS)-KRITIK UND -LEGITIMATION*

4.1. Wertigkeit von Handlungen

Die zweckrationale Argumentation sieht die Handlungen qua Mittel
nur unter dem Aspekt der Effektivität, also des Erfolgs der Handlung
in Bezug auf die Zielerreichung. Diese ausschließliche Konzentration auf den instrumentellen Aspekt der Handlung(en) ist eine
schwerwiegende Beschränkung der zweckrationalen Argumentation
(z.B. auch und gerade der Entscheidungstheorie; vgl. JUNGERMANN

1976, 44ff.). Eine nicht nur formal-subjektive rationale Argumentation wird demgegenüber auch berücksichtigen müssen (und wollen), daß den Handlungen (als solche vom Inhalt her) vom Handelnden Werte beigemessen werden, ja werden sollten, und diese Wertigkeit der Handlungen durchaus für Entscheidungen und Legitimationen ausschlaggebend sein können. Dabei kann sich diese Wertigkeit sowohl auf den für die Handlung von der Mittelfunktion her thematischen Zielhorizont als auch auf ganz andere Werte und Ziele beziehen.

Im ersten Fall stellt sich unter der Perspektive der Einbeziehung von Handlungswertigkeiten u.a. das Problem, ob es möglich bzw. anzustreben ist, Ziele mit Mitteln erreichen zu wollen, die als solche zu den Zielwerten ganz oder teilweise konträr sind: z.B. ob man eine demokratische Einstellung und Interaktionsweise durch einen autoritären Erziehungsstil erreichen kann/soll.

Beispiel: Ein klassisches Beispiel für dies Problem der Wertigkeitsdivergenz von Ziel und Mittel ist die Diskussion um die Frage, ob man mit Programmiertem Unterricht zur Kreativität erziehen kann. Das Mittel Programmierter Unterricht wird als Mittel aufgrund der technologischen Konzeption als hochgradig unkreativ bewertet: da das Prinzip in einer so starken Determinierung der Antwortmöglichkeiten besteht, daß zwischen 90% und 100% der Lernenden 'richtig' antworten, ist nicht recht einzusehen, wie man auf der Basis dieses Prinzips neue, originelle (statistisch seltene) Antworten ermöglichen will. Entsprechende Versuche, Programme für das Generieren von Kreativität zu konstruieren, haben denn auch zur Auflösung der Formalstruktur des Programmierten Unterrichts geführt (vgl. JÜTTEN&GROEBEN 1972, 13f.).

Im extremen Fall der praktisch vollständigen *Wertigkeits-Divergenz zwischen Mittel und Ziel* geht dies Problem also in die empirisch entscheidbare Frage der Mittelbrauchbarkeit bzw. -unbrauchbarkeit über; es handelt sich dann um die negative Version der verfahrensinhärent determinierten Zielimplikation: *das vom Verfahren implizierte Ziele widerspricht dem intendierten so, daß das Verfahren als Mittel zur Erreichung dieses beabsichtigten Ziels unbrauchbar wird.*

Aber das Problem erschöpft sich nicht in dieser empirischen Frage. In einem mittleren Divergenzbereich kann es durchaus Mittel geben, die zur Zielerreichung brauchbar sind; in einem solchen Fall kann dann *die Wertigkeit des Mittels als zusätzliches Kriterium zur Brauchbarkeit für die Auswahl alternativer Handlungsmöglichkeiten* relevant werden, ja eventuell sogar in Konkurrenz mit dem Brauchbarkeitskriterium treten: es erscheint intuitiv nicht illegitim, von zwei alternativen Mitteln dasjenige auszuwählen, das zwar geringfügig weniger effektiv, aber dafür in der Wertungsdimension mit dem Zielhorizont kohärenter (übereinstimmender) ist. Die 'wertfreie' Wissenschaft hat allerdings bisher für solche Fragen keinerlei (kaum) Problembewußtsein entwickelt - der Wissenschaftler kann hier im Austausch mit dem Praktiker nur lernen. Denn die rein zweckrationale Denkweise reduziert das Subjekt in seiner Reflexivität: es ist gar keine Denkmöglichkeit, daß der Weg (das Mittel) das Ziel korrumpieren könnte. Es ist dies in der Tat eine 'Rationalität' beyond dignity. Konstruktiv läßt sich dagegen sogar fragen, ob bei Fehlen von Effektivitätsinformationen für den Praktiker bei der normalerweise unter Zeitdruck stehenden Entscheidung nicht die Wert-Analyse der Mittel das legitime und ausschlaggebende Auswahlkriterium liefern kann.

*Die Berücksichtigung der Wertigkeit von Mitteln ist daher ein Schritt zur Überwindung eines einseitig nutzenorientierten Zweckdenkens* (und damit einer ökonomistisch halbierten Rationalität; vgl. JUNGERMANN 1976, 45f.). Es ist daher zu begrüßen, daß besonders im Rahmen ideologiekritischer Reflexion in letzter Zeit die Sensibilität für Wertigkeitsdivergenzen (zwischen Mittel und Ziel) erheblich gewachsen ist. Das ist auch ein Punkt, der für die Interaktion zwischen Lehrer und Schüler sehr wichtig sein kann, wenn man dem Schüler genauso wie dem Lehrer (und Forscher) subjektive Theorien über sich und die Umwelt (den Unterricht) zubilligt. Denn der Schüler wird die Glaubwürdigkeit der vom Lehrer angegebenen Zielintentionen u.U. nach der entsprechenden Wertigkeit der zur Erreichung eingesetzten (didaktischen) Mittel beurteilen (alltagssprachlich: das Ziel 'erwachsener Verantwortlichkeit' in Relation dazu, 'wie erwachsen' sich der Schüler behandelt fühlt). Allerdings ist die Übersteigerung dieser Sensibilität bis hin zum Extrem eines impliziten oder expliziten Postulats der Wertigkeits-Identität zwischen Ziel und Mittel ebenfalls zu kritisieren. Wenn man z.B. auf dem Standpunkt steht, daß man das (Unterrichts)Ziel 'intrinsische Motivation' legitimerweise nur mit einer 'intrinsisch motivierenden' didaktischen Methode zu erreichen versuchen darf, liegt die *Gefahr* nahe oder wird sogar unausweichlich, *daß das Ziel durch das wert-identische Mittel bereits als Fähigkeit vorausgesetzt wird.* Und dies wäre eine Überforderung (des Lernenden), die unweigerlich in einer mangelnden Effektivität des Mittels münden muß; diese Konsequenz, daß ein nicht ganz wertigkeitskohärenter Weg besser zur Erreichung eines Ziels geeignet sein kann als ein wertigkeitsidentischer, läßt sich durchaus mit empirischen Evidenzen belegen.

Beispiel: Eine direkte Überprüfung dieser Alternative stellt die Untersuchung von WELTNER (1976) dar: er strebt als Lernziel u.a. das 'innengeregelte (autonome) Lernen' aus schriftlichen Instruktionstexten an (o.c., 115). Dazu hat er sog. 'integrierende Leitprogramme' entwickelt, die aus einem Teil von (jeweils fachlich, z.B. Physik - thematischen) Sachinformationen und aus einem anderen Teil von Studienhilfen, das sind Techniken zur (autonomen) Aufarbeitung der Sachinformationen, bestehen. Dieser Teil (der quantitativ 10-15% der integrierten Leitprogramme ausmacht) stellt mit seinen Übungen zur Arbeitseinteilung, intensivem/selektivem Lesen, Selbstkontrolltechniken, Wiederholung, Prüfungsvorbereitung etc. (o.c., 119) selbst allerdings eine stark außengeleitete Lernform dar (o.c., 123); daher hat WELTNER als Alternative für das ebenfalls innengeregelte Erlernen der Arbeitstechnik das Konzept der Arbeitshefte entwickelt, in denen die Studienanleitungen nicht in den sachinformativen Text integriert, sondern am Schluß zusammengefaßt sind: "damit wird stärker in die Entscheidung des Studenten gestellt, welche Anregungen, Hilfen, Erläuterungen und Übungsteile des Arbeitsheftes er benutzt" (ebda). Die empirische Überprüfung der Effektivität ergibt einen höheren Prozentsatz von richtigen Lösungen mit den Leitprogrammen als mit den Arbeitsheften (o.c., 124); wird eine Mischstrategie gewählt, dann ist die Kombination 'erst Leitprogramm, dann Arbeitsheft' besser als umgekehrt (ebda). Diese Ergebnisse sprechen dafür, daß Wertigkeits-Identität zwischen Ziel und Mittel zumindest teilweise zu psychologischen Aporien führen können. In die Kategorie solcher Evidenzen fällt auch das Ergebnis des Forschungsprogramms zur kognitiven Strukturiertheit, daß nicht die höchste Umweltkomplexität, sondern eine mittlere zum höchsten Komplexitätsniveau der Informationsverarbeitung führt (vgl. Zusammenfassung in EINSIEDLER 1977).

Besonders die Aufmerksamkeit der Lernenden (Schüler) ist auf solche Ergebnisse zu lenken; denn bei Sensibilität für die Wertigkeitsdimensionen von Mitteln/Technologien bedeutet es natürlich eine selbstkritische Entscheidung, Wege zu akzeptieren, die explizit von der (noch) fehlenden Fähigkeit des Lernenden (die als Ziel erreicht werden soll) ausgehen. Andererseits ist es eine irrationale Selbstüberschätzung, nur unter dem Aspekt der Wertigkeit Mittel/Wege zu beurteilen und eventuell abzulehnen ohne Rücksicht auf die empirische Realisierbarkeit - eine Version des 'Wunschdenkens' (s.o. 3.1.) von der Mittelbewertung aus; dies ist eine Gefahr, in der u.E. besonders ideologiekritisch sensibilisierte Personen und Kognitionssysteme stehen (vgl. zu den psychologischen Aporien z.B. der ideologiekritischen Literaturdidaktik GROEBEN 1976). Mindestens ebenso irrational ist es aber, wenn auch Lehrende dieser Verabsolutierung des Wertigkeits-Aspekts der Mittel anheimfallen und puristisch die Anwendung effektiver Mittel verweigern, nur weil sie nicht Wertigkeits-Identität zu den Zielen zeigen; das macht zwar meistens den Eindruck eines aufrecht-integren (vielleicht parsifalesken) Kämpfers, ist jedoch wegen der darin liegenden (potentiellen) Überforderung der Lernenden didaktisch unverantwortlich. Rational ist es durchaus, auch ohne Reduzierung um den Wertigkeitsaspekt der Mittel zur Erreichung eines (noch nicht beherrschten) Ziels nicht wertigkeits-identische Mittel zu akzeptieren: das gilt z.B. auch für die (kurzzeitige) Akzeption einer immer etwas (fremdgeleiteten) asymmetrischen Therapie-Situation zur (Wieder-)Erlangung der psychischen Autonomie oder für die Akzeption einer bei aller Bemühung um Gleichberechtigung von der Sachinformation her doch teilweise asymmetrischen pädagogisch-psychologischen Beratung.

Von ungleich größerem (ethischem) Gewicht aber ist die Berücksichtigung der *Handlungs-Wertigkeit im Hinblick auf andere (nicht unmittelbar thematische) Wertdimensionen*. Denn die entscheidungstheoretische Reduktion der Rationalität um die unabhängige Bewertung der Mittel ist die wissenschaftliche Kanonisierung des 'Der Zweck heiligt die Mittel'. Wenn das Belügen eines anderen Menschen in einer gegebenen Situation den höchsten Nutzen erwarten läßt, dann ist eine Entscheidung zur Ehrlichkeit wegen der Stellung zum Handlungs-Wert an sich rein zweckrational (entscheidungstheoretisch) irrational (JUNGERMANN 1976, 47). *Innerhalb einer* solchen *auf Erfolgskontrolle der Nutzenmaximierung reduzierten (Zweck)Rationalität 'korrespondiert der Entscheidungslogik eine Erfolgs-Ethik'* (HÖFFE 1975, 47). In dieser Erfolgsethik aber wird die Verantwortung für Ziel- und Wertungslegitimationen leicht an diejenigen, die dafür als legitimierte Autoritäten angesehen werden, überantwortet, während sich das Verhalten (konformistisch) am instrumentellen Erfolg ausrichtet (vgl. ROSENTHAL 1974, 129). Der dramatischste Nachweis der (absoluten) Defizienz im Bereich der Wertung von Handlungsinhalten und des völligen Fehlens von entsprechenden Handlungssperren sind die MILGRAM-Experimente: in ihnen waren Versuchspersonen (durch den Versuchsaufbau) subjektiv überzeugt, anderen Personen auf Geheiß des wissenschaftlichen Versuchsleiters lebensgefährliche Stromstöße als 'Bestrafung' zu geben und haben trotzdem ihre weitere Versuchsbeteiligung nicht verweigert. Die 'wertfreie' empirische Wissenschaft hat u.E. kein Recht, über dieses Versagen der ethischen Verweigerung erstaunt oder erschreckt

zu sein, ist sie doch durch die Eliminierung der Wertfragen und
Reduzierung der Rationalität auf eine instrumentelle Zweckrationalität selbst zumindest indirekt für einen solchen Sozial-Darwinismus als Vakuum an (umfassender) Rationalität mit verantwortlich
(s.o. 1.1.). Sie hat höchstens einen Grund, über sich selbst zu
erschrecken. Das Prinzip, das hinter der intuitiv verlangten
Selbstverweigerung in einem solchen Experiment steht, ist dasjenige
der von der Selbstanwendung ausgehenden Verallgemeinerung (vgl. SINGER
1975) - alltagssprachlich: 'was du nicht willst, das man dir tu, das
füg auch keinem andern zu!' *Hier zeigt sich, daß das Selbstanwendungs-Argument nicht nur eine kognitive (tu quoque-Argument), sondern
auch eine ethische Dimension besitzt.* Unter dieser Perspektive
läßt sich auch nach der ethischen Qualität des behavioristischen
Forschungsprogramms fragen, das ja dadurch gekennzeichnet ist,
daß der Mensch qua Gegenstand als umwelt-kontrolliert, ja z.T.
-determiniert konstituiert wird. Was von diesem Weg zur Erkenntnisgewinnung ethisch zu halten ist, wird vielleicht deutlich, wenn
man sich vergegenwärtigt, daß der Behaviorismus dieses Menschenbild
nie auf sich selbst als Erkenntnissubjekt zurückgewendet hat. Denn
das Futurum III der Behavioristen als Selbstanwendung ihrer Theorie
auf die Welt der Forscher könnte diese nur als 'Welt am Draht'
(GALOUYIE 1965) zeichnen, als (computergesteuerte?) Marionetten am
Draht eines homo superior, für den der behavioristische Forscher
seinerseits einen simulierten Homunculus darstellt! Es drängt sich
der Verdacht auf, daß die Wertfreiheits-Maxime den empirisch
'forschenden' Psychologen die Sensibilität für die Wertigkeit
ihrer Erkenntnismittel geraubt haben könnte. So bleibt nur zu hoffen, daß ein beratender Austausch zwischen Wissenschaftlern und
Praktikern unter explizitem Einbezug dieser Wert-Persepektive eine
umfassende, materiale Rationalität zu entwickeln hilft - einschließlich des (ethischen sich-)Versagens gegenüber einer erfolgs-ethisch
reduzierten Rationalität.

## 4.2. Metanormen (Normen zweiten Grades)

Die Kritik an der Forderung nach Wertigkeits-Identität von Ziel
und Mittel wurde unter dem Aspekt der Realisierbarkeit geführt;
hinter dem Problem der Realisierbarkeit steht als Maxime die Norm,
daß man nichts fordern kann, was dem Lernenden z.B. unmöglich ist.
Im Juristischen entspricht dem der Grundsatz 'impossible nulla
obligatio' (KUTSCHERA 1973, 69), in der Ethik das 'Brückenprinzip'

(ALBERT 1971) zwischen präskriptiven und deskriptiven Sätzen 'Sollen impliziert Können' (das seit Paton zuerst Kant zugeschrieben wird; TRANØY 1972, 112). Der Aspekt des 'Könnens' bedeutet einen Rückgriff auf empirische Daten, aber wiederum erschöpft sich das Prinzip nicht darin: es wird - normativ - festgelegt, daß es unzulässig ist, etwas Nicht-Gekonntes zu gebieten, zu verlangen. Das heißt: es wird das Normieren normiert (MORITZ 1968, 81); daher werden solche Brückenprinzipien auch Metanormen (TRANØY 1972, 115) oder Normen zweiten Grades (HEID 1972, 562) genannt. *Mit Hilfe der Metanorm 'Sollen impliziert Können' lassen sich wiederum - in Verbindung mit entsprechenden empirischen Daten - Ziele negativ kritisieren,* d.h. als illegitim nachweisen. Voraussetzung ist die Legitimität dieser Metanorm und das Verfügen über die notwendigen empirischen Daten. Das Problem der empirischen Daten scheint zunächst einfach zu sein; so kann man z.B. relativ sicher sagen: "Nach dem aktuellen entwicklungspsychologischen Wissensstand erscheint es beispielsweise kaum sinnvoll, von Kindern im Vorschulalter die Beherrschung von Aufgaben zu erwarten, die formale Operationen im Sinne PIAGETs erfordern" (BRANDSTÄDTER&MONTADA 1977). Andererseits ist gerade an PIAGET zu Recht kritisiert worden, daß er bestimmte empirisch gefundene Entwicklungsschritte seiner Versuchspersonen vorschnell und illegitim normativ zu Reifungsstufen verallgemeinert hat, ohne z.B. zu prüfen, ob durch Lehren die im Reifungsbegriff implizierte Unveränderbarkeit nicht aufgehoben werden könnte (s. dazu ADAM 1977). Das Wertfreiheits-Postulat hat gerade im Überlappungsbereich von Entwicklungs- und Pädagogischer Psychologie zu (nur verkürzt reflektierten) implizit normativen Beantwortungen der Frage 'Wann?' (des 'richtigen Erziehens und Unterrichtens'; WEINERT 1974, 45) geführt. Insgesamt wird die Psychologie sicherlich noch erhebliche und speziell auf das 'Könnens'-Problem ausgerichtete Forschungsanstrengungen machen müssen, bis sie für eine praktische Beratung mit dem Lehrer befriedigende Auskünfte geben kann. So interessieren den Unterrichtspraktiker sicherlich auch weniger grundsätzliche 'Könnens'-Probleme, als sie durch Reifungsstufen gegeben sind (die aber dennoch zur unmittelbaren didaktischen Entscheidung höchst relevant sind): z.B. bis zu welchem Grad (innerhalb eines kumulativen Lernmodells) Lerndefizite vom Schüler (bestimmter Fähigkeiten) durch Verfolgen des normalen Unterrichts selbst aufgeholt werden *können*, und ab wann das Einfügen eines Zwischenziels (Aufhebung der Lerndefizite durch spezielle Unterrichtsmittel, -techniken oder dergl.) nötig wird etc..

*Die Frage der Legitimität von Metanormen wie 'Sollen impliziert Können'* erscheint zunächst wegen ihrer Plausibilität relativ unproblematisch; das ist sie allerdings leider gar nicht. Sicherlich ist es nicht richtig, daß dadurch das Ableitungsverbot von präskriptiven aus deskriptiven Sätzen verletzt ist (wie es ZECHA 1972, 595 behauptet): denn die Metanorm wird ja gerade als Oberprämisse eingeführt, um aus dem empirischen Satz über das Können einer Person das Verbot eines Gebots, einer Forderung abzuleiten. Andererseits kann die Metanorm weder synthetisch (durch Rückgriff auf empirisch legitimierte Ziele der Objektebene) noch analytisch (als tautologisch zu irgendwelchen Explikationen des Normbegriffs) begründet werden (TRANØY 1972, 119). TRANØY bezeichnet sie daher als notwendig im Sinn der Unverwerflichkeit (was einfach ein Rückgriff auf die intuitive Evidenz ist, die Akzeptierung des Gegenteils unmöglich zu finden: 1972, 121).

Eine weitere Metanorm (ohne Einbeziehung empirischer Daten) ist die Maxime: 'Was geboten ist, ist auch erlaubt' (MORITZ 1968, 81); sie ist identisch mit dem Postulat des Nicht-Widerspruchs für Forderungssätze (KALINOWSKI 1972, 45). Leider sind Verstöße gegen diese Metanorm (auch in ihrer Inhumanität) nicht immer so offenkundig und damit unmittelbar kritisierbar wie im Beispiel des SS-Mannes, "der einem Gefangenen die Mütze über die Stacheldrahtumrandung des Lagers warf, ihm den Befehl gab, sie zu holen und ihn gleichzeitig durch seine bloße Gegenwart an den Befehl erinnerte, das Lager nicht zu verlassen" (KALINOWSKY ebda). Aber das Beispiel zeigt schon, daß Normen nicht nur verbal übermittelt werden können, sondern eventuell auch nonverbal. Unter diesem Aspekt sind u.U. auch 'double bind'-Interaktionen als Verletzung des Konstistenz-Postulats von Forderungssätzen rekonstruierbar. Eine pädagogisch-psychologische Beratung wird auf der Grundlage einer entsprechenden Forschungsrichtung dabei z.B. die Funktion übernehmen können, dem Erzieher ein Bewußtsein von den indirektimpliziten Vermittlungsweisen von Normen, Forderungen etc. zu geben.

Sicherlich gibt es noch weitere mögliche Metanormen, die aber wegen des mangelnden Interesses (der empirischen Wissenschaften) am Wertungs- und Normenbereich noch nicht ausgearbeitet und legitimiert sind; eine Möglichkeit haben wir oben erwähnt mit dem von

der Selbstanwendung ausgehenden Verallgemeinerungsprinzip (etwa
'Fordere nicht von anderen, was du nicht unter gleichen Bedingungen
bei gleichen Fähigkeiten von dir fordern würdest'). SINGER (1975)
versucht das Verallgemeinerungsprinzip als generelle Legitimations-
basis für Normen einzuführen, muß aber u.E. kasuistisch zu viele
Einschränkungen hinsichtlich bestimmter Situationen vornehmen, so
daß eine Rekonstruktion als Metanorm u.U. ergiebiger wäre.

### 4.3. Grundwertlegitimation: Voraussetzungsexplikation und Diskursmodelle

*Voraussetzungsexplikation*

Der zentrale Aspekt der Überwindung der reinen Zweckrationalität
aber ist die Legitimation der Ziele (s.o. 2.1. Kritik der Entscheidungstheorie und HÖFFE 1975, 47); innerhalb der Ziel-Mittel-
Argumentation können Ziele nur bis hin zu höchsten, letzten Werten
('Soll-Axiomen' KLAUER 1973) gerechtfertigt werden. *Die Legitimierbarkeit solcher letzter 'Grundwerturteile' ist das letzte und
schwierigste, kontroverse Problem einer Normenanalyse.* Sowohl eine
rein konventionalistische Festlegung oberster Wertungen (wie sie
implizit PRIM&TILMANN 1973 vorschlagen) als auch ein (dogmatischer)
Abbruch des Begründungsregresses (bei bestimmten metaphysischen
oder religiösen obersten Werten) ist als (rationale) Legitimation
nicht akzeptabel (KÖNIG 1975, 124). KÖNIG schlägt daher einen
anderen Weg vor, nämlich die bei der Beteiligung an (zweckrationaler) Argumentation implizit anerkannten Ziele/Werte zu explizieren und als letzte, da notwendige Ziele zu akzeptieren (o.c.,
125). Er macht sich damit praktisch die Verbindung zwischen metho-
dologisch-wertender Metabasis und inhaltlichem Gegenstandsbereich
(s.o. 1.2.). zunutze, indem er das methodische Verfahren (der
Argumentation) auf die in ihm vorausgesetzten Ziele befragt; da
man diese bei der Beteiligung am argumentativen Diskurs bereits
akzeptiert (und methodisch) begründet hat, sind sie für und innerhalb dieser Argumentation als legitimiert, da notwendig anzusehen.
Es ist dies *die Form der Legitimation durch Explikation als im
Verfahren bereits eingegangene Voraussetzung*, wie sie auch LENK
für die Begründung als Kriterium rationaler Kritik (als Fundament
des Kritischen Rationalismus) vorgelegt hat (1970). KÖNIG arbeitet
(in Übereinstimmung mit vergleichbaren wissenschaftstheoretischen
Explikationen) als Ziele neuzeitlicher Wissenschaft Intersubjektivität und die Befriedigung praktischer Bedürfnisse heraus (o.c.,

157). Er präzisiert diese als die 'Primärziele' der Intersubjektivität und Lebenssicherung (o.c., 16of.), die nun als letzte Rechtfertigung für Zielbegründungen gelten. Denn: jede begründete Argumentation ist "immer nur möglich auf der vorgängigen Anerkennung jener beiden Primärziele 'intersubjektive Kommunikation' und 'Lebenssicherung' ... Und das wiederum bedeutet, daß eben diese Primärziele den sicheren 'methodischen Anfang' für die Rechtfertigung normativer Sätze darstellen" (o.c., 165). Damit sind allerdings die Probleme für eine praktisch-konkrete Legitimation beileibe nicht alle gelöst oder ausgeräumt: es bleibt immer noch die Frage, was als 'Leben' und was unter den zur 'Sicherung' dieses Lebens notwendigen Bedürfnissen (die KÖNIG Primärbedürfnisse nennt) verstanden werden soll (o.c., 17o). Wie die Diskussion des englischen Utilitarismus (s.o. 2.2.). gezeigt hat, *führt die Intention, einen möglichst abgeschlossenen, konkreten Katalog von Bedürfnissen vorzulegen, zu internen Inkohärenzen bzw. dogmatischen Abschlüssen.* BRANDTSTÄDTER verweist zu Recht (unter Rückgriff auf das Phänomen des Suizids) darauf, daß für das jeweilige Individuum unterschiedliche Voraussetzungen bzw. Gratifikationen das Leben 'lebenswert' machen (1977a). Das 'gute' oder 'glückliche' Leben ist nicht durch Merkmalsfestlegungen auf der Objektebene zu fixieren; "Glück ist nicht direkt intendierbar" (HÖFFE 1975, 19o). Es bleibt daher nur die Möglichkeit einer "offenen Theorie optimaler Entwicklung" (BRANDTSTÄDTER 1977c), die praktisch auf der Metaebene die Voraussetzungen für eine optimale Selbstverwirklichung (o.c., 21) angibt; BRANDTSTÄDTER hat (in 1977c, 22) auf der Grundlage kybernetischer Theorien adaptiver und selbstoptimierender Systeme (o.c., 21) solche Merkmale zusammengestellt wie: - Selbständigkeit bei der Lösung von Anpassungskrisen; - Flexible Verhaltensprogrammierung; -'Internes Umweltmodell' von hoher prognostischer Validität; - Fortlaufende und differenzierte Effektkontrolle; - Geringe Determination der Wahrnehmung durch Einstellungen und Antizipationen etc. Diese Explikationen können dann als Präzisierung der 'Primärbedürfnisse' zur Lebenssicherung in der argumentativen Grundwertlegitimation herangezogen werden.

Daß die Konzipierung von offenen Metamerkmalen psychologisch notwendig ist, zeigen Ergebnisse hinsichtlich (kulturbedingter) Bevorzugungen von Lebensstilen. So berichtet z.B. SCHOLL-SCHAAF (1975) über die Untersuchungen von MORRIS zu den 'Ways to Live' über folgende Ergebnisse: Amerikanische Studenten bevorzugten Lebenskonzeptionen, die durch folgende Merkmale chrakterisiert waren: Ausgewogenheit von Aktivität, Vergnügen und Kontemplation;

Erhaltung des Besten, das der Mensch erreicht hat; konstantes
Beherrschen wechselnder Bedingungen. Japanische Studenten dagegen
bevorzugten ein Lebenskonzept der Nächstenliebe und Mitgefühl
gegenüber anderen Menschen (SCHOLL-SCHAAF 1975, 92).

Das Beispiel zeigt überdies, daß auch mit der Wahl offener *'Glücks-
konzepte'* die Problematik der Legitimation nicht etwa abgeschlossen
ist, ja vielleicht erst - nur auf einer anderen Ebene - beginnt:
denn man ist zur Ausfüllung der offenen Konzepte auf die Auskünfte
der Betroffenen angewiesen. Und diese müssen nicht unbedingt valide
bzw. authentisch sein, ja werden es zu einem recht großen Teil
sogar nicht sein. Denn der Mensch ist in der Lage, sich einschränkenden
Umwelten anzupassen; Bedürfnisverbalisierungen von Individuen
ohne weiteres als validen Indikator zu akzeptieren, kann daher ein
'Interpretationsfehler' sein (BRANDTSTÄDTER 1977b, 9f.), der latente
oder unterdrückte Bedürfnisse zu erkennen verhindert. Nur die Erkenntnis
des 'wahren' Bedürfnishorizonts des menschlichen Individuums
aber kann zu einer umfassenden materialen Rationalität in
der auf diesen Bedürfnishorizonten fußenden Legitimation von
Grundwerturteilen (wie 'Primärbedürfnisse der Lebenssicherung')
führen. *Die Aufgabe der Grundwertlegitimation führt also letztlich
zu der Verpflichtung, solche Bedingungen für das menschliche Subjekt
zu schaffen, die* 'alle inneren und äußeren (materiellen,
ökologischen, kognitiven) *Beschränkungen, die das Individuum von
authentischen Wertungen abhalten, aufheben'*, d.h. die 'Bewegungs-
Freiheit des Individuums' wiederherstellen (BRANDTSTÄDTER 1977b, 11).
Die Wissenschaft wird durch die Akzeptierung der Aufgabe der Wertungskritik
und -legitimation ihrerseits in einem pragmatischen
(keinem vitiösen, eher gegenteiligen) Zirkel auf das Ziel der
'Lebenssicherung' verpflichtet; dies gilt natürlich in gleichem
Maß für den Lehrer mit seinen Legitimitätsansprüchen gegenüber dem
Schüler (wobei sicherlich die Aufgabe, die Authentizität menschlicher
Selbstauskünfte zu ermöglichen, wie jedes wissenschaftliche
Problem eine endlose Aufgabe darstellt).

*Diskursmodelle*

Das Diskurs-Modell der Erlanger Schule (besonders ausgearbeitet
von LORENZEN und SCHWEMMER) geht von einem speziellen Fall des
Legitimationsdrucks aus: dem Konflikt von Zielen zwischen Personen.
Zur Auflösung solcher Konflikte schlagen die Erlanger eine (diskursive)
Beratung vor, die bestimmten Prinzipien (als Regeln)
genügt: dem *Beratungsprinzip: es fordert, daß alle von den Betrof-*

*fenen verfolgten Ziele oder Normen eingebracht werden* (SCHWEMMER 1974); das (praktische) Vernunftprinzip bzw. Transsubjektivitätsprinzip: *es fordert die intersubjektiv argumentative Legitimation*, d.h. daß jeder Teilnehmer über seine subjektiven Zielsetzungen hinausgeht, indem er sie der Kritik aussetzt und das Ergebnis des Dialogs akzeptiert (vgl. LORENZEN&SCHWEMMER 1973, 115ff.; KONZLI in FREY et al. 1975, I, 156); *und* schließlich als wichtigstes *das Moralprinzip:* kontroverse Zielsetzungen sollen als aus generelleren Zielen abgeleitet erwiesen werden (s.o. Grundwerturteile), durch gemeinsam anerkannte Grundwerte ersetzt werden und die daraus ableitbaren, miteinander verträglichen Unterziele den Beratungsteilnehmern als neue Normen zugemutet werden (SCHWEMMER 1971). Das Modell läßt allerdings eine beträchtliche Anzahl von Problemen offen: das Beratungsprinzip führt u.a. zu dem Problem, daß u.U. gar nicht alle Betroffenen (bei zu großer Anzahl) an einem sinnvollen Dialog teilnehmen können. Über metatheoretische Regeln zur (repräsentativen?) Auswahl von Betroffenen ist aber keine Bestimmung getroffen (vgl. KÖNIG 1975, 186). Außerdem ist die authentische Präsentation als Voraussetzung der Beratung eingeführt, statt daß die Aufhebung möglicher Verzerrungen als integrales Strukturelement und Aufgabe der Beratung angesehen wird (HÖFFE 1975, 23o; vgl. die oben explizierten Anforderungen an eine legitimierende Wissenschaft). Durch den Versuch der Einigung über generellere Ziele können überdies Leerformelprobleme (HEID 1972, 576) auftreten: hier leistet das Diskursmodell eher weniger als die Grundwertlegitimation über den (voraussetzungsexplizierenden) Rekurs auf Primärbedürfnisse (s.o.). Der wichtigste Einwand aber ist sicher der, daß das Moralprinzip (nicht legitimiert) die Voraussetzung impliziert, es könnten immer gemeinsame Grundwerte bzw. oberste Ziele gefunden werden (HÖFFE 1975, 236). Demgegenüber ist es durchaus, besonders für wirklich offene, pluralistische Gesellschaften, denkbar, daß man "auf ein Defizit an gemeinsam anerkannten Oberzwecken trifft" (HÖFFE 1975, 24o). Dies gilt auch für den vorausgesetzten Konsens an gemeinsamen Sprachregeln und Sprachverwendung (ZEDLER 1976, 145). In einem solchen Fall müßte sich auch ein Diskursmodell über die formale Regelung der Versöhnung von Personen hinaus der Frage der material-inhaltlichen Legitimation von Zielablehnungen, -präferenzen etc. stellen. *Das Diskursmodell ist daher nicht als Alternative zur materialen Legitimation (über die skizzierte Voraussetzungsexplikation) anzusehen*; vielmehr wird die Konzeption der diskursiven Beratung mit großer Wahrscheinlichkeit in der praktischen Durchführung nicht ohne materiale Legitimationsargumente auskommen. Daher ist u.E. eine gegenseitige Ergänzung der beiden (dargestellten) Ansätze zur (Grund)Wertlegitimation anzustreben (vgl. auch MEYER in FREY et al. 1975, II. 433), wobei für den Aspekt der pädagogisch-psychologischen Beratung die Diskursprinzipien vor allem in der (instrumentellen) Funktion der Realisierung idealer Dialog-/Beratungsbedingungen wichtig werden.

### 4.4. Möglichkeiten und Grenzen beratender Legitimation/Rechtfertigung

Der Vorschlag der Verbindung der beiden Konzepte zur (Grund)Wert-Legitimation führt direkt zu der Frage nach der Legitimität der Normveränderung von (psychologischer) Beratung. Soll der Wissenschaftler den Praktiker z.B. nur 'wertimmanent' beraten, d.h. ihm bei der Explikation, Kohärenzsteigerung etc. seines Norm- und Wertssystems behiflich sein? Oder soll er versuchen, bis hin zu Grundwerten das subjektive Kognitionssystem je nach den von ihm, dem Wissenschaftler, eingesehenen Legitimationen zu verändern?

Auch diese Frage erweist sich bei näherem Hinsehen als nicht so ausschließlich und alternativ wie auf den ersten Blick. Zunächst einmal führt natürlich, wenn man an der größeren Validität wissenschaftlicher Forschungsergebnisse festhält, schon der Informationsaustausch notwendig zu einer Veränderung des Kognitionssystems des Beratenen (im Sinne der Erweiterung, Differenzierung etc., s.o. 1.4.). Allerdings muß sich diese Veränderung nicht unbedingt auf Primärziele beziehen, denn es gibt ja mehrere Punkte, wo die (Ziel-Mittel-)Argumentation schon vor Erreichen der Grundwerteebene abbricht (vgl. auch KÖNIG 1975, 178): bei nicht präzise klärbaren Ausdrücken; bei der empirisch gesicherten Zurückweisung deskriptiver Hypothesen; bei inneren und äußeren Ziel-Widersprüchen; bei der Nicht-Realisierbarkeit von Zielen etc.. *Die Frage nach der Legitimität der Normveränderung im beratenden Austausch stellt sich in aller Schärfe daher vornehmlich für die Ebene der Grundwerte.* Und hier wäre es sicherlich irrational inkonsequent, nach entsprechenden Rechtfertigungsversuchen von der Legitimität der explizierten Primärziele überzeugt zu sein und nicht für ihre Akzeptierung einzutreten; daß damit keine 'Überwältigung' des Beratenen intendiert ist, ist schon durch den offenen Meta-Charakter dieser Ziele (s.o.) signalisiert; allerdings ist auch der Wissenschaftler 'Alltagspsychologe' und versteht als solcher die offenen Primärziele in der Regel in einer bestimmten 'geschlossenen' Version auf der Objektebene (z.B. 'Selbstaktualisierung' als Vorordnung der Leistungsaktualisierung vor die (private) Kommunikationsaktualisierung). Wovor sich der Wissenschaftler auf jeden Fall hüten muß, ist, solche inhaltlichen Zielfassungen nun innerhalb einer Beratungs- (oder Therapie- etc.)Situation 'missionarisch' zu vertreten und damit selbst zur 'einschränkenden Bedingung' für die authentische Selbsterkenntnis des so 'Beratenen' zu werden.

Die hier liegenden methodischen und ethischen Gefahren sind von der wertabstinenten Psychologie u.E. noch viel zu wenig erforscht und reflektiert worden. So stellt z.B. ROGERS mit großer Freude und Selbstsicherheit fest, daß die Gesprächspsychotherapie den Menschen in verschiedensten Kulturkreisen zu vergleichbaren Wertorientierungen verhilft (wie Selbständigkeit gegenüber Normen, Ablehnen von 'Fassaden', Selbstfindung, Selbstakzeption, auch emotionale etc.; 1964, 166); er nimmt das als Indikator dafür, daß solche Bedürfnisse gemeinsame letzte (organismisch bedingte!) Ziele des Menschen sind (o.c., 165), ohne zu prüfen oder zu reflektieren, ob das nicht auch Anpassung an die impliziten Wertungen der Therapiemethode sein könnten. Ziel einer rational legitimierten Beratung kann es nur sein, die 'Bewegungsfreiheit' des Individuums nicht einzuschränken, sondern möglichst zu erweitern; dies Ziel ist sicherlich niemals positiv zu sichern, sondern nur durch Schaffung bestimmter Bedingungen zu ermöglichen: durch Bedingungen eines möglichst rationalitätsorientierten, gleichberechtigten Diskurses (vgl. 5.). Dazu beitragen kann das Bewußtsein von der notwendigen Eingeschränktheit der im beratenden Dialog leistbaren (Normen)Rechtfertigung: *Normen lassen sich nur situationsvariant legitimieren*, d.h. es läßt sich nur in und für konkrete(n) Situationen entscheiden, "ob eine Handlung intersubjektiv gerechtfertigt ist oder nicht" (KÖNIG 1975, 198); außerdem sind Rechtfertigungen *immer nur dialogdefinit*, d.h. sie gelten allein in Relation bzw. auf der Grundlage der im konkreten Dialog aufgeführten Argumente, Gründe etc. (o.c., 2o5). Die Qualität dieser Argumente und damit die Qualität der Normenlegitimation hängt in einer 'austauschenden' Beratung ab von Umfang und Qualität des eingebrachten wissenschaftlichen Wissens, von der Einsichtsfähigkeit des Beratenen über sich selbst und seine Umwelt (WEINERT 1977, 38) und der Überzeugungs-

175

fähigkeit (im aktiven und passiven Sinn) beider Partner: als
Lernfähigkeit (KOPPERSCHMIDT 1973, 93) der kognitiven Systeme!

5. *AUSTAUSCH ALS KRITISCHER DISKURS*

*Die zielregulative Idealvorstellung*

Die normenkritische pädagogisch-psychologische Beratung als
Austausch von wissenschaftlicher und naiver Theorie soll eine
Dialogsituation darstellen, die die (kognitive) Bewegungsfreiheit,
Autonomie etc. des Individuums maximiert. Damit scheidet der im
wissenschaftlichen Bereich so häufige (beliebte?) 'eristrische
Dialog' (MENZING 1975, 1o2) von vornherein aus; denn in ihm werden
Argumente nur dazu benutzt, um 'Behauptungen des Partners systematisch zu widersprechen oder zu widerlegen' (ebda). Vielmehr ist
der Dialog als 'kritischer' zu konstituieren, um Behauptungen
des Partners (argumentativ) zu testen und zu überprüfen sowie
die eigenen Behauptungen zu dem gleichen Zweck freizugeben. Wegen
des Ziels der Legitimationsverbesserung ist solch ein kritischer
Dialog in der Klassifikation von HABERMAS als 'innovatorisch ge-
zielter Diskurs' aufzufassen (1971, 118). HABERMAS hat die ideale
Kommunikationsstruktur eines solchen kritisch-argumentativen Diskurses herausgearbeitet: der Eintritt in die argumentative Hand-
lungsstruktur setzt voraus und unterstellt die Rechenschaftsfähig-
keit und -bereitschaft (HABERMAS 1971, 118f.; KOPPERSCHMIDT 1973,
4o) der Beteiligten, d.h. "daß sie 'zurechnungsfähig' und damit zu
'verantwortlichem Handeln' fähig sind" (KOPPERSCHMIDT 1973, 4o)
und zur Begründung der Verantwortbarkeit (Legitimation) bereit
sind (HABERMAS 1971, 119). Damit in der Argumentation kein 'falscher' Konsens zustandekommt, muß die Kommunikationssituation
strukturell von jeder Behinderung durch äußere Zwänge befreit
werden (o.c., 137). Das führt zur *Symmetrie-Forderung, die sich
mit dem Intersubjektivitäts-Kriterium verbindet*: das bedeutet,
jeder Teilnehmer muß das gleiche Recht und die gleiche Chance haben,
Argumente vorzubringen und zu kritisieren; die Sprecher dürfen
"weder sich noch andere über ihre Intentionen täuschen" (o.c.,138);
Argumente dürfen grundsätzlich nicht ungeprüft akzeptiert werden,
und die Prüfung muß unabhängig von der Person des Argumentierenden
geschehen (KÖNIG 1975, 131). Das Problem besteht darin, daß die
Wahrheit oder Falschheit des Konsens in einem Diskurs ihrerseits
wieder nur konsensual entschieden werden kann; HABERMAS gesteht

diese Zirkelhaftigkeit zu und faßt die ideale Sprechsituation
deshalb als eine kontrafaktisch zu antizipierende auf. D.h. obwohl die faktische Realität diesem 'Modell reinen kommunikativen
Handelns' in der Regel nicht entspricht, sind wir "in jedem Diskurs
genötigt ..., eine ideale Sprechsituation zu unterstellen" (o.c.,
122); nach HABERMAS' Auffassung ermöglicht dieser 'Vorgriff auf
eine ideale Sprechsituation' ein "zureichendes Kriterium für die
Unterscheidung des wahren vom falschen Konsensus" (ebda). Wir sind
mit ZEDLER (1976) der Überzeugung, daß dies keine zureichende
Lösung der Wahrheitsfrage ist: der wahre Konsens ist auf diese
Weise von einem impliziten Hintergrundkonsens der Diskursteilnehmer, zumindest hinsichtlich der Bewertungskriterien, abhängig
(ZEDLER 1976, 180). Man kann *die ideale Sprechsituation* allerdings
*als regulative Zielidee für die Gestaltung kritischer Diskurse*
ansetzen (KÜNZLI in FREY 1975, I, 158), *deren (größtmögliche)
Realisierung als notwendige Bedingung für die Steigerung der
Argumentations-Rationalität anzusehen ist.* Damit ist das Konzept
der idealen Sprechsituation (sicher gegen die HABERMASsche Intention) instrumentell aufgefaßt, d.h. als Zielvorstellung, die es
methodisch durch Einsatz von entsprechenden Regeln etc. möglichst
optimal zu realisieren gilt, um die bestmöglichen Voraussetzungen
für eine rationale Argumentation innerhalb psychologisch-beratender
Legitimations-Diskussionen zu schaffen.

*Argumentations- und Beratungsmethodik*

Eine entsprechende Methodik zur Realisierung einer optimalen
Beratungssituation muß auf das hinter dem Konzept des Austauschs
von subjektiver und objektiver Theorie stehende (epistemologische)
Subjektmodell ausgerichtet sein; das bedeutet eine starke Gewichtung von Kommunikationsprozessen, die kognitionsorientiert sind im
Sinne theoretischer oder theorieähnlicher Strukturen. Eine solche
Methodik ist bisher (u.W.) noch nicht differenziert ausgearbeitet;
sie wird die Perspektiven der Argumentationstheorie und (sozialpsychologischen bzw. soziologischen) Kommunikationsforschung miteinander verbinden müssen. Dabei ist es wichtig zu wissen, daß die
Argumentationstheorie nicht nur in der Philosophie der Alltagssprache ('ordinary language'; vgl. TOULMIN 1975) und der logischen
Propädeutik (vgl. NAESS 1975) verwurzelt ist, sondern auch eine
klassische Perspektive der Rhetorik ist. So ist es denn auch ein
Rhetoriker, der die Bestimmungen der 'idealen Sprechsituation'

als *Regeln zum Gelingen einer persuasiven (das Wort wird bedeutungs-
gleich mit argumentativ verwendet) Kommunikation* expliziert und
zusammengefaßt hat (KOPPERSCHMIDT 1973, 87ff.; wir haben die Regeln
für die folgende Aufstellung noch einmal sprachlich verkürzt):

'- die Diskursteilnehmer müssen nicht nur subjektiv willens, sondern
auch faktisch in der Lage sein, miteinander als gleichberechtigte
Kommunikationspartner zu interagieren;

- die Partner müssen ernsthaft an einer argumentativ erzielten
Verständigung (Diskurs) interessiert sein;

- sie müssen die Verpflichtung eingehen, die Entscheidung des
Gegenüber in jedem Fall zu respektieren und nicht durch persuasions-
fremde Mittel zu beeinflussen;

- sie müssen bereit und fähig sein, sich mit den vom Gegenüber
vorgebrachten Argumenten auseinanderzusetzen und sich gegebenenfalls durch sie überzeugen zu lassen;

- sie müssen sich verpflichten, gemäß ihrer Überzeugung (und
Einigung) zu handeln.'

Dabei sind diese "zu Regeln formalisierten Bedingungen einer
gelingenden persuasiven Kommunikation ... zugleich auch die
Bedingungen für die Güte einer erfolgreichen persuasiven Kommunikation" (KOPPERSCHMIDT 1973, 136; Unterstreichung von uns).
Eine vergleichbare Zusammenstellung von 'Argumentationspflichten'
gibt GATZENMEIER (1974; vgl. auch Zusammenfassung in MOSER 1975,
87). Da der Wissenschaftler u.E. in seiner Sozialisation hauptsächlich im eristrischen und nicht im konstruktiven Diskutieren
eingeübt wird, ist es für ihn allerdings als Voraussetzung einer
gelingenden Beratung zunächst einmal nötig, ungerechtfertigte, auf
Durchsetzung ausgerichtete 'Argumentations'-Mechanismen zu ver-
lernen; NAESS hat (1975) *die wichtigsten logisch-propädeutischen
Normen gegen* ('Diskussionsvorteile' versprechende) *Unsachlichkeiten
im Meinungsaustausch* zusammengestellt und begründet (o.c., 16off.):
tendenziöse Wiedergabe (169 ff.), tendenziöse Mehrdeutigkeit
(176ff.), tendenziöse Originaldarstellung (187ff.), tendenziöse
Präparierung von Diskussionsbeiträgen (19off.). NAESS gibt anschau-
liche Beispiele, die ein sehr konkretes und handlungsnahes Verständnis der geforderten Sachlichkeitsnormen ermöglichen.

Zur Verdeutlichung nur ein Beispiel: eine ('übliche') Möglichkeit
der tendenziösen Wiedergabe von Standpunkten anderer besteht darin,
dem Gegenüber, wenn er sagt 'a ist b' im Fortgang der Diskussion
den Satz 'Alle a sind b' zu unterstellen; also: "Männer sind
besser zum Priesterberuf geeignet als Frauen' wird verdreht
zu 'Jeder Mann ist besser zum Priesterberuf geeignet als irgendeine
beliebige Frau'" (1975, 17o) usw. usw.

Die Aufgabe beratender Wissenschaftler ist aber - wie oben abgeleitet - darüber hinaus auch, konstruktiv darauf hinzuwirken, daß sich der Beratene mit seinen Problemen, Bedürfnissen, potentiellen Argumenten, Einstellungen, Wertungen etc. gleichberechtigt im Horizont der verbal manifesten Argumentation aktualisieren kann. Es handelt sich dabei um *die mäeutischen, unterstützenden Funktionen der beratenden Kommunikation*. Diese Dimensionen sind vielleicht bei der Beratung von Lehrern, die über eine den Wissenschaftlern vergleichbare Verbalisierungskompetenz verfügen (können), nicht ganz so vordringlich wie bei der Beratung nichtprofessioneller Erzieher; hier ist die unterstützende Funktion des Beratenden zur Selbstaktualisierung des Beratenen in der Beratung sicherlich unverzichtbar. Dazu gehört vor allem, daß alle problem- und bedürfnisrelevanten Informationen des Beratenen in der Tat in die Kommunikation einfließen, wie es auch von der Innovationsforschung unter dem Aspekt problem- und praxisorientierter Verbreitung von Wissenschaft gefordert wird (vgl. Abb.3.)

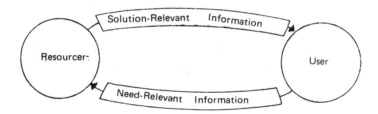

Abb. 3: Der Problemlösungsdialog (nach HAVELOCK&LINGWOOD 1973, 1o)

Die 'bedürfnis-relevante' Information umfaßt dabei in der pädagogisch-psychologischen Beratung entsprechend den oben erarbeiteten Differenzierungen mehrere Ebenen: von der Information, was das praktische Problem des zu Beratenden ist und wie es strukturiert ist, über die Information, welche Wahrnehmungen, Erwartungen, Ziele und Wertungen der Dialogpartner hat, bis zur Ebene der Bedürfnisverbalisierung (des Beratenen sowie seiner Umwelt, besonders der Schüler etc.). Die mäeutische Funktion bezieht sich parallel auf mehrere Prozeßstadien: zunächst einmal darauf, *daß der Dialogpartner die relevanten Informationen übermitteln kann, sodann auf die 'Übersetzung' dieser Informationen in Sprachformen, inhaltliche und formale Strukturen, die eine Vergleichbarkeit, Verbindung und Nutzung wissenschaftlicher Informationsspeicher ermöglichen* (vgl. HAVELOCK&LINGWOOD 1973, 81). Beide Prozeßabschnitte sind in einer Beratung als Austausch von wissenschaftlichen und naiven Theorien nur denkbar als *eine Kombination von Rekonstruktionsversuchen des Wissenschaftlers und Überprüfung durch Zustimmung* (Konsens-Kriterium, s.o. I.6.2.) von seiten des Praktikers. Die Übermittlung der problemlösungs-relevanten Informationen aus dem Wissenschaftsspeicher sollte dann innerhalb der unterstützenden Zielsetzung des Beratungsaustausches so 'transformiert', d.h. aufgearbeitet sein, daß sie die praktische Problemsituation möglichst unmittelbar trifft und auch der Praktiker nicht durch unnötige 'Übersetzungs'anstrengungen belastet wird; hier sind in einer ausgearbeiteten Beratungstheorie die Ergebnisse der Forschung zur Verständlichkeit von Informationsprozessen (Texten etc.: z.B. GROEBEN 1972b; LANGER et al. 1974) sowie der Kommunikationsforschung (vgl. LIEBHART 1973) einzubringen und anzuwenden.

HAVELOCK&LINGWOOD haben auf der Grundlage der kommunikationswissenschaftlichen Ergebnisse und der Befragungen von mit der Verbreitung von wissenschaftlichen Ergebnissen professionell Beschäftigten ein Beurteilungsschema zusammengestellt, das die Qualität einer Beratungssituation einzuschätzen erlaubt: wenn das auch keine konkreten Handlungsanweisungen bedeutet, so ist damit doch zumindest ein Problembewußtsein hinsichtlich der möglichen *Anforderungen einer Beratung* zu erzielen. Es handelt sich um den H-E-L-P-S-C-O-R-E-S- Ansatz (1973, 294ff.); wir führen die Dimensionen nur von ihrem positiven Ausprägungspol her mit stichwortartiger Erklärung auf (ausführlicher vgl. HAVELOCK&LINGWOOD 1973, 297ff.):

Homophily: Partnerähnlichkeit und damit verbundene gegenseitige Akzeptanz
Empathy: kognitives *und* emotionales Verständnis des Gegenüber, Hineinversetzen
Linkage: Kontaktsuche und -realisierung zwischen den (Dialog)Partnern
Proximity: ökologische Nähe und Kohärenz der (Beratungs)Teilnehmer
Structuring: kompetent geplante Strukturierung des Informationsflusses
Capacity: Fachkompetenz und deren engagiertes Einsetzen im Beratungsprozeß
Openess: Offenheit des Eingehens auf den anderen, Flexibilität, auch sich selbst zu ändern

Reward: Erfolg, von Einsichtsgewinnung bis zu finanzieller Unterstützung
Energy: Investition von Zeit, Kraft, Beharrlichkeit etc.
Synergy: Integrierte Kraft und Dynamik der Partner-Kompetenzen und -Performanzen.

Entsprechned der epistemologischen Perspektive ist bislang immer vorausgesetzt worden, daß der Beratene bei entsprechender Bereitschaft nach einem beratenden Austausch seiner subjektiven Kognitionen mit wissenschaftlichen Informations-/Theoriesystemen und eventueller Änderung seiner Überzeugung in der Lage ist, entsprechend dieser seiner (neuen) Überzeugung zu handeln. Dies ist natürlich nicht notwendig der Fall - und auch nicht nur deswegen, weil es für eine epistemologische Forschungsperspektive das Ideal wäre, legitimerweise zu fordern: auch hier gilt die (Meta)Norm 'Sollen impliziert Können'. Eine Psychologie der Reflexivität geht programmatisch davon aus, daß kognitive Einsicht im Normalfall (des rationalen Subjekts) zu entsprechenden Handlungen befähigt. Trotzdem müssen natürlich die potentiell hemmenden Bedingungen, die das 'Können' verhindern können, erforscht werden; dies ist allerdings bisher nicht ausreichend der Fall, da vom behavioristischen Forschungsparadigma aus im Gegenteil als Normalfall Lernen und Handlungskompetenz immer von der Übung (von Verhaltenssequenzen etc.) her angegangen wird. Es gibt aber gute Gründe (und empirische Evidenzen; vgl. WAGNER 1973; 1976) dafür, daß viele Dinge besser durch Veränderung des Kognitionssystems als durch Übung gelernt werden. Nach den Ergebnissen von WAGNER kommt es dabei u.a. auf die Spezifität vs. Generalität der angezielten Verhaltensweisen an. Für den Normalfall einer normativen Legitimationsargumentation wird man daher eine entsprechende Handlungskompetenz in Abhängigkeit von der Veränderung des Kognitionssystems unterstellen dürfen, für bestimmte Fälle spezifisch-konkreter Handlungsweisen sollen (behaviorale) Techniken der Übung (wie Micro-Teaching) als Unterstützung nicht ausgeschlossen werden (s. dazu Kap. IV.).

## KAP. IV. GRENZEN EINER PSYCHOLOGIE DER REFLEXIVITÄT: IN DER THERAPIE?

### I.A. VORAUSSETZUNGS- UND ZIELSPEZIFISCHE ANWENDUNG VON KONDITIONIERUNGS- VS. KOGNITIVEN LERNTHEORIEN IN DER KLINISCHEN PRAXIS

#### 1. *DAS INDIKATIONSPROBLEM UND ERKENNTNISFORTSCHRITT DURCH PARADIGMAWECHSEL*

##### 1.1. Das Indikationsproblem

Es ist ein historisch normales Phänomen, daß eine neue Richtung - sei sie künstlerischer oder wissenschaftlicher Art - im Bewußtsein ihres Reformpotentials gegenüber eingeschliffenen Problemstellungen/ -lösungen mit einem überzogenen Lösungsanspruch auftritt: sie behauptet zunächst, für alle bekannten und zumeist auch noch unbekannten Probleme die optimale Lösungsstrategie zu besitzen. Das gilt auch (wenn nicht sogar in verstärktem Maß) für Technologien, d.h. für aus wissenschaftlichen Erklärungsmodellen abgeleitete Techniken/Instrumente zur Lösung von Problemen in der Praxis. Im Laufe der Auseinandersetzung mit anderen Positionen, Forschungs- und Technologieprogrammen wird dann dieser Anspruch zumeist auf einen Kernbereich von Problemen reduziert, für den die neue Technologie als optimal erscheint, während sich für andere Bereiche andere Technologien als wirksamer erweisen. So verlief z.B. die Entwicklung der Technologie des Programmierten Unterrichts, der zunächst mit dem Anspruch, das gesamte Schulsystem zu revolutionieren und alle Probleme des schulischen Wissenserwerbs sowohl neu zu stellen als auch umfassend zu lösen, auftrat: heute ist diese Technologie eingeschränkt auf bestimmte (Anfangs-)Stadien von Wissenserwerb und wird (berechtigterweise) nur in Verbindung mit anderen Technologien (die ihre Nachteile z.B. auf motivationalem und kognitiv-kreativem Bereich kompensieren) eingesetzt (JÜTTEN&GROEBEN 1972).

Es scheint nun so, als ob mittlerweile auch auf dem Gebiet der zweiten eminenten Technologieanwendung der behavioristischen Verhaltenstheorie, der Verhaltenstherapie, der Zeitpunkt erreicht ist, da die umfassende Wirksamkeitsbehauptung dieses Technologieprogramms in der Klinischen Psychologie explizit zurückgenommen werden muß. Selbst innerhalb der Klinischen Psychologie, zu deren extensiver Etablierung und Stabilisierung zweifelsohne die Verhaltenstherapie mit den Grundstein gelegt hat, mehren sich die Forschungsergebnisse, die außerhalb des verhaltenstheoretischen Paradigmas liegende kognitive Variablen als relevant nachweisen (vgl. MURRAY&JACOBSON 1971; MAHONEY 1974). Entsprechend sind (auch schon aus der alten Konkurrenz verhaltenstheoretischer und kognitiver Forschungsprogramme heraus) Technologien entwickelt worden, die sich von kognitiven (Lern-)Theorien herleiten (vgl. u.a. DAVISON et al. 1973; ELLIS 1967; FRANK 1961; KELLY 1955; MEICHENBAUM 1975ff.; SEIDENSTOCKER et al. 1975).

Mit dem Vorliegen zweier Technologiepools, des verhaltenstheoretischen und des kognitiven nämlich, aber stellt sich die *Indikationsfrage: für welches Problem, welche Situation, welche Person, ist welche Technologie* (sprich im klinischen Bereich welche Therapieform) die optimale (vgl. LAZARUS&DAVISON 1971)? Der Blick auf die bisherigen wissenschaftshistorischen Entwicklungen legt nahe, diese Frage im Sinn einer Bereichs-/Problemabgrenzung zu beantworten, d.h. daß man die jeweiligen Technologiesysteme auf für sie zentrale Gegenstands-/ Problembereiche verteilt und auf diese Weise eine Optimierung des Realitätsgehalts und damit auch der Praxisrelevanz erreicht. Dabei ist allerdings zu berücksichtigen, daß dieses Technologieproblem der Klinischen Psychologie u.E. dieses Mal durch die umfassende, grundsätzliche Krise des behavioristischen Paradigmas verschärft wird: auch im Bereich der wissenschaftlichen Erklärungsperspektive ist der Niedergang des verhaltenstheoretischen Modells (als letzter, präzisester Version des behavioristischen Paradigmas) zu beobachten (s.o. I.). Auf der Grundlage des behaupteten Paradigmawechsels (im Sinne einer wissenschaftlichen Revolution nach KUHN 1967; vgl. I.1.) aber stellt sich die *Frage, ob die verhaltenstherapeutischen Technologien nicht* schlicht *durch eine (umfassendere) kognitive Technologie zu ersetzen sind.*

Aus dieser Problematik ergibt sich (advanced organizer) die Argumentationsstruktur in Richtung auf eine Problemabgrenzung von (verhaltenstherapeutischen vs. kognitiven) Technologien: zunächst ist zu begründen, wieso die Strategie der Bereichs-/Problemabgrenzung als Fortschritt von Erkenntnisgehalt bzw. Problemlösungspotential angesehen werden kann (1.2.). Sodann ist die heuristische Strategie der Problemabgrenzung durch die Entwicklung zentraler Dimensionen zur Problemcharakterisierung und die Zuordnung von Technologieklassen zu bestimmten Problemarten zu leisten und an Beispielen zu verdeutlichen (2.1. bis 2.3.). Das dabei zunächst als gelöst vorausgesetzte Problem der Charakterisierung der Technologien als behavioral vs. kognitiv soll abschließend anhand eines Beispiels (der Selbstkontrolle) problematisiert werden (IV.B.)

1.2. Paradigmakonkurrenz und Erkenntnisfortschritt

Die Kontroversen zwischen kognitiver vs. Konditionierungs-Theorie des Lernens sind sehr viel älter als der Zeitraum, der mit der Rede vom (z.T. ja auch noch nicht vollständig vollzogenen, sondern mehr vorhergesagten) Paradigmawechsel gemeint sein kann und gemeint ist (man denke nur an Thorndike contra Tolman, Gestalttheorie contra Behavioristen etc.). Man kann daher berechtigterweise die Frage stellen, ob sich diese Gegen-Positionen, die seit Jahrzehnten existieren, überhaupt unter der Perspektive des Paradigmawechsels legitim aufarbeiten lassen, ob es sich nicht um eine permanente (ja vielleicht die dauerhafteste) Theorienkonkurrenz in der Psychologie handelt, ob nicht auch der Paradigmabegriff (der ja ein die ganze Disziplin umfassendes und beherrschendes Theoriemodell impliziert) für diese Konkurrenz zwischen Konditionierungs- und kognitiver Lerntheorie zu umfassend und damit zu abstrakt ist.

Mehrere dieser möglichen Einwände sind schon oben (I.B.) bei der Verteidigung der These vom Paradigmawechsel diskutiert worden; wendet man die Ergebnisse dieser Diskusssion auf das hier thematische, spezielle Problem des (konkurrierenden) Verhältnisses der Lerntheorien untereinander an, so kann man folgende Argumente beibringen, die für eine Subsumierung dieser (polarisierenden) Relation unter den Aspekt des Paradigmawechsels sprechen: ein Teil der wissenschaftshistorisch als solche erscheinenden Konkurrenz zwischen behavioristischen und kognitiven Positionen in der Lerntheorie ist keine echte Konkurrenz, vielmehr ist der Versuch der 'Kognitivierung' der Lerntheorie durch die Beschränkungen, die das herrschende behavioristische Paradigma über die Methodologie aufgestellt hat, zu einem großen Teil abgeblockt worden (vgl. das Beispiel TOLMAN: o. I.5.). Die vorhandenen epistemologisch-kognitiven Ansätze, die eine echte, konkurrierende Gegenposition zum Behaviorismus darstellten (z.B. HEIDER, KELLY u.a.) konnten kaum zur Wirkung gelangen, weil sich das herrschende Paradigma des Behaviorismus (noch) nicht in einer Situation der Krise befand. Erst seit die 'normale Wissenschaft' des behavioristischen 'Rätsellösens' selbst gehäuft die Aporien seiner Theorie produziert, haben sich die Ansätze dieser Vorläufer auch zu einer konkurrenten Dynamik auf Paradigmaniveau zusammengeschlossen (vgl. die Integration von Dimensionen der HEIDERschen und ROTTERschen Theorie in der Attributionstheorie: o. II.2.2.). Eine echte, umfassende und auch die 'disziplinäre Matrix' des wissenschaftlichen Forums bestimmende Konkurrenz liegt daher nach unserer Einschätzung erst vor, seit die kognitiven Ansätze der Lerntheorie innerhalb eines größeren Subjektmodell-Rahmens für potentielle kognitive Explanantien integriert sind. Und dies ist oben als Explikation des Paradigmakonzepts für Sozialwissenschaften wie die Psychologie herausgearbeitet worden (I.7.). Auf dieser Grundlage ist es u.E. gerechtfertigt, daß auch *im Bereich der Lerntheorie eine echte Konkurrenz zwischen kognitiven und verhaltenstheoretischen Annahmen erst seit der Krise des behavioristischen Paradigmas* vorliegt. Und hier ist es gerade im Bereich der aus Lerntheorien abgeleiteten Technologien ganz deutlich so, daß erst seit den 60er Jahren auf breiterer Front Explanantien mit kognitiv-epistemologischen Annahmen zur Neu-Rekonstruktion klassischer (und neuer) Probleme eingesetzt werden - wie es oben als Explikation des Paradigmawechsels benannt wurde. Daraus folgt, daß es zumindest wissenschaftsheuristisch legitim ist, die Alternative von Konditionierungs- vs. kognitiven Lerntheorien innerhalb des größeren Rahmens der Paradigmakonkurrenz zu diskutieren und damit der Frageperspektive des Erkenntnisfortschritts durch Paradigmawechsel zu erschließen. *Dabei verbinden sich* (wie in KUHNs letzter Fassung des Paradigmakonzepts durch den Begriff der 'disziplinären Matrix' expliziert: 1977) *inhaltliche Kernannahmen mit der Methodik des Experimentierens als auch der technologischen Anwendung zu einer in sich kohärenten, selbststützenden Problemkonzeption* (inhaltliche Ausführung für die Klinische Psychologie s.u. 2.1.).

Hinsichtlich dieser Kernannahmen und methodologischen Normen trifft auch in der Präzisierung durch den non-statement view die Behauptung (von KUHN 1967; FEYERABEND 1970 u.a.) der Inkommensurabilität von Theorien zu. In Bezug auf den Erkenntnisfortschritt aber und d.h. die Theorienrelation nach einer Ablösung einer Theorie (Paradigma) durch eine andere wird die Inkommensurabilitätsthese negiert; vielmehr läßt sich der Erkenntnisfortschritt durch Paradigmawechsel unter dem non-statement view als Theorienreduktion rekonstruieren (STEGMÜLLER 1973, 254ff.).

Danach wird die alte Theorie durch die neue in einem dreifachen (HEGELschen) Sinne 'aufgehoben': 1. muß die neue Theorie die bestätigenden empirischen Evidenzen der alten Theorie genauso gut erklären; 2. muß die Theorie die Anomalien (falsifizierenden Evidenzen) der alten Theorie erklären können; 3. muß die neue Theorie erklären (im Sinne von begründen), warum die alte Theorie bei bestimmten Phänomenen versagen mußte. Auf diese Weise wird die alte Theorie auf die neue reduziert, insofern sie z.B. nur mehr als Spezialfall innerhalb der neuen 'aufgehoben' wird. Als Beispiel dafür wird zumeist die Relation von Newtonscher zu Einsteinscher Physik angeführt. Allerdings bleibt auch hier fraglich, ob es diese optimale (und optimal eindeutige) Version des Erkenntnisfortschritts außerhalb von voll axiomatisierten, formalisierten (bzw. formalisierbaren) naturwissenschaftlichen Theorien

ebenfalls gibt. Zumindest scheint uns der Präzisions- und damit
Kommensurabilitätsgrad vieler psychologischer Theorien nicht
ausreichend zu sein, um eine solche Reduktion der alten auf
die neue Theorie zu leisten. Das muß aber noch nicht zur Konsequenz
haben, daß man die Frage des Erkenntnisfortschritts im Sinne der
sukzessive besseren Erklärung der psychischen Phänomene als
(zumindest bislang) unlösbar aufsteckt. Es ist u.E. durchaus sinnvoll, bei Nicht-Erreichung der Optimalversion Annäherungsstra-
tegien zu verfolgen, die zumindest approximativ eine Paradigma-/
Theorienkonkurrenz in Richtung auf größeren Realitätsgehalt
und Praxisrelevanz aufzulösen vermögen. Eine solche Approximationsstrategie liegt sicherlich in der *Bereichsabgrenzung von Theorien*
vor, *die jeder Theorie entsprechend ihrer Paradigmaprovenienz
einen zentralen Bereich ihrer erfolgreichen Erklärung bzw. Anwendung
zuweist und damit die das Paradigma belastenden Anomalien dem
jeweils konträren Paradigma, in dem sie keine negativen Evidenzen
darstellen, zugeschrieben werden.*

Eine solche Bereichsabgrenzung ist eine Approximationsstrategie
zur Steigerung von Realitäts- und Praxisgehalt der Theorien
insofern, als nur eine der drei Anforderungen der oben diskutierten
Optimalversion des Erkenntnisfortschritts nicht vollständig
erfüllt wird - und zwar interessanterweise die erste. Die zweite
und dritte Anforderung werden bei konträren Forschungsprogrammen,
die einen Gegenstandsbereich insgesamt komplementär vollständig
abdecken und bei denen ein Programm dem anderen (zumindest
partiell) übergeordnet wird, durchaus erfüllt: die zweite Anforderung
(der Erklärung der Anomalien von Theorie$_1$ durch Theorie$_2$) stellt
den Kern der Bereichsabgrenzung dar. Anforderung drei erfordert
allerdings, daß eine der beiden als (im Gegenstandsbereich/Erklä-
rungsgehalt) komplementär angesetzten Theorien/Forschungsprogramme
als übergeordnet konstituiert wird. Wir gehen, nicht nur aus
den oben (1.1.) diskutierten wissenschaftshistorischen Gründen,
von der (partiellen) Oberordnung des kognitiven Forschungsprogramms
über das behavioristische aus.

Die Begründung dafür liegt zu einem großen Teil auch in der Zieldimension, die die beiden Paradigmen bei Forschung und Anwendung
realisieren (vgl. o. II.3.2.): das verhaltenstheoretische Programm
eliminiert von der disziplinären Matrix (d.h. der Methodologie) her
mit der Reflexivität des Menschen auch dessen potentielle Rationalität, reduziert das Erkenntnis'objekt' also auf ein tendenziell 'a-ra-

tionales' Subjekt. Demgegenüber konstituiert das kognitive Forschungsprogramm (und dementsprechend auch seine technologische Anwendung) den Menschen als zumindest potentiell rationales Subjekt (s.o. II.1.). Zusätzlich zu den schon diskutierten Evidenzen für diese These wollen wir noch einmal ein kurzes Beispiel geben:
Direkte Hinweise auf die irrationalistische Reduktion des Erkenntnis'objekts' durch das behavioristische Paradigma gibt folgendes Experiment. Setzt man z.B. einen Menschen sozusagen vor eine Art T-maze, in dem zwei Reaktionen unterschiedlich belohnt werden (z.B. zufällig im Verhältnis von 7 zu 3), so zeigt er eine suboptimale (Antwort-)Strategie: er wählt nämlich diese beiden Reize genau in dem Verhältnis 7 zu 3, was wegen der Zufälligkeit nur zu einer Trefferzahl von 58% führt. Würde er nur den häufigeren Reiz wählen, hätte er eine Trefferzahl von 70%. Empirische Untersuchungen innerhalb der Entscheidungstheorie zum Wahrscheinlichkeitslernen (das ist der eben beschriebene Vorgang) zeigen, daß die 'falsche' Reaktion durch den Anspruch eines Treffers für möglichst jedes Ereignis und die (objektiv unberechtigte) Berücksichtigung von Ereignissequenzen zustandekommt (JUNGERMANN 1976). Der Mensch reagiert also ineffektiv durch extensives Hypothesengenerieren; 'dächte' er überhaupt nicht oder sehr eingeschränkt (nur in Richtung auf möglichst viel Treffer insgesamt), hätte er größeren Erfolg. Dementsprechend lösen auch Ratten dieses Problem optimal 'objektiv rational': sie wählen nach kürzerer Zeit nur mehr den Weg zum häufigeren Ereignis (BROOKSHIRE 1970). Dies Beispiel zeigt anschaulich sowohl die Reduktion des behavioristischen Paradigmas in Richtung auf zumindest A-Rationalität, als auch seine Fähigkeit, scheinbar 'irrationale' Phänomene zu erklären (vgl. GROEBEN 1977).

Über die im epistemologischen Paradigma inhärente und explizite Rationalitätsannahme und -dynamik kann die kognitive (lerntheoretische) Position dann auch die 3. Forderung der Theorienreduktion als Erkenntnisfortschritt erfüllen: nämlich erklären, warum das behavioristische Paradigma bei bestimmten Problemen versagen muß(te). Andererseits ist es natürlich nicht zu leugnen, daß es im menschlichen Bereich eine Menge A-Rationalität gibt, für die u.U. das kognitive Paradigma und seine Technologien besonders hinsichtlich der Veränderung nicht optimal erscheint (SCHULTE 1977); die ins Auge gefaßte Strategie sieht allerdings auch durchaus die Berücksichtigung des behavioristischen Paradigmas zur Erklärung und Veränderung solcher Probleme vor. Trotzdem scheint uns *eine Überordnung im Sinne der Vorordnung des kognitiven Paradigmas* gerechtfertigt; man muß dabei auf zwei Grundwerturteile zurückgreifen (die wir hier nicht ausführlicher rechtfertigen können, vermutlich aber auch nicht müssen, da diese Urteile relativ einheitlicher Konsens sein dürften): zum ersten, daß die *größere Effektivität* vorzuziehen ist (und diese liegt, wenn man auf

der Rationalität des Subjekts aufbauen kann, sicherlich bei einer
kognitiven Technologie); zum zweiten, daß *Rationalität* mehr
anzustreben ist als A-Rationalität (die Legitimation würde
über die Selbstanwendungs-Begründung gehen; s.o. III.4.).

Die Konsequenz, daß man das kognitive Paradigma dem behavioristischen im Sinne der Vorordnung überordnet, bedeutet, daß
man zunächst mit der kognitiv-rationalen Erklärung und Technologie
beginnt und erst bei Unbrauchbarkeit in die potentiell a-rationale
behavioristische Erklärung/Technologie eintritt. Wenn diese
Rangfolge bei der Strategie der Bereichs-/Problemabgrenzung
eingehalten wird, kann man berechtigterweise behaupten, daß
es sich dabei um eine Approximation des Erkenntnis-- und Praxisrelevanz-Fortschritts durch Erfüllung der Anforderungen 2 und 3
der Theorienreduktion handelt.

## 2. BEREICHS-/PROBLEMABGRENZUNG ALS HEURISTIKSTRATEGIE DER ANWENDUNGSOPTIMIERUNG

### 2.1. Dimensionen zur Bereichs-/Problemcharakterisierung

Eine solche Strategie ist auch besonders im Bereich der Anwendung
von Theorien erfolgversprechend, denn es steht zu erwarten, daß
eine Theorie in dem Kernbereich erfolgreicher Erklärungen auch
für die Lösung von praktischen Problemen das größte Wirkungspotential aufweist (vgl. die Strukturparallelität von Erklärung
und Technologie; PRIM&TILMANN 1973,1o9ff.). In beiden Fällen, dem
Erklärungs- wie Anwendungsfall, handelt es sich um eine heuristische Strategie, da der tatsächliche Erfolg dieses Optimierungsversuches erst noch empirisch zu sichern ist. Für den Anwendungsbereich besteht die Optimierungsstrategie darin, *Probleme nach
ihrer Nähe zu den (inhaltlichen und methodologischen) Kernannahmen
der Paradigmen zu klassifizieren und je nach Ergebnis dieser
Klassifikation zur Lösung des praktischen Problems die eine
oder andere Lerntheorieart vorzusehen.* Diese Klassifikation
muß die den Paradigmen angemessenen Dimensionen der Bereichsabgrenzung reproduzieren.

Um zu solchen Dimensionen der Bereichsabgrenzung für Lerntheorien
und ihre Anwendung zu kommen, ist zunächst von der abstrakten
Definition eines Problems auszugehen: ein Problem ist eine Diskrepanz zwischen einem (bestehenden, zu beobachtenden) Ist- und
einem angestrebten Soll-Zustand. Bei einem Problem, für dessen

Lösung Lerntheorien relevant werden, liegt zwischen vorhandenem Ist-Zustand und angestrebtem Soll-Zustand als Mittel der Soll/Ziel-Erreichung der zu initiierende Lernprozeß. Der Soll-Zustand ist in diesem Fall also als Lernziel zu explizieren, im Ist-Zustand sind die Voraussetzungen für den Lernprozeß zu sehen. Hinsichtlich dieser beiden grundsätzlichen Dimensionen, der Voraussetzungen und des Ziels des Lernprozesses, sind die praktischen Probleme daher unter Bezug auf die paradigmatischen Kernannahmen zu spezifizieren, um zu einer (weitestmöglich begründeten) Entscheidung über den Einsatz des einen oder anderen Lernparadigmas zu kommen. *Es geht also um den voraussetzungs- und zielspezifischen Einsatz von Lerntheorien zur Lösung konkreter Probleme in der Praxis.* Damit werden bestimmte implizite bisherige Strategien der Anwendung von Lerntheorien präzisiert, andere jedoch auch überholt. Eine der impliziten Strategien, die es bisher zu geben scheint und die durch ein solches differenzierteres Heuristikmodell überholt würde, ist die Aufteilung, daß Konditionierungstheorien besonders für Probleme der klinisch-therapeutischen Praxis und Kognitionstheorien vor allem im pädagogisch-psychologischen Raum eingesetzt werden. Allerdings hat sich die Begrenztheit dieser (impliziten) Strategien schon seit geraumer Zeit erwiesen, und es gibt durchaus Verschränkungen, die u.E. vor allem im Bereich der Lernziele fundiert sind: nach dem Motto, je komplexer das Lernziel, desto eher kognitive Theorie und umgekehrt (vgl. MEICHENBAUM 1975ff.). Diese Richtlinie wird in unserer Heuristikstrategie ausdifferenziert und präzisiert. Das damit ins Auge gefaßte Vorgehen wird durch das folgende Prozeßschema noch einmal zusammengefaßt (vgl. nächste Seite); die in diesem Abschnitt (2.) dargestellte Argumentation spart zunächst einmal den 'Speicher' als gegeben und damit als unproblematisch aus, die Frage der Einordnung von Technologien als konditionierungstheoretisch oder kognitiv wird abschließend im Teil IV.B. thematisiert.

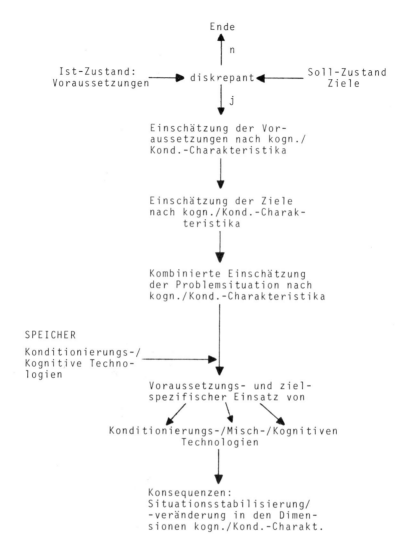

Abb. 4: PROZESSCHEMA des voraussetzungs- und zielspezifischen Einsatzes von Konditionierungs- u. kognitiven Technologien

Damit soll eine konkrete Realisierung der Anwendung psychologischer Theorien in der Praxis als heuristischer Prozeß geleistet werden, wie ihn BROMME&HÖMBERG 1976 wissenschaftstheoretisch und -psychologisch herausgearbeitet haben. Nach ihrer Rekonstruktion ist die Anwendung wissenschaftlicher Theorien/Ergebnisse in der Praxis nicht auf der Grundlage direkter Regel- oder Technologienableitung möglich (1976,35 ff.; vgl. auch WESTMEYER 1976), sondern nur als heuristische Planbildung zu verstehen. Innerhalb dieser Heuristik sind besonders zwei Theorie-Praxis-Gräben zu überwinden: zum einen sind die von der Wissenschaft angebotenen Theorien relativ spezifisch, so daß der Praktiker häufig gezwungen ist, mehrere Theorien nebeneinander anzuwenden (horizontaler heuristischer Prozeß); dieser Perspektive wird unser Prinzip der Bereichsabgrenzung konstruktiv gerecht. Zum anderen müssen wissenschaftliche Theorien als allgemeine Gesetzmäßigkeiten notwendig die konkrete Komplexität der einmaligen historischen Situation reduzieren, was wiederum eine direkte Anwendung auf konkrete Situationen/Probleme verhindert; bei der Anwendung wissenschaftlicher Theorien muß daher diese Komplexitätsreduktion " vom Praktiker ... wieder rückgängig gemacht werden; dies ist ein wichtiger Schritt der Wisssentransformation... Es werden Theorien **konkretisiert** auf den speziellen Fall, und die Beobachtungen, die Wahrnehmung des Problems, werden dazu gegenläufig unter dem Aspekt ihrer Subsumption unter bestimmte Allgemeinbegriffe analysiert, d.h. es wird versucht, aus ihnen wiederum die Allgemeinbegriffe zu abstrahieren " (BROMME&HÖMBERG 1976, 4o). *Eine solche Zuordnung konkret-spezifischer Problemdimensionen zu den in wissenschaftlichen Theorien inhärenten Handlungs-/Erlebenskategorien* (vgl. HOLZKAMP 1964) *ist Ausgangspunkt der voraussetzungs- und zielspezifischen Anwendungs-Strategie psychologischen Wissens.* Sie soll hier versucht werden durch Rückgriff auf die Kernannahmen/Annahmenkerne des Konditionierungs- und Kognitionsparadigmas (nach dem oben benannten Verständnis des non-statement views von Theorien). Wie schon angedeutet, sind in diesen Kernannahmen inhaltlich-metaphysische Zentralhypothesen und methodologische Kriterien, die sich im Versuchsaufbau etc. manifestieren, miteinander verschränkt, so daß eine strukturparallele Synthese von Deskription und Präskription vorliegt wie in der Berücksichtigung von Voraussetzungs- und Zieldimensionen. Die Annahmenkerne seien zum Vergleich noch einmal in gedrängter Zusammenfassung angeführt (s.o. I.A.):

Konditionierungsparadigma: Der Versuchsaufbau (die disziplinäre Matrix) der Konditionierungstheorie geht von einer grundsätzlichen Asymmetrie zwischen Erkenntnissubjekt (Vl) und Erkenntnisobjekt (Vp) aus: der Vl hat den Überblick über die Versuchssituation, während der Vp die lösungsrelevanten Informationen vorenthalten werden (bzw. erst nach der Versuchssituation übermittelt werden). Die Lern- und Problemsituation ist für das Erkenntnisobjekt nicht über- und durchschaubar (zumindest nicht völlig), d.h. parzelliert und labilisiert. Dementsprechend sind auch die inhaltlichen Menschenbild-Vorstellungen des Konditionierungsparadigmas: das Erkenntnisobjekt wird über die Gleichsetzung mit Tieren von relativ geringer Intelligenz auf seine organismischen Dimensionen reduziert, es wird als unter Kontrolle der Umwelt stehend angesetzt; Dimensionen wie Autonomie, individuelle Reflexion (qua Welt- und Selbstsicht) werden explizit ausgeschlossen. Wie die Diskussion zwischen Verstärkungs- und sozialen Lerntheoretikern ergeben hat, entspricht dem auch die Konzentrierung auf relativ unkomplexe bzw. einfach zusammengesetzte Verhaltenssequenzen, die entsprechend der Kontroll-Annahmen eine spezifische Anpassung an die Situation bringt (vgl. BANDURA 1974).

Aus dieser gedrängten Skizzierung ergibt sich zunächst eine abstrakte Konsequenz: *die Dimension der (Lern)Voraussetzungen läßt sich ausdifferenzieren in (vom Paradigma her wichtige) zwei Unterkategorien: nämlich zum einen in die der Situationsfaktoren, zum anderen in die der Persönlichkeitsvariablen.* Die Zielkategorie kann als einheitliche bestehen bleiben. Innerhalb der Voraussetzungskategorien Situation und Persönlichkeit sowie der Zielkategorie nimmt nun das kognitive Paradigma inhaltlich genau die polaren Gegenpunkte zum Konditionierungsparadigma ein:

Das kognitive Paradigma strebt (grundsätzlich) eine relative Symmetrie zwischen Erkenntnissubjekt und -objekt an, zumindest in Bezug auf die Information, Problemsicht etc. Das heißt, daß die Vp (sogar Köhlers Menschenaffen) über alle zur Problemsicht und -lösung notwendigen Informationen verfügt; idealtypisch ist also die Situation für das Erkenntnisobjekt überschaubar. Desgleichen sind auch gerade die dazu notwendigen Persönlichkeitsvariablen gefordert: kognitive Flexibilität, Reflexivität (im Sinne von Welt- und Selbstsicht, die für die Situationsdefinition relevant werden). Die damit zusammenhängenden zentralen kognitiven Konstrukte (wie Einsicht etc.) zielen auch wiederum konstruktiv auf höher-komplexes Verhalten ab, das zudem nicht akzentuiert situationsspezifisch (zumindest nicht im Sinne von zentral angepaßt), sondern eher situationsübergreifend (Generalität/ Transfer) zu nennen ist (vgl. MAHONEY 1974).

Faßt man die skizzierten Kernannahmen des Konditionierungs- vs. Kognitionsparadigmas in den herausgearbeiteten (Voraussetzungs- und Ziel-)Dimensionen zusammen, so ergibt sich folgendes (noch relativ grobes) Schema (s. nächste Seite).

Dieses Schema gibt das Kernstück der heuristischen Strategie der Problemabgrenzung nach den paradigmaspezifischen Kernannahmen und damit des voraussetzungs- und zielspezifischen Einsatzes der verschiedenen konkurrierenden Lerntheorien zur Lösung praktischer Probleme wieder; es fällt auf, daß die Voraussetzungs- und Zielcharakterisierungen auf seiten der Konditionierungstheorie praktisch nur ex negativo von dem kognitiven Paradigma her bestimmt sind.

|  | Voraussetzungen | | (Lern/Verhaltens)Ziele |
|---|---|---|---|
|  | Situationscharakteristika | Persönlichkeitsmerkmale |  |
| Konditionierungstheorie | nicht überschaubar, keine hinreichende Information, Parzellierung, Labilisierung | keine Autonomie; Außengeleitetheit, organismische Reduktion; keine Reflexivität | einfache, zusammengesetzte Verhaltenssequenzen, situationsabhängiges Verhalten (i.S. von situationsspezifisch bis -angepaßt) |
| Kognitionstheorie | durchschaubar, vollständige Information über Situation/Problem; kognitiv (sinnvoll) strukturierbar | Autonomie; innengeleitete Kognitivität; Reflexivität; Rationalität | komplexe, einstellungsartige Verhaltensstrukturen/-dispositionen; situationsunabhängiges Verhalten (i.S. von situationsübergreifend und dennoch -adäquat) |

Abb. 5: Schema der paradigmaspezifischen Kernannahmen

Das ist zum einen notwendig, um die für den Vergleich unabdingbare Kommensurabilität herzustellen, zum anderen in dieser Formulierung (man könnte ja auch von der Konditionierungstheorie ausgehen) eine direkte Manifestation der oben (unter 1.2.) explizierten Vorordnung des kognitiven Paradigmas. Die Begründung dieser Vorordnung stellt die Legitimation für die Bestimmung (und Ausfüllung) der Situations- Persönlichkeits- und Zieldimensionen vom kognitiven Paradigma aus dar.

Da auf diesem Kernstück alle weiteren Konsequenzen aufbauen, sollen seine zentralen Bestimmungsstücke noch kurz beispielhaft verdeutlicht und begründet und einige naheliegende Einwände/Vorbehalte diskutiert werden.

Wie das Beispiel des Menschen vor dem T-Maze (s.o.; 'Belohnungs'relation 7 : 3) zeigt, muß eine 'konditionierungs-paradigmatische' Situationsstruktur nicht nur durch fehlende Information bzw. Durchschaubarkeit charakterisiert sein; ebensogut ist eine Labilisierung im Sinne nicht-hinreichender Information durch implizite, 'falsche' Aufgabencharakteristika möglich (hier die Berücksichtigung der Ereignissequenzen). Natürlich ist auch die Wahl 'immer rechts' als hypothesengeleitet vorstellbar/rekonstruierbar: allerdings nur dann, wenn das Ziel 'möglichst viel Belohnung' mit dem (Meta-)Wissen um die Bedeutungslosigkeit der Ereignissequenzen verbunden wird (unter dieser verbessert sich in der Tat das menschliche 'Wahrscheinlichkeitslernen', vgl. JUNGERMANN 1976). Eine solche realitätsadäquate Informationsdynamik ist also in der Rede von der 'kognitivsinnvollen Strukturierbarkeit' als kognitionsparadigmatisches Merkmal von Situationen immer mitgemeint.
Im Bereich der Personmerkmale ist durch die Charakteristika 'Autonomie', 'Rationalität' etc. nicht nur das einfache Vorhandensein von Kognition(en) gemeint, sondern deren ungebrochene Wirksamkeit im integrierten Verband mit anderen personalen Ebenen (besonders der emotiven und Verhaltensebene). Das ist z.B. relevant bei der Ein-

schätzung von Neurotikern, die nach MOWRER (1950) durch ein 'neurotisches Paradoxon' gekennzeichnet sind, d.h. dem Neurotiker ist z.T. durchaus die strukturelle Intelligenz und sogar die aktuelle Einsicht in die Unangemessenheit seines Verhaltens gegeben (die ihn den Kernannahmen eines kognitiv-epistemologischen Menschenbildes entsprechend erscheinen lassen); dennoch ist sein Verhalten und ev. auch schon sein kognitiv-planerischer Handlungsentwurf durch die Emotion, besonders Angst, gestört. Diese emotionale Beeinträchtigung, die zu einer Nicht-Verfügbarkeit der eigenen Handlungsweisen führt, verhindert dann die Autonomie - was bei der dichotomisierenden Trennung des Kontinuums zwischen konditionierungs- vs. kognitionsparadigmatischen Merkmalen zur Einordnung mehr am Konditionierungspol führen würde. Offen bleibt dabei, ob wegen der meistens vorliegenden Reizkontrolle der Angst nicht weitere Differenzierungen nötig sind: z.B. in kurzfristige vs. langfristige Persönlichkeitsmerkmale bzw. Interaktionsaspekte mit der Situation (vgl. dazu u. Schluß von 2.2.).

Die Verhaltensziele bezeichnen wir als Lernziele, obwohl KLAUER (1972, 14f.) deutlich gemacht hat, daß z.B. eine Überprüfung der Erreichung dieser Ziele als 'lehrzielorientierter Test' anzusprechen ist, weil das Ziel in einem Prozeß der externen Steuerung des Lernens (den man Lehren nennt) vorgegeben wird und nicht notwendig mit den Zielen des selbstgesteuerten Systems identisch ist. In der Benennung der Verhaltensziele als 'Lernziele' liegt daher auf dem Hintergrund dieser Unterscheidung eine programmatische Dynamik: entsprechend der Vorordnung des kognitiven Paradigmas und der epistemologischen Strukturparallelität von Klient und Therapeut gehen wir davon aus, daß im Optimalfall das (extern angebotene) Lehrziel mit dem (intern angenommenen) Lernziel identisch wird (im Sinne eines dialog-konsenstheoretischen Entscheidungskriteriums; vgl. o. I.6.). Parallel dazu ist auch inhaltlich die Benennung der Situationsabhängigkeit/-spezifität vs. -unabhängigkeit zu verstehen: es geht hier auch um die Kontrolldimension! Die konditionierungs-paradigmatische Situationsabhängigkeit und -spezifität schließt natürlich nicht Phänomene der Reizgeneralisation aus; denn auch bei diesen bleibt im Konditionierungs-Paradigma die Abhängigkeit des Verhaltens von der Situation bestehen: Spezifität eben im Sinne der Angepaßtheit. Desgleichen ist kognitiv flexibles Verhalten definitionsgemäß auf sehr variable Berücksichtigung spezifischer Situation(en) ausgerichtet - doch bleibt eben auch die Einstellung auf die spezielle Situation rational argumentativ variabel und damit übergreifend im Sinne der Adäquanz.

Insgesamt berücksichtigt diese Differenzierung der Voraussetzungs-/ Zieldimensionen der Problemstellung, daß sich in der Anwendung psychologischer (Lern)Therorien auf die klinische Praxis die Voraussetzung einer Unifomität/Homogenität als 'Mythos' erwiesen hat (vgl. BASTINE 1975,53f.). KIESLER hat (1971) diesen Mythos insbesondere in Bezug auf den Klienten, den Therapeuten und das Therapieziel ('outcome' 1971,40) kritisiert und ein Gitter-Modell mit eben diesen drei Dimensionen zur Auflösung des Homogenitäts-Mythos vorgelegt. In unserem Ansatz sind über die Person- und Zielcharakteristika hinaus die Situationsmerkmale berücksichtigt, weil die Analyse der Kernannahmen der Paradigmen hier wichtige Unterschiede ergeben haben: von daher ist - gerade auch auf der Grundlage der unterschiedlichen experimentellen Situationskonstituierungen bei der Genese und Überprüfung des wissenschaftlichen Wissens - eine bedeutsame, nicht zu vernachlässigende Relevanz der Situationsdimension anzunehmen. Dafür allerdings ist -

bisher - in unserer Anwendungsheuristik die Therapeutendimension
noch nicht berücksichtigt: zum einen, weil hier keine paradigma-
zentralen Kernannahmen abzuleiten sind, zum anderen, weil es noch
sehr wenig empirisches Wissen um die Interaktion von Klient,
Situation, und Therapeut gibt. Es ist aber unbestritten, daß dies
eine wichtige Dimension ist, die bei weiterer Differenzierung
des Modells einzuführen ist (s.u. Schluß 2.2.).

Die hier zugrundegelegte Explikation der Kernannahmen des Konditio-
nierungs-Paradigmas widerspricht in vielen Teilen der Auffassung,
wie sie manche Verhaltenstherapeuten von ihrer therapeutischen
Praxis haben; so hat z.B. JAEGGI (1975, 423ff.) als Kernannahmen
der Verhaltenstherapie-Praxis herausgearbeitet: - Therapeut und
Klient sind gleichgewichtig Planende (Abhängigkeit des Klienten
höchstens vorübergehend und bewußt akzeptiert); - Vt vermeidet asym-
metrische Überforderungssituationen (weil Klient Lernziele solange
üben darf, bis er sie beherrscht); - erfolgreiche Vt-Praxis ist
angewiesen auf Aktivität des Klienten (und das impliziert die
Fähigkeit des Menschen zum Erkenntnisgewinn durch aktive Tätigkeit);
- Determinationsdimensionen in der Vt implizieren den Menschen
als lernendes System; - die Vt hat vergleichsweise die größten
Adaptationsmöglichkeiten, es wird gerade keine Methodenanpassung
des Klienten getrieben. Auf dem Hintergrund dieses Verständnisses
von Vt erscheinen die von uns angesetzten Kernannahmen des Konditio-
nierungs-Paradigmas (und in zumindest (nomo)pragmatischer - vgl.
WESTMEYER 1976 - Nachfolge der Vt) als übergeneralisierte 'Vulgärvor-
stellung' (JAEGGI 1975, 431). Zwar steht die Autorin mit dieser
Ausweitung des Vt-Konzepts nicht allein, doch ist dieses Um-
kehrbild der rekonstruierten Kernannahmen des Konditionierungs-
Paradigmas u.E. nur ein Indikator für die (durch Anomalien
erzwungene) 'Aufweichung' des Konditionierungs-Ansatzes. Und
diese (überziehende) Ausweitung ist nicht aus wissenschaftlichem
Purismus bzw. Rechthaberei abzulehnen, sondern weil sie die
Anwendungsproblematik verschleiert und damit wissenschaftlichen
Lösungsmöglichkeiten entzieht. Zuerst einmal ist die Überziehung
einer Position/Technologie ein Zeichen für den in der Psychologie
häufigen Fall der Position, die alles zu erklären behauptet,
anstatt sich - gerade um der praktischen Humanität willen -
um die Identifikation von Bereichen zu kümmern, die einen optimal-
möglichen Realitätsgehalt bzw. Praxisrelevanz der Theorien/Technolo-
gien ermöglichen. Zum zweiten ist auch die kreativ-eklektische
Position, die der Praktiker mit der 'Aufweichung' der 'harten'
Technologie verbinden kann, letztlich nicht befriedigend. Denn
der praktisch tätige Therapeut mag zwar 'paradigma-gemischte'
Technologie-Teilmengen heranziehen, doch kann er die Zuordnung zu
bestimmten Problemen nur intuitiv leisten - und auf diese Weise
den notwendig ungerichteten, ungewichtenden Eklektizismus nie überwinden. Dies ist erst durch eine explizite Anwendungsstrategie
möglich, wie sie hier als Heuristik versuchsweise vorgelegt
wird und grundsätzlich der empirischen Effekt-Überprüfung offensteht.

Das bedeutsamste, wissenschaftstheoretische Problem liegt dabei in der
Frage der Vergleichbarkeit der beiden Paradigmen; so ist vom
Theoretiker u.U. der Einwand zu erwarten, daß die propagierte
Heuristikstrategie zu harmonistisch in Bezug auf die Inkommensurabi-
lität von Theorien sei. Denn durch die (radikale) Abhängigkeit der
Beobachtungs- von den theoretischen Begriffen (FEYERABEND 197o;
vgl. GROEBEN&WESTMEYER 1975, 19o ff.) bestehe ein Erklärungs-
Beschreibungs-Zirkel und das bedeute eine Inkommensurabilität von

Beschreibung und Erklärung des gleichen Tatbestandes innerhalb
verschiedener Theorien (FEYERABEND; KUHN). BROMME&HÖMBERG führen
als Beispiel für diese Unvergleichbarkeit, aus der auch konkurrierende praktische Konsequenzen folgen, die Aggressionsforschung an
(1976, 59): während triebtheoretische Auffassungen als Technologie
die 'Katharsis', d.h. den Aggressions-Abbau durch 'Ausleben'
in der Identifikation mit einem aggressiven Modell propagieren,
würde für die lerntheoretische Position darin gerade eine 'erneute
Situation' geschaffen werden, "in der aggressives Verhalten erworben
und gefestigt wird." Diesen Einwänden läßt sich entgegenhalten,
daß bei solchen echten Theorienkonkurrenzen (im Sinne von HERRMANN
1971) durchaus eine Entscheidung über den Bewährungsgrad der
Positionen durch die extensional vergleichbaren Daten (vgl.
SCHEFFLER 1967; KORDIG 1972) möglich ist - wie ja auch im Bereich
der Aggressionsforschung zuungunsten der Katharsis-Hypothese geschehen (vgl. SCHMIDT et al. 1975; SCHMIDT-MUMMENDEY 1972). Und für
die Bereiche, in denen keine direkt vergleichbaren extensionalen
Daten vorliegen, gehen wir hinsichtlich der Konkurrenz von Konditio-
nierungs- und kognitivem Paradigma davon aus, daß die Überlegenheit
des kognitiven Ansatzes dadurch gesichert ist, daß (ehemals aus-
geschlossene) kognitive Variablen als notwendige Bedingung für eine
erfolgreiche Erklärung der thematischen Phänomene nachgewiesen
sind; diese Nachweise finden sich in großer Zahl in den einschlägigen
Forschungsüberblicken auch und gerade der Anwendung von Lerntheorien
in der Klinischen Psychologie (vgl. BERGIN&GARFIELD 1971; MEICHEN-
BAUM 1975 ff.; MAHONEY 1974). Und aus diesem Nachweis resultiert
die Berechtigung der Vorordnung des kognitiven Paradigmas und
damit der Schaffung von Vergleichbarkeit durch Beschreibung der
Problemsituation in 'kognitiver' Sprache. Allerdings ist zuzugestehen,
daß solche Nachweise bei weitem nicht bezüglich aller möglichen
Phänomene vorhanden sind - einfach deshalb weil das Konditionierungs-
Paradigma lange Zeit dominiert hat und daher einfach besser überprüft und 'bewährt' ist. Auch für diese Fälle aber ist die Vorordnung
der kognitiven Sprache zu rechtfertigen, und zwar gerade unter
Rückgriff auf die praktischen Konsequenzen der Forschungsprogramme
- denn: "Das Menschenbild, das in die Verhaltenstechnologien eingeht,
ist .. mehr als nur ein philosophisches Problem. Es entscheidet
mit darüber, welche Möglichkeiten des Menschen gefördert werden
und welche unterentwickelt bleiben." (BANDURA 1976, 216). Und
hier propagieren wir mit Engagement die rationalen Möglichkeiten
eines epistemologisch aufgefaßten und konstituierten reflexiven Subjekts.

2.2. Problemspezifischer Einsatz von verhaltenstheoretischen
     vs. kognitiven Technologien

Auf der Grundlage dieser Voraussetzungs- und Zielcharakterisierungen
lassen sich nun Zuordnungen zu spezifischen Problemen vorschlagen.
Wie schon erwähnt, wird eine solche Spezifizierungsstrategie
implizit wie explizit bisher am ehesten im Bereich der Lernziele
vertreten (vgl. GAGNE 1969). Entsprechend der vorgelegten Unterscheidungen der paradigmaspezifischen Lernziele ergibt sich für
den klinischen Bereich folgende Binnenstruktur des lernzielspezifischen Einsatzes von Konditionierungs- vs. Kognitionstechnologien:

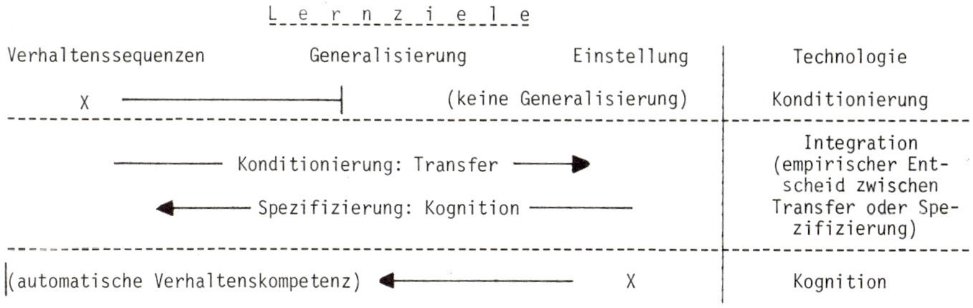

```
                          L e r n z i e l e
Verhaltenssequenzen     Generalisierung        Einstellung       |   Technologie
                                                                 |
        X  ─────────────────────┤       (keine Generalisierung)  |   Konditionierung
-----------------------------------------------------------------|------------------
                                                                 |   Integration
                ──────── Konditionierung: Transfer ──────▶       |   (empirischer Ent-
                                                                 |   scheid zwischen
                ◀─────── Spezifizierung: Kognition ──────        |   Transfer oder Spe-
                                                                 |   zifizierung)
-----------------------------------------------------------------|------------------
|(automatische Verhaltenskompetenz) ◀─────────────────   X       |   Kognition
```

Abb. 6:   Schema der Binnenstruktur des lernzielspezifischen Einsatzes
          von Konditionierungs- vs. Kognitionstechnologien

Dabei wären (idealtypisch) Konditionierungstechnologien hauptsächlich für einfache, nicht zu generalisierende Verhaltenssequenzen einzusetzen, kognitive Technologien für generelle Einstellungen (mit dem Postulat, daß 'automatisch' Verhaltenskompetenz vorliegt). Für die dazwischen liegenden Probleme, wo entweder von der spezifischen Verhaltensweise aus eine Generalisierung angestrebt ist oder mit der (kognitiven) Einstellung keine automatische Verhaltenskompetenz angenommen werden kann und also eine Spezifizierung in Richtung auf konkrete, wenn auch nicht unkomplexe Verhaltensweisen angezeigt ist, ist eine Verbindung beider Technologieklassen zu wählen. Dieser Integrationsbereich nun läßt sich durch Berücksichtigung der Voraussetzungen im Situations- und Persönlichkeitsbereich noch ausdifferenzieren/strukturieren; die einfachste (und ökonomischste) Voraussetzungs- und Zielspezifität von Technologien ist im folgenden Schema abgebildet (s. nächste Seite).

Dieses Modell baut auf folgenden Annahmen auf, die insgesamt noch einmal die vorgeschlagene Strategie der Anwendungsoptimierung von Konditionierungs- und kognitiven Lerntheorien zusammenfassen und beschreiben:

1. *Die paradigmavergleichenden Merkmale werden als polar-dichotom angesetzt* und für die Charakterisierung der Voraussetzungen und Ziele von Problemen (Ist-Soll-Zustand) vom Paradigma aus formuliert. Das begründet sich zum einen dadurch, daß der Paradigma-Vergleich hier durch Abgrenzung geschehen soll, was bei zwei miteinander

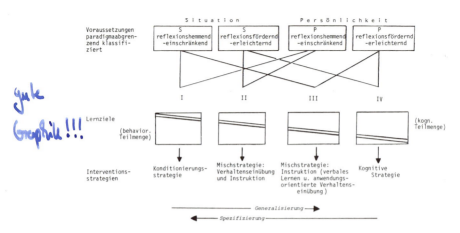

Abb. 7: Schema des voraussetzungs- und zielspezifischen Einsatzes von Konditionierungs- u. kognitiven Technologien

konkurrierenden Paradigmen zu einer polaren Dichotomisierung führen muß; zum anderen spiegelt sich darin die Vorordnung des kognitiven Paradigmas wieder, die von der Perspektive der potentiellen Rationalität/Reflexivität des (Gegenstands) 'Mensch' begründet wurde (deswegen steht auch die Reflexivität in der Kurzbenennung der Charakteristika im Vordergrund; für eine vollständige Lesart wären hier zumindest die zusammenfassenden Benennungen von Abb.5. einzufügen).

2. *Die paradigmaabgrenzende Dichotomisierung wird als gegenstandserschöpfend impliziert*; darin manifestiert sich das Postulat, daß die beiden hier durch Abgrenzung miteinander verbundenen Paradigmen wechselseitig die Anomalien erklären können und zwar vollständig erklären können (also kein weiteres drittes oder viertes Erklärungsprogramm zur Optimierung des Realitätsgehalts und der Praxisrelevanz benötigt wird). Die Berechtigung zu diesem Postulat leitet sich aus der bisherigen gegenseitigen Kritik und den dabei als Begründung vorgebrachten empirischen Befunden her, die zumindest zum gegenwärtigen Zeitpunkt bei einer gegenseitigen Ergänzung der beiden Forschungsprogramme (im Sinne der akzentuierend-abgrenzenden Gegenstandsbereichsaufteilung) eine Optimierung des Realitätsgehalts vermuten läßt.

3. *Innerhalb der Voraussetzungsdimension sind die beiden Subdimensionen 'Situation' und 'Persönlichkeit' als unabhängig voneinander angesetzt*; das ist der Grund dafür, daß aus den einzelnen Situations- und Persönlichkeitskategorien Kombinationen gebildet werden (können).

Die Berechtigung für diese Unabhängigkeit liegt zum einen in der Absenz sinnvoller Hypothesen über eine relevante Abhängigkeit von Persönlichkeits- und Situationsdimensionen, zum anderen (konstruktiv) in den Möglichkeiten der Interaktion und gegenseitigen Kompensation: wenn z.B. in der Persönlichkeitsdimension Imbezillität vorliegt, dann kann die Situation noch so durchschaubar sein, es wird sicherlich kein hochkomplex kognitives Lernziel und damit auch keine kognitive Technologie möglich sein.

4. Das Beispiel verdeutlicht aber auch bereits eine weitere Annahme: *von den beiden Voraussetzungsdimensionen wird intern P(ersönlichkeit) der S(ituation) vorgeordnet.* Es ist dies wiederum eine Implikation, die sich auf das Postulat der auch konstruktiven Konstituierung von Rationalität im Gegenstandsbereich (s.o. 2.) stützt: hier kann die Gestaltung der Situation in Richtung auf Reflexionserleichterung hilfreich sein, der zentrale Ort von Rationalität (qua kognitiver Disposition) dürfte aber innerhalb der menschlichen Person zu suchen sein. Dementsprechend können dann auch Einschränkungen im Situationsbereich durch die personspezifische Verarbeitung kompensiert werden (nicht aber, wie das Beispiel unter Punkt 3. zeigt, umgekehrt). Diese Vorordnung manifestiert sich im Schema darin, daß bei einer Kombination von reflexionserleichterndem mit -erschwerendem Merkmal das Charakteristikum innerhalb der Persönlichkeitsdimension den Ausschlag gibt (graphisch anschaulich durch den stumpfen Winkel der Kombinationsgraden im Fall III).

5. Im Gegensatz zur internen Unabhängigkeit der Voraussetzungsdimensionen wird *die Dimension des Ziels von den Voraussetzungsdimensionen* (d.h. deren Kombination) *als abhängig angesetzt.* Die Begründung liegt in dem Brückenprinzip zwischen deskriptiven Feststellungen und präskriptiven Sätzen (was ja Ziele sind): 'Sollen impliziert Können' (vgl.o. III.4.2.). Entsprechend der Beschränkung auf der Situations- und Persönlichkeitsseite (bzw. der fehlenden Beschränkungen) sind sinnvoll nur Lernziele mit einer jeweils spezifischen Kombination von behavioralen und kognitiven Teilmengen (entsprechend der Abb.6) möglich. Bei z.B. in beiden Voraussetzungsdimensionen reflexionshemmenden Merkmalen wäre es eine unsinnige (und unpsychologische) Oberforderung, ein zu bedeutsamen Teilen kognitives Lernziel zu generieren. Desgleichen wird allerdings (bei reflexionserleichternden Bedingungen) eine Unterforderung (durch stärkere Akzeption behavioristischer Lernzielteilmengen als nötig) vermieden;

die Rechtfertigung besteht wiederum in dem aktiven Anstreben menschlicher Rationalität (s.o.).

6. *Daraus folgt, daß die Zieldimension grundsätzlich kontinuierliche Übergänge zeigt*; dies ist in dem Schema durch die flächenmäßige Abstufung der behavioralen vs. kognitiven Teilmengen veranschaulicht. Das Postulat der grundsätzlich kontinuierlichen Übergänge ermöglicht es natürlich, sehr viel mehr Abstufungen als die in diesem vorgelegten Modell angesetzten vier zu generieren; das hält das Modell folgenden Weiterentwicklungen (die schon jetzt als notwendig abzusehen sind; s.u.) offen, andererseits ist eine differenziertere Abstufung, solange keine quantitativen, sondern nur kategorisierende Einstufungen von behavioralen und kognitiven Lernzieldimensionen möglich sind, unpraktisch.

7. Zwischen den als idealtypisch (rein) anzusehenden Lernzielpolen der reinen, konkreten Verhaltenssequenz und der generellen, kognitiv-dispositionalen Einstellung wird als Verhältnis die unter Abb.6. explizierte *Relation der Generalisierung/Spezifizierung* angesetzt.

8. *Im Integrationsbereich der Lernziele* und damit auch Technologien werden in dem vom Schema repräsentierten einfachsten Fall (der 4 Kategorien) *2 Mischtypen* angesetzt: in ihnen werden Konditionierungs- und kognitive Technologien kombiniert unter wechselnder Vorordnung. Die Vorordnung richtet sich nach der unter Punkt 3. und 4. beschriebenen Kombination/Interaktion der Situations- und Persönlichkeitscharakteristika. Mit der grundsätzlichen Möglichkeit der Ausdifferenzierung von Abstufungen im Lernzielbereich (Punkt 6.) sind natürlich (wegen der direkten Entsprechung von Lernzielcharakterisierung und Technologiekonstituierung) auch hier weitere Abstufungen von Technologiekombinationen möglich.

9. *Der Einfachheit halber*, der Verdeutlichung des Prinzips wegen und der bislang u.E. unterentwickelten Beschreibung von Lernzielen und Technologien nach verhaltenstheoretischen vs. kognitiven Merkmalen haben wir im vorliegendem Schema *nur 4 Klassen von Technologien als Endpunkt der voraussetzungs- und zielspezifischen Anwendung von kognitiven und Konditionierungs-Lerntheorien* vorgesehen. Dies reicht u.M. auch *als heuristische Anregung* für praktische Klassifikation und Handlungsregulative (in der klinischen Praxis) aus.

Dabei ist unbestritten, daß eine Differenzierung anzustreben
ist, die das Modell auch grundsätzlich zuläßt. Diese Ausdifferenzierung wird vermutlich besonders im mittleren Bereich der
Mischformen nötig sein, da hier mit großer Wahrscheinlichkeit rein
statistisch-quantitativ der überwiegende Anteil von auslösenden
Problem-Situationen und damit auch Technologie-Kombinationen angesiedelt ist, so daß ohne eine weitergehende Differenzierung die beiden bisher vorgesehenen Misch-Kategorien der Technologien wiederum
zu einem Sammelbecken für relativ unterschiedliche Problemstellungen
würden. Das aber widerspräche der angestrebten Strategie der
Bereichs-/Problemabgrenzung. Der Ausbau des Modells durch weitere
Differenzierung ist in drei Bereichen möglich, die sich schon
jetzt als potentiell fruchtbar abschätzen lassen: - zunächst durch
eine Unterscheidung von kurz- und langfristigen Persönlichkeitsmerkmalen; diese Unterscheidung ist für die Strategie der Problemabgrenzung bedeutsam, weil sich hinsichtlich der Erreichbarkeit von
Rationalität und damit der Überwindbarkeit von Einschränkungen durch
kognitive Technologien unterschiedliche Möglichkeiten eröffnen; ein
Beispiel für eine kurzfristige Einschränkung (mit entsprechenden Konsequenzen hinsichtlich der Überwindbarkeit) ist u.U.
das oben beschriebene (2.1.) 'neurotische Paradoxon'. - sodann durch
die Berücksichtigung der Interaktion von Person und Situationsvariablen, wie sie besonders von der neueren Differentiellen Psychologie
thematisiert worden sind (vgl. BOWERS 1973; MISCHEL 1968;1973). Dabei
wird diese Interaktion vermutlich am fruchtbarsten unter der
für ein kognitiv-epistemologisches Subjektmodell sowieso unvermeidbaren Perspektive des Realitätsgehalts subjektiv-theoretischer
Situationsdefinitionen und Interpretationen zu berücksichtigen
sein. D.h. man wird zwischen phänomenaler (Klienten-)Sicht der Situation und 'objektiver', d.h. externer Problemsicht trennen müssen
und sodann die 'Veridikalität' der subjektiven Interpretation/Attribution (vgl. o. II.2.2.). miteinbeziehen (im übrigen ein Ansatzpunkt,
der manche Therapiekonzepte, wie z.B. das der GT zu modifizieren
nötig machen würde).

- Last not least ist eine Erweiterung der Dimensionen nötig:
auf jeden Fall um die Therapeuten-Dimension. Hier kann man
die Erkenntnisse bei der Entwicklung des parallelen Forschungsprogramms in der Pädagogischen Psychologie nutzen: denn das Konzept
der Bereichsabgrenzung für Interventionsstrategien hat in diesem
Teilbereich der (angewandten) Psychologie die längste Tradition.
Es ist hier bekannt geworden unter der Bezeichnung der 'ATI-Forschung'; diese Bezeichnung manifestiert den Ausgangspunkt der
Strategie: die Berücksichtigung von Interaktionen (I) zwischen
Schülermerkmal ('aptitude'(A)) und Lehrmethode ('treatment' (T)).
Dem Schülermerkmal entspricht in unserem Modell der problemabgegrenzten klinischen Interventionsstrategien das (Klienten-) Persönlichkeitsmerkmal, der Lehrmethode das klinisch-psychologische 'Treatment'. Eine kritische Analyse der Entwicklung des ATI-Programms
(durch TREIBER&PETERMANN 1976) hat die Notwendigkeit einer Erweiterung zum ATTTI-Programm aufgewiesen; die beiden hinzugekommenen Ts
sind: Aufgabenmerkmale ('tasks') und Lehrermerkmale ('teachers' oder
'traits'; ebda.,539). Den Aufgabenmerkmalen entsprechen in unserem
Modell die Situationscharakteristika, den Lehrermerkmalen würden die
Therapeutencharakteristika entsprechen, um die das Modell daher zu
erweitern ist. Mit einer solchen Erweiterung könnte man nach den
Erfahrungen mit dem pädagogisch-psychologischen ATI-Programm
davon ausgehen, ein relativ vollständiges, genügend differenzierendes
Modell zur problemabgrenzenden Anwendung klinischer Technologien
zu besitzen. Die Einbeziehung der Therapeutenvariablen würde auch der

bislang noch fehlenden Überwindung des Homogenitätsmythos auf der
Therapeuten-Seite (vgl. KIESLER 1971) entsprechen.

Der jetzt vorgeschlagene grundsätzliche Ansatz soll für Praktiker
wie Forscher eine Motivierung zur Entwicklung und Erprobung eines
solchen umfassenden Modells darstellen. Auch bei dieser erweiternden
Ausdifferenzierung des Modells wird aber keine Revidierung der oben
abgeleiteten Annahmen, sondern lediglich ihre Ergänzung nötig sein.

## 2.3. Beispiele für die heuristische Fruchtbarkeit

Unabhängig von solchen Erweiterungsmöglichkeiten soll an dieser
Stelle die vorgeschlagene Strategie durch kurze Skizzierung je eines
Beispiels für die vorgesehenen 4 Technologiemöglichkeiten abschließend
noch einmal veranschaulicht werden; dabei lassen sich die Voraussetzungs-, Ziel- und Interventionscharakterisierungen natürlich nur
stichwortartig andeuten (das gilt insbesondere im Hinblick auf
sequentielle Strategien, Teil-Lernzielausdifferenzierungen etc., die
für eine solche Illustration kaum sinnvoll auszuarbeiten sind):

*Beispiel für I:*
Problem: Ein Sechsjähriger spricht nur in Anwesenheit seines
Betreuers (Ist-Zustand); erwünschtes Verhalten ist das betreuerunabhängige Sprechen des Kindes (Soll-Zustand).
Heuristik: Die Analyse der situationalen Aspekte läßt bezüglich des
Zielverhaltens eine zu starke Verhaltensfixierung auf den Betreuer
vermuten; die Test- und Beobachtungsergebnisse für die Analyseeinheit
'Persönlichkeits-Merkmale' zeigen unterdurchschnittliche Werte im
kognitiven Bereich sowie Defizite in zielrelevanten, sozial motivierten Bereichen von Neugier und Kontaktsuche. Damit sind beide Voraussetzungskategorien als erheblich restringiert (a-kognitiv/reflexionshemmend) im Sinne des konditionierungstheoretischen Paradigmas
anzusehen. Auf der Basis dieser paradigmaorientierten Einschätzung
der problemrelevanten Voraussetzungen sind gemäß der Modellimplikation
'Sollen impliziert Können' (vgl.II.4.3.) die Lernprozeßteilmengen
des (1. Teil-)Lehrziels festzulegen: Im vorliegenden Fall sollte es
- zumindest anfänglich, um Störungen der Lehr/Lernsituation durch
Überforderung zu vermeiden - voraussetzungsadäquat im wesentlichen
aus situationsabhängigen Verhaltenssequenzen bestehen, so z.B. in
der durch Außenkontrolle gesteuerten Koppelung des Sprechverhaltens
an die Belohnung durch eine dritte Person. Dieses Ziel scheint am
ehesten dadurch erreichbar, daß ein Co-Therapeut Belohnungsfunktionen
für das Sprechverhalten übernimmt. Lerntheoretisch formuliert bedeutet
das 'Lernen am Erfolg', das durch operante Konditionierungstechniken
am präzisesten ermöglicht werden kann (hier z.B. durch systematische
Schwächung der starren Stimuluskontrolle bei gleichzeitiger Einführung
eines neuen $S^D$ (wobei selbstverständlich die konkreten Inhalte
der in Frage stehenden Kontingenzkontrolle nur auf der Grundlage
einer sorgfältigen Verhaltensdiagnostik entwickelt werden können;
vgl. SCHMOOK et al. 1974; SCHULTE 1973). Damit ist über die
paradigmatheoretische Einschätzung der problemrelevanten Lernprozesse
die Interventionsstrategie gefunden, die sich in der Tat auch bisher
empirisch dort am besten bewährt hat, wo Lernender, Lernumwelt
und erwünschtes Endverhalten ähnlich restriktive Charakteristika

aufwiesen, wie sie für die experimentelle Situation der Grundlagenforschung innerhalb des Konditionierungsparadigmas kennzeichnend sind (vgl. GOTTWALD&REDLIN 1972; MEYER&CHESSER 1971).

*Beispiel für II*

Problem: Ein Achtjähriger wird noch gefüttert (Ist-Zustand); erwünschtes Verhalten ist das selbständige Essen (Soll-Zustand).
Heuristik: Abgesehen von der Tatsache, daß gefüttert wird, bringt die Situationsanalyse keine Hinweise auf externe Faktoren, die das erwünschte Verhalten unterdrücken oder den künftigen Lernprozeß störend beeinflussen könnten, also als reflexionshemmend angesehen werden müßten.
Da zudem in der Rubrik der Persönlichkeits-Merkmale lediglich Defizite im kognitiven Bereich festzustellen sind, das Kind also weder Antriebsarmut noch Verhaltensauffälligkeiten im sozialen Bereich zeigt und überdies über die verhaltensnotwendigen motorischen Fähigkeiten verfügt, muß angenommen werden, daß bisher keine Gelegenheit war, das erwünschte Verhalten zu erlernen. Verglichen mit dem ersten Beispiel ist hier also nur *eine* voraussetzungsspezifische Lernbehinderung zu erwarten. Da es sich dabei jedoch um eine relativ therapieresistente kognitive Einschränkung handelt, ist gemäß der Modellimplikation das komplexe Verhaltensziel wiederum in Teilschritte auf der Verhaltensebene zu zerlegen (denkbar wäre beispielsweise, mit Koordinationsaufgaben für die Hände auf einer Unterlage von Tellerübergröße zu beginnen); weitere Reduktionen der Lernsituation im Sinne des Konditionierungsparadigmas, wie z.B. Verzicht auf Entdeckungs- und Imitationslernen, auf Instruktionshilfen, Einrichtung einer starren Kontingenzkontrolle etc. wären allerdings fehlindiziert, weil sie die 'natürlich' vorhandenen Optimierungsmöglichkeiten ungenutzt ließen (was u.U. zusätzlich Störungen bewährter Lernstrategien und Verstärkungsmuster zur Folge haben könnte). Dagegen sind unter Rückbezug auf die Modellimplikation 4 (die Voraussetzungsdimension P(ersönlichkeit) wird der S(ituation) vorgeordnet) therapeutische Maßnahmen zu kombinieren, die einerseits eine Kompensation der Intelligenzdefizite von extern gewährleisten. Das bedeutet, eine schrittweise Annäherung an das Zielverhalten auf Verhaltensebene, und andererseits den konstruktiven Einbezug der reflexionserleichternden Dispositionen ermöglichen, d.h. u.a. Instruktion über Aufgabe, Schwierigkeiten und Lösungsmöglichkeiten, Anleitung zur Imitation entsprechenden Therapeutenverhaltens (vgl. GOTTWALD&REDLIN 1972), Anleitung zur Selbstinstruktion (zur Selbstinstruktion etc. als kognitiver Technologie vgl. u.3.).

*Beispiel für III*

Problem: Ein Student leidet unter starken Angstgefühlen in interpersonalen Kommunikations-Situationen (Ist-Zustand); erwünschtes Verhalten ist die angstfreie Kommunikation mit anderen (Soll-Zustand).
Heuristik: Durch das Studium, das lehrplangemäß in der Hauptsache aus studentenorientierter Kleingruppenarbeit besteht, wird der Student, der bis zu diesem Zeitpunkt erfolgreich in einer extrem lehrerzentrierten Unterrichtsweise und Leistungsbewertung sozialisiert worden ist, mit einer ihm gänzlich neuen, interaktionistisch determinierten Lernsituation konfrontiert, deren Prozeßstruktur, Mittel, Ziele, Selbst-, Fremdbeurteilung und Bewertungsmuster etc. für ihn nicht handlungsrelevant entschlüsselbar sind. Da aber die zielrelevanten Daten der Voraussetzungsdimension Persönlichkeits-Merkmale überwiegend positiv im kognitionstheoretischen Paradigma zu interpretieren sind (IQ im Durchschnittsbereich der studentischen

Population, intrinsisch motiviertes Arbeitsverhalten, reflexive
Selbst- und Fremdeinschätzung, Strategien kognitiver Strukturierung,
soziale Kompetenz etc.) ist anzunehmen, daß die aktuellen Angstzustände in der Labilisierung durch die Unterrichtsform begründet
und das Auftreten von Furcht vor Mißerfolg, Sprechängsten,
negativen Selbstbewertungen, Arbeitsstörungen, psychosomatischen
Beschwerden Folgen eben dieser angstevozierenden Verunsicherung
sind. Auf Grund dieser Einschätzung der Voraussetzungscharakteristika (labilisierend, nicht vollständig transparent im Situationsbereich, reflexionserleichternd in den Persönlichkeitsdimensionen)
besteht zunächst keine rationale Notwendigkeit, das hochkomplexe
Zielverhalten verhaltensanalytisch zu transkribieren, in Teilziele
zu zerlegen, um dann konditionierungspsychologisch zu intervenieren.
Vielmehr sind gemäß dem Optimierungspostulat (vgl. Modellimplikation
4.) die kognitiven Kernannahmen von Persönlichkeitsvoraussetzungen
und Zielmerkmalen soweit wie möglich beizubehalten, was für
die Wahl der therapeutischen Maßnahmen eindeutig eine Vorordnung der
kognitiven Behandlungsverfahren: Informationsgebung, 'Einsichts'-
Therapie, Selbstinstruktionsverfahren zur Angstbewältigung (MEICHENBAUM 1973) vor lerntheoretisch begründete Verhaltensmodifikation
(z.B. systematische Desensibilisierung) bedeutet. Dabei ist
ein direktes Mit-Trainieren der angestrebten Verhaltenssequenzen
im Sinne einer "Cognitive-Behavior-Modification"-Intervention.
(vgl. MEICHENBAUM 1975ff.) durchaus impliziert. Erst wenn auf diese
Weise nur unbefriedigende Annäherungen an das erwünschte Zielverhalten zu beobachten sind, wird man über eine voraussetzungsspezifische Reanalyse eine kognitionstheoretisch deduzierte Lernschritthierarchie aufstellen und entsprechende konditionierungstheoretische
Interventionsstrategien finden müssen.

*Beispiel für IV*

Problem: Eine Mutter verhält sich ihrem Kind gegenüber selbständigkeitshemmend (Ist-Zustand); erwünscht ist das selbständigkeitsfördernde Verhalten der Mutter (Soll-Zustand).
Heuristik: Der Anamnese der Mutter-Kind-Interaktion ist zu entnehmen,
daß die Mutter ein ihren Vorstellungen nach angemessen pflegendes,
maximal beschützendes Erziehungsverhalten zu praktizieren versuchte,
nachdem man beim Kind in den ersten Lebensmonaten ein leichtes, nicht
therapiebedürftiges hirnorganisches Syndrom diagnostiziert hatte.
Sie selbst beurteilt zum aktuellen Zeitpunkt das Selbständigkeitsverhalten ihres schulpflichtigen Kindes als unzureichend und
fragt nach optimalen zielerreichenden Strategien. Da ansonsten keine
weiteren Anzeichen für verhaltensdeterminierende externe Faktoren
(wie etwa räumliche Beengtheit, Zeitmangel, Überbelastung der Mutter,
Verhaltensschwierigkeiten des Kindes) bestehen und auch die
persönlichkeitsspezifischen Voraussetzungen (wie Selbstbeobachtung,
soziale Kompetenz, Selbständigkeit in der subjektiven Wertehierarchie,
rational-emotionales Interesse an der Problemlösung und das bedeutet
insgesamt Reflexivität) zieladäquat erscheinen, ist begründet
anzunehmen, daß die erwünschte Verhaltensänderung auf einer kognitivhochkomplexen Einstellungsänderung als Lernziel basiert und daher
**durch** ein rein kognitiv vermitteltes Konzept- und Diskriminationslernen erreicht werden kann. Mit Hilfe des Konzeptlernens werden
die noch fehlenden problemumgreifenden Informationen erworben
(z.B. Konzepte wie das der Neugierevozierung, des Entdeckungslernens,
des Anspruchsniveaus, der Erfolgsverantwortlichkeit, Belohnungsprinzipien etc.) während im Diskriminationstraining gelernt
werden soll, kognitiv beispielsweise zwischen selbständigkeitsför-

derndem, neutralem und selbständigkeitshemmendem verbalen und
nonverbalen Verhalten zu unterscheiden. Mit der Kombination dieser
beiden kognitiven Interventionsstrategien, die mit dem Diskriminationstraining eine selbstgesteuerte Verhaltenskorrektur (vgl. zur
empirisch bestätigten Überlegenheit des diskriminativen Konzeptlernens über das verhaltensorientierte 'Microteaching' WAGNER 1973;
1976) und mit dem Konzeptlernen (vgl. BOURNE et al. 1971) eine
aktive, inhaltlich lösungsgenerierende Umsetzung eben dieser
Differenzierungscharakteristika ermöglicht, ist das Reflexions-
und Rationalitätspotential der gegebenen Problemsituation (qua
Voraussetzungs- und Zielkonstellation) technologisch durch die zentral
kognitionstheoretische Interventionsstrategie berücksichtigt.

Dies Beispiel zeigt im übrigen, *daß innerhalb eines kognitiven
Paradigmas auch der Technologie-Begriff zu problematisieren ist.*
Wir sind bisher bei der Bewertung von Technologien immer davon ausgegangen, daß die Praxisrelevanz einer Technologie direkt von dem
Realitätsgehalt der zugrundeliegenden Theorie abhängt. Dies vernachlässigt natürlich ein wenig die Problematik der externen Validität
(CAMPELL&STANLEY 1963): denn die Anwendungssituation (der Technologie) kann erhebliche Unterschiede zur Überprüfungssituation (der
Theorie) aufweisen. Das zeigt sich z.B. bei der in diesem Beispiel
vorgeschlagenen Strategie, die eine Übermittlung von wissenschaftlichem Zusammenhangswissen an die Klientin (die Mutter) impliziert.
Dabei tritt u.a. das Problem auf, daß dies Zusammenhangswissen
gar nicht so valide sein muß, wie es von der Technologie des diskriminativen Konzeptlernens z.B. sicher vorausgesetzt wird. Eine
Berücksichtigung solcher Schwierigkeiten und Problematiken
kann nur zu einer Verstärkung der Konzeption führen, die sowieso
vom kognitiv-epistemologischen Subjektmodell her bei der Übermittlung
von wissenschaftlichem Wissen an den Alltagstheoretiker nahegelegt
wird: nämlich diese Vermittlung als einen 'Austausch von objektiver
und subjektiver Theorie' zu betreiben (vgl. HECKHAUSEN 1975;
WEINERT 1977), d.h. dem Klienten ein Mitsprache- und Entscheidungs-
recht über die Akzeptierung des sog. objektiven Wissens einzuräumen
(s.o. III.1.4. und 5.).

*Ausblick*

Die Fruchtbarkeit/praktische Effizienz der hier für vier Beispiele
vorgeschlagenen Interventionsstrategien müßte natürlich, da es sich
um eine Heuristik handelt, noch empirisch überprüft werden; die
(teilweise) angeführten empirischen Evidenzen implizieren durchwegs
eine *Rekonstruktion der Voraussetzungscharakteristika* unter der von
uns vertretenen Perspektive der Paradigma-Bereichs-Abgrenzung
und können daher höchstens *als – selbststützende – Begründung, nicht*

*aber als direkte empirische Stützung* angesehen werden. Hinsichtlich der heuristischen Strategie fällt bei den Beispielen sicherlich auf, daß entsprechend der Vorordnung des kognitiven vor das behavioristische Paradigma die Situationscharakterisierung nicht mehr allein 'von externer' Perspektive vorgenommen, sondern die 'Bedeutung der Situation für den Klienten' berücksichtigt wird (s.o. Schluß von 2.2.). Das ist allerdings im Sinne einer Interaktion zwischen objektiv-externen und subjektiv-phänomenalen Merkmalen zu verstehen und darf nicht zu einer Reduktion auf die subjektive (Klienten-) Sicht führen - denn dann wäre die Situationscharakterisierung von den Persönlichkeitsmerkmalen abhängig bzw. auf diese reduziert und damit die Modellimplikation 3. verletzt.

## 3. DIE FRAGE DER PARADIGMA-EINORDNUNG VON TECHNOLOGIEN

Die Zusammenstellung der Technologieauswahl in Abhängigkeit von den voraussetzungs- und zielspezifischen Problemcharakteristika setzte ein *Problem* als gelöst bzw. irrelevant voraus, das so indifferent nicht ist: *die Einschätzung der einzelnen Technologien, Interventionsstrategien etc. nach kognitiv- vs. konditionierungstheoretisch.* Die unmittelbar plausible Vermutung, daß die Technologien einfach je nach ihrer Ableitung aus den verschiedenen Theorien dem einen oder anderen Paradigma zuzuordnen sind, trägt nämlich nicht weit; vielmehr ist es so, daß manche Technologien zwar nach dem Selbstverständnis der Autoren dem einen oder anderen Paradigma zugehören, aber in der Anwendungsorientierung bereits objektiv die durch Anomalien des jeweiligen Paradigmas resultierenden Schwierigkeiten zu überspielen suchen und daher Implikationen des entgegengesetzten Paradigmas (unter Beibehaltung der alten, klassischen Wort-/Konstruktmarken)assimilieren. Eine solche Umarmungsstrategie wird naturgemäß vor allem ein im Niedergang begriffenes Paradigma verfolgen, um wenigstens vom Sprachspiel her den Eindruck seiner Herrschaft zu verlängern. Und in der Tat sehen wir bei konditionierungstheoretischen Technologien z.Z. eine starke Tendenz in diese Richtung; die Begründung zu einer solchen Einschätzung der behavioristischen Technologien innerhalb der klinischen Praxis wird der nächste Teil dieses Kapitels liefern: am Beispiel der Selbstkontrolle.

Wir können aber auf mittlerer Höhe der Abstraktion hier bereits
einen Verfahrensvorschlag zur Überprüfung der kognitions-theoretischen Implikationen bei konditionierungstheoretischen Technologien/
Interventionsstrategien machen:

1. Schritt: Prüfen, ob Konditionierungsbegriffe nicht unter der Hand
Variablen einführen, die dem kognitionstheoretischen Paradigma
entstammen;

2. Schritt: Prüfen, ob bestimmte Konstrukte notwendig 'intentional'
zu explizieren sind und damit auf 'internale' Daten (des kognitiven
Paradigmas) rekurrieren müssen;

3. Schritt: empirische Evidenzen hinsichtlich einer Anomalienbelastung
der Technologie unter dem behaupteten Paradigma überprüfen.

Sollte in allen drei Prüfschritten keine Erweiterung des behavioristischen Paradigmas in Richtung auf Kognitionstheorie(en) festzustellen
sein, so ist die Technologie als Konditionierungstechnologie einstufbar. Sollten solche Erweiterungen festzustellen sein, so sagt das
natürlich überhaupt nichts gegen das Veränderungspotential der
Technologie aus, man wird lediglich die entsprechende Technologie als
eine Integration von Konditionierungs- und Kognitionsteilmengen ansehen und im Zweifelsfall im Mittelbereich der Problemcharakteristiken, die für beide Technologieklassen produktiv sind, einsetzen.

Das formale Vorgehen dieser Technologieeinschätzung ist wiederum,
wie schon oben (2.1.) bei der Explikation der Paradigma-Annahmen
beschrieben, eine begriffliche Klassifikation. Entsprechend der
generellen Heuristik-Konzeption von BROMME&HÖMBERG (1976) fungiert
der Begriff hier als 'Produkt und Werkzeug der heuristischen Planbildung'. Innerhalb der Heuristik-Konzeption wird überdies durch die
Frage der Technologieklassifikation die bisher benutzte Wortwahl
'problem'-spezifische Anwendung legitimiert: denn wenn der
Weg zur Lösung einer Fragestellung un'problematisch' und bekannt
ist, dann bezeichnet man das normalerweise als 'Aufgabe' (BROMME&
HÖMBERG 1976, 41). Erst wenn auch der Weg noch elaboriert, ausgewählt
oder dergleichen werden muß, handelt es sich um ein 'Problem'.
Im Bereich der 'problem-spezifischen' Anwendung von lerntheoretischen
Technologien handelt es sich dabei um mehr 'Problematik' als einem
lieb sein kann. Denn im Prinzip muß der ganze 'Technologie-
Speicher' klassifikatorisch aufgearbeitet werden, ehe eine praktikable Problemspezifizierung möglich wird. Für solche Aufarbeitungen
des Technologiespeichers sind zunächst nicht-paradigmagebundene
Zusammenfassungen von Technologieformen Voraussetzung, wie sie
bisher am undogmatischsten BASTINE (1975) vorgelegt hat; er faßt
eine Fülle von Einzeltechnologien unter 9 Kategorien zusammen:
Amplifizieren, Unterbrechen von Handlungsketten, Konfrontieren,
Vereinfachen, Selbstaktivieren, Modellieren, Attribuieren, Rückmelden, Akzentuieren. Man könnte nun diese Verfahrensweisen hinsichtlich des Ansetzens mehr an der Person oder mehr an der Situation
(bzw. phänomenalen/objektiven Person-/Situationsattribuierung) einordnen; da die Technologieklassen paradigmaübergreifend formuliert
sind, müßte man dann unter dem Ziel der problemspezifischen

Anwendung, innerhalb jeder Kategorie nach konditionierungs- vs. kognitionsimplikativen Ausprägungen dieser Technologieform unterscheiden. Mit den Dimensionen Person- vs. Situationsorientierung und Konditionierungs- vs. Kognitionsimplikation(en) hätte man so einen Differenzierungsgrad des Technologiespeichers erreicht, der eine produktive Zuordnung zum oben skizzierten umfassenden Problem-Spezifizierungsmodell erlaubt. Eine empirische Überprüfung der vorgeschlagenen heuristischen Anwendungsstrategie wird zunächst die notwendige Voraussetzung für das Gelingen dieses Ansatzes klären müssen: nämlich ob es möglich ist, intersubjektiv übereinstimmend die begriffliche Klassifikation als Werkzeug der heuristischen Planbildung durchzuführen: sowohl hinsichtlich der Paradigmaspezifizierung von Problemsituationen wie auch von Technologien. Ist diese Voraussetzung als empirisch erreichbar nachgewiesen, kann (und sollte) überprüft werden, ob sich mit der hier vorgeschlagenen problemspezifizierenden Anwendungsstrategie in der Tat effektiver als bisher auf der Basis eines intuitiven Zuordnungsmechanismus in der therapeutischen Praxis arbeiten läßt.

## IV.B. PARADIGMAWECHSEL 'WITHOUT AWARENESS': SELBSTKONTROLLE

### 4. PARADIGMAPROVENIENZ GLEICH -ZUGEHÖRIGKEIT? - BEISPIEL SELBSTKONTROLLE

Das Modell des voraussetzungs- und zielspezifischen Einsatzes von klinisch-therapeutischen Interventionsstrategien macht deutlich, daß die Zuordnung solcher Technologien zu dem einen oder anderen Paradigma nicht etwa nur von akademischem, d.h. theoretischem oder wissenschaftstheoretischem Interesse ist, sondern durchaus praktische Relevanz besitzt. Denn *erst auf der Grundlage einer entsprechenden, adäquaten Zuordnung ist mit der therapeutischen Intervention eine (optimale) Berücksichtigung der Reflexionsmöglichkeiten des Klienten möglich*; bei einer nichtadäquaten Zuordnung besteht die Gefahr, entweder den Klienten zu überfordern oder in seinen Möglichkeiten durch die Therapie z.B. in Bezug auf seine Reflexivität etc. zu reduzieren. Die Perspektive des Paradigmawechsels macht dabei dafür sensibel, daß eine (therapeutische) Technologie nicht zwangsläufig und direkt die Kernannahmen desjenigen Paradigmas zu repräsentieren und realisieren braucht, aus dem sie von der Entwicklung her stammt. Denn es ist gerade in der Praxis der Interaktion mit konkreten Klienten (als - potentiell - reflexiven Subjekten) möglich, daß die Konzepte z.B. aus dem behavioristischen Paradigma durch praktische Erfahrung erweitert werden: hinsichtlich der Assimilation kognitiv-epistemologischer Bedeutung, Variablen, Ziele etc. (s. dazu die Einschätzung der Vt von JAEGGI: IV.A. 2.1.). Dies widerspricht einer lange Zeit gehegten Vorstellung besonders von seiten der Lerntheoretiker über die direkte

Ableitung von (z.B. verhaltenstherapeutischen) Interventionsstrategien aus dem zugrundeliegenden Paradigma. Daß diese Vorstellung aber zu einfach ist und dem tatsächlichen Anwendungsprozeß von theoretischen Grundvorstellungen (weder unter dem statement- noch dem nonstatement view von Theorien) gerecht wird, wird neuestens auch von dezidiert verhaltenstheoretischer Perspektive aus zugestanden, ja explizit ausgearbeitet: so hat WESTMEYER (1974; 1976) expliziert, daß die in therapeutisch-praktischen Technologien realisierte 'Anwendung' von Theorien auf dem Zwischenglied sog. nomopragmatischer Annahmen (BUNGE 1967) basiert. Und im Rahmen dieser nomopragmatischen Annahmen lassen sich auch durchaus paradigmafremde Implikationen assimilieren, für die Verhaltenstherapie also z.B. kognitive Gesetzmäßigkeiten, Konstrukte etc.; WESTMEYER stellt denn auch folgernd fest, daß Verhaltenstherapie keineswegs als stringente Anwendung der Verhaltenstheorie anzusehen ist, sondern bestenfalls als 'kontrollierte Praxis', die alle möglichen (auch kognitiven) Theorie- und Therapieansätze integrieren kann und - wie er vorschlägt - sogar sollte.

Der behauptete Paradigmawechsel manifestiert sich u.E. darin, daß auch bei gemeinhin als genuin 'verhaltenstheoretisch' determinierten Technologien die kognitiven 'Assimilationen' einen ausschlaggebenden Einfluß gewinnen. Ein paradigmatisches Beispiel für eine solche nicht mehr rein im behavioristischen Pradigma aufrechtzuerhaltende Technologie stellt nach unseren Explikationen der paradigmaspezifischen Kernannahmen die Strategie der Selbstkontrolle dar. Denn für das behavioristische Paradigma war als eine der Kernannahmen *die Asymmetrie zwischen (all-wissendem) Erkenntnissubjekt und (nicht optimal informiertem) Erkentnisobjekt* herausgestellt worden; gerade diese Asymmetrie aber wird *im Konzept der Selbstkontrolle durchbrochen*: Selbstkontrolle impliziert für den Aspekt der Verhaltensmodifikation (in idealisierter Form) die Übernahme der Therapeutenfunktion durch den Klienten (KANFER 1970; SKINNER 1953). Durch die Identität von Klient und Therapeut in einer Person werden sehr viel eher die Vorstellungen des epistemologischen Subjektmodells von der Symmetrie und Parallelität zwischen Wissenschaftler und reflexivem Subjekt und damit vom autonom-kontrollierenden Individuum realisiert als das Grundpostulat des behavioristischen Paradigmas, nämlich der Kontrolle des Subjekts durch die Umwelt. Intuitiv haben auch die behavioristischen Vertreter des Selbstkontrolle-Konzepts ein Bewußtsein von dieser Inkohärenz, die Schwierigkeiten bei der Einordnung und Ausformulierung der Selbstkontrolle als behavioristischer Therapietechnologie erwarten läßt: so nennen z.B. KANFER&KAROLY (1972) ihren konzeptuellen Aufriß der Selbstkontrolle: 'Selfcontrol: A behavioristic excursion into the lion's den'. Auch die intuitiv-pragmatische Beschreibung der möglichen Vorteile von Selbstkontrolle deutet auf Erweiterungen des behavioristischen Paradigmas hin; als wichtigste potentielle Vorzüge sind zu nenen: - Erweiterung und Erleichterung der Beobachtungsbasis - es können ganz 'private' Ereignisse in die 'Verhaltensanalyse' einbezogen werden (vgl. den sog. Intimbereich) als auch hochkomplexe 'internale' Ereignisse (wie Einstellungen, Selbstbilder etc.); - durch die Übernahme der Verstärkungsquelle auf Seiten des Klienten ist eine prompte, optimale Ausnützung von Verstärkern möglich; - der Klient erlangt Unabhängikeit von der Kontingenz-Kontrolle eines externen Bekräftigungs-Agenten und steht damit nicht mehr in der Gefahr, von der sozialen Verstärkung des Therapeuten abhängig zu werden; - dadurch fallen überdies ethische Probleme einer zu großen Intensität von Kontrolle weg; - die Motivation des Klienten erhöht sich dadurch, daß er selbst aktiv mitarbeiten kann.

Dementsprechend ist auch die wissenschaftliche Konzipierung von Selbstkontrolle nur schwer im behavioristischen Sprachspiel möglich. Nach KANFER (1975,315) ist Selbstkontrolle ein Sonderfall selbstregulatorischen Verhaltens. Das Konzept der Selbstregulation beschreibt Verhalten in Abwesenheit externaler Verstärker (SKINNER 1953), wobei das der *Selbstkontrolle* problematischen Situationen vorbehalten ist, nämlich *für Konfliktsituationen, in denen entweder das Ziel besteht: die Toleranz gegenüber unmittelbar aversiven Stimuli zu erhöhen,* um auf längere Sicht ein positives Ergebnis zu erreichen (z.B. morgens kalt duschen, um auf lange Sicht gesund zu bleiben); *oder* zum anderen *die Annäherung an unmittelbar belohnende Situationen herabzusetzen,* um langfristig negative Konsequenzen zu vermeiden (z.B. die - belohnende - Situation 'Essen' vermeiden, um nicht durch Überfettung zu erkranken, soziale Kontakte zu verlieren etc.).

SOMMER übersetzt diese beiden Ausgangssituationen der Selbstkontrolle (1977,612): in 'Etwas Unangenehmes tun' und 'Einer Versuchung widerstehen'; man kann diese Grundstruktur, die zunächst mit der (absoluten) Gegenüberstellung von positiven vs. negativen Konsequenzen arbeitet, auch auf die Relationen innerhalb des positiven und negativen Bereichs übertragen. Dann handelt es sich um: 'Das kleinere Übel wählen' und 'Auf etwas Schönes warten' (SOMMER ebda.).

Das behavioristische Modell wird - trotz dieser Einführung von internalen Ereignissen und Regeln - durch zwei Postulate aufrechtzuerhalten versucht; es wird angenommen, daß erstens der Erwerb des 'internalen' (mentalen) 'Verhaltens' nach den gleichen Lerngesetzen erfolgt, wie sie für offenes Verhalten gelten, und zweitens daß der Prozeß internalen Verhaltens denselben Kontrollprinzipien unterliegt, wie es 'offene' (overt) Verhaltensketten tun (vgl. u.a. SKINNER 1953; CAUTELA 1970; KANFER&KAROLY 1972; KANFER 1976). Wir wollen an dieser Stelle (noch) nicht darauf eingehen, daß diese Ausgangspostulate nach den bisher berichteten Forschungsergebnissen (vgl. I.A. und B.) nicht bestätigt sind und daher eventuell nur die Funktion von (immunisierenden?) ad-hoc-Annahmen haben. Das Modell der Selbstkontrolle sieht dann nach KANFER (1971), von der Grundstruktur her, *drei Phasen* vor: Selbstkontrolle (die KANFER&KAROLY 'Betaregulation' nennen, um, wie sie selbst sagen, 'die etablierten Konnotationen des Wortes 'selbst' zu vermeiden'; 1972,405) setzt 1. mit einer Phase der *Selbstbeobachtung* ein, in der der Therapeut-Klient das thematische Verhalten bei sich selbst (quasi) deskriptiv erfaßt; als 2. Phase ist die *Selbstbewertung* (-evaluation) anzusetzen, in der das beobachtete Verhalten an einem vom Subjekt gesetzten Standard/Vergleichskriterium gemessen wird; auf dem Hintergrund des Ergebnisses dieser Selbstbewertung erfolgt dann 3. die *Selbstverstärkung* (sowohl als Verstärkung wie als Bestrafung möglich; vgl. KANFER&KAROLY 1972,406ff.). Für die Phase der Selbstbewertung und der daraus folgenden Selbstverstärkung ist besonders wichtig, daß das Individuum ein Leistungsversprechen als 'Vertrag' mit sich oder in Interaktion mit anderen Personen festlegt. Dieses Leistungsversprechen ist nur als Absichtserklärung explizierbar, dementsprechend nennen es KANFER&KAROLY auch 'statement of intention'; auch hier wird aber weiter die Gültigkeit des behavioristischen Programms behauptet: "Such statements may be viewed as verbal operants" (1972,410).

Diese These der Subsumierbarkeit von Selbstkontrolle unter das behavioristische Forschungsprogramm gilt es bei der Frage der Paradigmazuordnung der Technologie zu überprüfen. Entsprechend den bei der wissenschaftstheoretischen Diskussion des Paradigmawechsels herausgearbeiteten Ergebnissen (vgl. Kap.I.) müßten sich, für den Fall, daß das Konzept der Selbstkontrolle die Grenzen des behavioristischen Paradigmas sprengt, folgende Aspekte einer solchen Grenzüberschreitung nachweisen lassen:

- konzeptuelle Inkohärenzen (der Explikation von Selbstkontrolle unter dem behavioristischen Forschungs- und Methodenprogramm);
- methodendeterminierte 'Gegenstands'reduktionen;
- kognitive Begriffsimplikationen;

- empirische Anomalien, zumindest im Sinn uneinheitlicher Ergebnisse, deren Uneinheitlichkeit durch kognitive Rekonstruktion aufgelöst werden kann;
- ein höheres Erklärungspotential bei der Berücksichtigung kognitiv-epistemologischer Variablen;
- Möglichkeiten konstruktiver Weiterentwicklung bei Integration in das epistemologische Forschungsprogramm.

Wir folgen beim Aufbau dieser Überprüfung der oben skizzierten konzeptuellen Strukturierung von 'Selbstkontrolle' nach KANFER&KAROLY, also der Unterscheidung der drei Phasen Selbstbewertung (SB), Selbstevaluation (SE) und Selbstverstärkung (SV). Die im folgenden aufgeführten Beispiele für Grenzüberschreitungen des behavioristischen Paradigmas durch das Konzept der Selbstkontrolle sind natürlich schon aus Raumgründen nicht erschöpfend; wir hoffen jedoch, daß sie möglichst eindeutig und auch konstruktiv für die Weiterentwicklung der Selbstkontrolle (SK) ingesamt sind.

## 5. ASPEKTE DER GRENZÜBERSCHREITUNG: ZUM EPISTEMOLOGISCHEN SUBJEKTMODELL

### 5.1. Selbstbeobachtung

Unverzichtbares Kernstück eines jeden systematischen, diagnostisch-therapeutischen Prozesses im Sinne der Verhaltensmodifikation ist die Beobachtung verhaltenssteuernder Reizbedingungen. Als *Diagnoseinstrument* liefert sie zu Beginn, in der primär diagnostischen Phase Daten zur Hypothesenbildung über Reiz-Reaktions-Kontingenzen und dient im weiteren therapiebegleitend der Hypothesenprüfung und gegebenenfalls -änderung mit entsprechenden Konsequenzen für neu zu formulierende Therapieziele und -mittel (SCHULTE 1974; LUTZ&WINDHEUSER 1974). Daneben hat sie in den letzten Jahren aber auch zunehmend als *therapeutische Maßnahme* an Bedeutung gewonnen - und zwar zunächst als eine vom Therapeuten vorwiegend innerhalb von Diskriminationslernen und Verstärkungsprozeduren genutzte Interventionsstrategie.

Da *der Klient* nun innerhalb der Selbstkontrolle alle zur Verhaltensänderung notwendigen diagnostischen wie auch therapeutischen Funktionen der Therapie/des Therapeuten übernimmt, *muß* er auch *beide Funktionen der Beobachtung übernehmen*. Das bedeutet, daß der Klient sowohl eine möglichst objektive, reliable, valide Datensammlung und Hypothesentestung realisieren muß als auch den selbstgesteuerten Erwerb diskriminativer Stimuli für Vermeidungs- und Aufsuchungsverhalten (einschließlich des später zu thematisierenden Einsatzes von

Belohnungsstrategien; vgl. THORESEN&MAHONEY 1974; KANFER 1975). Die
Frage ist, *ob solche Anforderungen in sich kohärent innerhalb eines
behavioralen Subjektmodells zu explizieren und begründen sind*; denn
das behavioristische Paradigma ist ja durch die Nicht-Durchschaubarkeit der Problemsituation von seiten (und für) das Erkenntnis'objekt'
gekennzeichnet (s. I.2.). Die Übernahme der Therapeutenrolle durch
den Klienten löst dagegen diese Situationslabilisierung und -parzellierung (HOLZKAMP 1972) auf zugunsten einer im Optimalfall vollständigen Orientiertheit über die jeweilige Problemstellung und die verfügbaren Lösungsstrategien (vgl. zu solchen Aspekten des 'locus of
control' in der SK: D'ZURILLA&GOLDFRIED 1971; KRUMBOLTZ&THORESEN 1969;
JEFFREY 1974,194ff.).

*SB als DATENERHEBUNGS-INSTRUMENT*

Die Qualität der (Fremd-)Beobachtung von seiten des Wissenschaftlers
ist, wie die Forschungsergebnisse der letzten Jahrzehnte gezeigt
haben (vgl. 'experimenter effects'-Forschung) durchaus nicht immer
optimal; vielmehr gibt es eine Fülle von Einflußfaktoren, die sogar
die Qualität einer methodisch-systematischen Beobachtung (d.h. deren
Objektivität, Reliabilität, Validität) beeinträchtigen. Es gibt auf
der Grundlage der Parallelisierung/Identifizierung von Klient und
Therapeut keinen rationalen Grund, von der Qualität der Selbstbeobachtung grundsätzlich besser zu denken. Dabei kann man sogar reine
Überforderungsphänomene unberücksichtigt lassen, wie sie bei Uneindeutigkeit der Beobachtungskategorien, zu großer Kategorienmenge,
Ermüdung und Gewöhnung auftreten können (vgl. SCHULTE 1974). Es bleiben genügend Störfaktoren übrig, von denen SHULLER&McNAMARA (1976)
als empirisch bestätigte nennen: situationaler Aufforderungscharakter
der Problemstellung ('demand characteristics' nach ORNE 1970; vgl.
KAZDIN 1974,227), subjektiv interpretierte Nützlichkeit der Daten
für den Verbraucher, implizite Persönlichkeitstheorien und Vorhersagewissen (SHULLER&McNAMARA 1976,519). Das steht in Übereinstimmung
mit entsprechenden Ergebnissen der Forschung zur sozialen Wahrnehmung
etc. und spricht dafür, daß gerade der 'naive' Beobachter relativ ungeübt ist, interpretationsfrei zu registrieren, daß er eher seinen
subjektiven Hypothesen, Erwartungen, Bedürfnissen folgend bewertend
beobachtet (vgl. KAZDIN 1974,220; STADLER et al. 1975). Auf der
Grundlage dieser Ergebnisse wären empirische Untersuchungen besonders
zur Validität von Selbstbeobachtung innerhalb der SK zu erwarten, die
es aber praktisch gar nicht gibt (vgl. KAZDIN 1974). Stattdessen ist

der überwiegende Teil der Arbeiten zur Selbstbeobachtung als Datenerhebungsverfahren mit der Entwicklung formaler Hilfen zur 'apparativen' Unterstützung der Selbstbeobachter beschäftigt, um mit Hilfe dieser Registriertechniken die Objektivität und damit die Reliabilität der SB zu verbessern (vgl. KAZDIN 1974; MAHONEY 1974).

"A variety of devices has been used, such as wrist counters, pocket counters, wrist pads, booklets, and 3" x 5" cards ... The possibilities of self-recording devices are limited only by the creativity and imagination of prospective users." (THORESEN&MAHONEY 1974,45)

*Eine befriedigende Reliabilität ist* dabei allerdings *nur unter der Voraussetzung zu erwarten, daß die Beobachtungshilfen (mechanistisch) direkt an das zu beobachtende Verhalten gekoppelt sind,* womit im Normalfall 'Störungen' vom Individuum aus eliminiert sind (vgl. z.B. den 'Klingel'apparat für den Enuretiker). Damit aber liegt ganz eindeutig eine methoden-/technologiedeterminierte Reduktion des 'Gegenstands'bereichs vor: denn der mögliche Vorteil der Selbstbeobachtung, daß damit auch hochkomplexe, internale Ereignisse, Prozesse, Sachverhalte beobachtbar werden, ist durch eine solche Technologie-'Unterstützung' verspielt; Selbstbeobachtung in dieser Form ist kein Ausgangspunkt für Selbststeuerung und Eigen-Kontrolle (gegenüber Umwelt), sondern unterstellt das Individuum über die apparative Technologie unvermeidbar wieder der Umweltkontrolle: z.B. wenn der Raucher verpflichtet wird, seine Zigaretten nur noch in der Klinik zu kaufen, die für die objektive Beobachtung präparierte Schachteln bereit hält.

Damit kommt der Aspekt ins Gesichtsfeld, der innerhalb der auf Reliabilitätsforderungen eingeschränkten behavioristischen Konzeption von Selbstkontrolle gar nicht thematisch werden kann: die *Valitität von Selbstbeobachtung als mögliches Lernziel innerhalb einer Selbstkontrolle.*

Wir wollen von einem Beispiel ausgehen: ein Klient will sein Zuwendungsverhalten innerhalb einer Gruppe beobachten; er beobachtet jedoch, geht man von den Kategorisierungen der Gruppenmitglieder aus, sein Durchsetzungsverhalten. Das Problem ist, eine möglichst valide (Selbst-)Beobachtung zu erreichen. Dazu läßt sich innerhalb einer kognitiv-epistemologischen Rekonstruktion wieder die oben (2.2.) entwickelte Heuristik der Voraussetzungs- und Zielexplikation einsetzen: es sei gesetzt, daß eine deutliche Diskrepanz der jeweiligen subjektiven Bedeutungszuschreibung von 'Zuwendung' und 'Durchsetzung' besteht; für den Klienten bedeutet Zuwendung Akzeption der Gruppe primär als Leistungsgruppe und entsprechend sachorientierte Beiträge, die er, wenn immer möglich, zu äußern versucht. Die Gruppenmitglieder dagegen - de facto an der Befriedigung ihres Affiliationsbedürfnisses interessiert - lehnen eine von Sachorientierung bestimmte Zuwendung als Durchsetzungsverhalten ab. Da sich die Gruppe dabei selbst expli-

zit als Arbeitsgruppe (Leistungssystem) versteht, entsteht für den
Klienten objektiv eine inkohärente, gemischte Kommunikationsstruktur,
die als nicht sinnvoll decodierbare und reflexionseinschränkende Situation einzustufen ist. Da hinsichtlich der Persönlichkeitsmerkmale
und dem Zielverhalten (des Klienten) aber keine rationslitätsbeschränkenden Bedingungen vorliegen, ist zur Erreichung des Lernziels
'valide SB' eine *fähigkeitsunterstützende* Interventionshierarchie
(SALOMON 1975) zu entwickeln, die i.s. der Situationstransparenz
arbeitet: beginnend z.B. mit der Vermittlung inzwischen gewonnener
Informationen über die unterschiedliche Bedeutungszuschreibung lassen
sich über die Aufarbeitung der diskrepanten Deutungskonzepte i.S. der
'Einsichtstherapie' bis hin zu diskriminativem Konzeptlernen mit
immer größerer Konkretheitsgrad (von Beobachtungskategorien etc.) erreichen; dabei müssen, falls Verhaltensfertigkeiten im Affiliationsbereich ('Zuwendung') fehlen sollten, durchaus auch *fähigkeitsausgleichende* Hilfen (SALOMON o.c.) i.S. eines Verhaltenstrainings
hierarchisch strukturiert angeboten werden. Der Klient erhält in
einer solchen kognitiv-reflexionszentrierten Strategie die Möglichkeit (einschließlich der notwendigen Fähigkeitsvoraussetzungen) zur
Wertungsautonomie hinsichtlich seiner Gruppe, d.h. er kann die Wertungen der Gruppe (in Bezug auf das Zuwendungsverhalten) eigengesteuert übernehmen, kritisieren, zu verändern versuchen etc.

Eine nicht in dieser Weise vorgehende kognitive Rekonstruktion der
Selbstbeobachtungsprozesse und ihrer Charakteristika, also eine rein
behavioristische, vor allem auf Objektivität/Reliabilität der Beobachtung ausgerichtete Intervention steht in einem Fall wie dem
beschriebenen immer in der Gefahr, die Beobachtungskategorien und damit Indikatordefinitionen der Gruppe als die 'intersubjektiveren'
und d.h. als die adäquateren anzusehen und zu akzeptieren. Das aber
hat - epistemologisch gesprochen - für den Klienten die Konsequenz,
daß er seine Beobachtungstheorie ändern muß und zwar in Anpassung an
'externe' Beobachtungstheorien: der sozialen Umwelt, sei es in Form
des Therapeuten oder der sozialen Gruppe. Die behavioristische Konzentration auf Objektivitäts- und Reliabilitätskriterien bei der
Selbstbeobachtung führt letztendlich zur Zerstörung des Grundentwurfs
der Selbstkontrolle, nämlich des autonom kontrollierenden Subjekts,
indem potentiell, ja tendenziell immer noch die Realisierungsdynamik
in Richtung auf Kontrolle durch Umwelt impliziert ist.

Keineswegs besser ist die Situation für die behavioristische Konzeptualisierung der Selbstbeobachtung, wenn diese als einziges Diagnoseinstrument innerhalb der therapeutischen Relation besteht. Allerdings
gesellt sich hier zur möglichen 'Domestizierung' des Klienten durch
den Therapeuten/die soziale Umwelt noch die polar entgegengesetzte
Gefahr: nämlich daß der Therapeut ohne Überprüfungsmöglichkeiten von
der Validität der je subjektiven Selbstbeobachtungen ausgeht, ausgehen muß. Denn er hat ja keine - den wissenschaftlichen Beobach-

tungskriterien eventuell parallele - Kriterien für die Beobachtung
durch den Klienten selbst; diese sind im Rahmen einer akzentuierend
formalen Bewertung der Beobachtungsprozesse erst auf der Grundlage
eines epistemologischen Subjektmodells thematisierbar - Beispiele
wie Präzision, Konstanz i.S. der Situationsinvarianz, Vernünftigkeit,
empirische Validität etc. sind oben unter dem Aspekt der Rationalität
diskutiert worden (vgl.o. II.2.). *Die behavioristische Konzeption
führt hier also zu einer methodischen Inkohärenz:* gerade durch die
Präzisionsanforderungen der Wissenschaftskonzeption verliert der
Behaviorismus bei der Explikation der Selbstkontrolle das Problem der
Validität von Selbst-Beobachtung aus dem Gesichtsfeld und thematisiert für den 'naiven' Beobachter bei weitem nicht so starke Anforderungen, wie dies das epistemologische Forschungsprogramm tut. In konstruktiver Weiterentwicklung der Selbstkontrolle lassen sich durch
die Erforschung dieser kognitiv-epistemologischen Merkmale von
Selbstbeobachtung u.E. auf die Dauer folgende Ziele innerhalb einer
nicht-reduzierenden Technologie von Selbstkontrolle implementieren
und verwirklichen:

- Sicherung subjektiver Ziel- und Handlungswertigkeiten gegenüber
  übermächtigen Beratungs-/Therapiesituationen und -agenten;
- Aufdeckung irrationaler, realitätsinadäquater Indikatordefini-
  tionen;
- Aufhebung von Anspruchs- und Fähigkeitsdivergenzen;
- Festlegung handlungs- und erlebnisrelevanter Beobachtungseinheiten.

*SB als 'Treatment'*

Die behavioristische Forschung zu SB als Interventionsstrategie/Treat-
ment geht von der Reaktivität der SB aus und fragt nach ihren therapeutischen Effekten, besonders der Möglichkeit deren systematischer
Maximierung in die gewünschte Richtung der Selbsttherapie. D.h.: auch
hier geht *das behavioristische Forschungsprogramm* nicht von den
Kognitionen des kontrollierenden (Selbst)Therapeuten aus, wie es z.B.
durch Anwendung der experimenter effects-Forschung (FRIEDMAN 1967;
ORNE 1969) möglich wäre, sondern *geht von der Reaktivität des kontrollierten Subjekts aus.* Anhand so fragender Forschungsbemühungen
ergeben sich allerdings nur Effekte, die die Möglichkeit von Verhaltensänderungen erkennen lassen, nicht aber deren Richtung und besonders nicht die Abhängigkeit von problemspezifischen Merkmalen der SB
(vgl. KAZDIN 1974; NELSON et al. 1975; THORESEN&MAHONEY 1974). Als
Grund dafür kann man - wiederum - die gegenstandsreduzierende behavioristische Untersuchungsmethodik ansehen; denn in ihr wird versucht,
so theoriefrei wie möglich die Isolierung von SB-Effekten durch von

extern eingeführte Bedingungsvariationen zu erreichen. Als Grundmuster gilt (vgl. JEFFREY 1974) der Intergruppenvergleich mit dem Ziel, die Verhaltenswirksamkeit von SB gegenüber anderen Treatments, wie z.B. externer (BELLACK 1976) oder auch selbstapplizierten Verstärkungsprozeduren (MAHONEY et al. 1973; MAHONEY 1974) oder von SB in Kombination mit anderen Interventionsstrategien (MAHONEY 1972) zu isolieren. Die Isolierung von SB wird dabei über die (kognitive) Ausgliederung der SB aus dem Prozeßgesamt der SK angestrebt, indem teilinformierte Gruppen miteinander oder Ergebnisse von Gruppen mit zunehmender Informiertheit miteinander verglichen werden. Das aber bedeutet: der Klient wird von der Untersuchungsmethodik her in dem Zustand partiellen Informationsrückstands gehalten, der vom Grundansatz der SK aus gerade überwunden werden soll. Es liegt daher hier innerhalb des behavioristischen Forschungsprogramms zu SB als Treatment eindeutig eine *methodikdeterminierte Gegenstandsreduktion* vor, die das Konzept der SK letztlich verfehlt. Die uneinheitlichen und im Überblick kaum aussagekräftigen Ergebnisse solcher (reduktionistischen) Forschungsbemühungen (vgl. SPATES&KANFER 1977,9f.) lassen sich überdies u.U. darauf zurückführen, daß wie auch bei anderen Anomalien des behavioristischen Forschungsprogramms sich der 'Gegenstand', das reflexive Subjekt, gar nicht so leicht um seine Kognitionen reduzieren läßt. Methodologisch selbstkritische Behavioristen geraten z.T. selbst in Zweifel, ob sich die Klienten wirklich so determinierend auf SB ohne Selbstverstärkung (SV) bzw. SV ohne SB festlegen lassen, vgl. BELLACKs Überlegung am Schluß einer diesbezüglichen Untersuchung innerhalb eines Gewichtsreduzierungs-Programms: "A direct comparison between SM (Self-Monitoring; N.G./B.S.) and SR (Self-Reinforcement; N.G./B.S.) is not possible. Subjects instructed to administer SR must SM first. Subjects instructed to SM can freely administer covert SR" (1976,73).

*Bezieht man diese kognitiven Variablen in die Interpretation ein, so ergibt sich ein erhebliches Erklärungspotential* einer solchen auf Reflexivität ausgerichteten Rekonstruktionsperspektive. Wir greifen dafür eine der Hypothesen über den Zusammenhang formaler Merkmale der SB und der Richtung/Intensität ihres Treatment-Effekts heraus: z.B. kann man den zeitlichen Ort der SB in Bezug auf ein Problemverhalten und ihren Effekt thematisieren. Nach der Lerntheorie fungiert SB vor bzw. während des thematischen Verhaltens als diskriminativer Stimulus ($S^D$), nach dem Zielverhalten als Verstärker (vgl. KAZDIN 1974, 239; THORESEN&MAHONEY 1974,43ff.; SCHULTE 1974,179). GOTTMAN&McFALL

haben (1972) im Rahmen dieser Unterscheidung einen rein formalen Zusammenhang zwischen SB und Verhaltenseffekten hypostasiert, nämlich daß postbehaviorale SB immer zu einem Anstieg des beobachteten Verhaltens, während die SB von nicht ausgeführtem Verhalten automatisch zur Verhaltensreduktion gegenüber der Baseline führt.

Überprüft wurden diese Hypothesen in einem multiplen Zeit-Reihen-Design mit einer cross-over-Phase an zwei Gruppen (N = 17 Vpn) von High-School-Schülern, mit u.a. defizitärer Unterrichtsbeteiligung. Die Autoren konnten, wie vorausgesagt, zunächst einen Rückgang der sowieso schon defizitären Gesprächsbeteiligung nach der Registrierung gewollter, aber nicht durchgeführter Beteiligung und danach einen signifikanten Anstieg des Zielverhaltens beobachten, als dieselben Vpn ihre tatsächlich erfolgte Unterrichtsbeteiligung zu notieren hatten. Bei der Gruppe mit umgekehrter Phasenfolge zeigte sich zunächst ein Anstieg, dann ein Abfall der Verhaltensfrequenz. Allerdings sahen die Phasenverläufe der beiden zu vergleichenden Gruppen so unterschiedlich aus, daß die Verfasser selbst auf den Einfluß subjektiver Interpretation der SB-Situation als möglicher Erklärung für die Änderungsrichtung hinweisen (1972,280).

Eine entsprechende *Rekonstruktion* könnte die rein mechanistische Hypothese durch folgende Erklärung ersetzen: es handelt sich bei den thematischen Effekten um eine vom SB-timing beeinflußte kognitive (Um)Strukturierung im Selbstkonzept der eigenen Fähigkeiten; auf diesem Hintergrund ist verständlich, warum die Gruppe, die zuerst ihr 'Versagen' registrieren muß, dann aber ihre Erfolge notiert, sich in der Erfolgsphase sehr viel stärker am Unterricht beteiligt als die Vpn, die mit der 'Erfolgs'phase beginnen. Gleichzeitig ergibt sich damit ein Ansatzpunkt zur Spezifizierung von Effekten des SB-timings auf zwei Verhaltensparameter: 'subjektiv erwünschtes vs. unerwünschtes Verhalten': im Rahmen einer schon in Gang gesetzten SK subjektiv unerwünschten (exzessiven) Verhaltens funktioniert SB präbehavioral direkt als kognitiv 'umwelt'-(stimulus)kontrollierendes Verhalten und das bedeutet für das vorher kontrollierte Individuum, daß es sich ganz unmittelbar als Verursacher von 'Gegenkontrolle' erfahren und bestätigen kann; ähnliches gilt für die postbehaviorale SB subjektiv erwünschten (defizitären) Verhaltens. Dagegen erhält das sich selbst beobachtende Individuum in den beiden anderen Fällen (postbehaviorale SB subjektiv unerwünschten Verhaltens und präbehaviorale SB erwünschten Verhaltens) innerhalb einer SK negative Informationen über die eigene Kompetenz in Sachen autonome Umweltkontrolle. Je nach verfügbarem Attribuierungsmuster (z.B. auf fehlende Anstrengung, mangelnde Fähigkeit) und Stärke der Aufgabenmotivierung bewirkt der anschließende Ist-Soll-Wert-Vergleich erneute bzw. nachlassende Anstrengung; hier wären auf die Dauer die Ergebnisse der Attribuierungsforschung etc. zu integrieren (vgl. BANDURA 1976; HALISCH et al. 1977; MAHONEY 1974a; SPATES&KANFER 1977).

Damit zeigt sich u.E. ganz deutlich, daß die (behavioristisch) postulierte Automatik von S-R-Kontingenzen die Komplexität von SB-Wirkungen verfehlt und stattdessen Erklärung und Prognose von SB angewiesen sind auf Daten über das reflexive Subjekt, das SB benutzt.

5.2. Selbstevaluation

Wir ziehen in Bezug auf die Phase der Selbstbewertung den Ausdruck Selbstevaluation (SE) vor, damit in den Abkürzungen keine Verwechselbarkeit mit der Selbstbeobachtung zustandekommt. Um Mißverständnisse zu vermeiden, ist darüber hinaus auch die Festlegung einiger weiterer Begriffe nötig: das Verhalten, auf das sich die (Selbst-)Therapie bezieht, heiße problematisches Verhalten, und zwar, wenn es aus der Sicht des Selbsttherapeuten'weg'-therapiert werden soll, unerwünschtes, wenn es 'an'-therapiert werden soll, erwünschtes Verhalten. Dasjenige Verhalten, das durch die Selbstkontrolle am Schluß erreicht werden soll, wird Zielverhalten genannt; alle bisher thematisierten Verhaltensklassen beziehen sich auf das Verhalten des Selbsttherapeuten in seinem Rollensegment als Klient (Objekt-Ebene) und sollen kontrolliertes Verhalten heißen. Im Gegensatz dazu wird das Verhalten in der Therapeuten-Rolle als kontrollierendes Verhalten bezeichnet (also Metaebene; die beiden Ebenen, besonders das kontrollierende und das Zielverhalten werden häufig nicht präzise genug getrennt: vgl. z.B. die Kategorien, die SOMMER 1977,617f. unter 'steuerndem' Verhalten nennt).

*Antizipation/Intention als Grundlagen von Bewertung*

Für Selbstevaluationsprozesse weist das behavioristische Paradigma, da es sich dabei um 'internale' Aspekte einer 'Welt- und Selbstsicht handelt (vgl.o. I.2.), naturgemäß keine genuin relevanten Ansätze auf; so ist denn die Diskussion der SE innerhalb des Konzepts der SK auch vornehmlich durch eine - für den Behavioristen unvermeidbare - Assimilation kognitiver Perspektiven gekennzeichnet, ohne daß dies explizit akzeptiert oder gar in Konsequenzen für einen Paradigmawechsel umgesetzt wird. Unter dem immer wieder vorgebrachten Ausgangspostulat, daß für internale Ereignisse (private events) die gleichen Gesetzmäßigkeiten gelten wie für beobachtbares (overt) Verhalten wird von den Protagonisten der SK im Rahmen eines erweiterten S-R-Modells (wie bei KANFER&KAROLY 1972) die Integrierbarkeit von SE zwar permanent erneut behauptet, jedoch nie elaboriert nachgewiesen (das gilt auch für neuere Sammelbände wie HARTIG 1973; MAHONEY& THORESEN 1974). Stattdessen wird SE, in der 'Ist- und Sollzustand vom Selbsttherapeuten miteinander verglichen werden', innerhalb der thematischen Verhaltenssequenz als 'discrimination response' klassifiziert (KANFER 1973,8o; 1975,312; KANFER&KAROLY 1973,186) und um sie herum dann - quasi als potentiell einflußnehmende Speicher - die zum jeweiligen Forschungszeitpunkt fruchtbar erscheinenden Erklärungskonzepte menschlichen Handelns wie: 'Anspruchsniveau', 'Leistungskriterien', 'kausale Schemata', 'Leistungsversprechen', 'Handlungs- und Erlebniswertigkeiten' etc. gruppiert, ohne freilich die Frage ihrer Verknüpfungsmöglichkeiten mit der 'discrimination-response' einer ernsthaften Explikation, geschweige denn Prüfung zu unterziehen (Strategie bei KANFER 197o; 1973; 1975; THORESEN&MAHONEY 1974; auch SOMMER 1977). Dabei ist die Perspektive der SE an sich schon eine Manifestation der fortschreitenden (wenn auch nur impliziten) Kognitivierung des SK-Konzepts: während bei SKINNER (1953) noch die vorauslaufende Reaktion (praktisch automatisch und ausschließlich) für das Eintreten von SV verantwortlich war, führt KANFER (1971; vgl.1973) den 'Vergleichsmechanismus' SE mit selbstregulatorischer Relevanz ein. Dadurch werden die 'Bedingungen für das Auftreten von Selbstbekräfigung .. eingeschränkt. Das Individuum setzt selbst die Normen, an denen es das eigene Verhalten mißt.' (HALISCH et al. 1976,149) Durch die explizite Hereinnahme von Selbstbewertungsverhalten in den selbstregulatorischen Prozeß wird die Aufhebung des verhaltenstheoretischen Anspruchs auf SK zumindest für die behavioristische Selbstsicht erfolgreich vermieden; denn mit Hilfe dieser *Ausweitung* gelingt es scheinbar, diejenigen paradigmafernen Konzepte zu assoziieren, die notwendig sind, *um aufgetretene Anomalien* (der SKINNER-Version von SK) *'weg'zuerklären* (vgl. die folgende Abbildung nach KANFER 1973,8o ; s. nächste Seite).

Im Prinzip sind in diesem als 'feedback'-System aufzufassenden Modell alle wesentlichen Parameter eines kognitiven Modells intentionalen Handelns enthalten. Was allerdings in der behavioristischen Konzeption bis heute fehlt, ist die syntaktische Integration dieser kognitionstheoretisch schon sehr differenziert ausgearbeiteten Konzepte (vgl. HECKHAUSENs kognitives Motivationsmodell 1977). Eine differenzierte Analyse (die hier auf eine spätere Arbeit verschoben werden muß) könnte u.E. zeigen, daß sich die Behavioristen auch an dieser Stelle unter expliziter Behauptung behavioristischer Paradigmakonstanz an die kognitionstheoretischen Strukturen (der 'Grammatik' eines solchen feedback-Prozesses) anpassen.

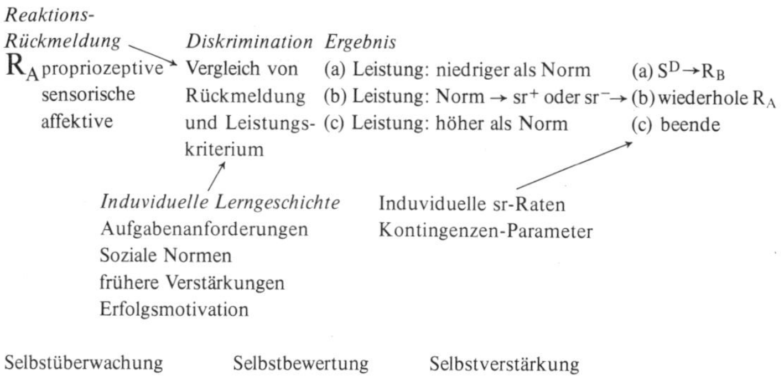

```
Reaktions-
Rückmeldung        Diskrimination  Ergebnis
R_A propriozeptive  Vergleich von   (a) Leistung: niedriger als Norm   (a) S^D→R_B
    sensorische     Rückmeldung     (b) Leistung: Norm → sr⁺ oder sr⁻→(b) wiederhole R_A
    affektive       und Leistungs-  (c) Leistung: höher als Norm       (c) beende
                    kriterium

            Induviduelle Lerngeschichte     Induviduelle sr-Raten
            Aufgabenanforderungen           Kontingenzen-Parameter
            Soziale Normen
            frühere Verstärkungen
            Erfolgsmotivation

    Selbstüberwachung       Selbstbewertung         Selbstverstärkung
```

Abb. 8: Arbeitsmodell der Selbstregulation nach KANFER (1973,80)

Daß diese implizite und explizite Behauptung der Paradigmakonstanz nicht gerechtfertigt ist, geht nicht nur aus der Notwendigkeit der Einführung eines SE-Prozeßstadium und der impliziten Übernahme der kognitiven Relationsstruktur der Konstrukte innerhalb des selbstregulatorischen feedback-Prozesses hervor, sondern auch - noch grundlegender - aus den notwendigen kognitiven Begriffsbedeutungen. Denn: gemessen an der behavioristischen Forderung, Selbstregulation bzw. SK 'a-mentalistisch' zu konzipieren, ist paradigmakonträr ein zunehmend freizügiger und unbekümmerter Umgang mit Konzepten wie Vorsatz-, Absichtserklärung, Standardsetzung, Leistungsversprechen, Übereinkunft, Vertrag etc. zu beobachten (vgl.u.a. KANFER 1975; 1976; KANFER&KAROLY 1973; 1974; MAHONEY&THORESEN 1974; SOMMER 1977) - also alles auf *Intentionalität ausgerichtete Begriffe*. Sie dienen in der Explikation von SK-Prozessen dazu, Formen der Selbstaufforderung zur Verhaltensänderung und deren Bedeutung für eine erfolgreiche SK zu thematisieren. Dabei handelt es sich im verhaltensanalytischen Sprachspiel um verbale operants, die entsprechend 'verdeckt' oder 'offen' auftreten, sich selbst und anderen gegenüber erfolgen können. Mit der Benennung dieser Leistungsversprechen (s.o. Vertrag) als 'statement of intention' (KANFER&KAROLY 1972,41o) müßte eigentlich die Anerkennung von Antizipation(en) und Intention als Grundlage jeder SK und daraus folgend der Übergang vom Verhaltens- zum Handlungsbegriff (wie er oben II.2.6. skizziert wurde) verbunden sein. Die Klassifizierung dieser Intentionen als 'verbal operants' aber versucht den Eindruck zu erwecken, als umfasse das behavioristische Forschungsparadigma all diese Terme mit den in ihnen bezeichneten Gegenstandsdimensionen ohne eine substantielle Modifikation seiner zentralen Annahmen. Diese schon von CHOMSKY kritisierte (vgl.o. I.5.2.) Strategie einfach der Etikettierung kognitiver Bedeutungen mit 'objektiven' Verhaltensbegriffen ist eigentlich durchschaubar unzulässig: dadurch daß Selbst- durch 'Beta'-regulation ersetzt wird, ist der grundlegende Wechsel von dem Kontrolliert-Werden des Subjekts zu aktiver Umweltkontrolle nicht eliminierbar; durch die Bezeichnung als 'verbal operants' sind die intentionalen Dimensionen von Leistungsversprechen, Standardsetzung, SE nicht eliminierbar. Das einzige, was dadurch *erreicht wird, ist eine unzureichende und z.T. in sich widersprüchliche Explikation* der so verdrängten Kernintensionen der Begriffe: so wird z.B. mit der Kategorisierung des 'Vertrags' als offene oder verdeckte 'verbal operants' (wie schon oben bei der SB) automatisch die Validität solcher Sätze, d.h. deren Bezeichnungsfunktion unterstellt - eine Voraussetzung, die der Behaviorismus in seiner Forschungskonzeption hinsichtlich der Aussagen von Vpn immer militant negiert hat (und die im übrigen innerhalb einer epistemologischen Perspektive in solcher Naivität nie zu tolerieren wäre, s.o. die Ausführung zur Veridikalität: II.2.). Auch hier gilt also das, was schon hinsichtlich der Anomalien des behavioristischen Paradigmas im Erklärungsbereich konstatiert wurde: de facto ist der Paradigmawechsel schon erfolgt, er wird nur von seiten der Behavioristen durch Aufrechterhaltung eines 'objektiv'-verhaltenstheoretischen Sprachspiels zu verschleiern versucht.

Dementsprechend manifestieren die mittlerweile erarbeiteten Anforderungen für die optimale Struktur des zentralen Leistungsversprechens *innerhalb der SK* denn auch *vor allem die aus der kognitionspsychologischen Forschung bekannten Charakteristika für eine effektive Handlungssteuerung* (durch Pläne) - wie z.B. Explizitheit, Konkretheit, maximale Informationsausnutzung, hierarchische Strukturierung etc. SOMMER faßt die (kognitiven) Handlungsanweisungen zur Vertragsabfassung folgenderweise konkret zusammen.

"1. Das Vertragsziel muß klar definiert sein (evtl. mit Zwischenschritten).
2. Die Schritte zur Erreichung des Ziels müssen genau beschrieben werden (welche Verhaltensweisen muß der Klient ausführen; werden andere Personen einbezogen?).
3. Es muß geklärt werden, welche Konsequenzen das Erfüllen oder Nichterfüllen des Vertrages hat: positive Konsequenzen bei Erfüllen des Vertrags, negative bei Nicht-Erfüllen ('Vertragsabbruch')." (1977,615)

Zu den im Rahmen handlungstheoretischer Rekonstruktion zentralen Aspekten des intentionalen Planens gehören natürlich auch *die motivationalen Dimensionen*: der Vertrag soll z.B. generell positive und faire Bedingungen enthalten, globale übergeordnete Ziele sollen durch eine vertraglich geregelte schrittweise Annäherung (gleich erreichbare Unterziele) ersetzt werden (MAHONEY&THORESEN 1974,54). Mit anderen Worten: der Vertrag soll so angelegt sein, daß er Überforderungssituationen mit motivationsschädigenden Mißerfolgserlebnissen ausschließt, stattdessen soll er über eine realistische Ausbalancierung von Selbstanforderung (Standards) und tatsächlichem Leistungsvermögen Zielerreichung garantieren, dabei gleichzeitig aber auch gewährleisten, daß die Zielerreichung sinnvoll im Rahmen von Eigensteuerung interpretiert werden kann. Durch diese (und andere) Regeln der Vertragstechnologie ist allerdings die theoretisch behauptete Modellvorstellung einer linearen Verknüpfung von S und R längst gesprengt - denn es wird durch diese Technologie die Möglichkeit zu komplexen kognitiven Sequenzen (wie Zielsetzung, Planung, adaptive Ausführung etc.) vorausgesetzt.

*Die Wertungsaspekte der SE*

Erst innerhalb einer ausgearbeiteten kognitiv-epistemologischen Theoriekonzeption ist eine differenzierte Analyse von Ziel-Mittel-Reflexionen des Selbsttherapeuten und damit eine Thematisierung auch der Wertungsaspekte von SE möglich; denn *der Selbstregulationsansatz eines behavioristischen SK-Modells (sensu KANFER) bleibt zwangsläufig auf den funktionalen Regelungsaspekt des 'Standards' beschränkt.* Eine inhaltlich-funktionale Entwicklung weiterer Erwartungs- und Bewertungsstrukturen, wie sie etwa auf der Grundlage von entscheidungstheoretischen Modellen derzeit in der kognitiven Motivationspsychologie erarbeitet werden (vgl.Erwartungs-x-Wert-Ansätze bei HECKHAUSEN 1975; SCHMALT&MEYER 1976), wird damit unterbunden. Dabei hat sich aber gerade hier zeigen lassen, daß 'Standards' überhaupt nur dann 'kontrollierend' funktionieren, wenn sie als "selbstgesetzte und verbindlich erlebte Bezugsnormen verstanden" und im Zusammenhang mit der Kausalattribuierung (der zu bewertenden Handlung) eingesetzt werden können (HALISCH et al. 1976,155ff.); d.h. beide, Handlung und Standard, müssen dem Handelnden wertbesetzt kognitiv präsent sein, damit Selbstbewertung überhaupt einsetzt und dann in ihrer Folge Korrekturen, Selbstverstärkung etc. möglich werden. So kritisieren HALISCH et al. mit Recht die fehlende Handlungs- und Erlebensrepräsentanz der behavioristischen Designs zur Selbstbewertung und -verstärkung, die

die kognitiv-motivationalen Voraussetzungen von SE eher untergraben anstatt experimentell zu realisieren, geschweige denn nachprüfend zu sichern (o.c., 157ff.).

Auf dem Hintergrund einer nicht-reduzierenden Thematisierung der SE-Prozesse lassen sich dann alle attributionstheoretischen Beschreibungs- und Erklärungsansätze innerhalb der SK fruchtbar machen, die für die Verarbeitung von Bewertungen eigener Leistungen (wie sie ja auch die SE innerhalb der SK impliziert) entwickelt worden sind (besonders in der Leistungsmotivationsforschung); davon kann man sich, vor allem bei Berücksichtigung der 'individuellen Voreingenommenheiten' hinsichtlich der Ursachenzuschreibungen (WEINER 1976), *Aufklärung über die Bedingungen für Ingangsetzung, Aufrechterhaltung, Ab- oder Zunahme der Anstrengungsbereitschaft von SK-Prozessen* versprechen. Wir wollen jedoch jetzt hier nicht eine solche Anwendung schon explizierter Ansätze ausarbeiten, sondern konstruktiv weitere Differenzierungsmöglichkeiten, die gerade in der Anwendung von Erwartungs-x-Wert-Modellen innerhalb der SK-Perspektive gegeben sind, skizzieren; so lassen sich u.E. hinausgehend über die bisherigen Konzeptualisierungen des Wert-Begriffs für die SE neben der Standardsetzung folgende *Dimensionen des Wert-Konzepts* unterscheiden:

1. Die erste Dimension ist diejenige, die im leistungsthematischen Kontext zumeist prävalent ist: *die zielanalytische Bewertung des 'outcome' von Ereignissen/Handlungen* nach Erfolg und Mißerfolg. Diese Dimension impliziert im bewertenden Vergleich von Ereignis und subjektiv verbindlichem Standard über diesen individuellen Vergleichsmaßstab zwar indirekt auch bestimmte strukturelle Wertinhalte, im Vordergrund steht jedoch die Erreichung bzw. Nichterreichung des Ziels.

2. 'Wert'voll sind die Gegenstände des SE-Prozesses für das Individuum auch noch auf einer höheren (oder strukturelleren) Ebene: der des *'Informationsgewinns über die eigenen Fähigkeiten'* (vgl. MEYER 1976); struktureller ist dieser Aspekt, weil er eine situationsinvariantere Bedeutung für das Selbstkonzept impliziert. Innerhalb eines epistemologischen Subjektmodells ist diese Dimension (des Wert-Konzepts) als subjektive Zielkomponente des Hypothesen (auch über sich selbst) testenden Individuums zu rekonstruieren.

Beiden Aspekten (1 und 2) gemeinsam ist, daß sie Wert/Nutzen im Hinblick auf die Orientierungs- und Erkenntnisfunktion, d.h. die kognitiven Bedürfnisse des reflexiven (selbsttherapierenden) Subjekts akzentuieren.

3. Mit den Hypothesen über sich selbst, d.h. dem durch den Informationsgewinn ins Spiel gekommenen Selbstkonzept, werden aber auch Dimensionen z.B. der Persönlichkeitszentralität thematisch, die die affektive Relevanz des intentionalen Handelns im Bewertungsprozeß manifestieren. 'Wert' bedeutet hier dann das *Ausmaß an Bestätigung, die das Individuum aufgrund der Geltung einer Hypothese in Bezug auf seinen Selbstwert* erfährt. Als Bedingung der Möglichkeit für eine solche Erfahrung ist die Selbstwertrelevanz des angestrebten Ziels vorauszusetzen.

So läßt sich selbstkontrolliert etwa ein Prüfungsziel verfolgen, ohne daß das Resultat den geringsten versichernden bzw. verunsichernden Effekt für das Selbstkonzept besitzt, eben weil das zu erreichende Ziel keinerlei persönlichkeitszentrale Qualitäten besitzt; in diesem Fall besteht der Wert nur im Informationsgewinn in Bezug auf z.B. die technologische Qualität der eingesetzten Lösungsstrategie. Andererseits aber kann das Bestätigungsbedürfnis, z.B. auf einem bestimmten Interessengebiet, so stark ausgeprägt sein, daß der kognitive Aspekt des Lernens qua Informationsgewinn nur mehr eine untergeordnete (bzw. überhaupt keine) Rolle spielt. Dabei stellt sich dann als weiterführende Frage das Problem, in welcher Weise die Bewertungsstrategie (Attributionsmuster etc.) von der Selbstwertrelevanz der Aufgabe determiniert werden.

Eine solche *Ausdifferenzierung der Wert-Komponenten von SE* kann u.E. auf die Dauer *die bisher in der theoretischen Diskussion konkurrierenden Aspekte von kognitivem Informationsbedürfnis und affektiver Bedeutung für den Handelnden* bei Bewertungs- und darin implizierten Attributionsprozessen (vgl. HECKHAUSEN 1975; MEYER 1976) *integrieren*.

Einen letzten Aspekt der SE - der allerdings im konkreten Prozeßablauf einer der ersten, wenn nicht der erste ist - gilt es zu thematisieren: *die Zielfestlegung.* Dieser Gesichtspunkt fällt nun aus einer funktionalen, kybernetischen Modellierung von Selbststeuerung völlig heraus. Ein solches Modell setzt immer erst auf der Grundlage vorhandener Ziele als Sollwerte der Steuerung ein (vgl. CUBE 1974; GROEBEN&HOFER 1977). Regeltechnische Vorstellungen sind gerade dadurch charakterisiert, daß Ist-Soll-Diskrepanzen nur zur Anpassung des Ist-Zustands an den Sollwert führen, nicht etwa zur Kritik und Veränderung von Sollwerten, also Zielen selbst. Eine umfassende Explikation des Begriffs *Selbst-*Steuerung wird jedoch gerade diesen Aspekt autonomer Kontrolle, die eigenständige Zielfestlegung, mitumfassen (vgl. GROEBEN&HOFER ebda.). Wie berechtigt eine solche Explikationsforderung ist, zeigt sich im übrigen darin, daß die konzeptionelle Ausschließung selbstkontrollierter qua selbstbestimmter Zielsetzungen zu u.E. untolerablen Aussparungen in der Bearbeitung zentraler Problembereiche führt. So ist die anerkannt wichtige *Frage nach dem Entschluß zur SK innerhalb der behavioristisch-funktionalen Konzeption von SK gar nicht thematisierbar*; dementsprechend ist "von behavioristischen Forschern ... bislang fast ausschließlich nur der zweite Aspekt, die Ausführung des S-K-Verhaltens, untersucht und behandelt worden." (HARTIG 1973,16) Die Analyse eines solchen vorgeordneten Entschlusses als Akzeptierung eines vor allen inhaltlichen Zielen grundsätzlichen Ziels wird die Wertigkeit der Handlung, hier der selbsttherapeutischen Be-Handlung, berücksichtigen müssen (vgl. zur Wertigkeit von Handlungen o. III.4.1.). Entsprechend der Kernannahmen des epistemologischen Subjektmodells wird bei einer Rekonstruktion der möglichen Wertigkeitsdimensionen in Bezug auf den Entschluß zur SK wiederum der Aspekt der eigenen Kontrolle über Umwelt im Vordergrund stehen. Von hier aus lassen sich zumindest *3 grundsätzliche Einschätzungsmöglichkeiten der Wertigkeit* von SK mit entsprechenden Konsequenzen für einen diesbezüglichen Entschluß postulieren:

1. Das Individuum hat ein *starkes Kontrollbedürfnis, das sich auch auf die Mittel bezieht* (also z.B. auf das kontrollierende wie kontrollierte Verhalten); dann wird vermutlich die Technologie (besonders des sich Selbst-Belohnens oder Selbst-Bestrafens für die Ausführung/Nichtausführung 'verträglich' vereinbarter Handlungen) als zu reduzierend empfunden und SK abgelehnt. Allerdings wird eine systematische SK im Sinne der hier besprochenen Selbsttherapie möglicherweise gerade wegen des starken Kontrollbedürfnisses gar nicht nötig sein, weil das Erkennen der Reizabhängigkeit als 'Bestrafung' ausreicht, um Unabhängigkeit zu erreichen.

Ein konkretes Beispiel gibt PREMACK mit einem Mann, der 2o Jahre lang stark geraucht hatte und dann von einem Tag zu anderen das Rauchen aufgab. Er machte selbst dafür als Schlüsselerlebnis verantwortlich, daß er eines Tages, als er seine Kinder von der Stadtbücherei abholen wollte, diese in strömendem Regen stehen ließ, um schnell noch mit dem Wagen um die Ecke eine neue Schachtel Zigaretten zu holen. Das Erlebnis brachte ihm plötzlich seine eingeschliffene Abhängigkeit vom Zigarettenkonsum zu Bewußtsein, was als Therapieeffekt ausreichte (PREMACK 1973,147).

2. Es kann auch - diametral entgegengesetzt zu 1) - *eine minimale oder überhaupt keine Empfindlichkeit hinsichtlich der Wertigkeit der Technologie bestehen*, d.h. die Mittel der SK werden vom Individuum ausschließlich unter dem Gesichtspunkt ihrer zielerreichenden Instrumentalität gesehen und ergo akzeptiert. Diese Bewertung scheint uns (als intrumentalistisch halbierte Rationalität) hinter der behavioristischen Auffassung der SK zu stehen.

Als Beispiel dafür kann wohl KUNZELMANN gelten, der in einem konsequenten Selbstversuch das verhaltenstheoretische SK-Konzept lupenrein realisiert hat und dabei im Laufe von 3 Monaten 31 seiner 250 pounds Lebendgewicht einbüßte: indem er die 184 Bissen Essen, die er im Durchschnitt zur Erhaltung seiner 250 Pfund brauchte, kontinuierlich reduzierte (so daß ein durchschnittlicher Gewichtsverlust von 2 Pfund pro Woche resultierte; 1970).

Für alle, die so etwas nicht publizieren können, ergibt sich aber das Problem, ob das Kontrollbedürfnis hinsichtlich des Ziels (z.B. schlanker zu werden) ausgeprägt genug ist, damit das Individuum innerhalb des 'Vertrags' verbleibt und zumindest sein kontrollierendes Verhalten aufrechterhält - hier würde man von einem epistemologischen Standpunkt aus in Bezug auf Personen, die aus mangelndem Kontrollbedürfnis heraus die SK-Mechanismen akzeptieren, skeptisch sein; praktische Erfahrungen hinsichtlich des Abbruchs von SK zeigen u.E. zumindest, daß dies keine rein akademische Frage ist.

3. Vom epistemologischen Gesichtspunkt aus wäre das Optimum hinsichtlich des Entschlusses für SK *eine mittlere Empfindlichkeit in Bezug auf die Wertigkeit der Mittel*. Man könnte in einem solchen Fall evtl. von einem ausgeprägten Autonomiestreben hinsichtlich des Ziels und von einer einsichtsvollen Toleranz in Bezug auf kurzfristig zu akzeptierende zielkonträre Mittel ausgehen (vgl.o. III.4.1.). Damit läge *eine grundsätzliche Bewertungsübereinstimmung von Ziel und Mittel* vor, die im Rahmenmodell des reflexiven Subjekts *als optimale motivationale Bedingung für eine erfolgreiche SK* zu postulieren (und selbstverständlich empirisch zu überprüfen) ist.

Wir meinen, daß die skizzierten Beispiele es rechtfertigen, die Folgerung von HARTIG (1973,16) zu unterstreichen: "daß jeder Versuch, das Problem der SK anzugehen, ohne ein bewußtseinsfähiges Individuum in Rechung zu stellen, das sich von seinem Verhalten distanzieren, Konflikte bewußt erleben, reflektieren, mögliche Konsequenzen seines Verhaltens antizipieren, Entschlüsse fassen und diese verwirklichen kann, unweigerlich in eine Sackgasse führen muß."

5.3. Selbstverstärkung

Für die Selbstverstärkung gelten grundsätzlich alle Argumente ebenfalls, die bei der Diskussion der These vom Paradigmawechsel oben (I.) unter der Perspektive von Forschung und Erklärung in Bezug bzw. gegen die behavioristische Auffassung des Verstärkungskonzepts vorgebracht worden sind; wir wollen diese Argumente hier nicht in extenso wiederholen, sondern kurz einige für die Selbstverstärkung spezifische Beispiele anführen, in denen sich kognitive Bedingungen als notwendig für die Funktion der 'Verstärkung' erweisen.

*Self- Evaluation*

Ein erster Aspekt bezieht sich auf die expliziten, 'offenen' Verstärkungsprozesse; *für die konditionierungstheoretische Konzeption der SK handelt es sich bei SV immer um Verstärkungsprozesse im Sinne der Selbstapplizierung 'frei verfügbarer' Verstärker* vgl. u.a. BANDURA 1974; KANFER 197o,1976; HALISCH et al. 1976, 1977). Im Gegensatz dazu wird bei einer differenzierten Explizierung des SE-Konzepts, wie oben skizziert, deutlich, daß Verstärkung auch aus bestimmten 'internalen' Bewertungsdimensionen in Bezug auf das eigene Selbst bestehen kann. Mit den aus der SE resultierenden Verstärkungen (die eben nicht im genannten Sinn selbstapplizierbar sind) werden im kognitiv-epistemologischen Paradigma erklärt:

- Lernen überhaupt: über Information, d.h. Erfahrung, für das Lernen notwendige Konzeptbildung etc. (MEYER 1976)
- affektive Stabilisierung in Bezug auf das Selbstkonzept (vgl. den Überblick bei HALISCH 1976; HALISCH et al. 1977; HECKHAUSEN 1975)
- in der Interaktion der beiden vorstehenden Punkte das 'driften' in Bezug auf die Standardsetzung (vgl. BANDURA 1976,144), das in beide mögliche Richtungen gehen kann.

In der Beratung zur SK muß darauf geachtet werden, daß realitätsadäquater Informationsgewinn bei gleichzeitiger emotionaler Stabilisierung einer positiven Selbsteinschätzung erreicht wird: unterstützend wirkt hier auf der Grundlage des 'Vertrags' die 'cognitive restructering therapy' (vgl. den Überblick bei MAHONEY 1974). Es ist aber auch gut möglich, daß der Selbsttherapeut bereits ein so 'intaktes' bekräftigendes (i.S. von reflexionsfördernd) Attributionssystem entwickelt hat bzw. entwickelt, daß eine zusätzliche Selbstapplizierung von ('frei verfügbaren') Verstärkern gar nicht mehr nötig ist. BANDURA weist darauf hin, daß 'Individuen, wenn ihnen ihre SE über materielle Dinge geht, nicht in Übereinstimmung mit Nutzen-Theorien handeln, die das Verhalten in Begriffen des Kosten-Nutzen-Ausgleichs erklären' (1976,145). In einem solchen Fall wäre die Anleitung zur zusätzlichen Selbstverstärkung möglicherweise sogar gegenindiziert, worauf z.B. HALISCH et al. (1976,152) hinweisen; es handelt sich dabei vor allem um die Zerstörung intrinsischer Motivation durch externale Verstärker HARLOW et al. konnten eine solche Zerstörung bei Affen nachweisen (195o), DECI (1971) sowie LEPPER et al. (1973) für Kinder (vgl. auch BANDURA 1976; MAHONEY 1974a). Die Einführung von externen Bekräfigern kann danach 'bestehende innere Steuerungsmechanismen zerstören, indem es Verhalten an momentan vorhandene externale Bekräftiger bindet' (HALISCH et al. 1976,152; vgl. DECI 1975; NOTZ 1975). Eine kognitiv rekonstruierte und ausgearbeitete SK-Konzeption wird daher vor allem auch solche *'Verstärkungs'prozesse* thematisieren, *die für external-selbstapplizierte Verstärker eine Gegenindikation bedeuten* und damit die Grenzen der konditionierungstheoretischen Konzeption von SK überschreiten.

Aber auch für selbstverabreichte externale Verstärker lassen sich kognitive Dimensionen als ausschlaggebende Bedingungen nachweisen. Die verhaltenstheoretische SK-Forschung beschäftigt sich auch hier vornehmlich mit dem rein funktional-technologischen Aspekt und arbeitet nur die verschiedenen Möglichkeiten des 'behavior programming' (das sowohl materielle als auch 'symbolische' Verstärker umfaßt) aus; so stellen z.B. MAHONEY&THORESEN (1974,5o) in Parallelität zur Klassifizierung des Verstärkerbegriffs allgemein auch für die SV folgende Kategorien von 'Belohnung' und 'Bestrafung' auf:

|  | Positive ("Pleasant") Stimulus | Negative ("Aversive") Stimulus |
|---|---|---|
| Presentation | Positive reward | Negative punishment |
| Removal | Positive punishment | Negative reward |

Daß *auch für diese Technologie kognitive Bedingungen von ausschlaggebender Relevanz sind*, soll an einem etwas komplexeren Beispiel der 'positiven Belohnung' deutlich gemacht werden, dem sog. PREMACK-Prinzip. Das Prinzip behauptet, daß Aktivitäten, die häufiger als andere vorkommen ('high probability behavior', HPBs), in der Lage sind, weniger häufige Aktivitäten ('low probability behavior' - LPBs) zu verstärken. Zur Überprüfung des Prinzips kann man z.B. feststellen (PREMACK 1959), ob Kinder 'lieber', d.h. häufiger, an einem Spielautomaten spielen oder Bonbons essen (bei frei zugänglichen Möglichkeiten dazu). Die festgestellten Gruppen der 'manipulators' vs. 'eaters' werden dann beide zwei Kontingenzen unterstellt: 'eat-manipulate' und 'manipulate-eat', d.h. bei der ersten ist das Bonbon-Essen Voraussetzung für das Spielen am Automaten, bei der zweiten ist es umgekehrt. Die Ergebnisse zeigen, daß in der Tat die erste Kontingenz die Häufigkeit des Bonbons-Essens bei denjenigen Vpn, für die das Spielen am Automaten ein HPB war, heraufsetzen konnte; für die zweite Kontingenz galt das umgekehrte (Steigerung des Spielens am Automaten - nur - bei 'eaters'). Innerhalb des Konditionierungskonzepts von SK gilt natürlich auch für diese Verstärkungsform die Annahme einer automatisch-mechanischen Wirkung (vgl. BANDURA

1976,152). Die Analyse und *Kritik des PREMACK-Prinzips* hat aber, wie auch bei den Verstärkungsprozessen innerhalb des verbalen Konditionierens etc., gerade diese Implikation als unzutreffend verdeutlicht; MAHONEY stellt (in MAHONEY&THORESEN 1974,253ff.) als Kritikpunkte zusammen, daß das PREMACK-Prinzip nur funktioniert, wenn folgende Bedingungen (als notwendige) erfüllt sind:

- die HPBs müssen vom Individuum selbst als wünschenswert empfunden (kogniziert) werden (Steuern zahlen ist z.B. ein sehr häufiges Verhalten, etwa über Mehrwert-/Umsatzsteuern etc. beim Konsumgüterkauf, und wirkt trotzdem nach allem, was bisher bekannt ist, nicht verstärkend);

- der Selbsttherapeut muß außerdem die HPBs für das zu verstärkende Verhalten als kontingent sehen, ihnen also eine Bedeutung in Bezug auf thematisches Verhalten geben, und - noch weitergehend - diese (HP)Verhaltensweisen auch nur noch im Zusammenhang mit erwünschtem Verhalten ausüben (nach dem Motto 'erst die Arbeit, dann das Spiel': dies ist die bei der SK notwendigerweise aktive Manifestation der oben bei der Paradigmadiskussion - I. - festgestellten notwendigen Bedingung 'awareness'!);

- aber auch diese Bedingung reicht noch nicht ganz aus; von SKINNER selbst stammt das Beispiel (vgl. MAHONEY o.c., 255), daß ein Kaffee-Trinken, das im Laufe eines Vormittags z.B. sowieso erfolgt wäre und quasi nur zufällig auf eine Sequenz von Arbeitsverhalten folgt, keineswegs verstärkend wirkt; es tut dies nur dann, wenn es dezidiert (und d.h. intentional) bis zur Beendigung einer bestimmten, zu verstärkenden Verhaltenssequenz hinausgeschoben wird. Die Notwendigkeit des Hinausschiebens (in behavioristischer Terminologie: der Deprivation von HPBs) für die Verstärkungswirkung macht, zumindest für die SV, die Einsicht in die Notwendigkeit des Wissens um Kontingenzen als unverzichtbare Bedingung für Verstärkungswirkungen u.E. unvermeidbar;

- dies gilt im übrigen auch hinsichtlich der in entsprechenden Hypothesen implizierten Zeitdimensionen: denn Verhalten, das positiv verstärkt wird (auch HPBs), erhöht sich in der Auftretenswahrscheinlichkeit nicht, 'wenn das Individuum von anderen Informationsquellen her glaubt, daß die gleiche Aktivität in Zukunft nicht verstärkt werden wird' (ESTES 1972, BANDURA 1976,147); man sieht leicht, in welche Aporien man auch hier wieder kommt, wenn man nicht auf die planvolle Intentionalität des Selbsttherapeuten rekurriert.

230

Abschließend sei noch ein weiteres, rein analytisches Beispiel für die Unumgänglichkeit einer kognitiven Rekonstruktion skizziert. Nach dem verhaltenstheoretischen Modell kann ja auch das 'kontrollierende' Verhalten innerhalb einer SK nicht sozusagen vom Himmel fallen, sondern muß verstärkt werden - da es sich um SK handelt, natürlich auch wieder vom Selbsttherapeuten. Das gilt besonders für die Anfangsphasen der Selbstkontrolle und hier vor allem für Situationen, in denen das kontrollierende Verhalten des Selbsttherapeuten eine Bestrafung der eigenen Person (als Klient) darstellt. Es handelt sich also um den Fall, da das Individuum sein problematisches Verhalten nicht entsprechend der Zielrichtung ändert und sich dafür selbst bestraft; diese Selbstbestrafung und damit Erfüllung des selbstkontrollierenden Prinzips ist natürlich für die Erreichung des thematischen Verhaltensziels sehr viel besser, als wenn der Therapeut-Klient gänzlich aus dem Selbstkontroll-Kontext ausbrechen würde - z.B. mit der Feststellung, daß 'ja doch alles nicht funktioniere'. Um dieses gerade in den Anfangsphasen relativ schwere 'Bei-der-Stange-Bleiben' zu erleichtern, ist die Selbstverstärkung für das Einhalten und Durchführen der Selbstkontrolle sinnvoll und einzuüben. Dadurch kann nun die Situation eintreten, daß sich ein Selbsttherapeut zunächst für das Nicht-Erreichen eines Leistungsstandards bestrafen muß und gleich darauf für das Einhalten der Selbstkontrolle belohnen kann. Hier ist es verhaltenstheoretisch kaum erklärbar, wieso der abschließende positive Stimulus nicht auch als Bekräftigung des zunächst bestraften Verhaltens fungieren kann, da er im konkreten Fall zeitlich vom thematischen Verhalten nur wenig weiter entfernt ist als der negative Stimulus (bzw. daß der negative Stimulus nicht zum $S^D$ für den positiven wird und auf diese Weise letztendlich das Nichterfüllen des 'Vertrags' verstärkt wird: vgl. MAHONEY 1973,77). Innerhalb des kognitiv-epistemologischen Paradigmas ist dies keine Schwierigkeit: es handelt sich einfach um die *Unterscheidung vom Objekt- und Metaebene,* wie sie oben (5.2) bei der Explikation von problematischem und kontollierendem Verhalten eingeführt wurde. Und da das reflexive Subjekt im epistemologischen Paradigma grundsätzlich über die gleichen Fähigkeiten verfügt wie ein Wissenschaftler, kann man bei der Einübung von Selbstkontrolle über Instruktion die Einstellung erarbeiten, daß (im thematischen Beispiel) die Bestrafung auf die Objekt- und die Belohnung auf die Metaebene zu beziehen ist. *Damit ist die differentielle Wirkung der selbstapplizierten 'Verstärkungen' von der kognitiven Einstellung her gesichert.* Eine verhaltenstheoretische

Differenzierung von Objekt- und Metaebene ist uns nicht bekannt, wir zweifeln auch daran, daß sie möglich ist; doch selbst wenn, so spricht die Ökonomie (das Einfachheitsprinzip) der in der Wissenschaft eingeführten Objekt-/Metaebenen-Trennung sicherlich für deren Übernahme in die Konstituierung eines Selbsttherapeuten als reflexivem Subjekt.

Nach den vorgebrachten Kritiken ist es nicht sehr verwunderlich, daß bisher Vergleiche zwischen Selbst- und Fremdverstärkung keinen deutlichen Vorteil zugunsten der Selbstverstärkung in der Effektivität erbrachten (vgl. BANDURA 1976,149; MAHONEY 1974a). Die z.T. noch uneinheitlichen Ergebnisse werden sich u.E. nach einer kognitiven Rekonstruktion der SV in den oben angesprochenen Dimensionen vereindeutigen lassen, und u.U. wird dann auch bei entsprechender Erweiterung der 'Verstärkungs'konzeption (um die affektive Bedeutung von Selbstbewertungsprozessen etc.) eine größere Wirksamkeit der SV im Vergleich zur Fremdverstärkung zu erreichen sein.

## 6. FÜR EINEN BEWUßTEN PARADIGMAWECHSEL

Damit ist auch für den Bereich der Technologie am Beispiel einer Interventionsstrategie, die aus dem behavioristischen Forschungsprogamm hervorgegangen ist, der sich abzeichnende Paradigmawechsel vom behavioralen zum epistemologischen Subjektmodell nachgewiesen; in Bezug auf die eingangs genannten (o.4.) Perspektiven des Paradigmawechsels konnten für die Technologie der SK unter jedem Aspekt mehrere Beispiele herausgearbeitet werden. Sie seien zur Zusammenfassung noch einmal kurz genannt:

- konzeptuelle Inkohärenzen: Vernachlässigung des Validitätsaspektes bei der SB; naive Implikation der Validität von 'statements of intention' als 'verbal operants';
- methodendeterminierte Gegenstandsreduktion: Reduktion der Selbstbestimmung durch reliabilitätsorientierte (apparative) Technologie-Unterstützung bei der SB; Anpassung an externe Beobachtungstheorien; Reduktion der Selbstbestimmung durch funktionale Regelungskonzeption der 'Standardsetzung';
- kognitive Begriffsexplikationen: Bedeutung von Intentionalitäts- und Handlungs-Termen (wie Leistungsversprechen, Vertrag, Standardsetzung etc.); Unterscheidung von kontrollierendem und kontrolliertem Verhalten (Objekt-/Metaebene).
- uneinheitliche Ergebnisse (empirische Anomalien): Abhängigkeit der Treatment-Effekte der SB von deren formalen Charakteristiken; SV nicht durch 'offene', selbstapplizierte Verstärker möglich (sondern auch durch interne Bewertungsdimensionen);
- Erklärungspotential kognitiver Variablenstrukturen: Interaktion von prä-/postbehavioraler SB mit dem Selbstkonzept und Attribuierungsgewohnheiten; kognitiv-steuernde Merkmale des 'Vertrags';

Hypothesen und Intention in Bezug auf die Kontingenzen bei der SV (z.B. hinsichtlich HPBs);
- konstruktive Weiterentwicklung unter kognitiv-epistemologischer Perspektive: Validität der SB als Lernziel; Wertungsdimensionen innerhalb der SE; Zielfestlegung für die SK; Bedingung des Entschlusses zur SK und deren erfolgreicher Durchführung; Aufrechterhaltung des kontrollierenden Verhaltens (durch Metaebenen-'Verstärkung').

In der Ausarbeitung dieser Nachweise ist allerdings schon deutlich geworden, daß trotz u.E. erdrückender Indikatoren für einen Paradigmawechsel gerade in der Manifestation des SK-Konzepts die Vertreter des behavioristischen Paradigmas diesen Wechsel keinesfalls ge-wahr werden (wollen): es fehlt hier in der Tat die 'awareness'. Nachdem SKINNER (1953) selbst das Kuckucks-Ei der SK in das syntaktisch so bestechend einfach gebaute Nest (vgl. dazu BOLLES 1972) des Behaviorismus aufnahm, ist der Argumentationshintergrund für die explizite These der Paradigma-Konstanz von seiten der Behavioristen konstant geblieben: nämlich daß internales Verhalten genauso wie externales von Verstärkungsprizipien her erklärbar sei. Diese Behauptung des totalen Geltungsanspruchs wird allerdings auf dem Gebiet der SK nicht weiter auf Brauchbarkeit, Bewährung etc. überprüft. Vielmehr wird neuestens geradezu eine Kreativität im Erfinden bzw. Assimilieren immer neuer, praktisch kognitiver Interventions-Teilstrategien an den Tag gelegt, die allerdings (s.o.) ins behavioristische Sprachspiel 'übersetzt' werden, woran sich die Versicherung anschließt, alles im behavioristischen Paradigma subsumiert zu haben - auch (oder gerade dann?) wenn die eigenen Daten eklatant gegen die Annahme eines durchgängigen Funktionsparallelismus von offenem und verdecktem Verhalten sprechen (vgl. dazu die Arbeiten von MEICHENBAUM 1971; 1973; aber auch MAHONEY 1974 - besonders die Diskussion der Kontinuitätsannahmen des behavioristischen Ansatzes). Das mangelnde Bewußtsein vom ablaufenden Paradigmawechsel ist daher u.E. als Immunisierungsstrategie der (Selbst-)Verteidigung des zusammenbrechenden Behaviorismus anzusehen; diese Strategie manifestiert sich (s. Beispiele oben) in: Ableugnen begriffsexplikativer Erweiterungen, Festhalten an anomaliengenerierender Methodik, Verdrängung methodenkriterialer Aporien und ad hoc-Assimilationen kognitiver Erklärungen (in behavioristischer Sprachform). All diese Defensiv-Strategien führen insgesamt jedoch nur dazu, daß die thematischen Konzepte, hier SK, nicht konstruktiv ausgearbeitet werden können. Der Grund dafür, daß das Entwicklungspotential an dieser Stelle der Forschungsentwicklung vornehmlich bei der kognitiven Perspektive liegt, ist die Divergenz der

Annahmenkerne: *der Annahmenkern des behavioristischen Paradigmas (mit der zentralen Kontrolle durch die Umwelt) widerspricht letztlich dem Annahmenkern, der mit der Definition des Problems Selbst-Kontrolle gegeben ist.* Ein Aufrechterhalten des behavioristischen Paradigmas bedeutet daher wegen der Realisierungsdynamik, die gerade Technologien aufweisen, unvermeidbar eine Reduktion des 'Gegenstandes', hier des Klienten in der klinischen Praxis. Nur ein bewußter Paradigmawechsel kann von der Forschung her eine solche Gegenstandsreduktion vermeiden, einen adäquaten voraussetzungs- und zielspezifischen Einsatz von Interventionsstrategien ermöglichen - und das heißt: das reflexive Subjekt als regulative Zielidee auch innerhalb der klinischen Therapie zu realisieren helfen: dem Therapeuten, mehr aber noch dem zu Therapierenden!

LITERATUR:

ABELSON,R.P. 1968: Psychological implication. In: ABELSON et al. 1968, 112-139
ders. et al. 1968: Theories of cognitive consistency: A sourcebook. Chicago
ACHTENHAGEN,F. et al. 1975: Überlegungen zur "Unterrichtstheorie" von Handels-
  lehrerstudenten und Referendaren des Handelslehramtes. Die deutsche Berufs-
  und Fachschule 71, 578-6o1
ADAM,G. 1977: Theoretische und experimentelle Kritik an Piagets Lehre zur Invarianz-
  genese. Weinheim
ADAMS,J.A. 1967: Human memory. New York
ADORNO,Th.W. et al. (eds) 1969: Der Positivismusstreit in der deutschen Soziologie.
  Berlin
AG BIELEFELDER SOZIOLOGEN 1973: Alltagswissen, Interaktion und gesellschaftliche
  Wirklichkeit, 2 Bde. Reinbek
ALBERT,H. 1968: Traktat über kritische Vernunft. Tübingen
ders. 1971: Kritizismus und Naturalismus. Die Überwindung des klassischen Rationa-
  litätsmodells und das Überbrückungsproblem. In: LENK,H.(ed), Neue Aspekte der
  Wissenschaftstheorie. Braunschweig, 111-128
ders.&TOPITSCH,E. (eds) 1971: Werturteilsstreit. Darmstadt
ders.&KEUTH,H. (eds) 1973: Kritik der kritischen Psychologie. Hamburg
ANDERSON,J.R.&BOWER,G.H. 1973: Human associative memory. New York
APEL,K.D. 1964/65: Die Entfaltung der 'sprachanalytischen Philosophie' und das
  Problem der 'Geisteswissenschaften'. Philosophisches Jahrbuch 72, 24off.
BANDURA,A. 1971/1974: Vicarious and self-reinforcement processes. In: GLASER,R.
  (ed), The nature of reinforcement. Columbus, 228-278; Wiederabdruck in MAHO-
  NEY&THORESEN 1974, 86-11o
ders. 1974/1976: Behavior theory and the models of man. Amer. Psychologist, 859-
  869; dt. Übersetzung in: ders. et al. (eds) 1976, Lernen am Modell. Stuttgart,
  2o5-229
BANNISTER,D. 196o: Conceptual structure in thought-disordered schizophrenics,
  J.ment.Science 1o6, 123o-1249
ders. 1966: A new theory of personality. In: FOSS,B.M. (ed), New horizons in psychology. Baltimore, 361-38o
ders. (ed) 197o: Perspectives in personal construct theory. London
ders. 197oa: Science through the looking glass. In: ders. 197o, 47-61
ders.&FRANSELLA,F. 1966: A grid test of schizophrenic thought disorder. Brit.J.
  soc.clin.Psychol. 5, 95-1o2
dies. 1971: Inquiring man. The theory of personal constructs. Baltimore
BARRON,F. 1955: The disposition toward originality. J.abn.soc.Psychol. 51, 478-
  485
BARTLEY,W. 1962: Flucht ins Engagement. München
BASTINE,R. 1975: Auf dem Wege zu einer integrierten Psychotherapie. Psychologie
  Heute, Juli, 53-58
BECKMANN,L. 1973: Auswirkungen von schulischen Leistungen auf die Kausalattribu-
  ierung von lehrenden und beobachtenden Personen. In: HOFER,M.&WEINERT,F.E.
  (eds), Pädagogische Psychologie. Grundlagentexte 2, Lernen und Instruktion.
  Frankfurt, 164-176
BELLACK,A.S. 1976: A comparison of self-reinforcement and self-monitoring in a
  weight reduction program. Beh.Therapy 7, 68-75
BERGER,P.&LUCKMANN,Th. 1969: Die gesellschaftliche Konstruktion der Wirklich-
  keit. Frankfurt
BERGIN,A.&GARFIELD,S.L. (eds) 1971: Handbook of psychotherapy and behavior
  change. New York
BERGMANN,G. 1956: The contribution of John B. Watson. Psychol. Review 63, 265-276
BERLYNE,D.E. (ed) 1974: Studies in the new experimental aesthetics. New York
BEUTIN,W. 1976: Sprachkritik - Stilkritik. Stuttgart
BIERI,P. 1973: Methodologischen und 'logischer' Behaviorismus. Unveröff. Mskr. zur
  Übung 'Behaviorismus', Heidelberg
BLANKERTZ,H. 1969: Theorien und Modelle der Didaktik. München

BLOOM,B.S. 1973: Taxonomie von Lernzielen im kognitiven Bereich. Weinheim
BOHNEN,A. 1972: Zur Kritik des modernen Empirismus. Beobachtungssprache, Beobachtungstatsachen und Theorien. In: ALBERT,H.(ed), Theorie und Realität. Tübingen
BONARIUS,J.C.J.1965: Research in personal construct psychology. In: MAHER,B.A. (ed), Progress in experimental personality research, Vol.2. New York, London, 2-46
BORGER,R.&CIOFFI,F. (eds) 197o: Explanation in behavioral sciences. Cambridge
BORNSCHEUER,L. 1977: Zehn Thesen zur Ambivalenz der Rhetorik und zum Spannungsgefüge des Topos-Begriffs. In: PLETT,H.F.(ed), Rhetorik. München, 2o4-212
BORST,C.V. (ed) 197o: The mind/brain identity theory. London
BOURNE,L.E. et al. 1971: The psychology of thinking. Englewood Cliffs, N.J.
BOWERS,K.S. 1973: Situationism in psychology. Psychol.Rev. 8o, 3o7-336
BRANDTSTÄDTER,J. 1977a: Normkritik als Voraussetzung pädagogisch-psychologischer Praxis. In: ders. et al. (eds), Probleme und Perspektiven der Pädagogischen Psychologie. Stuttgart
ders. 1977b: Zur Bestimmung eines Tabugegenstandes der Psychologie: Bemerkungen zum Problem der "Verbesserung" menschlichen Erlebens und Verhaltens. In: EBERLEIN,G.(ed), Psychologie ohne Gegenstand? Eine wissenschaftstheoretische Kontroverse. Frankfurt, 223-244
ders. 1977c: Gedanken zu einem psychologischen Modell optimaler Entwicklung. In: SCHNEIDER,J.&SCHNEIDER-DÜKER,M.(eds), Interpretationen der Wirklichkeit. Festschrift für G.E.Boesch, in Vorb.
ders.&MONTADA,L. 1977: Erziehungsleitende Implikationen der Erziehungsstilforschung. In: HERRMANN,Th.&SCHNEEWIND,K.A.(eds), Trierer Erziehungsstilsymposium. Göttingen
BREDENKAMP,J. 1969: Experiment und Feldexperiment. In: GRAUMANN,C.F.(ed), Handbuch der Psychologie, Bd.7. Sozialpsychologie, 1.Halbbd.: Theorien und Methoden. Göttingen, 332-374
BREGER,L. 1969: The ideology of behaviorism. In: ders.(ed), Clinical-cognitive psychotherapy. Englewood Cliffs, 25-55
ders.&McGAUGH,J.L. 1965: Critique and reformulation of 'learning theory' approaches to psychotherapy and neurosis. Psych.Bull. 63, 5, 338-358
dies. 1966: Learning theory and behavior therapy. Psych.Bull. 65, 3, 17o-173
BRENNENSTUHL,W. 1975: Handlungstheorie und Handlungslogik. Kronberg
BREZINKA,W. 1976: Erziehungsziele. Erziehungsmittel. Erziehungserfolg. München
BRISKMAN,L.B. 1972: Is a Kuhnian analysis applicable to psychology? Science Studies 2, 87-97
BROCKE,B. et al. 1973: Wissenschaftstheorie auf Abwegen? Stuttgart
BROMME,R.&HÖMBERG,E. 1976: Einführende Bemerkungen zum Problem der Anwendung psychologischen Wissens (Technologieproblem). Materialien&Studien Bd.4, IDM Bielefeld
BROOKSHIRE,K.H. 197o: Quantitative differences in learning ability and function. In: MARX,M.H.(ed), Learning interactions. New York, 299-347
BRUNER,J.S.&TAGIURI,R. 1954: The perception of people. In: LINDZEY,G.(ed), Handbook of social psychology, Vol.2. Cambridge, 634-654
BÜHLER,K. 1927: Die Krise der Psychologie. Jena
BUNGE,M. 1967: Scientific research. Vol.2. Berlin/Heidelberg/New York
CAMPBELL,D.T. 196o: Blind variation and selective retention in creative thought as in other knowledge processes. Psychol.Rev. 67, 38o-4oo
CAMPBELL,D.&STANLEY,J.C. 1963/197o: Experimental and quasiexperimental research. Dt. Bearbeitung SCHWARZE,E. 197o: Experimentelle und quasi-experimentelle Anordnungen in der Unterrichtsforschung. In: INGENKAMP,K.(ed), Handbuch der Unterrichtsforschung, Teil I. Weinheim, 445-632
CARPENTER,F. 1974: The Skinner primer. Behind freedom and dignity. London
CARROLL,J.S.&PAYNE,J.W. 197o: Cognition and social behavior. New York
CAUTELA,J.R. 197o: Covert reinforcement. Behav. Therapy 1, 33-5o
CHOMSKY,N. 1959: Rezension: B.F.SKINNER: Verbal behavior. Language 35, 26-58
CRANO,W.D.&BREWER,M.B. 1975: Einführung in die sozialpsychologische Forschung. Köln
CUBE,F. 1974: Kybernetische Grundlagen des Lernens und Lehrens. Stuttgart

DE CHARMS,R. 1968: Personal causation. New York
DECI,E.L. 1971: Effects of external mediated reward on intrinsic motivation. J.of Pers. a. soc. Psychol. 18, 1o5-115
ders. 1975: Intrinsic motivation. New York
DE NIKE,D. 1963: Awareness in verbal conditioning: the assessment of awareness from verbal reports written by subjects during conditioning. Unpubl.Ph.Diss. Duke University
DINGLER,H. 1931: Der Zusammenbruch der Wissenschaft und der Primat der Philosophie. München
DITTMAR,N. (ed) 1973: Soziolinguistik. Frankfurt
DIXON,Th.R.&HORTON,D.L. (eds) 1968: Verbal behavior and general behavior theory. Englewood Cliffs
DULANY,D.E. 1961: Hypotheses and habits in verbal 'operant conditioning'. J.abn. soc.Psychol. 63, 251-263
ders. 1968: Awareness, rules and propositional control: A confrontation with S-R-behavior theory. In: DIXON&HORTON 1968, 34o-387
D'ZURILLA,T.J.&GOLDFRIED,M.R. 1971: Problem solving and behavior modification. J. abn.Psychol. 78, 1o7-126
ECKHARDT,G.: Zur wissenschaftstheoretischen Diskussion in der marxistisch-leninistischen Psychologie und zur Auseinandersetzung mit der 'kritisch-emanzipatorischen Psychologie'. In: HIEBSCH,H.&SPRUNG,L.(eds), Aufgaben, Perspektiven und methodische Grundlagen der marxistischen Psychologie in der DDR. Berlin, 25-34
EIBL,K. 1976: Kritisch-rationale Literaturwissenschaft. München
EINSIEDLER,W. 1977: Selbststeuerung und Lernhilfen im Unterricht. In: NEBER,H.& EINSIEDLER,W.(eds), Selbstgesteuertes Lernen. Weinheim
ELASHOFF,J.O.&SNOW,E. 1972: Pygmalion auf dem Prüfstand. München
ELLIS,A. 1967: Reason and emotion in psychotherapy. New York
ders. 1973: Rational psychotherapy. In: GOLDFRIED,M.R.&MERBAUM,M.(eds), Behavior change through self-control. New York, 171-194
EMRICH,B. 1972: Topik und Topoi. In: JEHN,P.(ed), Toposforschung. Frankfurt, 9o-12o
ENGELKAMP,J. 1973: Über den Einfluß der semantischen Struktur auf die Verarbeitung von Sätzen. Bern
EPSTEIN,S. 1973: The self-concept revisited. Amer.Psychologist, 4o4-416
ERTEL,S. et al. (eds) 1975: Gestalttheorie in der modernen Psychologie. Darmstadt
ESTES,W.K. 1972: Reinforcement in human behavior. Amer.Scientist 6o, 723-729
FALK,G.&STEINERT,M. 1973: Über den Soziologen als Konstrukteur von Wirklichkeit, das Wesen der sozialen Realität, die Definition sozialer Situationen und die Strategien ihrer Bewältigung. In: STEINERT,H.(ed), Symbolische Interaktion. Stuttgart, 13-45
FEATHER,N.J. 1959: Subjective probability and decision under uncertainty. Psychol. Rev. 66, 15o-164
FEYERABEND,P.K. 197o: Against method, outline of an anarchistic theory of knowledge. Minnesota Studies in the Philosophy of Science IV, 17-13o
ders. 197oa: Consolations for the specialist. In: LAKATOS&MUSGRAVE 197o, 197-23o
FISCHHOFF,B. 1976: Attribution theory and judgement under uncertainty. In: HARVEY, J.H. et al.1976, 421-452
FLAMMER,A. 1973: Wechselwirkung zwischen Schülermerkmal und Unterrichtsmethode, Z.Entwicklungs- u. Päd.Psychol. V, 13o-147
ders. 1975: Individuelle Unterschiede im Lernen. Weinheim
FLAVELL,H.J. 1963: The developmental psychology of Jean Piaget. New York
FRANKENA,D. 1969: Kognitiv und Nicht-Kognitiv. In: HENLE,P.(ed), Sprache, Denken und Kultur. Frankfurt, 2ooff.
FREY,D. et al. 1976: Eine Theorie der kognitiven Kontrolle. Ref. 3o.Kongr.Dt.Ges. Psychol. Regensburg 1976 (zit. aus Mskr.)
FREY,K. et al. (eds) 1975: Curriculum-Handbuch. München/Zürich
FRIEDMANN,N. 1967: The social nature of psychological research: The psychological experiment as a social interaction. New York
GABENNESCH,H. 1972: Authoritarianism as a world view. Amer.J.of Sociology 77, 857-875

GAGNE,N.L. 1969: Die Bedingungen des menschlichen Lernens. Hannover
GALOUYIE,F. 1965: Welt am Draht. München
GATZENMEIER,M. 1974: Grundsätzliche Überlegungen zur rationalen Argumentation. In: KÜNZLI,R.(ed), Curriculumentwicklung - Begründung und Legitimation. München, 147-158
GHISELIN,B. 1964: Ultimate criteria for two levels of creativity. In: TAYLOR,C.W.& BARRON,F.(eds), Scientific creativity: its recognition and development. New York, 355-364
GIPPER,H. 1972: Gibt es ein sprachliches Relativitätsprinzip? Frankfurt
GOTTMAN,J.M.&McFALL,R.M. 1972: Self-monitoring effects in a program for potential high school dropouts. A time-series analysis. J.of consulting a. clin. Psychol. 39, 273-281
GOTTWALD,P.&REDLIN,W. 1972: Verhaltenstherapie bei geistig behinderten Kindern. Göttingen
GRAUMANN,C.F. 1965: Subjektiver Behaviorismus? Arch.Ges.Psychol. 117, 24o-251
ders. 1969: Symposium II, Psychologie und Politisches Verhalten. In: IRLE,M.(ed), Ber.26.Kongr.Dt.Ges.Psychol. Tübingen 1968. Göttingen, 1o6-132
ders. 1975: Person und Situation. In: LEHR,U.M.&WEINERT,F.E.(eds), Entwicklung und Persönlichkeit. Stuttgart, 15-24
ders.&METRAUX,A. 1977: Die phänomenologische Orientierung in der Psychologie. In: SCHNEEWIND,K.A.(ed), Wissenschaftstheoretische Grundlagen der Psychologie. München (zit. nach Mskr.)
GREENSPOON,J. 1955: The reinforcing effect of two spoken sounds on the frequency of two responses. Amer.J.Psychol. 68, 4o9-416
GROEBEN,N. 197o: Hermeneutische Verfahrensweisen in der empirischen Psychologie als methodische Kointention. Jahrbuch Psychol., Psychother., med.Anthrop. XVIII, 3/4, 273-29o
ders. 1972a: Literaturpsychologie. Literaturwissenschaft zwischen Hermeneutik und Empirie. Stuttgart
ders. 1972b: Die Verständlichkeit von Unterrichtstexten. Münster
ders. 1974: Wissenspsychologische Dimensionen der Rezeptionsforschung. LiLi 15, 61-79
ders. 1975: Gestalttheorie als Irrationalismusbasis? Das Bild des 'gestalt switch' und irrationalistische Tendenzen in der neueren Wissenschaftstheorie. In: ERTEL et al. 1975, 134-145
ders. 1976: Mythos contra Erklärung: Dimensionen eines psychologischen Konflikts. In: WERMKE,J.(ed), Comics und Religion. München, 137-167
ders. 1976a: Empirische Literaturwissenschaft als Metatheorie. LiLi 21, 125-145
ders. 1977: Rezension von JUNGERMANN 1976. Theory and history in psychology (in Vorb.)
ders.&HOFER,M. 1977: Textverständlichkeit als Konsequenz selbstgesteuerten Lernens. In: NEBER,H.&EINSIEDLER,W.(eds), Selbstgesteuertes Lernen im Unterricht. Weinheim
ders.&WESTMEYER,H. 1975: Kriterien psychologischer Forschung. München
ders. et al. 1977: Zur methodologischen Rekonstruktion des Konzepts 'Aktionsforschung' (in Vorb.)
GÜNTHER,M. 1976: B.F.Skinners Konzeption verbalen Verhaltens. Hamburg
HAAG,F. et al. 1972: Aktionsforschung. München
HABERMAS,J. 1968: Erkenntnis und Interesse. Frankfurt
ders. 1971: Vorbereitende Bemerkungen zu einer Theorie der kommunikativen Kompetenz. In: ders.&LUHMANN,N., Theorie der Gesellschaft oder Sozialtechnologie. Frankfurt, 1o1-14o
HALISCH,F. 1976: Die Selbstregulation leistungsbezogenen Verhaltens: Das Leistungsmotiv als Selbstbekräftigungssystem. In: SCHMALT,H.D.&MEYER,W.U.(eds), Leistungsmotivation und Verhalten. Stuttgart, 137-164
ders. et al. 1976: Selbstbekräftigung I. Theorieansätze und experimentelle Erfordernisse. Z.Entw.- u. Päd.Psychol. VIII, 2, 145-164
ders. et al. 1977: Selbstbekräftigung II. Differentielle und Anwendungsaspekte. Z.Entw.- u. Päd.Psychol. (zit. nach Mskr.)

HAMBLIN,C.L. 197o: Fallacies. London
HANKE,B. et al. 1975: Zur Beeinflußbarkeit des Lehrerurteils. Unterrichtswissenschaft 2, 32-37
HANSON,N.R. 1961: Patterns of discovery. Cambridge
HARLOW,H.F. et al. 195o: Learning motivated by manipulation drive. J.exp.Psychol. 4o, 228-234
HARTIG,M. 1973: Einführung in den Problemkreis. Theoretische Beiträge zum Problem der Selbstkontrolle. In: dies.(ed), Selbstkontrolle. München/Berlin/Wien, 3-75
dies. (ed) 1973: Selbstkontrolle. München/Berlin/Wien
HARVEY,J.H. et al. (eds) 1976: New directions in attribution research, Vol.1. New York
HARVEY,O.J. et al. 1961: Conceptual systems and personality organization. New York
HAVELOCK,R.G. 1969: Planning for innovation through dissemination and utilization of knowledge. Ann Arbor
ders.&LINGWOOD,D.A. 1973: R&D utilization strategies and functions: an analytical comparison of four systems. Ann Arbor
HECKHAUSEN,H. 1974: Lehrer-Schüler-Interaktion. In: WEINERT,F.E. et al. (eds), Funkkolleg Pädagogische Psychologie Bd.1, Frankfurt, 547-673
ders. 1975/1977: Ein kognitives Motivationsmodell und die Verankerung von Motivkonstrukten. Vorpublikationsabzug; erscheint in: LENK,H.(ed), Handlungstheorien in interdisziplinärer Perspektive, 1977 (zit. aus Vorpubl.)
ders. 1975: Naive und wissenschaftliche Verhaltenstheorie im Austausch. In: ERTEL et al. 1975, 1o6-112
ders.&WEINER,B. 1972: The emergence of a cognitive psychology of motivation. In: DODWELL,C.P.(ed), New horizons in psychology 2. Harmondworth, 126-147
HEID,H. 1972: Begründbarkeit von Erziehungszielen. Z.f. Päd. 18/4, 551-581
HEIDER,F. 1958: The psychology of interpersonal relations. New York
HEINZE,T. et al. 1975: Handlungsforschung im pädagogischen Feld. München
HELMER,C.&RESCHER,N. 1969: Exact vs. inexact sciences: A more instructive dichotomy? In: KRIMERMAN,L.J.(ed), The nature and scope of social science. New York, 118-2o3
HEMPEL,C.G. 1973: The meaning of theoretical terms: A critique of the standard empiricist construal. In: SUPPES,P. et al.(eds), Logic, methodology and philosophy of science IV. Amsterdam/London, 367-378
HENLE,P. (ed) 1969: Sprache, Denken und Kultur. Frankfurt
HERRMANN,Th. 1969: Lehrbuch der empirischen Persönlichkeitsforschung. Göttingen
ders. 1971: Anmerkungen zum Theorienpluralismus in der Psychologie. In: DIEMER,A. (ed), Der Methoden- und Theorienpluralismus in den Wissenschaften. Meisenheim, 192-197
ders. 1973: Über einige Einwände gegen die nomothetische Psychologie. In: ALBERT& KEUTH 1973, 41-83
ders. 1974: Psychologische Theorien - nicht als Aussagengefüge betrachtet. Ber. Psych.Inst.Uni.Marburg Nr. 42
ders. 1974a: Rezension von H.WESTMEYER 1973: Präzisierte Psychologie. Z.Soz.psych. 5/2, 145-151
ders. 1976: Die Psychologie und ihre Forschungsprogramme. Göttingen
HILGARD,E.R.&BOWER,G.H. 1973: Theorien des Lernens, Bd.I. Stuttgart
HÖFFE,D. 1975: Strategien der Humanität. Freiburg
HÖRMANN,H. 1967: Psychologie der Sprache. Berlin/Heidelberg
HOFER,M. 1969: Die Schülerpersönlichkeit im Urteil des Lehrers. Eine dimensionsanalytische Untersuchung zur impliziten Persönlichkeitstheorie. Weinheim
ders. 1975: Die Validität der impliziten Persönlichkeitstheorie von Lehrern. Unterrichtswiss. 2, 5-19
ders. 1976: Lehrertraining und psychologische Theorie. Unveröff.Mskr. Heidelberg
HOFMANN,W. 1968/1975[5]: Universität, Ideologie, Gesellschaft. Frankfurt
HOLZKAMP,K. 1964: Theorie und Experiment in der Psychologie. Berlin/New York
ders. 1968: Wissenschaft als Handlung. Berlin/New York
ders. 1969: Zum Problem der Relevanz psychologischer Forschung für die Praxis. Psychol.Rdsch. XXI, 1-22

HOLZKAMP,K. 1972: Kritische Psychologie. Frankfurt
ders. 1972a: Soziale Kognition. In: GRAUMANN,C.F.(ed), Hdb.d.Psychologie, Bd.7,2. Sozialpsychologie: Forschungsbereiche. Göttingen, 1263-1341
ders. 1974: Rezension von WESTMEYER 1973: Verhaltenstheorie als letzte Bastion. Z.Soz.psychol. 5/2, 152-16o
HOOK,S.(ed) 1964: Dimensions of mind. New York
HUDSON,W.D. (ed) 1969: The is-ought question. London
IRLE,M. 1975: Lehrbuch der Sozialpsychologie. Göttingen
JAEGGI,E. 1975: Persönlichkeitstheoretische Implikationen verhaltenstherapeutischer Praxis. Das Argument 17, 91, 423-439
JEFFREY,D.B. 1974: Self-control: Methodological issues and research trends. In: MAHONEY&THORESEN 1974, 166-199
JÜTTEN,B.&GROEBEN,N. 1972: Programmierter Unterricht aus lerntheoretischer Sicht. Die Schulwarte 2, 1-16
JONES,E.E. et al. (eds) 1971/1972: Attribution: Perceiving the causes of behavior. Morristown
ders.&DAVIS,K.E. 1965: From acts to dispositions. The attribution process in person perception. In: BERKOWITZ,L.(ed), Advances in experimental social psychology, Vol.2, New York/London, 219-266
ders.&NISBETT,R.E. 1971: The actor and the observer: Divergent perceptions of the causes of behavior. In: JONES et al. 1971, 79-94
JONES,O.R. (ed) 1971: The private language argument. London
JUNGERMANN,H. 1976: Rationale Entscheidungen. Bern
ders. 1977: Der allgemeine entscheidungstheoretische Ansatz. Einleitung zu: LEE,W., Psychologische Entscheidungstheorie. Weinheim (zit. aus Mskr.)
KAISER,K.&BERWALD,H. 1974: Zur praktischen Anwendung kognitiver Therapieansätze in Gruppen. Vortrag 6.Kongr. GVT/DBV München
KALINOWSKI,G. 1972: Einführung in die Normenlogik. Frankfurt
KAMINSKI,G. 197o: Verhaltenstheorie und Verhaltensmodifikation. Stuttgart
KANFER,F.H. 1968: Verbal conditioning: A review of its current status. In: DIXON& HORTON 1968, 254-29o
ders. 197o: Self-regulation: Research, issues, and speculation. In: NEURINGER,C.& MICHAEL,J.L.(eds), Behavior modification in clinical psychology. New York, 178-22o
ders. 1971: The maintaince of behavior by self-generated stimuli and reinforcement. In: JACOBS,A.&SACHS,L.B.(eds), The psychology of private events. New York
ders. 1973: Die Aufrechterhaltung des Verhaltens durch selbsterzeugte Stimuli und Verstärkung. In: HARTIG (ed), 77-98
ders. 1975: Self-management methods. In: ders.&GOLDSTEIN,A.P.(eds), Helping people change. New York, 3o9-355
ders. 1976: The many faces of self-control, or behavior modification changes its focus. Paper presented at 8th International Banff Conference, March 1976
ders.&KAROLY,P. 1972/1974: Self-control: A behavioristic excursion into the lion's den. Behav.Therapy 3, 398-416; Wiederabdruck in: MAHONEY&THORESEN 1974, 2oo-217
dies. 1973: Selbstregulation und ihre klinische Anwendung: einige ergänzende Betrachtungen. In: HARTIG (ed), 184-196
KANOUSE,D.E.&HANSON,C.R. 1971: Negativity in evaluations. In: JONES et al. 1971, 47-62
KATZ,J.J.&FODOR,J.A. 1963: The structure of a semantic theory. Language 39, 17o-21o
KAUFMANN,A. et al. 1966: Some effects of instructions on human operant behavior. Psychonomic Monograph Supplements, Vol.1, No.11, 243-25o
KAUSLER,D.H. 1974: Psychology of verbal learning and memory. New York
KAZDIN,A.E. 1974: Self-monitoring and behavior change. In: MAHONEY&THORESEN 1974, 218-246
KEIL,W.&SADER,M. 1967: Fragebogenforschung. Materialien zur Fragebogenforschungs-Übung. Mainz
KEELEY,S.M. et al. 1976: Operant clinical intervention: Behavior management or beyond. Where are the data? Behav. Therapy 7, 292-3o5

KELLEY,H.H. 1967: Attribution theory in social psychology. In: LEVINE,O. (ed), Nebraska symposium on motivation. Lincoln, 194-238
ders. 1971: Attribution in social interaction. In: JONES et al. 1971, 1-26
KELLY,G.A. 1955: The psychology of personal constructs, Vol.I,II. New York
ders. 197o: A brief introduction to personal construct theory. In: BANNISTER 197o, 1-29
KIESLER,J.D. 1971: Experiment designs in psychotherapy research. In: BERGIN& GARFIELD 1971, 36-74
KLAFKI,W. 1973: Handlungsforschung im Schulfeld. Z.f.Päd., 487-516
KLAUER,K.J. 1972: Einführung in die Theorie lehrzielorientierter Tests. In: ders. et al., Lehrzielorientierte Tests. Düsseldorf, 13-43
ders. 1973: Revision des Erziehungsbegriffs. Düsseldorf
KLAUS,G.&BUHR,M. 1972: Marxistisch-leninistisches Wörterbuch der Philosophie. Reinbek
KLAUSMEIER,H.J.&RIPPLE,R.E. 1975: Moderne Unterrichtspsychologie, Bd.III. München
KLIMPFINGER,S. 1944: Die Möglichkeiten einer geisteswissenschaftlichen Psychologie und die Frage nach der Einheit der Psychologie. Arch.Ges.Psychol. 112, 3/4, 249-287
KNEBEL,H.J. 197o: Ansätze einer soziologischen Metatheorie subjektiver und sozialer Systeme. Stuttgart
ders. 1973: Metatheoretische Einführung in die Soziologie. München
KOCH,S. 1973: Psychologie und Geisteswissenschaften. In: GADAMER,H.G.&VOGLER,P. (eds), Psychologische Anthropologie. Stuttgart, 2oo-236
KOCKELMANS,J.J. 1975: Empirische, phänomenologische und hermeneutische Psychologie. In: METRAUX,A.&GRAUMANN,C.F.(eds), Versuche über Erfahrung. Bern, 35-49
KÖHLER,B. 1974: Rezension von JONES et al. 1972: Variationen über das Thema 'Attribution'. Z.Soz.psychol. 5/4, 315-323
KÖNIG,E. 1975: Theorie der Erziehungswissenschaften, Bd.2. Normen und ihre Rechtfertigung. München
KOPPERSCHMIDT,J. 1973: Rhetorik. Stuttgart
KORDIG,C.R. 1972: The justification of scientific change. Dordrecht
KOUNIN,J.S.&GUMP,P.V. 1958: The ripple effect in discipline. Elementary School Journ. 62, 158-162
KRASNER,L. 1958: Studies of the conditioning of verbal behavior. Psych.Bull. 55, 148-17o
ders.&ULMANN,L.P. 1963: Variables affecting report of awareness in verbal conditioning. J.Psychol. 56, 193-2o2
KRAUCH,H. 197o: Die organisierte Forschung. Neuwied
KREMERS,J. 196o: Scientific psychology and haive psychology. Nijmegen
KREUZER,H. 1967: Trivialliteratur als Forschungsproblem. Dt. Vierteljahrsschr. Lit. wiss. u. Geist.gesch. 41/2, 173-191
KRUMBOLTZ,J.D.&THORESEN,C.E. 1969: Behavioral counseling: Cases and techniques. New York
KRUSE,L. 1976: Methodische Probleme der Täuschung von Versuchspersonen in psychologischen Experimenten. Habil.kolloqu. 22.12. Wi.-So.-Fak. Heidelberg
KÜNZLI,R. 1975: Aspekte der praktischen Philosophie. In: FREY et al. 1975, I, 151-16o
KUBLI,F. 1974: Einführung. In: PIAGET,J., Abriß der genetischen Epistemologie. Olten, 7-22
KUHN,T.S. 1967: Die Struktur wissenschaftlicher Revolutionen. Frankfurt
ders. 1972: Postskript - 1969 zur Analyse der Struktur wissenschaftlicher Revolutionen. In: WEINGART 1972, 287-319
ders. 1977: Neue Überlegungen zum Begriff des Paradigmas. In: ders., Die Entstehung des Neuen. Studien zur Struktur der Wissenschaftsgeschichte. Frankfurt, 389-421
KUNZ,H. 1957: Über den Sinn und die Grenzen des psychologischen Erkennens. Stuttgart
KUNZELMANN,H. (ed) 197o: Precision teaching. Seattle
KUTSCHERA,F.v. 1972: Sprachphilosophie. München
ders. 1973: Einführung in die Logik der Normen, Werte und Entscheidungen. Freiburg
ders. 1976: Einführung in die intensionale Semantik. Berlin

LACEY,H.&GOSS,A.E. 1959: Conceptual block sorting as a function of number, pattern of assignment and strength of labeling responses. J.General Psych. 59, 221-232
LAKATOS,I. 1970: Falsification and the methodology of scientific research programmes. In: LAKATOS&MUSGRAVE 1970, 91-196
ders.&MUSGRAVE,A. (eds) 1970/1974: Criticism and the growth of knowledge. Cambridge dt. Übersetzung 1974: Kritik und Erkenntnisfortschritt. Braunschweig
LANGER,I. et al. 1974: Verständlichkeit in Schule, Verwaltung, Politik und Wissenschaft. München
LAUCKEN,U. 1974: Naive Verhaltenstheorie. Stuttgart
LAZARUS,A.&DAVISON,G.C. 1971: Clinical innovation in research and practice. In: BERGIN&GARFIELD 1971, 196-213
LENK,H. 1970: Philosophische Letztbegründung und Rationaler Kritizismus. Z. Philos.Forsch., 183-205
ders. 1972: Erklärung, Prognose, Planung. Freiburg
LEPPER,M.R. et al. 1973: Undermining children's intrinsic interest with extrinsic reward: A test of the 'overjustification' hypotheses. J.Pers.Soc.Psychol. 28, 129-137
LEVERKUS-BRÜNING,I. 1966: Die Meinungslosen. Die Bedeutung der Restkategorie in der empirischen Sozialforschung. Berlin
LIEBHART,E. 1973: Ergebnisse, Probleme und Methoden der Wirkungsforschung. In: BAUMGÄRTNER,A.C.(ed), Lesen. Ein Handbuch. Hamburg, 231-312
LORENZEN,P.&SCHWEMMER,O. 1973: Konstruktive Logik, Ethik und Wissenschaftstheorie. Mannheim
LORENZER,A. 1972: Sprachzerstörung und Rekonstruktion. Frankfurt 1970
ders. 1974: Die Wahrheit der psychoanalytischen Erkenntnis. Ein historisch-materialistischer Entwurf. Frankfurt
LOVEJOY,A.O. 1922: The paradox of the thinking behaviorist. Philos.Rev., 135-147
LUTZ,R.&WINDHEUSER,H.J. 1974: Therapiebegleitende Diagnostik. In: SCHULTE,D.(ed), Diagnostik in der Verhaltenstherapie, 196-218
MAAS,U.&WUNDERLICH,D. 1972: Pragmatik und sprachliches Handeln. Frankfurt
MAC CORQUODALE,K.&MEEHL,P.E. 1948: On a distinction between hypothetical constructs and intervening variables. Psychol.Rev. 55, 95-107
MACHAN,T.R. 1974: The pseudo-science of B.F.Skinner. New Rochelle
MAHONEY,M.J. 1972/1974a: Research issues in self-management. Behav.Therapy 3, 45-63; auch in: MAHONEY&THORESEN 1974, 247-262
ders. 1973: Entwurf einer experimentellen Analyse der coverant-Kontrolle. In: HARTIG (ed), 171-183
ders. 1974: Cognition and behavior modification. Cambridge
ders. 1976: Scientist as subject: The psychological imperative. Cambridge
ders. et al. 1973: The relative efficacy of self-reward, self-punishment, and self-monitoring techniques for weight loss. J.consult.clin.Psychol. 40, 404-407
ders.&THORESEN,C.E. (eds) 1974: Self-control: Power to the person. Monterey
MARTIN,N. 1971: Referential variance and scientific objectivity. Brit.J.Phil.Science 22, 17-26
MASTERMAN,M. 1970: The nature of a paradigm. In: LAKATOS&MUSGRAVE 1970, 59-90
MATTHES,J.&SCHÜTZE,F. 1973: Zur Einführung: Alltagswissen, Interaktion und gesellschaftliche Wirklichkeit. In: AG BIELEFELDER SOZIOLOGEN 1973, 11-53
McGUIRE,W.J. 1968: Theory of the structure of human thought. In: ABELSON et al. 1968, 140-162
MEICHENBAUM,D.H. 1971/1973: Cognitive factors in behavior modification: Modifying what clients say to themselves. Research Rep. 25; dt. Übersetzung in: HARTIG (ed) 1973, 197-213 (Kognitive Faktoren bei der Verhaltensmodifikation: Veränderung der Selbstgespräche von Klienten)
ders. 1975ff.: Cognitive-Behavior-Modification. Newsletter. Waterloo
ders. 1976: Toward a cognitive theory of self-control. In: SCHWARTZ,G.&SHAPIRO,D. (eds), Consciousness and self-regulation: Advances in research. New York, 223-260
MENZING,D.W. 1975: Formen kommunikationswissenschaftlicher Argumentationsanalyse. Hamburg

MERBAUM,M.&LUKENS,H.C. 1968: Effects of instruction, elicitations, reinforcements in the manipulation of affective behavior. J.abn.Psychol. 73, 376-380
MERTENS,W. 1975: Sozialpsychologie des Experiments. Hamburg
MERTNER,E. 1956: Topos und Commonplace. In: DIETRICH,G.&SCHULZE,F.W. (eds), Strena Anglica. Halle, 178-224
MEYER,H.L. 1971: Das ungelöste Deduktionsproblem in der Curriculumforschung. In: ACHTENHAGEN,F.&MEYER,H.L.(eds), Curriculumrevision. München, 106-132
ders. 1975: Skizze des Legitimationsproblems von Lernzielen und Lerninhalten. In: FREY et al. 1975, 426-438
MEYER,V.&CHESSER,E.S. 1971: Verhaltenstherapie in der klinischen Psychiatrie. Stuttgart
MEYER,W.U. 1973: Leistungsmotivation und Ursachenerklärung von Erfolg und Mißerfolg. Stuttgart
ders. 1976: Leistungsorientiertes Verhalten als Funktion von wahrgenommener eigener Begabung und wahrgenommener Aufgabenschwierigkeit. In: SCHMALT&MEYER 1976, 101-135
MILLER,G.A.,GALANTER,E&PRIBRAM,K.H. 1960/1974: Plans and the structure of behavior. New York (dt. Übersetzung 1974, Stuttgart)
MILLER,G.R.&ROKEACH,M. 1968: Individual differences and tolerance for inconsistency. In: ABELSON et al. 1968, 624-632
MISCHEL,Th. (ed) 1971: Cognitive development and epistemology. New York
MISCHEL,W. 1968: Personality and assessment. New York
ders. 1969: Continuity and change in personality. Amer.Psychologist 24, 1012-1018
ders. 1971: Introduction to personality. New York
ders. 1973: Toward a cognitive social learning reconceptualization of personality. Psychol.Rev. 80, 252-283
MOLLENHAUER,K. 1972: Theorien zum Erziehungsprozeß. München
MONTAGUE,W.E. 1972: Elaborative strategies in verbal learning and memory. In: BOWER,G.H.(ed), The psychology of learning and motivation. Advances in research and theory, Vol.6. New York
MORITZ.M. 1968: Über Normen zweiten Grades (Supernormen). Ratio 10, 81-93
MOSER,H. 1975: Aktionsforschung als kritische Theorie der Sozialwissenschaften. München
MOWRER,O.H. 1950: Learning theory and personality dynamics. Selected papers. New York
MÜNCH,R. 1973: Gesellschaftstheorie und Ideologiekritik. Hamburg
MURRAY,E.J.&JACOBSON,L.J. 1971: The nature of learning in traditional and behavioral psychotherapy. In: BERGIN&GARFIELD 1971, 709-747
NAESS,A. 1975: Kommunikation und Argumentation. Kronberg
NEISSER,U. 1967/1974: Cognitive psychology. New York; dt. Übersetzung 1974: Kognitive Psychologie. Stuttgart
NELSON,R.O. et al. 1975: The effects of expectancy on the reactivity of self-recording. Behav.Therapy 6, 337-349
NEUSÜSS,A. (ed) 1972: Utopie. Neuwied/Berlin
NICKEL,H. 1976: Die Lehrer-Schüler-Beziehung aus der Sicht neuerer Forschungsergebnisse. Psychol.i.Erz.u.Unterr. 23, 153-172
NISBETT,R.E. et al. 1970: Popular induction: Information is not necessarily informative. In: CARROLL&PAYNE 1970, 113-133
NOBLE,C.E. 1952: An analysis of meaning. Psychol.Rev. 59, 421-430
NOTZ,W.W. 1975: Work motivation and the negative effects of extrinsic rewards. Amer.Psychologist 30, 884-891
OPP,K.D. 1970: Methodologie der Sozialwissenschaften. Hamburg
ORNE,M.T. 1969: Demand characteristics and the concepts of quasi-controls. In: ROSENTHAL,R.&ROSNOW,R.L. (eds), Artifact in behavioral research. New York, 147-179
ders. 1970: From the subject's point of view, when is behavior private and when is it public? Problems of inference. J.consult.clin.Psychol. 35, 143-147
ORT,M. 1976: Sprachverhalten und Schulerfolg. Weinheim

PAIVIO,A. 1971: Imagery and verbal processes. New York
PALERMO,D.S. 1971: Is a scientific revolution taking place in psychology? Science Studies 1, 135-155
PAWLOWSKA,I.L. 1969: Über die Arten ethischen Argumentierens. Arch.Rechts- u.Soz. philosophie, 521-538
PIAGET,J. 1974: Abriß der genetischen Epistemologie. Olten
PREMACK,D. 1959: Toward empirical behavior laws: I. Positive reinforcement. Psych. Rev. 66, 219-233
ders. 1973: Selbstkontrollmechanismen. In: HARTIG (ed), 138-156
PRIM,R.&TILMANN,H. 1973: Grundlagen einer kritisch-rationalen Sozialwissenschaft. Heidelberg
PRYTULAK,L.S. 1971: Natural language mediation. Cogn.Psychol. 2, 1-56
PULIGANDLA,R. 1974: Fact and fiction in B.F.Skinners science and utopia. Saint Louis
RILKE,H. 1975: Postexperimentelle Befragungen als Quelle notwendiger Erklärungskonzepte. Referat Übung 'Wissenspsychologie', Heidelberg
ROCHE,M. 1973: Phenomenology, language and the social sciences. London
RÖSSNER,L. 1972: 'Emanzipatorische Didaktik' und Entscheidungslogik. Z.f.Päd. 4, 599-617
ROGERS,C.R. 1964: Toward a modern approach to values. The valuing process in the mature person. J.abn.soc.Psychol. 53, 160-167
ROHWER,W.D. 1973: Elaboration and learning in childhood and adolescence. In: REESE, H.W.(ed), Advances in child development and behavior, Vol.III, New York
ders.&LEVIN,J.R. 1971: Elaboration preferences and differences in learning proficiency. In: HELLMUTH,J.R.(ed), Cognitive studies, Vol.2. New York
ROKEACH,M. 1960: The open and the closed mind. New York
ROSENTHAL,B.G. 1974: Von der Armut der Psychologie - und wie ihr abzuhelfen wäre. Stuttgart
ROSENTHAL,R.&JACOBSON,L. 1968/1974: Pygmalion in the classroom: Teacher expectation and pupils' intellectual development. New York; dt. Übersetzung 1974: Pygmalion im Klassenzimmer. Weinheim
ROTTER,J.B. 1966: Generalized expectancies for internal versus external control of reinforcement. Psych.Monographs 80, 1 (Whole No 609)
ders.et al. 1972: Applications of a social learning theory of personality. New York
SALOMON,G. 1975: Heuristische Modelle für die Gewinnung von Interaktionshypothesen. In: SCHWARZER,E.&STEINHAGEN,H.(eds), Adaptiver Unterricht. München
SARGENT,S.S. 1965: Übertreibt die amerikanische Psychologie die Wissenschaftlichkeit? In: HARDESTY,F.&EYFERTH,K.(eds), Forderungen an die Psychologie. Bern, 231-239
SCHACHTER,S.&SINGER,J.E. 1962: Cognitive, social, and physiological determinants of emotional states. Psychol.Rev. 69, 379-399
SCHAFFER,J.A. 1968: Philosophy of mind. Englewood Cliffs
SCHEFFLER,I. 1967: Science and subjectivity. Indianapolis
SCHEELE,B. 1974: Lesen als Eskapismus. Unveröff.Diplomarbeit Heidelberg
SCHERER,K.R. 1974: Rezension von JONES et al. 1972. Z.Soz.psychol. 5/4, 324-332
SCHMALT,H.D.&MEYER,W.U. (eds) 1976: Leistungsmotivation und Verhalten. Stuttgart
SCHMIDT,Ch.F. 1970: Understanding human action: Recognizing the plans and motives of other persons. In: CARROLL&PAYNE 1970, 47-67
SCHMIDT,H.D. et al. 1975: Aggressives Verhalten. München
SCHMIDT-MUMMENDEY,A. 1972: Bedingungen aggressiven Verhaltens. Bern
SCHMOOK,C. et al. 1974: Verhaltensanalyse In: SCHRAML,W.J.&BAUMANN,U.(eds), Klinische Psychologie II. Methoden, Ergebnisse und Probleme der Forschung. Bern, 353-375
SCHNEIDER,D.J. 1973: Implicit personality theory: A review. Psychol.Bull. 79, 294-309
SCHOLL-SCHAAF,M. 1975: Werthaltung und Wertsystem. Bonn
SCHÜTZ,A. 1972: Gesammelte Aufsätze, Vol.2, Studien zur soziologischen Theorie. Den Haag
ders. 1974: Der sinnhafte Aufbau der sozialen Welt. Frankfurt.
ders.&LUCKMANN,Th. 1975: Strukturen der Lebenswelt. Neuwied

SCHULTE,D. 1973: Der diagnostisch-therapeutische Prozeß in der Verhaltenstherapie. In: BRENGELMANN,J.C.&TUNNER,W.(eds), Behavior-Therapy - Verhaltenstherapie. München, 28-39
ders. 1974: Ein Schema für Diagnose und Therapieplanung in der Verhaltenstherapie. In: ders.(ed), Diagnostik in der Verhaltenstherapie, 75-1o4
ders. 1977: Grundlagen der Verhaltenstherapie. In: PONGRATZ,L.J.(ed), Hdb. der Psychologie, Bd.8: Klinische Psychologie. Göttingen (im Druck)
SCHULTZ,D.P. 1969: A history of modern psychology. New York
SCHWAB,J. 1973: A quiver of queries. In: WHEELER 1973, 247-255
SCHWEMMER,O. 1971: Philosophie der Praxis. Frankfurt
ders. 1974: Appell und Argumentation. Aufgaben und Grenzen einer praktischen Philosophie. In: KAMBARTEL,F.(ed), Praktische Philosophie und konstruktive Wissenschaftstheorie. Frankfurt, 148-211
ders. 1976: Theorie der rationalen Erklärung. München
SCOTT,M.B.&LYMAN,S.M. 1973: Verantwortungen. In: STEINERT,H.(ed), Symbolische Interaktion. Stuttgart, 294-314
SCRIVEN,M. 1967: Science, fact, and value. In: MORGENBESSER,S.(ed), Philosophy of science today. New York, 175-189
SECHREST,L. 1963: The psychology of personal constructs: George Kelly. In: WEPMAN, J.M.&HEINE,R.W.(eds), Concepts of personality. Chicago, 2o6-233
SEIDENSTÜCKER,G. et al. 1975: Theorie, Methodik und klinisch-psychologische Empirie der Personal Construct Psychologie. Unveröff.Mskr. Regensburg
ders.&GROEBEN,N. 1971: Möglichkeiten einer Theoriesynthese auf dem Gebiet des kognitiven Lernens. Psychol.Beitr. XIII, 4, 499-524
SEILER,B. (ed) 1973: Kognitive Strukturiertheit. Stuttgart
SHAPERE,D. 1973: Scientific theories and their domains. In: SUPPE,F.(ed), The structure of scientific theories. Urbana/Ill.
SHOTTER,J. 1975: Images of man in psychological research. London
SHULLER,D.Y.&McNAMARA,J.R. 1976: Expectancy factors in behavioral observation. Behav.Therapy 7, 519-527
SIMON,H.A. 1957: Models of man. New York
SINGER,M.G. 1975: Verallgemeinerung in der Ethik. Zur Logik moralischen Argumentierens. Frankfurt
SKINNER,B.F. 1948: Walden two. New York
ders. 1953: Science and human behavior. New York
ders 1957: Verbal behavior. New York
ders. 1973: Jenseits von Freiheit und Würde. Reinbek
ders. 1974: Die Funktion der Verstärkung in der Verhaltenswissenschaft. München
SKOWRONEK,H. Lernen und Lernfähigkeit. München
SMEDSLUND,J. 1972: Becoming a psychologist. Oslo
SMITH,H.C. 1966: Sensitivity to people. New York
SMITH,M.B. 1961: Editorial. J.abn.soc.Psychol. 63, 461-465
SNEED,J.D. 1971: The logical structure of mathematical physics. Dordrecht
SOMMER,G. 1976: Hilfe zur Selbsthilfe. 23.Studienbrief Funkkolleg Beratung in der Erziehung
ders. 1977: Hilfe zur Selbsthilfe. In: HORNSTEIN,W. et al. (eds), Beratung in der Erziehung 2, 6o9-638
SPATES,C.R.&KANFER,F.H. 1977: Self-monitoring, self evaluation, and self reinforcement in children's learning: A test of a multistage self-regulation model. Beh. Therapy 8, 9-16
SPIEGEL-RÖSING,I.S. 1973: Wissenschaftsentwicklung und Wissenschaftssteuerung. Frankfurt
SPIELBERGER,C.D. 1965: Theoretical and epistemological issues in verbal conditioning. In: ROSENBERG,S.(ed), Directions in Psycholinguistics. New York
ders.&DE NIKE,L.D. 1966: Descriptive behaviorism versus cognition theory in verbal operant conditioning. Psychol.Rev. 73, 3o6-327
SPINNER,H. 1974: Pluralismus als Erkenntnismodell. Frankfurt
SPRANGER,E. 1926: Die Frage nach der Einheit der Psychologie. Sitzungsber.d. Preuß.Akad.d.Wiss. (phil.-hist.Klasse), Berlin, 172-199

STADLER,M. et al. 1975: Psychologie der Wahrnehmung. München
STEGMÜLLER,W. 1973: Probleme und Resultate der Wissenschaftstheorie und Analytischen Philosophie. Berlin/Heidelberg/New York, Bd.I. Erklärung und Begründung (1969); Bd.II, 2.Halbbd.: Theorienstrukturen und Theoriendynamik
STEIN,M.I. 1953: Creativity and culture. J.Psychol. 36, 311-322
STEINER,J.D. 1971: Perceived freedom. In: BERKOWITZ,L.(ed), Advances in experimental social psychology, Vol.5. New York
STRICKER,L.J. 1967: The true deceiver. Psychol.Bull. 68, 13-2o
TAYLOR,Ch. 1975: Erklärung und Interpretation in den Wissenschaften vom Menschen. Franfurt
THIEL,C. 1972: Grundlagenkrise und Grundlagenstreit. Meisenheim
THORESEN,C.E.&MAHONEY,M.J. 1974: Behavioral self-control. New York
TOLMAN,E.C. 1932: Purposive behavior in animals and men. New York
ders. 1958: Behavior and psychological men. Berkeley
ders. 1959: Principles of purposive behavior. In: KOCH,S.(ed), Psychology: A study of science, Vol.2. New York, 92-157
TOPITSCH,E. 1966: Sozialphilosophie zwischen Ideologie und Wissenschaft. Neuwied
ders. 1969: Mythos, Philosophie, Politik. Zur Naturgeschichte der Illusion. Freiburg
TOULMIN,St. 1958/1975: The uses of argument. Cambridge; dt. Übersetzung 1975: Der Gebrauch von Argumenten. Kronberg
ders. 1974: Die evolutionäre Entwicklung der Naturwissenschaft. In: DIEDERICH,W. (ed), Beiträge zur diachronischen Wissenschaftstheorie. Frankfurt, 249-275
TRANØY,K.E. 1972: 'Sollen' impliziert 'Können': Eine Brücke von der Tatsache zur Norm? Ratio 14, 111-125
TREIBER,B. 1975: Elaborative Merkmale assoziativen Lernens. Unveröff.Dipl.arb. Heidelberg
ders. 1977: Zwischenbericht Projekt 'Bedingungen individuellen Unterrichtserfolgs'. Heidelberg
ders. et al. 1976: Bedingungen individuellen Unterrichtserfolges. Z.f.Päd. 22/2, 153-179
ders.&GROEBEN,N. 1976: Vom Paar-Assoziations-Lernen zum Elaborationsmodell. Forschungsprogrammwechsel in der Psychologie des verbalen Lernens. Z.Soz.psychol. 7, 3-46
ders.&PETERMANN,F. 1976: Zur Interaktion von Lernermerkmalen und Lehrmethoden: Rekonstruktion und Normierung des ATI-Forschungsprogramms. Ber.Psych.Inst.Nr.4., Uni.Heidelberg
TRÖGER,W. 1974: Erziehungsziele. München
ULMANN,G. 1968: Kreativität. Weinheim
dies. 1975: Sprache und Wahrnehmung. Frankfurt
URBAN,H.B.&FORD,D.H. 1971: Some historical and conceptual perspectives on psychotherapy and behavior change. In: BERGIN&GARFIELD 1971, 3-35
WAGNER,A.C. 1973: Changing teaching behavior: A comparison of microteaching and cognitive discrimination training. J.Educ.Psychol. 64/3, 299-3o5
dies. 1976: Ist Übung wirklich notwendig? Theoretische Überlegungen und experimentelle Ergebnisse zur Rolle des Diskriminationslernens bei Verhaltensänderungen. In: ZIFREUND,W.(ed), Training des Lehrerverhaltens und Interaktionsanalyse. Weinheim, 633-657
WAHL,D. 1976: Naive Verhaltenstheorien von Lehrern. Unveröff.Projektber. PH Weingarten
WEINER,B. 1976: Attributionstheoretische Analyse von Erwartung-x-Nutzen-Theorien. In: SCHMALT&MEYER 1976, 81-1oo
WEINERT,F.E. 1974: Einführung in das Problemgebiet der Pädagogischen Psychologie. In: WEINERT,F.E. et al. (eds), Funkkolleg Pädagogische Psychologie Bd.1. Frankfurt, 29-63
ders. 1977: Pädagogisch-psychologische Beratung als Vermittlung zwischen subjektiven und wissenschaftlichen Verhaltenstheorien. In: ARNOLD,W.(ed), Texte zur Schulpsychologie und Bildungsberatung, Bd.2. Braunschweig (in Vorb.)
WEINGART,P. (ed) 1972: Wissenschaftssoziologie 1. Frankfurt

WEISS,C.H. 1974: Evaluierungsforschung. Düsseldorf
WELLEK,A. 1959: Ein Dritteljahrhundert nach Bühlers 'Krise der Psychologie'. Z.exp. angew.psychol. 6, 1o9-117
WELTNER,K. 1976: Förderung des autonomen Lernens. Konzept, Realisierung und Evaluation von Studienunterstützungen. Unterrichtswiss. 2, 114-127
WERBIK,H. 1971: Das Problem der Definition 'aggressiver' Verhaltensweisen. Z.Soz.-psychol. 2, 233-247
ders. 1974: Plädoyer für eine kognitive Theorie aggressiven Handelns. In: ECKENSBERGER,L.H&U.S.(eds), Ber.28.Kongr.Dt.Ges.Psychol. Saarbrücken 1972. Göttingen, 11-22 (Bd.3)
ders. 1974a: Theorie der Gewalt. München
WERTHEIMER,M. 1957: Produktives Denken. Frankfurt
WESTMEYER,H. 1973: Kritik der psychologischen Unvernunft. Stuttgart
ders. 1974: Möglichkeiten und Probleme einer theoretischen Fundierung der Verhaltenstherapie. Vortrag 29.Kongr.Dt.Ges.Psychol. Salzburg
ders. 1976: Verhatenstherapie: Anwendung von Verhaltenstheorien oder kontrollierte Praxis? In: GOTTWALD,P.&KRAIKER,Ch.(eds), Zum Verhältnis von Theorie und Praxis in der Psychologie. Sonderheft I der 'Mitteilungen der GVT e.V.'. München, 9-31
WEWETZER,K.H. 1973: Konstruktive Alternativen. In: FÖRSTER,E.&WEWETZER,K.H.(eds), Selbststeuerung. Bern, 44-65
WHEELER,H. (ed) 1973: Beyond the punitive society. San Francisco
WHITE,A.R. (ed) 1968: The philosophy of action. London
WHORF,B.L. 1963: Sprache, Denken, Wirklichkeit. Reinbek
WRIGHT,G.v. 1971/174: Explanation and understanding. Ithaca; dt. Übersetzung 1974: Erklären und Verstehen. Frankfurt
WUEBBEN,P.L. 1967: Honesty of subjects and birth order. J.Pers.soc.Psychol. 5, 35o-352
WUNDT,W. 19o2: Über Ausfrageexperimente und über die Methoden zur Psychologie des Denkens. Psychol.Stud. III.
ders. 19o8: Kritische Nachlese zur Ausfragemethode. Arch.Ges.Psychol. XI.
ZECHA,G. 1972: Zum Normproblem in der Erziehungswissenschaft. Z.f.Päd. 18/4, 583-598
ZEDLER,H.P. 197o: Zur Logik von Legitimationsproblemen. München

# SACHREGISTER

Alltags-Theorien
(s. subjektive Theorien)

Annahmenkern(e)
(s. Kernannahmen)

Anomalien (in und von Paradigmen) 2, 15-2o, 43-45, 65f., 99f., 212, 22o, 228-232

Argumentation
- logisch formale 78, 83f.
- praktische 84-86, 177-181
- topische 26f., 83f.

Asymmetrie (von Erkenntnis-Subjekt und -Objekt) 9-15, 4o-42, 11o, 131-137, 165f.

ATI-Perspektive 154f., 2o1f.

Attribution 2o, 31f., 48f., 78f., 98, 1o6, 218f., 22o, 235

Austausch (zwischen subjektiven und objektiven Theorien) 51-59, 1o5-114, 136-14o, 152f., 156f., 2o5

'awareness'-Problem 16-18, 1o3f., 219-222, 233

Beobachtungskriterium
(s. Falsifikationskriterium)

Deontische Logik
(s. Normenlogik)

dialog-konsenstheoretisches Wahrheitskriterium 25, 29f., 51-57, 116f.

Diskursmodelle
- im 'Austausch' 174-181
- zur Normen-Legitimation 143, 146f., 172-174

disziplinäre Matrix 2, 42, 184

Dualismus von Tatsachen und Normen 123-125

Einfachheit
- subjektiver Theorien 1o5-1o9
- objektiver Theorien 1o5-1o9

Emotion 91f., 94, 98, 1o3-1o5, 2o2-2o5, 214f., 225

Entscheidungstheorie (rationale) 145f., 164, 166f.

Erklärung
- rationale 114-121
- um-zu- 119-121
- weil- 117-119

Falsifikation-
-krise 88, 9o-98
-kriterium 4, 57f., 98, 136

Gegenstandsreduktion 38-42, 112-114, 214-218, 234

Gründe-Kritik 119-121

Grundwertelegitimation
(s. Normenbegründung)

Handlung 98-1o4, 138-14o, 148, 181

hermeneutische Methodik
(s. dialog-konsenstheoretisches Wahrheitskriterium)

Heuristik 95-98, 182f., 188-2o6

implizite Theorie
(s. subjektive Theorie)

Indikation(sproblem) 182f.

Innovation (s. auch Austausch) 112-114, 131-14o, 176-181, 183-188, 232-234

Intention/Intentionalität 47f., 99-1o3, 219-222, 232

Kernannahmen 3-6, 61-64, 185f., 191-193, 2o8-211
-(des behavioralen/epist. Subjektmodells: s. Subjektmodell)

Konkurrenz (von Theorien/Forschungsprogrammen/Paradigmen) 3, 36, 59-64, 183-188

Kontrolle
- behaviorale: durch Umwelt 7, 14f., 38, 46-48, 1oo, 114, 127, 191f.
- kognitive: über Umwelt 1oo-1o3, 1o5, 137, 192f., 225-227, 23o-232
- Selbst- (s. Selbstkontrolle)

Kreativität 129f., 158f., 161

Meta-
-normen 69, 1o9f., 143, 151, 167-17o, 181, 199
-theorie (epist.Psychologie als -) 24, 65-1o5, 1o9-112

naive Theorie
(s. subjektive Theorie)

naturalistischer Fehlschluß 122f., 126

'Neben'folgen 152-155

Nicht-Aussagenkonzeption (von Theorien; gleich non statement-view) 3-6, 9, 25, 95, 97, 1o1, 128, 185

Normen
-begründung 12o, 132, 139, 147f., 17o-176

Normen
-kritik 78, 131, 142f., 147-164
-logik 144f., 151, 16of., 167-17o

Paradigma 1-64, 183-188
- behavioristisches 6-2o, 34-48, 214-232
-einordnung (von Technologien) 2o6-232
- epistemologisches 25-34, 48-59, 65-72, 98-1o5, 114-121, 136-14o, 176-182, 232-234
-wechsel 1-6, 15-2o, 34-64, 183-188, 2o8-234

Rationalität
- als wissenschaftstheoretisches Konzept 24, 33f.
- als psychologisches Konstrukt 24, 32-34, 65-121, 193f.

Rekonstruktion 56-59, 62-64, 68, 115-118, 218f.

Reflexivität passim

'Revolution' (von wissenschaftlichen und Alltagstheorien) 1-6, 48-64, 95-98

Selbstanwendung (tu quoque) 22, 65-72, 77, 82f., 1o5-114

Selbst
-beobachtung 212-219
-evaluation 219-225
-kontrolle 2o8-232
-regulation 21o
-verstärkung 227-232

Steuerung (Handlungs-) 76f., 98-1o3, 222f., 225

'Sollen impliziert Können'
(s. Metanormen)

subjektive Theorie (gleich naive, implizite, Alltags- etc.) 2o-33, 5o-54, 67-1o5, 115-118, 133f., 137-14o, 147

Subjektmodell
- behaviorales 6-15, 127f., 137, 185, 187, 191f., 213
- epistemologisches 2o-34, 48-51, 65, 67-69, 98-1o5, 186f., 192f., 195, 198, 2o8f., 232-234

Symmetrie (von Erkenntnis-Subjekt und -Objekt) 25, 33f., 56f., 1o9-112, 115-117, 136-14o, 165f.

Systematik
- subjektiver Theorien 73, 86-9o
- objektiver Theorien 111f.

Täuschung (in der behavioristischen Methodologie) 24, 4o-42

Technologie(n) 32, 89, 1o5, 113, 135, 165, 182f., 189-2o6

Theorienkonkurrenz
(s. Konkurrenz)

Therapie (klinische) 182 -232

tu quoque-Argument
(s. Selbstanwendung)

Ursachen
-kritik 117-119
-zuschreibung
(s. Attribution)

Veränderung (subjektiver Theorien) 95-98, 1o4f.

Veridikalität 3of., 32, 8o-83, 87, 117-119, 136-14o, 152-157, 222

Verzerrungen (subjektiver Theorien)
- von Beobachtungen 72-78, 117-119
- von Inferenzen 78-83, 117-119

Wahrheitskriterium
(s. dialog-konsenstheoretisches -)

Werte
(s. Normen)

Wertigkeit (von Handlungen) 143, 162-167, 225-227

Werturteilsfreiheit 77f., 122-14o

Wissenschaftskonzeption
(s. Paradigma)

Ziel
-explikation 157-16o
-konflikt 16o-162
-realisierung durch Wissenschaft 1of., 1o9, 112-114, 128, 174-176, 234

Ziel-Mittel-Analyse 132f., 14o-143, 149-162, 223-225, 232-234

Ziele
- Lehr/Lern- 165, 194, 2oof., 214-216

WOLFGANG METZGER

# Psychologie

**Die Entwicklung ihrer Grundannahmen seit der Einführung des Experiments**
*(Wissenschaftliche Forschungsberichte, Reihe I, Abt. C, Band 52)*
5. Auflage. XXII, 407 Seiten, 42 Abb. Kunststoffeinband DM 36,–

**Inhalt:**
Die Lage der theoretischen Psychologie – Das Problem des seelisch Wirklichen – Das Problem der Eigenschaften – Das Problem des Zusammenhangs – Das Problem des Bezugssystems – Das Problem der Zentrierung – Das Problem der Ordnung – Das Problem der Wirkung – Das Leib-Seele Problem – Probleme des Werdens –

*Namensverzeichnis*
*Sachverzeichnis*

**DR. DIETRICH STEINKOPFF VERLAG · DARMSTADT**

## PSYCHOLOGIE UND GESELLSCHAFT
Herausgegeben von Prof. Dr. *Michael Stadler*, Münster i.W.

**Band 1: Relevanz und Entwicklung der Psychologie**
*Die Krisen-Diskussion in der amerikanischen Psychologie, Probleme einer psychologischen Technologie und die Suche nach einem neuen Paradigma*
Von Dipl. Psych. Dr. Phil. *Falk Seeger*, Münster i.W.
XI, 143 Seiten, 7 Abb. Kunststoffeinband DM 25,80
1. Einleitung: Zur Entwicklung der Psychologie und zu ihren Krisen
2. Die Krise der Nützlichkeit (in) der amerikanischen Psychologie
3. Wissenschaftstheoretische Probleme psychologischer Technologie
4. Therapie als Technologie: Entwicklung und Theorie
5. Paradigma-Wechsel in der Psychologie?
6. Literaturverzeichnis

**Band 2: Psychologie und Heuristik**
*Probleme der systematischen Effektivierung von Erkenntnisprozessen*
Von Dipl.-Psych. *Rainer Bromme*, Bielefeld, und Dipl.-Psych. *Eckhard Hömberg*, Münster i.W.
X, 178 Seiten, 11 Abb. Kunststoffeinband DM 25,80
1. Vorwissenschaftliche Bildung heuristischer Regeln
2. Zugangswege zur Heuristik
3. Die Heuristik als Disziplin der Wissenschaftswissenschaft
4. Die Theorie des Problems
5. Das heuristische Grundproblem und der Begriff der Heuristik
6. Gegenständliche und psychologische Determinanten heuristischer Lösungsprozesse
7. Merkmale heuristischer Prozesse und ihre Integration in der Handlungstheorie
8. Die psychische Regulation wissenschaftlichen Problemlösens
9. Ein Modell heuristischer Prozesse in der wissenschaftlichen Tätigkeit

**Band 3: Psychische und gesellschaftliche Bedingungen der Leistungsmotivation**
Von Dipl.-Psych. Dr. phil. *Susanne Offe*, Siegen
X, 134 Seiten, 4 Tab. Kunststoffeinband DM 25,80
1. Einleitung
2. Die innerpsychische Struktur des Leistungsmotivs
3. Leistungsmotivation und Problemlösen
4. Gesellschaftliche und soziale Bedingungen der Leistungsmotivation am Beispiel der schulischen Sozialisation
5. Schlußbemerkungen
6. Pädagogische Konsequenzen
7. Zusammenfassung

**DR. DIETRICH STEINKOPFF VERLAG · DARMSTADT**

# PRAXIS DER SOZIALPSYCHOLOGIE

Herausgegeben von Prof. Dr. *Georg Rudinger*, Bonn

---

**Band 1.** **Solidarität und Wohnen**
Eine Feldstudie
Von Dr. *Ernst-Dieter Lantermann*, Aachen
VIII, 148 Seiten, 12 Abb., 38 Tab. Kunststoffeinband DM 25,80

**Band 2.** **Spielplätze und ihre Besucher**
Von Dr. *Hans Werner Bierhoff*, Bonn
VIII, 142 Seiten, 3 Abb., 51 Tab. Kunststoffeinband DM 25,80

**Band 3.** **Die Rolle der Mutter in der Sozialisation des Kindes**
Von Prof. Dr. *Ursula Lehr*, Bonn
Mit einem Beitrag von Frau Prof. Dr. *Rita Süßmuth*, Neuß
2. Aufl. Etwa XX, 169 Seiten, 4 Tab. Kunststoffeinband DM 19,80

**Band 4.** **Reisen und Tourismus**
Herausgegeben von Dr. *Reinhard Schmitz-Scherzer*, Bonn
VII, 109 Seiten, 4 Abb., 16 Tab. Kunststoffeinband DM 19,80

**Band 5.** **Soziale Einflüsse im Sport**
Herausgegeben von Dr. *Dorothee Bierhoff-Alfermann*, Aachen
XII, 219 Seiten, 11 Abb., 28 Tab. Kunststoffeinband DM 29,80

**Band 6.** **Einstellung und Verhaltensabsicht**
Eine Studie zur schulischen Weiterbildung.
Von Dr. *Reinhard Oppermann*, Bonn-Beuel
IX, 165 Seiten, 37 Tab. Kunststoffeinband DM 25,80

**Band 7.** **Aktuelle Beiträge zur Freizeitforschung**
Herausgegeben von Dr. *Reinhard Schmitz-Scherzer*, Bonn
VIII, 199 Seiten, 9 Abb., 58 Tab. Kunststoffeinband DM 25,80

*Die Reihe wird fortgesetzt.*

---

**DR. DIETRICH STEINKOPFF VERLAG · DARMSTADT**